Paul Parin
Der Widerspruch im Subjekt

Die Ethnopsychoanalyse Paul Parins gründet auf dem Anspruch der Freudschen Psychoanalyse, individuelle *und* gesellschaftliche Verhältnisse aufzuklären. Dieser Anspruch kann heute nicht mehr ethnozentrisch (d. h. euro- und bourgeoiszentrisch) eingelöst werden. Der Blick in »die« Psyche erfordert den Blick auf die jeweiligen sozialen Strukturen, in denen sich die psychischen entwickeln und manifestieren. Damit stellt sich auch verschärft die Frage nach der Veränderbarkeit des Menschen, sei's individuell (therapeutisch), sei's kollektiv (revolutionär), die sich wie ein roter Faden durch die Arbeiten Parins zieht, entsprechend der Bewegung, der sie folgen: Zuerst wird die psychoanalytische Methode bei Angehörigen »fremder« Völker (den Dogon und Agni in Westafrika) erprobt, dann wird das Ergebnis auf uns und unsere Gesellschaft zurückgewandt. Dieses Vorgehen hat Folgen für die Psychoanalyse: sie erfährt eine Kritik, die zu Modifikationen der Theorie und des praktischen Verfahrens führt. Dabei treten Widersprüche in unserer Gesellschaft und in uns selbst deutlich hervor. Die »abendländische« Psyche wird entmystifiziert.

Paul Parin, geboren 1916, promovierte 1943 in Medizin. Spezialarzt für Neurologie. Seit 1952 praktiziert er als Psychoanalytiker in Zürich. Gemeinsam mit Goldy Parin-Matthèy und Fritz Morgenthaler unternahm er ethnopsychoanalytische Forschungen in Westafrika; die Ergebnisse enthalten die beiden Bände *Die Weißen denken zuviel* (1963) und *Fürchte deinen Nächsten wie dich selbst* (1971).

Paul Parin

Der Widerspruch im Subjekt

Ethnopsychoanalytische Studien

Syndikat

Dieser Band enthält Arbeiten aus den Jahren 1963 bis 1978. Zwei davon (Kap. 5 und 12) wurden zusammen mit Goldy Parin-Matthèy, zwei andere (Kap. 7 und 8) zusammen mit Fritz Morgenthaler und Goldy Parin-Matthèy geschrieben.
Alle Aufsätze sind für diese Ausgabe überarbeitet, teils auch gekürzt worden; drei hat der Autor aus dem Französischen (Kap. 7 und 13) bzw. aus dem Englischen (Kap. 9) ins Deutsche übertragen.

CIP-Kurztitelaufnahme der Deutschen Bibliothek

Parin, Paul:
[Sammlung]
Der Widerspruch im Subjekt : ethnopsychoanalyt.
Studien / Paul Parin. – Frankfurt am Main :
Syndikat, 1978.
ISBN 3-8108-0080-5

Umschlag nach Entwürfen von Rambow, Lienemeyer und van de Sand
Motiv: Dogon-Junge und Tanzmaske Kanaga
Satz und Druck: Poeschel & Schulz-Schomburgk, Eschwege
Bindearbeiten: Klemme & Bleimund, Bielefeld
Printed in Germany
ISBN 3-8108-0080-5

Inhalt

Einleitung
Warum die Psychoanalytiker so ungern zu brennenden Zeitproblemen Stellung nehmen

Eine ethnologische Betrachtung

Die Redaktion und der Herausgeber der *Psyche* hatten ihre Mitarbeiter, das heißt jene Personen, deren Namen im Impressum der Zeitschrift als eine Art Qualitätszeichen figurieren, im Mai 1977 zu einer Aussprache nach Frankfurt am Main geladen. Bei dieser Konferenz fand man, daß psychoanalytische Kommentare zu aktuellen Fragen (Terror, Folter, Drogen, Elektroschocktherapie, therapeutische Sekten, Frauenbewegung, Sexualität–heute, usw.) häufiger in der *Psyche* Platz finden sollten. Sogleich wurde die Apathie der meisten Psychoanalytiker solchen Fragen gegenüber beklagt, und zwar von einem, der sich davon frei wissen kann: Alexander Mitscherlich.

Warum nehmen die Psychoanalytiker so ungern zu brennenden Zeitproblemen Stellung? Einzelne Ursachen, die unserer Versammlung auf der Hand zu liegen schienen, entstammen wohl eher dem Repertoire von Rationalisierungen, die jede Humanwissenschaft für Konversationszwecke bereithält. Psychologisch kann man argumentieren: die Psychoanalytiker verdrängen, verleugnen das Soziale; sozialpsychologisch: ihre Identität als Analytiker wäre durch aktives Handeln draußen, in der Gesellschaft, bedroht; linguistisch-kommunikationstheoretisch: sie haben es versäumt, den Fachjargon der Sozialwissenschaften zu erlernen, so wie die Soziologen oft Sprache und Begriffe der Psychoanalyse nicht verstehen; soziologisch: in ihrer Rolle, in ihrer sozialen Nische zwischen Lehnstuhl und Couch hat das gesellschaftliche Leben keinen Platz; wissenschaftstheoretisch: die Psychoanalyse beschäftigt sich mit dem Individuum und seinem Innenleben, nicht mit der Gesellschaft; historisch: sie ist ein Relikt aus dem bürgerlichen Wien der Jahrhundertwende, unverändert aus einer Epoche herübergerettet, in der es die heutigen brennenden Probleme nicht gegeben hat; politisch: die Psychoanalyse, ein typisches Herrschaftsinstrument der bürgerlichen Klasse, der Analytiker und Analysanden angehören, beabsichtigt Anpassung an die Verhältnisse der kapitalistischen Klassengesellschaft und keineswegs eine Kritik derselben. Die Psychoanalytiker selber könnten etwa sagen: Unsere Methode erlaubt es uns nicht, einzugreifen; Zeiterscheinungen legen sich nicht auf die Couch und ebensowenig ihre Akteure; unsere Einsichten und Erkenntnisse gewinnen wir nur langsam, dann, wenn es für eine Stellungnahme zu Aktuellem viel zu spät ist.

Vielleicht könnte die Ethnologie, die an die Bräuche, die in einer sozialen Einheit herrschen, von außen herangeht, eine gewisse Ordnung in diese und ungezählte andere Argumente bringen, die alle nicht ganz richtig und nicht ganz falsch zu sein scheinen. Dazu muß erst die zu untersuchende Ethnie, die »primary social unit«, abgegrenzt und der Standpunkt des Ethnologen definiert werden.
Ich nehme die Mitglieder der nationalen psychoanalytischen Gesellschaften, die zusammen die »Internationale Psychoanalytische Vereinigung« (I.P.V.) ausmachen, als abgegrenzte Einheit. Dadurch schmilzt die Zahl von Publikationen zu Zeitfragen erheblich zusammen, und wir haben desto mehr Anlaß, unsere Frage zu stellen. Pseudo-psychoanalytische und auch-analytische Argumente, so auch diejenigen der sogenannten Neoanalytiker, gehören nicht zum »sample« und entsprechen nicht den Erfordernissen einer »klassischen« oder »integralen« Psychoanalyse, wie sie die Mitglieder der I.P.V. vertreten. Wir sehen auch von jenen Arbeiten ab, die von »klassischen« Analytikern verfaßt sind, sich aber durch die Logik der Astrologieecke in einem Sonntagsblättchen auszeichnen, wo es dann heißt: Atomenergie ist ungezielt, sie entsteht also aus oraler Aggression, oder: Jugendrevolte ist infantil, also ist sie durch ungelöste Ödipuskomplexe verursacht. Wenn wir so verfahren, ergibt sich ein übersichtliches Untersuchungsfeld und eine deutliche Fragestellung.
Gegen mich, als Ethnologen, erhebt sich ein Einwand: Ich bin selber Analytiker, gehöre hinein in die Zunft; Ethnologen aber studieren ihre Ethnie, ihre »culture« definitionsgemäß von außen her. Es gibt prominente Ausnahmen: Yomo Kenyatta, der heutige Präsident von Kenya, hat ein bedeutendes völkerkundliches Werk über die Kikuyu verfaßt, und K. A. Busia, ein gestürzter Präsident von Ghana, schrieb ein Buch über das Königtum der Aschanti. Außerdem weiß man heute und fordert explizit, daß Ethnologie immer teilnehmende Forschung ist. Doch muß sich der Forscher wieder zurücknehmen, Distanz gewinnen, von der eigenen *und* von der untersuchten »culture«, seinen Beobachtungsstandpunkt durchleuchten und definieren. Meine »inside« erworbenen Kenntnisse und Erfahrungen, aus der Zunft, den Institutionen und in der Praxis der Psychoanalyse, möchte ich mit der Distanz konfrontieren, die sich aus unserer Frage ergibt. Diese Frage, die sich die Analytiker selber höchst selten stellen, und die nicht-psychologische Methode der Untersuchung sollen mich herausheben. Vielleicht gelingt der Diskurs, da ich doch gleichzeitig mit Sympathie und Engagement an der Psychoanalyse als Wissenschaft und Methode teilhabe.
Noch ein Wort zu unserer Fragestellung. In ihr ist die Voraussetzung enthalten, daß die Psychoanalyse zu brennenden Fragen des Tages

mit einer wissenschaftlich fundierten Kulturkritik – erweitert zu einer Kritik gesellschaftlicher Erscheinungen – Stellung nehmen kann und muß. Der Anspruch, den Mitscherlich formuliert hat, ist von Sigmund Freud begründet worden. Mit seinem Artikel »Die ›kulturelle‹ Sexualmoral und die moderne Nervosität« (1908) eröffnete er jene Reihe von Schriften, die über »Totem und Tabu« (1913), »Massenpsychologie und Ich-Analyse« (1921), »Die Zukunft einer Illusion« (1927), »Das Unbehagen in der Kultur« (1930) bis zu »Warum Krieg?« (1932) und »Der Mann Moses und die montheistische Religion« (1937-39) der Psychoanalyse die doppelte Aufgabe zuweisen, das Seelenleben *und* das gesellschaftliche Leben zu erforschen. Von Anfang an hatte die Psychoanalyse den Konflikt zwischen den Triebwünschen mit allen ihren Schicksalen und den Gegenkräften, die fast ausschließlich aus der menschlichen Gesellschaft, aus der »Kulturentwicklung« ihrer Träger und aus ihrer Moral herkamen, zum Gegenstand ihres Interesses gemacht. In den Tiefen des Seelenlebens fand sie die Abkömmlinge beider vor. Heinz Hartmann (1944) hat die Aufgabe der Analytiker so formuliert: »Wenn wir Analytiker uns fragen, was die Ursachen von Krieg und Frieden oder von religiösen Bewegungen sind, wenn wir uns fragen, wie bestimmte politische Führer zur Macht kommen und warum bestimmte Gruppen sich in der Beziehung zu ihrem Führer so und nicht anders verhalten, glauben wir, daß wir zur Lösung dieser Probleme dadurch beitragen können, daß wir die Handlungsweise von Individuen und typischen Personen in konkreten Situationen verstehen. Aber man darf unter keinen Umständen außer acht lassen oder vernachlässigen, welche Rolle die ökonomische oder soziale Struktur als zum Teil unabhängige Faktoren dabei spielen.«

Trotz dieser klaren Umschreibung, die noch heute gelten mag, ist es vielleicht nicht unnötig zu betonen, daß der Vorwurf, der in unserer Frage liegt, sich auf die Vernachlässigung der kulturkritischen Aufgabe der Psychoanalyse bezieht und nicht darauf, daß die ärztlich-therapeutische, berufsethische Aufgabe von den Analytikern verkannt worden wäre. Sie haben sich immer wieder bemüht, die gesundheitlichen Schäden, die von schrecklichen Zeiterscheinungen verursacht werden, zu verstehen und wenn möglich zu beheben. Dem Geschehen selber gegenüber sind sie jedoch, von Ausnahmen abgesehen, verstummt. Freud hat beide Probleme wahrgenommen und bearbeitet. Einerseits schrieb er 1915, mitten im Ersten Weltkrieg, »Zeitgemäßes über Krieg und Tod«, andererseits hat er sich mit seinen Mitarbeitern unmittelbar nach dem Kriege der Aufklärung und der Therapie der Kriegsneurosen zugewandt (1919).

Warum haben damals die Analytiker die grauenvollen Einflüsse des

Krieges nicht als gesellschaftliche, also gemachte erkannt und die einmal konzipierte Hypothese, daß echte traumatische Neurosen im Erwachsenenalter entstehen und daß sie von Frustrationen des narzißtischen Anteils der Libido herkommen, zu einer Erweiterung ihrer gesellschaftskritischen Anschauungen benützt? Die »sequelae of manmade disaster«, wie die psychischen Folgen verschämt genannt werden, welche die Überlebenden von Konzentrationslagern aufweisen, werden studiert. Warum nicht Folter und Konzentrationslager und Einzelhaft verhängende Gerichte und Haftanstalten selber? Warum erst warten, bis Schlimmstes passiert, warum nicht die Verhältnisse entfremdeter Arbeit, unerwünschter Mutterschaft, täglichen »gemeinen Elends« psychoanalytisch aufklären? Warum bleibt die Gilde der Analytiker stumm, oder warum beachten die wirklichen Kenner unserer Wissenschaft Hartmanns Mahnung nicht und sehen nicht, »welche Rolle die ökonomische oder soziale Struktur ... spiel(t)«?
Unsere Fragestellung, von außen an die Psychoanalytiker herangetragen, enthält, obzwar sie nicht unberechtigt ist (hat die Analyse ihren Anspruch doch selber begründet!), bereits die Logik einer Verneinung. Wenn sich die Psychoanalytiker unsere Frage gestellt und beantwortet hätten, müßten wir ihre Antwort annehmen, so wie sie von ihnen selber formuliert ist; wenn sie aber keine Antwort fänden, bliebe ihnen nichts anderes übrig, als dem Anspruch zu folgen, also Kulturkritik zu betreiben, und unsere Fragestellung fiele dahin. In einem solchen Forschungsdilemma empfiehlt R. F. Murphy (1971), die Frage umzukehren, ein Verfahren, das berechtigt ist, da jedes soziale Faktum seinen Widerspruch in sich trägt. Anstatt etwa zu fragen: »Warum sind die Ehen im Volk der Aschanti so unstabil«, kann man fragen: »Was bedingt die Stabilität in den Ehen der Aschanti?«. Also fragen wir: Wie nehmen die Analytiker zu brennenden Zeitfragen Stellung?
Die grundlegende Stellungnahme zum Ersten Weltkrieg war die Entwicklung einer Aggressionstheorie, daneben die Hinwendung zu den Massenerscheinungen und eine vertiefte und erweiterte Kulturkritik. So bewies sich die Psychoanalyse als emanzipatorische, kritische Wissenschaft, ihre Vertreter sammelten sich vorerst einmal als Avantgarde einer Kulturrevolution.
Ich möchte hier nicht nochmals den Beweis antreten, daß die Psychoanalyse eine emanzipatorische Wissenschaft ist, daß Freud keinen unberechtigten Anspruch erhoben hat, wenn er von Kulturheuchelei auf dem Gebiet der Sexualität ausging und zu der Frage kam, ob eine Gesellschaft, die ihren Aufgaben so wenig gerecht wird, es verdient, weiter zu bestehen. Ich nehme als erwiesen an, daß die Psychoanalyse revolutionär war und blieb. Sie setzte ihren Kulturkampf fort. Sie

kämpfte, mit immer besseren und verfeinerten Waffen, gegen Repression und heuchlerische Moral, gegen Unterdrückung, Verstellung und Unmenschlichkeit einer Gesellschaftsform, die in raschem Wandel oder, wenn man es lieber so sieht, in Zerfall begriffen war. Den neuen »brennenden« Zeitfragen begegnete sie jedoch mit anderen Mitteln.

Nicht nur den Psychoanalytikern ging es so, als die Unterdrückung und Ausbeutung des Menschen eine neue Gestalt annahm. Der unbestechlichste Gegner jeder Kulturheuchelei im Umkreis von Wien im ersten Viertel unseres Jahrhunderts, Karl Kraus, ignorierte zunächst als Autor das Aufkommen des Nationalsozialismus, um dann, zur Rede gestellt, zu erklären: »Mir fällt zu Hitler nichts ein.«

Den Analytikern fiel etwas ein. Sie strafften ihre Reihen. Sie wollten die geistigen Waffen ihres Kampfes schärfen und bewahren. Es waren fruchtbare Jahre: Kinderanalyse und Psychose-Therapie nahmen ihren Anfang, die analytische Technik, die Ich-Analyse, die psychoanalytische Charaktertheorie wurden ausgebaut, usf. Das Bewahren des Erworbenen, das Sich-Verschanzen in der einmal erreichten Kampfposition gelang vorzüglich, allzu gut: die Ausbildung zum Analytiker wurde auf die sichere Basis der didaktischen Analyse und sorgfältiger Kontrolle der Therapien durch Lehranalytiker gestellt; die psychoanalytischen Gesellschaften wurden ausgebaut und international verankert. (Karl Marx ist die Gründung der kommunistischen Internationale nicht ebenso gut gelungen!) Die brennenden Zeitfragen sollten sich am Wall der inneren und äußeren Festigung brechen, der vernünftig und realitätsangepaßt von tüchtigen Männern und Frauen errichtet worden war. Die geistigen Angriffswaffen, die doch nur langsam wirken, mußten vorerst ruhen. Wer Ausfälle wagte, wurde eliminiert (Wilhelm Reich) oder zum harmlosen Spaßmacher erklärt (Siegfried Bernfeld). Wenn junge Analytiker sich während ihrer Ausbildung antifaschistisch betätigten, wurden sie vom Ausschluß bedroht (Marie Langer). Das Werk gelang so gut, daß beim »Anschluß« Österreichs an das »Dritte Reich«, den jeder intelligente Zeitungsleser voraussehen konnte, Sigmund Freud mit Familie unbeweglich, wenn auch nicht unbewegt, in Wien, Berggasse 19, saß und man den einzigen »Arier« der Wiener Gruppe, Richard Sterba (erfolglos) bat, er möge in Wien bleiben, das psychoanalytische Institut weiterführen, die Festung besetzt halten.

Die Analytiker begegneten den Zeiterscheinungen wie andere bedrohte Ethnien mit den Mitteln ihrer herkömmlichen Lebenspraxis, nicht mit ihrer Ideologie. Als die westafrikanischen Dogon von den Heeren der sich ausbreitenden französischen Kolonialmacht überfallen wurden, haben sie zuerst Tribut angeboten, wie es ihrer Praxis fremden Eroberern gegenüber entsprach, und sich dann mit Wurfgeschossen, Lanzen und Feldhauen in ihren festungsartigen Bergdörfern verteidigt, solange es ging; es wäre höchst unvernünftig gewesen, hätte statt dessen ihr oberster Priester-Richter, der Hogon, lediglich die Hilfe der Vorfahren herabgefleht. Er wurde, für kurze Zeit, zum Feldherrn. Später erst kamen die Vorfahren wieder zu ihrem Recht, um nach der Niederlage das Leben zu reorganisieren.

Was ist mit den Analytikern geschehen? Ist ihr »gründender Vorfahre« Freud verstummt? Haben sie nach der Austreibung und Wiederansiedlung ihre geistigen und methodischen Waffen verloren? Wirkt das Trauma der Emigration noch untergründig fort, ist es noch nicht überwunden?

Diese letzte Frage ist für den Ethnologen eine schlimme Entgleisung. Denn sie setzt voraus, daß eine Ethnie (die Zunft der Psychoanalytiker) so reagiert wie ein Mensch, also als psychisches Wesen, und daß die Frage nach einer historischen Entwicklung eine ausschließlich psychologisch begründete Antwort finden könnte. Wir verfolgen lieber die weiteren Schritte, die unsere Ethnie in der Auseinandersetzung mit den brennenden Problemen der Zeit unternommen hat.

Im Krieg fanden die alliierten Mächte alle emigrierten Analytiker und ihre angelsächsischen Kollegen, die sie aufgenommen hatten, auf ihrer Seite als Psychiater und als Vermittler einer großartigen Seelenkunde und wirksamen Therapie. Es sind die Jahre, in denen die Zahl der Analytiker anwuchs und ihr öffentliches Prestige gewaltig zunahm. Die Psychoanalytische Bewegung nahm die Merkmale einer Kaste an. Als Kaste bezeichnen wir eine Gruppe von Menschen, die sich wegen ihrer Eigenart und der Feindseligkeit der Umwelt zusammenschließt, gegen außen abgrenzt, ihre Privilegien ausbaut und gegen die unteren verteidigt, weil sie sich gegen Abstieg sichern muß. Vom Strom gesellschaftlichen Lebens abgespalten, neigt sie zu elitärer Selbstüberhöhung und zur Einengung ihrer Ideologie.

Den brennenden Problemen der Zeit begegnete die Kaste der Analytiker immer weniger mit den Mitteln ihrer Lehre. Im Gegenteil. Der folgenschwerste Schritt war wohl, daß sich die Psychoanalyse in den angelsächsischen Ländern zur medizinischen Hilfswissenschaft erklärte und sich damit einem angesehenen, florierenden und sozial mächtigen Berufsstand unterstellte, dessen Schutz und Privilegien sie mitgenießen konnte, wenn sie sich dessen Bräuchen und Gesetzen unterwarf. Dieser Schritt ist so zwangsläufig erfolgt wie jede historische Entwicklung; zu seiner Rationalisierung berief man sich auf gesetzliche und andere gesellschaftliche Pressionen. Doch gleichzeitig mit

der Medizinalisierung der Psychoanalyse in den USA konnte sich dort der große, sozial und legal unangefochtene Berufsstand nicht-medizinischer klinischer Psychologen entwickeln, z. T. unter der Leitung prominenter nicht-ärztlicher Analytiker (wie Theodor Reik). Über die Folgen dieser Entwicklung gibt es eine Untersuchung, deren Kompetenz unbestreitbar ist und deren niederschmetternde Schlußfolgerungen mir unwiderlegbar scheinen (Eissler, 1965).
Ich will nur einige Antworten der Analytiker auf die Pressionen der Zeit in Erinnerung rufen: Nichtärzte konnten die »wahre« Psychoanalyse nicht mehr erlernen; einige wenige Emigranten dieser Art durften sie zwar noch lehren, aber jüngere wie die Ethnopsychoanalytiker Muensterberger und Devereux, als Kulturkritiker die Nachfolger von Freud und Géza Roheim, hatten keinen Zutritt mehr zur Organisation der I.P.V. und nur einen kontrollierten und begrenzten zu deren Publikationsorganen. Anna Freud durfte noch publizieren und über Kinderanalyse forschen und arbeiten; die von ihr, der Nichtärztin, gebotene Ausbildung aber wurde von der britischen Gesellschaft nicht anerkannt; auf dem Stockholmer Kongreß (1963) wurde ihr sogar verboten, öffentlich zu sprechen, worüber sie wollte; sie mußte sich auf das Thema der Kinderanalyse beschränken. Die neu auszubildenden Analytiker mußten sich nicht nur dem inzwischen ausgebauten Ritual der Institute und einer hochinstitutionalisierten Berufsgilde unterziehen. Sie mußten 10-12 Jahre ihres Lebens einer medizinisch-psychiatrischen Ausbildung (mit besonderen, den Erfordernissen der Analyse geradezu gegensätzlichen Auswahlkriterien) gewidmet haben. Dies führte zu einer »erschreckenden Einschränkung des Kreises von Personen (pool), aus dem der Psychoanalyse neues Lebensblut zufließen konnte« (Eissler, 1965). Anna Freud konnte vor dem ersten Kopenhagener Kongreß (1959) unwidersprochen feststellen, daß der ersten Generation umstürzlerischer und tiefforschender Geister, welche die psychoanalytische Bewegung getragen hatten, eine andere gefolgt sei, die aus angepaßten Verwaltern und Mehrern des Erworbenen bestehe. Das Argument, daß das angehäufte medizinische Wissen es dem werdenden Analytiker praktisch unmöglich mache, humanwissenschaftliche Kenntnisse zu erwerben oder sich gar ernsthaft für Probleme der Gesellschafts- und Kulturkritik zu interessieren, gilt bis heute. Die Funktion der psychoanalytischen Gesellschaften und der von ihnen abhängigen Lehrinstitute konzentrierte sich immer eindeutiger auf die Eliminierung aller Personen, die nicht mit der konstituierten gesellschaftlichen Kaste konform gingen (also von potentiellen psychoanalytischen Randexistenzen), und auf die Vermittlung eines immer umfangreicheren, theoretisch und praktisch hochspezialisierten Fachwissens, unter Ausschluß

dessen, was man die emanzipatorische Sendung der Psychoanalyse nennen kann. Daß sich genau die gleiche Entwicklung in allen europäischen Ländern abspielt – in der Bundesrepublik ist sie erst heute in ihr militantes Stadium getreten und erfreut sich der Unterstützung der öffentlichen Krankenkassen und der zum Berufsschutz bevollmächtigten Verwaltung –, mag als Beweis dafür dienen, daß die von uns zu untersuchende »primary social unit«, die I.P.V., trotz aller nationalen, regionalen und zeitgeschichtlichen Unterschiede zu so etwas wie einer einheitlichen Kaste geworden ist.
Die Antwort auf die Frage, wie die Psychoanalytiker-Gesellschaft auf brennende und bedrängende Zeitprobleme reagiert hat, lautet für die Zeit nach dem Zweiten Weltkrieg wie folgt: Sie hat ihre Rekrutierungsmodalitäten und Auswahlkriterien reorganisiert und damit die spezifische soziologische Zusammensetzung (sample) ihrer Mitglieder verändert; sie hat ihre Institutionen so ausgebaut, daß sie zur Vermittlung von Fachwissen und zur Isolierung von den übrigen Humanwissenschaften und zur Verhinderung gesellschaftlicher Handlungspotentiale tauglich wurden; und sie hat mit Hilfe der Medizinalisierung den Status einer unbotmäßig-kritischen Randgruppe überwunden und den Anschluß an eine mächtige, integrierte und konforme Schicht des Dienstleistungssektors gefunden.
(Hier möchte ich erwähnen, daß das nicht selten geäußerte Argument, die Psychoanalyse sei verbürgerlicht oder von der kapitalistischen Gesellschaft vereinnahmt und transformiert worden, mir nicht sehr aufschlußreich vorkommt. Die Psychoanalyse war gar nie anderswo als im bürgerlichen Mittelstand der kapitalistischen Gesellschaft lokalisiert. Es ist vielmehr zu untersuchen, wie die Psychoanalytiker aus einer subversiven liberalen Intelligenzia zu einer angepaßten konservativen Schicht geworden sind.)
Man kann sich fragen, ob die Psychoanalyse von da an auf die Probleme der Zeit nur noch als Korporation reagiert habe, statt sich ihnen mit den Mitteln der psychoanalytischen Aufklärung zu stellen. Dem Anschein nach waren sich die Psychoanalytiker vorerst noch bewußt, welche Bedeutung gesellschaftlichen Faktoren zukommt. Der eingangs zitierte Ausspruch von Heinz Hartmann ist 1944, fünf Jahre nach der großen Emigration erschienen. Sechs Jahre später (1950) schreibt er: »Wir können menschliche Wesen nicht unabhängig von der Realität verstehen, in der sie leben.« Vernachlässige man den Einfluß gesellschaftlicher Institutionen und den Umstand, daß soziale Strukturen dem heranwachsenden Individuum in erster Linie aufgezwungen werden, so sei eine solche Vermeidung »nicht eine einfache, weise und methodisch legitime Begrenzung dessen, was man oft die ›psychologische Seite‹ des Problems nennt. Dies führt unweigerlich

zu einer Fehldeutung eben dieser ›psychologischen Seite‹.« Hartmann erwägt in dem gleichen Artikel, wie es möglich wäre, die Soziologie von Talcott Parsons und die Psychoanalyse zu einer gegenseitigen Durchdringung zu bringen. Parsons war damals nicht nur der bekannteste amerikanische Soziologe, sondern auch derjenige, der sich am ernsthaftesten mit der Psychoanalyse auseinandergesetzt hatte. Und doch scheint der Prozeß der gesellschaftlichen Umwandlung der Psychoanalyse damals schon weit fortgeschritten gewesen zu sein: Hartmann, einem der bedeutendsten Nachfolger Freuds, der über ein umfassendes philosophisches und gesellschaftliches Wissen verfügte, ist es nicht aufgefallen, daß die »funktionalistische« Schule Talcott Parsons' gesellschaftliche Konflikte als »dysfunktionale« Randphänomene beiseite schiebt, aus ihrem theoretischen System die gesellschaftliche Evolution ausschließt und damit auch die psychoanalytische Konflikttheorie überflüssig macht – was heute jeder Student der Soziologie aufzeigen kann. Das letzte größere Werk der klassischen psychoanalytischen Geschichtskritik, *Christians and Jews* von Rudolph Loewenstein, ist 1951 erschienen. Doch betont der Verfasser, daß er die Idee dazu schon 1940 in Frankreich in einem Gespräch mit Marie Bonaparte konzipiert und mit der Niederschrift 1941 begonnen habe. Der Verdacht drängt sich auf, daß die veränderten Verhältnisse die Substanz der psychoanalytischen Gesellschaftskritik bereits damals aufgezehrt hatten.

Es ist vielleicht unzulässig, unserer Frage vor allem historisch – die Analytiker würden sagen »genetisch« – nachzugehen, im doppelten Sinn, in der Geschichte der psychoanalytischen Standesorganisation und im Ausbildungsgang ihrer Adepten.

Werfen wir einen Blick auf die Zeit des Vietnamkrieges und sehen wir, ob und wie es zu einer »Stellungnahme« gekommen ist. Auf dem 24. Internationalen Psychoanalytischen Kongreß in Amsterdam (1965; Journal 1966) war unter etwa fünfzig Beiträgen von hoher Qualität kein einziger, der sich mit einer brennenden Tagesfrage beschäftigt hätte. Ich selber fand dort keinen Analytiker, der privat bereit war, die Zeitereignisse anders als unter dem Aspekt politischer »Sachzwänge« zu diskutieren. Zwei Jahre später, auf dem 25. Kongreß in Kopenhagen (1967; Journal 1968), war die Situation nur wenig anders. Dort traf ich manche Kollegen, die fanden, man sollte die Zeiterscheinungen besser verstehen. Ins Programm war – durchaus im Sinne des therapeutischen Auftrags – das Thema »Psychische Traumatisierung durch soziale Katastrophen« aufgenommen worden. Einer der Beiträge zu diesem Thema, »Ein psychologischer Faktor im wiederholten Auftreten (recurrence) von Kriegen« von Martin Wangh, gelangt zu überzeugenden Schlußfolgerungen, aber der Viet-

nam-Krieg wird nicht einmal erwähnt, und ebensowenig kommt er in der ausführlichen Liste der psychoanalytischen Literatur vor, die der Autor bis zum Datum der Publikation (1968) fortgeführt hat. Ich schließe daraus, daß die nun erreichte gesellschaftliche Lage und Struktur der Kaste es nicht mehr zuließ, daß sich ihr offizieller wissenschaftlicher Kongreß mit brennenden Zeitereignissen beschäftigte. Ein solches Verbot ist nie lückenlos. In einer Sitzung des Programm-Komitees für den nächsten Kongreß, der 1969 in Rom stattfand, haben Alexander Mitscherlich und ich es gegen das heftige Widerstreben der meisten Mitglieder der 18-köpfigen Versammlung, die den gegenwärtigen Stand der psychoanalytischen Wissenschaft kompetent vertreten sollte, dahin gebracht, daß das Thema »Protest und Revolution« in das Programm aufgenommen wurde. Wie sehr dies gegen die innere Dynamik der damaligen Psychoanalyse verstieß, kann jeder ermessen, der sich an die Inkohärenz und Inkompetenz vieler Beiträge zu dieser aufgezwungenen Diskussion erinnert.
Ich möchte behaupten, daß es sich zu jener Zeit dennoch erwiesen hat, daß Freuds zweiter Auftrag, den die psychoanalytische Zunft nicht mehr wahrnehmen konnte, nicht obsolet geworden und auch nicht vergessen war. Er war nur in andere Hände übergegangen: Andere Wissenschaftler, Künstler, Schriftsteller und Journalisten, eine ganze intellektuelle Welt kämpfte gegen Unterdrückung und Grausamkeit mit dem Wissen, das ihnen die Psychoanalyse überlassen hatte. Während die Analytiker gesellschaftlich partiell blind waren oder schwiegen, organisierte Dr. Benjamin Spock die Kampagne zur Kriegsdienstverweigerung der Rekruten für Vietnam (Midford, 1969). Das war kein Analytiker, sondern der weltberühmte Kinderarzt, in dessen psychohygienisches Erziehungskonzept die Erkenntnisse der Psychoanalyse breitesten Eingang gefunden hatten. Engagierte Schriftsteller von Rang unterwarfen das brennende Zeitproblem einer rein psychoanalytischen Kritik. Norman Mailer hat sein Buch *Why are we in Vietnam?* als psychodynamisches Portrait einer typischen amerikanischen Mittelstandsfamilie geschrieben und durfte voraussetzen, daß seine Leser die von ihm aufgedeckten neurotischen Konflikte und Symptome als Deutung des Zeitproblems verstehen würden, ohne daß er, abgesehen vom Titel, diese Intention des Buches auch nur erwähnt hat. James Reston, Altmeister und Autorität des amerikanischen Journalismus, ein Mann, dessen konservative Gesinnung und damit auch Abneigung gegen manche Aspekte der Psychoanalyse (z. B. die Sexualtheorie) evident ist, hat in der *New York Times* gegen die Vietnampolitik oft absatzweise genau so argumentiert wie der alternde Freud in »Das Unbehagen in der Kultur«. Und schließlich hätte unser Programmvorschlag für den Römischen Kongreß doch

keinen Erfolg gehabt, wenn nicht ein Mitglied des Komitees, durch den Aufstand der Studenten auf der Autoreise von Paris nach Amsterdam aufgehalten, einen halben Tag zu spät eingetroffen wäre. Damit kam eine Realität bis in unser Sitzungszimmer: der Aufruf zur Befreiung von den Fesseln äußerer *und* innerer psychischer Unterdrükkung. Mit Lautsprechern, Spruchbändern und Maueraufschriften verkündete die protestierende Jugend lautstark ihre Antwort auf die schlimmen Verhältnisse der Zeit; der Text ihrer Botschaft war »wilde« psychoanalytische Kulturkritik.

Das ist nun zehn Jahre her. Auf die brennenden Fragen der Zeit hatten die Psychoanalytiker mit einer strukturellen Veränderung ihrer Gemeinschaft geantwortet, mit einer tiefgehenden Umorientierung ihrer Ziele, von der Emanzipation zur Anpassung, und mit einer Umkehr ihrer Funktion, von der schonungslos befreienden Analyse zu einer human-ausgleichenden Therapie. Freuds zweiter Auftrag wurde von da an von Außenstehenden wahrgenommen und »von außen« an unsere soziale Gruppe herangetragen.

Für die letzten zehn Jahre muß man die Frage, wie die Psychoanalyse auf brennende Zeitfragen reagiert hat, anders formulieren. Die uns von den Zeitereignissen gestellten Probleme sind nicht verschwunden, sie sind noch dringlicher geworden. Doch ist es nicht mehr allein der Widerstreit zwischen dem inneren revolutionären Gehalt der Wissenschaft und den gesellschaftlichen Kräften, die unsere Kaste zum Rückzug in einen institutionell abgesicherten einseitigen Ausbau ihrer Lehre bringt. Mit Waffen, die den psychoanalytischen Erkenntnissen selbst entnommen sind, wird die Festung von außen berannt, nicht mehr in erster Linie von den Zeitfragen selber, sondern von denen, die von der Psychoanalyse erwarten, daß sie ihr Instrumentarium hervorholt, erneuert und im Dienste menschlichen Lebens verwendet. Die Frage muß nun lauten: Wie verteidigen sich die Analytiker gegen diese Mahner; gehen sie zum Angriff über, laufen sie als Verräter zur Gegenseite über oder finden sich Zeichen, daß sie im »Gegner« den Träger ihres aufgegebenen eigenen Anliegens erkennen und sich mit ihm verbünden? Kann sich die soziale Struktur ihrer Gemeinschaft in diesem Sinn verändern, werden sie Ziele, die sie längst abgetan haben, wieder anstreben, können sie den Anschluß an ihre emanzipatorische Funktion wieder finden?

In Mittel- und Westeuropa haben wir es erlebt, daß den Analytikern von einer protestierenden Jugend ihre eigene, vor langer Zeit schon diffamierte Avantgarde als Provokation vorgehalten wurde, der frühe Wilhelm Reich und Siegfried Bernfeld. Politische Philosophen wie Herbert Marcuse und Erich Fromm haben dieses und jenes Stück psychoanalytischer Theorie für ihre neue, utopisch orientierte Kul-

turkritik genützt – für jeden »wahren« Adepten Freuds eine Herausforderung, sich an die Arbeit zu machen und zu sagen: Ja, ihr habt recht, man muß etwas tun, aber ihr habt nur ein Bruchstück der ganzen Wahrheit. In Deutschland waren es vor allem die Nachfolger der Frankfurter Schule und andere »linke« Soziologen, Philosophen, Historiker, sogar Theologen, die als ein Chor zwar ungeduldiger, aber zur Auseinandersetzung und zum Einlenken bereiter Unterhändler die Analytiker zu einem Kampfbündnis überreden wollten. Selbst in den harten Angriffen auf die »klassenblinden« Analytiker mit ihren hierarchischen Institutionen – vom »Psychoanalyse-Elend« im *Kursbuch* bis zum »Psychanalysme« des Robert Castel – liegt noch eine Herausforderung zur Besinnung, die gleiche Erwartung, die auch in der Frage liegt, warum wir Experten des »ganzen« Menschen, wie er ist, so ungern ... Stellung nehmen.
Inzwischen sieht sich unsere Ethnie in Bedrängnis. Ihr stärkster Bundesgenosse, dem sie soviel zu verdanken hatte und dem sie als Bündnispartner manches sacrificium intellectus hat bringen müssen, ist selbst bedroht: die Medizin von einer umheimlich entfremdenden Technologie, die Psychiatrie durch Antipsychiatrie und neue, patientenbezogene und sozialpsychiatrische Bewegungen, die sich zu bewähren scheinen. Bei der Bewältigung der therapeutischen Aufgabe haben die Analytiker ebenfalls viel Boden verloren. Ihre außerordentlichen Fortschritte – die Erkenntnisse über Ichpsychologie, frühe Entwicklungsschritte und ihre Störungen, über die Borderline States und die Psychosen – wurden zwar kaum ernsthaft in Frage gestellt. Die Therapie selber aber wurde von Pragmatikern übernommen, stückweise und zum Teil mit rascheren Erfolgen, noch dazu von Leuten, die sich nach den Auswahl- und Ausbildungskriterien der Institute nie Analytiker nennen dürften. Ganz zu schweigen von den uralten Gegnern der Analyse, den Manipulatoren und operationellen Therapeuten (Psychochirurgen, Verhaltenstherapeuten), die von jeher die ganze Psychoanalyse als anrüchiges Spielzeug abseitiger Spinner und linker Intellektueller denunziert hatten.
Es erübrigt sich, die Anstrengungen jener wenigen Analytiker zu würdigen, die sich der Herausforderung ihrer Gegner, die doch so Außerordentliches von ihnen erwarten, gestellt haben. In der Bundesrepublik ist ihre Zahl größer als in andern Ländern. In Frankreich hat eine ganze Schule unter Opferung des zentralen Anliegens einer Konfliktpsychologie den Anschluß an eine zeitkritische Bewegung gefunden und wurde, wohl nicht ohne eigenes Zutun, als Verrätergruppe gebrandmarkt. In den anderen Ländern kämpfen einige Einzelforscher und kleine Grüppchen darum, gleichzeitig Psychoanalytiker zu bleiben und sich den Zeitfragen zu stellen. Dabei sind sie ge-

wiß, daß ihre Zunftkollegen ihnen nicht folgen werden und daß sie die Kritiker »von außen« zumindest in ihren Erwartungen enttäuschen müssen. Man mag sie in ihrer Gruppe als Erneuerer, Reformatoren, Revolutionäre oder als Entgleiste bezeichnen. Soziologisch gesehen sind sie Randfiguren, »marginal men«.

Es ist bekannt, daß Regeln und Bräuche, die dem sozialen Leben eine Struktur verleihen, zur Etikette erstarren, wenn die Ethnie ihre inneren Widersprüche nicht mehr bewältigen kann. Genau dies ist heute der Zustand der I.P.V. und ihrer Träger. Damit ist noch nicht geklärt, ob das nächste Stadium Zusammenbruch und Anomie sein wird, ob sich im Ritual eine neue Herrschaftsform vorbereitet, wie das beim Hofzeremoniell Ludwigs XIV. der Fall war, oder ob die Erstarrung noch lange anhalten und die Gruppe sich in einer Isolation konservieren wird, die sie selber als »splendid«, ihre Umwelt als belanglos betrachten mag.

Die Vertiefung in das Seelenleben des Analysanden bringt es unweigerlich mit sich, daß man die eigenen unbewußten Regungen bewußt macht und die eigene »zweite Natur« in Frage stellt. Bei dieser Berufstätigkeit des Psychoanalytikers, die geeignet ist, sein Selbstgefühl einer harten Beanspruchung auszusetzen, ist die Zustimmung der Zunft eine starke Stütze. Unsere Überlegungen mögen gezeigt haben, daß er riskiert, die Achtung und Unterstützung seiner Gruppe zu verlieren, wenn er zu brennenden Zeitfragen Stellung nimmt. Damit geriete er in soziale Isolation.

Ich bin am Ende meiner Argumentation und stelle mich wieder auf den Standpunkt meiner Kollegen, der Psychoanalytiker. Wir haben oft die Illusion, daß wir zu brennenden Fragen der Zeit schon zureichend Stellung nehmen, wenn wir lediglich ihren schädlichen Folgen im Seelenleben unserer Analysanden begegnen. Dort finden wir sie vor, dort ist unser Platz. Wir können jedoch nicht viel gegen sie unternehmen, solange wir die gesellschaftliche Realität nicht anschauen dürfen und sie mit unserer Kritik verschonen.

»Illusionen empfehlen sich dadurch, daß sie Unlustgefühle ersparen und uns an ihrer Statt Befriedigungen genießen lassen«, schrieb Freud (»Zeitgemäßes über Krieg und Tod«, 1915).

1. Freiheit und Unabhängigkeit: Zur Psychoanalyse des politischen Engagements

I

Der bedeutende italienische Schriftsteller Elio Vittorini schildert in seinem autobiographischen Roman *Uomini e no,* daß sein Held, Anführer einer im Untergrund der besetzten Stadt Mailand operierenden Gruppe antifaschistischer Widerstandskämpfer, die kühne und erfolgreiche Durchführung der von hohen politischen Idealen getragenen terroristischen Aktionen seiner Todessehnsucht verdankt. Eine unglückliche Liebe hat sein Selbstgefühl schwer erschüttert. Er möchte sterben. Weil ein Selbstmord ihm den letzten Rest von Selbstachtung rauben würde, bekämpft er die Unterdrücker seines Volkes mit äußerster Rücksichtslosigkeit, in der Hoffnung, von ihnen getötet zu werden, seine aktiven Leistungen durch die Befriedigung seines passiven Todeswunsches belohnt zu sehen.

Daß ein Held des Kampfes um die Freiheit aus Motiven handeln könnte, die seiner privaten Problematik entstammen, war den politischen Freunden des Dichters sehr zuwider. Die literarische Kritik bemängelte die ungenügende Verknüpfung allgemeiner, politischer Motive mit privaten, allzu menschlichen. Es sei psychologisch unrichtig, einem Mann der Tat Motive zuzuschreiben, die zu einem passiven, von weichlichen Gefühlen geleiteten Charakter passen würden.

Demgegenüber ist auf die biographische Tatsache hinzuweisen, daß Vittorini, ein Literaturgelehrter und Dichter, die subtilsten Empfindungen und Erlebnisse zum Ausdruck bringen und nachvollziehen konnte, zur Zeit der Not aber ein Mann der Tat war. Ein anderes Beispiel für diese Wesensart aus unserer Zeit ist Milovan Djilas, der jugoslawische Partisanenführer, der, wegen seiner unabhängigen politischen Kritik von Tito eingekerkert, sich als ein humaner Schriftsteller und hochbegabter Dichter erwies.

Dem psychoanalytischen Denken liegt es nahe, die kämpferische Aktivität und Freiheitsliebe der Romanfigur Vittorinis als eine reaktive Bildung gegenüber passiven Strebungen anzusehen. Nach einer Liebesversagung wird die Aggression, die gegen die geliebte, aber nun frustrierende Person gerichtet war, durch eine Wendung gegen das Selbst abgewehrt. Der Todeswunsch wird eine Zeitlang durch heldenhafte Aktivität überdeckt, bis er sich durchsetzt.

Bestürzende Zeitereignisse und die begünstigte Stellung eines Beobachters von Personen, die der psychoanalytischen Durchforschung offenstehen, haben mir die folgenden Feststellungen möglich gemacht, aus denen hervorgeht, daß die Aktivierung kindlicher und frühkindlicher Konflikte durch politisches Engagement kein seltenes, vielleicht Dichtern oder Neurotikern vorbehaltenes Geschehen ist, sondern ein normaler Vorgang bei gesunden Personen, vielleicht ein Geschehen, das darüber entscheidet, ob es überhaupt zu einer gefühlsgetragenen Anteilnahme an öffentlichen Dingen, zu einem politischen Engagement kommt.

II

Nachdem die tschechoslowakische kommunistische Partei und die Regierung der tschechoslowakischen sozialistischen Republik mehrere Monate der Liberalisierung ihrer Politik, der größeren Freiheit des Wortes der Schriftsteller und der Massenmedien, der größeren Unabhängigkeit ihrer ökonomischen und politischen Zielsetzungen zugelassen hatten – ein Vorgang, an dem das tschechoslowakische Volk und auch weite Kreise im Ausland regen Anteil nahmen –, wurde das Land, das noch kurz zuvor durch Ermahnungen und Drohungen von seiten der Sowjetunion und anderer im Warschauer Pakt vereinigter Länder von dieser Entwicklung abgebracht werden sollte, dann aber scheinbar in seiner relativ eigenständigen Entwicklung toleriert und aus der Bevormundung entlassen worden war, wurde die tschechoslowakische Republik in der Nacht zum 21. August 1968 ohne Voranzeige, ohne Einverständnis, aber auch ohne offenen Kampf blitzartig von einer Übermacht sowjetrussischer und mit dieser Macht verbündeter Truppen besetzt.
Der überaus einheitliche passive Widerstand des überfallenen Volkes, seiner Regierung, seiner Parteien, Stände und Regionen, seiner Presse, Radiostationen und Fernsehsender, das heißt ein unmißverständliches mutiges Nein gegen die unterwerfende Gewalt und gegen die erneut drohende Abhängigkeit, war durch die unerhört gut funktionierenden Kommunikationsmittel der Anteilnahme interessierter Personen in der westlichen Welt unmittelbar zugänglich. Diese Beobachter konnten am Geschehen intellektuell und emotionell Anteil nehmen, hatten aber alle Muße, den möglichen Ausgang vorauszusehen oder vielmehr abzuschätzen. Das (vorläufige) Ende der militärisch-politischen Aktion konnte – alles in allem – für die an Freiheit und Unabhängigkeit Interessierten nur ein recht ungünstiges sein.
Aus einer größeren Anzahl Analysanden, die sich bei verschiedenen Analytikern in Analyse befanden, habe ich vier, drei Männer und eine Frau, ausgewählt, die eine heftige, gefühls- und verstandesmä-

ßige Anteilnahme am tschechoslowakischen Drama zeigten, ohne daß sie in ihren materiellen persönlichen Interessen irgendwie davon berührt worden wären. Es handelte sich um unneurotische, lebenserfahrene, intelligente Personen. Ihre Analyse war weit fortgeschritten. Diese Umstände gestatten es, die Dynamik, Ökonomie und Genese ihres Engagements während der Tage und Wochen jener Ereignisse nachzuziehen.

III

Frau A. hatte die Ereignisse in der Tschechoslowakei seit Monaten mit lebendigem Interesse verfolgt. Die Vorstellung des »Ubu Roi« von Jarry durch das Ensemble des Prager Theaters »am Geländer« hatte sie in Begeisterung versetzt. Diese Darstellung, die sich neuer, vom Surrealismus abgeleiteter Ausdrucksmittel bediente, war eine geschlossene Leistung einer einheitlich agierenden Truppe von Schauspielern, die ein unmittelbares Erlebnis vermittelte. Die Nachricht von der Besetzung des Landes löste bei Frau A. zwar Zorn und Kritik gegen die Unterdrücker aus. Freude und Begeisterung über die Äußerungen des geschlossenen, einheitlich solidarischen Widerstandes der Überfallenen standen aber im Vordergrund. Diese Emotionen hefteten sich nicht bloß an rein politische Ereignisse, sondern noch mehr an solche, die vom Geist, vom Witz oder vom unmittelbar wirkenden Ausdruck des Willens zeugten, die Eigenständigkeit und Freiheit nicht aufzugeben.
Obzwar »optimistische« Deutungen über die weitere Entwicklung der Situation, die während der ersten Tage nach der Besetzung nicht unsinnig gewesen wären, von A. nie geglaubt wurden, blieb ihr ein freudiger Glaube an die Kraft der geschlossenen Bewegung der tschechoslowakischen Völker erhalten. Dieser beglückende Affekt hatte nicht zur Folge, daß A. die hoffnungslose Lage der tschechoslowakischen Freiheitsbewegung und Regierung optimistisch einschätzte. Er blieb sozusagen als irrational getönte affektive Begleitung neben der realistischen oder pessimistischen Beurteilung erhalten. Schlechte Nachrichten über die fortschreitenden Unterdrückungsmaßnahmen wurden als nicht überraschend, mit Zorn und dem Gefühl »ja, so mußte es kommen« aufgenommen, gute Nachrichten, das heißt vereinzelte Zeichen eines fortdauernden, oft nur geistigen Widerstandes wirkten als Bestätigung und Verstärkung ihrer begeisterten Überzeugung, daß eine solche beglückende Entwicklung in Zeit und Raum und Wirklichkeit möglich war, unabhängig vom Ausgang, den sie nehmen mußte.

Frau A. hatte in der Pubertäts- und Adoleszenzzeit die übliche Wiederbelebung der ödipalen Konflikte erlebt, aus diesen Konflikten aber einen besonderen psychologischen und lebensgeschichtlichen Ausgang gefunden. Gegen die Autorität *beider* Eltern erfolgte eine Auflehnung, gestützt auf starke, befriedigende Identifikationen mit den männlichen *und* weiblichen Mitgliedern einer Brüdergemeinde, d. h. ebenfalls revoltierenden jungen Leuten. Die Gemeinsamkeit starker künstlerischer, wissenschaftlicher und zuletzt auch politischer Interessen bildete eine Stütze für das Selbstgefühl. A. machte sich im Kreis dieser Gleichgesinnten und z. T. als emotionelle (nicht politische) Anführerin unabhängig von ihrem ohnehin zerfallenden Elternhaus und genoß die Freiheit des künstlerischen Ausdrucks ebenso wie die Unabhängigkeit des Denkens. Das Gefühl der eigenen Identität blieb hinfort verknüpft mit künstlerischem Erleben, mit geistiger Bewältigung traumatischer Situationen und dem Bedürfnis, Mitglied einer solidarischen, unter Umständen für Freiheit und Unabhängigkeit kämpfenden Gruppe (Brüdergemeinde) zu sein.
Die Bestätigung dieser Identität durch die Ereignisse des eigenen Lebens verlieh der identifikatorischen Anteilnahme das Gefühl von wirklichem Erfolg.

Von den vier beschriebenen Personen kommt diese dem Ideal der echten revolutionären Persönlichkeit am nächsten, weil die Lösung der in der Pubertät wiederbelebten Kindheitskonflikte direkt in die erwachsene Persönlichkeit aufgenommen werden konnte: in das Gefühl der eigenen Identität, in die reale, unabhängige Lebensgestaltung und in die Möglichkeit, erwachsene, soziale Identifikationen einzugehen.

Herr B. hatte die Ereignisse bis zum Einmarsch mit einem gelassenen, eher historisch als politisch zu nennenden Interesse verfolgt, das von beglückend hoffnungsvollen Erlebnissen unterbrochen war, wenn es so schien, daß sich jene Leute ihre Eigenständigkeit und Freiheit erwerben könnten. Vom Einmarsch der Truppen an war es B. kaum mehr möglich, sich von Radio und Zeitungen zu trennen. »Irrsinnige Gefühle der Hoffnung wechselten, je nach der eben gehörten Nachricht, mit lähmender Depression.« Bei aller intellektuellen Skepsis schien es B. immer wieder möglich, daß »es«, das heißt die vollständige Befreiung von der unterdrückenden Gewalt, doch glücken könnte. Die Unterdrückung erlebte er als Ausdruck einer unvernünftigen, bedingungslos grausamen Autorität, die keine noch so geringe Eigenständigkeit zulassen würde.

B. belebte in seiner politischen Einfühlung Gefühle, die seinem Vater gegolten hatten. Dieser, ein strenger und zwanghaft eigensinniger Mann, hatte den einzigen Sohn von früher Kindheit an, seit der Zeit des ödipalen Konflikts, ständig überwacht, unterdrückt und unter seine Autorität gezwungen.

Noch den erwachsenen Sohn versuchte er in Abhängigkeit zu bringen, um ihm dann seinen Willen aufzwingen zu können.
In der Identifikation mit den unterdrückten Tschechoslowaken erlebte B. die beglückende Hoffnung, sich von der Autorität des gewalttätigen Vaters (die er nicht als Überich introjiziert hatte) zu befreien, abwechselnd mit der niederdrückenden Erfahrung, daß Widerstand gegen den Mächtigeren doch nicht zum Ziel führen würde. Die kontemplative, historisch-abstrahierende Art, die vor der Katastrophe vorherrschte, entspricht B.s Charakter, dessen hochdifferenzierte Reaktionsbildungen auf die anal-sadistischen Angriffe seines Vaters ihm auf den verschiedensten Wissensgebieten eine gleichsam von Affekten »gereinigte«, logische Analyse ermöglichen.

A.s und B.s Erlebnisweisen haben gemeinsam, daß die Identifikation mit den Unterdrückten ein Übertragungserlebnis zur Folge hatte: In beiden Fällen wurden die mächtigen Unterdrücker mit Eltern gleichgesetzt – von A. mit den Eltern, die einen nicht unabhängig werden lassen, von B. mit dem Vater, der dem Sohn seinen Willen aufzwingt.
Der Wechsel von B.s Gefühlen zwischen Hoffnung und Resignation ist deutlicher getrennt von seiner historisch distanzierten Einschätzung der Lage als A.s hoffnungsvoller Glaube an die Kraft des freiheitlichen Geistes von ihrer Beurteilung der Realität. Dies ist auf die »spätere« Fixierung A.s zurückzuführen. Bei beiden Personen sind jedoch ödipale Fixierungen an der Ausbildung der Emotionen maßgebend beteiligt, welche die affektive Besetzung des politischen Geschehens ausmachen.

Herr C. verfolgt die Ereignisse von Anfang an mit geteilten Gefühlen. Neben positivem Interesse verläßt ihn bei allen Neuerungen und Freiheiten, von denen er hört, das Gefühl nicht: »Das kann nicht gut ausgehen«.
Die oben erwähnte Theateraufführung beeindruckt ihn tief. Er erlebt sie jedoch nicht politisch, sondern sozusagen rein künstlerisch, möchte mehr solche Prager Aufführungen sehen, vergleicht sie mit denen anderer Hauptstädte.
Die Ereignisse der Okkupation lösen in ihm zwei nebeneinanderhergehende Gefühlsrichtungen aus: erstens eine scharfsinnige, sehr pessimistische Beurteilung der Entwicklung, eine Analyse, die sich mehr auf allgemeine Kenntnisse der menschlichen Natur und auf den Gang der Politik in den letzten Jahrzehnten als auf Einzelheiten der Nachrichten oder eine genaue Verfolgung derselben stützt. Dabei hat er ein starkes menschliches Mitgefühl mit den Betroffenen. Zweitens empfindet er Angst, möchte von all dem nichts wissen, sich zurückziehen, an einem Ort sein, an dem ihn diese Ereignisse gar nicht erreichen,

sich davon isolieren, sich in seinen Beruf, in seine Kunst, zu seiner Familie zurückziehen.

Angst, Verzweiflung und als Abhilfe narzißtischer Rückzug stammen aus C.s vorödipaler Problematik. An eine emotionell über-beanspruchende, dabei strenge Mutter gebunden, hat C. die ersten phallischen Regungen der Selbständigkeit als aussichtslos erlebt, wenn er sich nicht auf sich selbst zurückzog. Die identifikatorische Teilnahme an der Aggression löst Angst aus, wobei eine Art Verwirrung entsteht, nicht mehr klar ist, ob der Unterdrückte oder der Unterdrücker Anlaß zur Aggression gegeben hat. Diese Verwirrung, die neben der realistisch-pessimistischen Einstellung fortbesteht, entspricht einer ungenügenden Abgrenzung des Selbst vom Objekt in Situationen, die mit Aggression geladen sind und sich um Abhängigkeit oder Unabhängigkeit zentrieren.

Daß C. im Verlauf der Ereignisse sein Interesse nicht abzieht, sich nicht auf seine narzißtischen Befriedigungsmöglichkeiten beschränkt, was wegen des hohen Maßes an erlebter Unlust naheliegend wäre, kommt daher, daß das Streben nach Unabhängigkeit ein hoch besetztes Ziel geblieben ist und das Bedürfnis nach einem eigenständigen Ausdruck seiner Person, der C. von jedem anderen Menschen grundlegend unterscheidet, einer der Hauptinhalte des Idealselbst geworden ist. Für C. garantieren diejenigen Aktivitäten und Leistungen, in denen er objekt-unabhängig ist, ein Wohlbefinden und begründen erst seine Fähigkeit, Objektbeziehungen einzugehen. Er muß die angst-auslösenden, aggressiven Vorstellungen in Kauf nehmen, weil er sich von der Verfolgung seiner eigenen Ziele gar nicht distanzieren kann.

Für *D.* ist die Entwicklung der Ereignisse bis zur Besetzung des Landes eine Quelle intellektueller und affektiver Befriedigung. Seine Skepsis bei der Beurteilung der unerwartet selbständigen und freiheitlichen Entwicklung wird begleitet von einer tiefen Befriedigung, die viel von einem guten Gewissen an sich hat: die Politik erfüllt Forderungen seines Überich, seiner persönlichen und politischen Moral, wobei eine »vernünftige« Anwendung der marxistischen Überlieferung ebenfalls zu den Idealen und nicht zur rationalen Beurteilung der Umwelt der Tschechen – mit der sich D. kaum befaßt hat – zu zählen sind.
Mit der Okkupation des Landes setzt bei D. eine intensive Gefühlsbeteiligung ein. Er ist begierig, jede erreichbare Nachricht er erhaschen, kann sich von Gedanken und Phantasien, die um die genannten Ereignisse kreisen, kaum mehr befreien. Vorherrschend ist dabei das Gefühl ohnmächtiger Wut, das bei »guten« Nachrichten – für D. solchen, die von aktiver materieller oder auch bloß geistiger Bewälti-

gung der Situation durch die Unterdrückten zeugen – durch ein erleichtertes Aufatmen, eine Art melancholisch-skeptisch getönter Euphorie abgelöst wird. Die ohnmächtige Wut ist begleitet vom Gefühl, selbst gar nichts tun oder gar nichts leisten zu können, nicht einmal der gewohnten täglichen Arbeit gerecht zu werden, eine sich ständig wiederholende Selbstwahrnehmung, die keinen äußeren Anlaß hat, da D. in diesen Tagen keine Beeinträchtigung seiner geistigen oder praktischen Leistungen aufweist. Das Gefühl der Ohnmacht verliert sich sofort, wenn D. seinen Phantasien Raum gibt, wie er sich an der Stelle einzelner betroffener Leute, z. B. bedrängter tschechoslowakischer Politiker, verfolgter Intellektueller, einstellen oder verhalten würde. Der phantasierte Ausgang, gut oder schlecht, spielt für die emotionell entspannende Wirkung dieser Phantasien keine Rolle, auch nicht die ohnehin nur unbestimmt vorgestellten Personen. Die Unterdrücker bleiben ganz anonym, unpersönlich. – Allmählich klingt die emotionelle Beteiligung ab, das Gefühl ohnmächtiger Wut macht einer ziemlich intensiven, etwas grüblerischen Lust an politischer Analyse der Situation Platz, die von Gefühlen begleitet ist, die zwischen Hoffnung und Resignation schwanken.

D. hat in der Kindheit, zwischen $1^3/_4$ und $3^1/_2$ Jahren, eine Behandlung in einem Gipsverband durchgemacht, der den ganzen Körper, mit Ausnahme der Arme und des Kopfes, ruhigstellte. Diese Zeit physischer Hilflosigkeit hat wahrscheinlich wegen der besonderen Zuwendung der Mutter und anderer Pflegepersonen weder schwere Störungen der Objektbeziehungen noch der Ichentwicklung hinterlassen. Die verspätet einsetzende, aber zureichende Erwerbung der Motilität, der geistigen Beweglichkeit, und die Erfassung der Dinge der realen Umwelt geschahen unter der Leitung von Reaktionsbildungen gegen die hilflose unselbständige Körperlage und später im Rahmen einer zuerst von außen geforderten Disziplin, die bald in das Überich aufgenommen, internalisiert worden war.

Während die erste Phase der politischen Entwicklung für D. ganz unter dem Einfluß der Forderung nach Freiheit und Unabhängigkeit stand, mit der er sich gut identifizieren konnte, ohne in heftige Gemütsbewegung zu verfallen, stand seine Beteiligung vom Moment der Okkupation des Landes an ganz unter dem Einfluß des Wiederholungszwanges frühkindlicher, überwiegend narzißtischer Erlebnisse. Erst die Erinnerung an die eigene Hilflosigkeit führte zur eigentlichen affektiven Besetzung des ganzen Vorganges. Der Affekt hilfloser Wut und physischer Tatenlosigkeit trat unverändert ins Bewußtsein. Die einleitende Phase, der Ausklang der akuten Beteiligung und mehr noch die interkurrenten Phantasien lassen die gelungene Abwehr des angetönten, in der Kindheit erlebten Konflikts (zwischen

aktiv-phallischen Wünschen einerseits, Lähmung und abhängig-passiven Strebungen andererseits) erraten.
In C.s und D.s Erleben sind die gefahrbringenden Objekte unbestimmt, die Affekte sind Angst und narzißtischer Rückzug mit Tendenz zur Resignation bzw. ohnmächtiger Wut und zaghafte Versuche zur aktiven Verarbeitung: Beides entspricht typischen präödipalen Erlebnisweisen.

IV

Die vier geschilderten Personen haben an den politischen Ereignissen teilgenommen, schon bevor es zum intensiven gefühlsgetragenen Engagement gekommen ist, und ihre Beschäftigung damit hat mit der Gewöhnung und dem Spärlichwerden neuer Informationen nicht aufgehört. Sie alle hatten gewisse politische Kenntnisse durch persönliche Erfahrungen und theoretische Studien erworben, die sie zu kognitiven Prozessen, zum Verstehen der Vorgänge befähigten. Die kognitiven Prozesse, welche die Voraussetzung für ein politisches Engagement bilden, werden häufig den gefühlsgetragenen Reaktionen, die hier auf Identifikationen verschiedener Art zurückgeführt werden, gegenübergestellt.
Es sind aber nicht isolierte empirisch-logische Denkoperationen allein, die kognitiven Prozessen ihre Kohärenz und emotionelle »Richtigkeit« verleihen. Vorbewußte Vorgänge, Assoziationen, Phantasien, Gefühlsbesetzungen und -entladungen begleiten den intellektuellen Vorgang.
Wir vermuten, daß die vorbewußten Grundlagen oder Begleiterscheinungen des politischen Engagements ähnlichen, dem Unbewußten entstammenden idiosynkratischen Gesetzen folgen wie die Erscheinungen des flagranten Engagements selber. Es ist andeutungsweise zu sehen, wie alle vier Analysanden auf die noch nicht oder nicht mehr aktute politische Situation nach ihrer persönlichen Gleichung reagierten: nämlich nicht in gleicher Weise wie auf die dramatischen Ereignisse selbst, aber ebenfalls unter dem Einfluß ihrer früher erworbenen Trieb-Triebabwehr-Konstellationen.
Daß es identifikatorische Vorgänge waren, die so heftige Gefühle hervorriefen, daran konnte bei keinem der vier ein Zweifel bestehen. Der hohe narzißtische Gewinn, der einer Person winkt, wenn sie die eigenen Ideale in der Außenwelt verwirklicht sieht, hat dazu beigetragen, daß sie sich mit den tragisch Betroffenen identifizierten. Doch wurden die Identifikationen nicht rückgängig gemacht, als der Gewinn nicht mehr zu erwarten war. Ich habe beschrieben, daß es par-

tielle Identifikationen, oft mit einem isolierten Merkmal oder Vorgang waren, und solche, die verschiedene Instanzen (Ich, Überich, Selbstideal, Es-Strebungen) der Engagierten betrafen.

Hingegen möchte ich die Vermutung aussprechen, daß der kognitive Vorgang und das affektiv hoch besetzte Geschehen in der Identifikation sich nicht dadurch unterscheiden, daß der erste konfliktfrei, das zweite unter der Leitung früh angelegter Konflikte vor sich geht. Beide sind vielmehr nach den gleichen Gesetzen individueller, während der psychischen Entwicklung erworbener Konflikte organisiert. Damit ist nichts anderes gesagt, als daß jede Person auf Ereignisse in der Außenwelt nicht anders als mit ihrer idiosynkratischen Ichorganisation reagieren kann.

Und doch ergeben sich aus diesen Überlegungen Fragen, deren Beantwortung zu Annahmen führt, die bisher wenig bestrittenen Anschauungen der Metapsychologie einerseits, der politischen Psychologie andererseits zu widersprechen scheinen.

a) Ist das Ich bei seinen sublimierten Leistungen konfliktfrei, oder verleiht die Fixierung der Libido und Aggression dem Ich das dauernde Erbe der früh (während seiner Entwicklung) erlebten Konflikte?

b) Ist der Ausdruck »Restneurose« gerechtfertigt, wenn ein Gesunder, der sich einer Analyse unterzogen hat, so reagiert, daß er frühere Konflikte wiederbelebt?

c) Inwieweit steht die individuelle Neurose in Beziehung zum politischen Engagement oder wo liegt die Grenze zwischen »normal« und »neurotisch«, wenn eine Person sich mit den Vorgängen in ihrer sozialen Umwelt identifiziert bzw. diese Vorgänge ein hohes Maß affektiver Besetzung erfahren?

V

Man darf feststellen, daß die Anteilnahme am politischen Geschehen mit sublimierter Libido und zahlreichen autonomen Leistungen des Ich der beobachteten Personen vonstatten ging. Doch war die Wiederbelebung kindlicher und frühkindlicher Konflikte unverkennbar; bei den ersten beiden waren es überwiegend objektbezogene, bei den letzten überwiegend solche narzißtischer Art.

Der Anspruch, daß den autonomen Ichleistungen neutralisierte Triebenergie zur Verfügung steht, hat zur Annahme geführt, daß die betreffenden Ichfunktionen konfliktfrei geworden sind. Ich glaube nicht, daß diese andere Möglichkeiten ausschließende Annahme den vorsichtigen Formulierungen Heinz Hartmanns und seiner Mitarbeiter entnommen werden kann. Zahlreiche Analytiker wenden aber diese vereinfachte Hypothese an und setzen darum konfliktfrei gewordene Ichleistungen mit normalem Verhalten, solche, die im Wiederholungszwang einer Triebfixierung folgen, mit neurotischen Symptomen gleich.

Demgegenüber möchte ich vorschlagen, von autonomen Ichleistungen zu sprechen, die mit sublimierter Libido und Aggression ausgestattet sind, die aber nichtsdestoweniger frühere Konflikte wiederholen. Eine geringe affektive Besetzung mag Konfliktfreiheit oder eine frei verfügbare neutralisierte Energie vortäuschen. Wird die affektive Besetzung größer (durch Vergrößerung der Gefahr, durch Verstärkung der identifikatorischen Teilnahme), ist die Wiederbelebung alter Konflikte unverkennbar.

Für die Ich-Psychologie ergäbe sich der Schluß, daß es bei einer starken inneren Beteiligung an Ereignissen in der Außenwelt keine wirklich konfliktfreien, mit libidinöser oder aggressiver Energie ausgestatteten Ich-Funktionen gibt, nur eine größere oder geringere Fähigkeit des Ich, sich verschiedenen Anforderungen (der Außenwelt, des Es, des Überich) anzupassen (Flexibilität), sich trotzdem autonom zu behaupten, zu unterscheiden, zu integrieren, abzugrenzen, zu identifizieren (Elastizität).

Ich meine nicht, daß man die Annahme konfliktfreier Ich-Funktionen fallen lassen muß. Einzelfunktionen wie differenzieren, integrieren, abgrenzen u. a. können ohne die Mobilisierung früher erlebter Konflikte ablaufen. Allein die theoretische Gleichsetzung sublimierter Leistungen des Ich mit seinen konfliktfreien Funktionen, oder die Hypothese, daß die zielabgelenkten, sozialen Zielen zugewandten Ich-Strebungen mit neutralisierter Triebenergie ausgestattet sind oder sein müssen, würden sich nicht mit unserer Deutung der geschilderten Erlebnisse vertragen.

Der Funktionswandel der Abwehrmechanismen betrifft nicht den Konflikt selbst. Die Abwehr ist weiterhin gegen die gleichen Triebansprüche gerichtet wie in der Kindheit. Der Konflikt zwischen Ich und Es ist nicht »aufgelöst«, sondern er besteht weiter. Die Ökonomie des Abwehrvorganges ist jedoch verändert. Die Abwehrmechanismen beanspruchen nicht mehr gleich viel Energie zur Gegenbesetzung der Triebansprüche. Darum kann eine erwünschte Befriedigung zielabgelenkt, aufgeschoben (zielgehemmt) ablaufen, von anderen Objektrepräsentanzen (Verschiebungsersatz) erwartet werden und kann der Anpassung an die Außenwelt (die Realität) dienen. Ein solcher Akt der »Anpassung« ist das Engagement der vier Analysanden für die Revolte gegen die Gewalt. Von einer Regression müßte man erst sprechen, wenn das Ich sich überwiegend auf die Erledigung der Kind-

heitskonflikte einstellte, was am Versagen anderer Funktionen, z. B. der Realitätskontrolle, erkennbar wäre.
Mit anderen Worten: Das Engagement hat den alten Konflikt reaktiviert. Er wiederholt sich aber nicht unverändert. Sein Ablauf bleibt nicht auf die Vorstellungsinhalte und Ziele der Frühkindheit beschränkt; er kann den Vorstellungen und Zielen des Erwachsenen angepaßt werden.

VI

Die eben formulierte Annahme, daß das Ich auch eindeutig »sublimierte Leistungen« nur mit der Mobilisierung von Konflikten vollbringt, die eine Fixierung erfahren haben, wäre mit der Lehre von der relativen Autonomie, wie sie D. Rapaport (1957) formuliert hat, gut vereinbar. Die Ansprüche des Es wären, der Fixierung gemäß, selbst Träger eines Konflikts und riefen nach der ehemals aktiven, jetzt noch bestehenden Abwehr. Die Ansprüche der Außenwelt fänden sogar eine desto adäquatere Besetzung und Bearbeitung, je lebhafter der frühere Konflikt die Ich-Organisation in Bewegung setzte; nur ein extremes Gelingen der Abwehr oder deren Zusammenbruch würde die Autonomie des Ich beeinträchtigen, es ganz den äußeren oder den inneren Ansprüchen ausliefern.
Die Erklärungen, daß die politischen Ereignisse bei den erwähnten Personen die »Restneurose« angesprochen und die in ihr fixierten Konflikte in Gang gesetzt, aktualisiert hätten, liegt von der Geschichte der psychoanalytischen Theorie her nahe. Ich möchte vorschlagen, diese Annahme kurz zu erwägen und dann fallen zu lassen.
Als erstes ist daran zu erinnern, daß wir uns längst gewöhnt haben, die »Restneurose« klinisch nicht mehr zu beachten. Die Regel, normale Verhaltensweisen, Charakterzüge, Aktivitäten geradeso in die analytische Arbeit einzubeziehen wie Symptome oder andere offensichtlich krankhafte Bildungen, hat sich längst bewährt. Wenn die Klinik auf nicht heilbare Symptome zu sprechen kommt, teilt sie diese heute viel eher den Folgen fehlerhafter Vorgänge bei der Ichbildung, eben dem konfliktgeborenen Ich zu, als daß sie eine Krankheit, die »Restneurose«, neben einem normalen, »geheilten« Teil der Persönlichkeit annimmt.
Die erwähnten Anschauungen Rapaports lassen für unsere Fälle ganz auf die Annahme einer Restneurose verzichten: Für diese Anschauungen ist es nicht nur erklärlich, sondern geradezu notwendig, daß dann, wenn das Ich den größten Belastungen (Triebansprüchen, Angst) ausgesetzt ist, die wichtigsten Konflikte aus der Kindheit mo-

bilisiert werden, weil in ihnen die vollständigste Ausformung der Abwehrorganisation gegenüber den heftigsten Triebansprüchen zustande kam, Konflikte mit ihrem Ausgang, die »im Notfall« die bestmögliche Erledigung neuer Belastungen versprechen. Hier mobilisierten die neuen Ansprüche der Außenwelt und die gefühlsbetonten Identifikationen Konflikte und ihre Ausgänge, die bei A. und B. aus der Kindheit, bei C. und D. aus der präödipalen Zeit stammten. Die Affekte entsprachen, sobald sie stark genug waren, denen der ursprünglichen Kindheitserlebnisse.

Vielleicht werden es viele als nicht überraschend ansehen, wenn das Ergebnis dieser Überlegungen in die einfache, für die Bewußtseinspsychologie paradoxe Form gebracht wird: Dort, wo normale Personen am heftigsten am Schicksal ihrer Umwelt teilhaben, wo sie am wenigsten egoistisch am sozialen und politischen Geschehen engagiert sind, wo sie für die Freiheit und Unabhängigkeit bangen, hoffen und kämpfen, sind die Grundkonflikte ihrer Psyche am stärksten beteiligt, wiederholen sie ihr persönlichstes individuelles Schicksal.

VII

Die dritte der gestellten Fragen, nach der Beziehung von persönlicher Neurose zur Teilnahme am politischen Geschehen, ist so weit diskutiert, als wir keinen Unterschied zwischen Normalen und Neurotischen gemacht haben. Darin folgen wir der Mahnung Freuds (1938: 109 ff.), den Unterschied zwischen normal und neurotisch-krank nicht zu hoch einzuschätzen.

Hinzuzufügen ist, daß Personen, die im Abwehrkampf gegen ihnen unerträgliche Triebregungen begriffen und zu keiner für das Selbstgefühl oder den Libidohaushalt annehmbaren Lösung gekommen sind, in der Regel nicht dazu neigen, sich für die Umwelt, die nicht unmittelbar in ihr Leben eingreift, zu interessieren. Ihr Kampf verläuft oft an der inneren Front. Doch kennt diese Regel Ausnahmen. Es gibt in tiefe Konflikte verstrickte Personen, die eine Lösung innerer Spannungen von der Außenwelt erwarten (Agiertypus). Diese unterscheiden sich von den geschilderten vier Analysanden nicht dadurch, daß sie ihre persönlichen Konflikte durch die Ereignisse der Außenwelt und die Identifikation mit diesen wiederbeleben. Dies ist bei beiden Gruppen der Fall. Der Dichter hat jedenfalls recht, der beschreibt, daß der politisch Engagierte die Lösung seines persönlichen Konfliktes anstrebt. Er sagt damit aber noch nicht aus, welchen Ausgang der Konflikt im Leben des Betroffenen genommen hat, ob man ihn als Gesunden oder neurotischen Menschen bezeichnen kann.

Manchmal scheint es, daß Freiheit und Unabhängigkeit als ideale Werte, als Wunschvorstellungen für das persönliche Schicksal und das Schicksal der näheren und ferneren Umwelt, gerade jenen Personen am meisten bedeuten müßten, die ihre Kindheitskonflikte am besten verarbeitet haben. Diese Werte fallen doch gerade mit jenen Charakterzügen zusammen, die eine relativ günstige Bewältigung der wichtigsten Konflikte der Kindheit (die Erwerbung der Unabhängigkeit von der Mutter und die angstfreie Vollendung der phallischen Phase) zu hinterlassen pflegt. Die Bestätigung der eigenen Methode zur Lösung neuer Konflikte und zur Bewältigung neuer Aufgaben muß ein hohes Maß von Befriedigung versprechen. Das psychoanalytische Modell eines »guten« und »starken« Ich scheint diesen Idealen von seiten einer nicht wertenden Psychologie eine weitere pragmatische Wertigkeit zu verleihen.
Die frühe Ausformung eines autonomen Überich, das von den weiteren Schicksalen des Ich relativ unabhängig ist, die Vielfältigkeit der Fixierungen bei ein und demselben Menschen, die Fähigkeit, ideale Forderungen, mit denen man sich identifiziert und die eine hohe affektive Besetzung erhalten, von anderen Zielen und Strebungen dauerhaft zu isolieren, und viele weitere Faktoren sind dafür verantwortlich, daß keineswegs nur Personen, die in ihrer individuellen Entwicklung diese Ideale verwirklicht haben, ihnen folgen. Neben dem größten Bedürfnis nach Abhängigkeit kann sich der Ruf nach Unabhängigkeit erheben, neben der Freiheitsliebe kann ein Hang zur Unterwerfung bestehen bleiben.

VIII

Der Verlauf wichtiger Kindheitskonflikte bei den untersuchten vier Personen hat bestimmend dazu beigetragen, daß sie sich für »Freiheit und Unabhängigkeit« engagierten. Psychische Konfliktkonstellationen, die aus der Kindheit herstammen, sind an jedem Engagement beteiligt.
Von einer solchen psychoanalytischen Untersuchung können wir jedoch nicht ableiten und wir können nicht vorhersagen, an welcher Art politischer Ereignisse oder an welcher politischen Bewegung eine Person teilnehmen wird. Eine umfassende Analyse des Lebenslaufes einschließlich der unbewußten Folgen der sozialen Verhältnisse, unter denen ein Mensch aufgewachsen ist und lebt, wäre notwendig, wenn man aufzeigen wollte, für was er sich engagieren könnte und wie sein Engagement sich gestalten würde – oder aber, warum er sich *nicht* engagiert (auf diese letztere Frage wird in Kap.

4 und 5 eingegangen). Die Aussage, daß ein politisches Engagement *nichts anderes* sei als der Versuch, persönliche Konflikte zu lösen, ist ebenso unsinnig wie jene andere, daß die Beteiligung an einer politischen Bewegung aus rein objektiven oder rationalen Motiven ohne die Mobilisierung individueller innerer Konflikte zustande kommen könnte.

2. Gesellschaftskritik im Deutungsprozeß

Ein amerikanischer Analytiker weißer Rasse, dessen analytische Erfahrung mit Recht gerühmt wird, erzählte folgende Episode aus der Analyse eines Negers: Trotz scheinbar bester Voraussetzungen wollte die Analyse nicht recht in Gang kommen. Der Analytiker hatte immer wieder Mühe, Vorurteile seines Patienten zu erraten, die diesen zwangen, eine ängstliche, mißtrauische und unterwürfige Zurückhaltung zu bewahren. Allmählich konnte der Analytiker verstehen und zur Sprache bringen, welche Erniedrigung und Gefahr es für seinen in den Südstaaten aufgewachsenen schwarzen Patienten bedeutete, sich an einen reichen und mächtigen weißen Herrn zu wenden und sogar Hilfe von ihm zu erwarten. Der allgemein fühlbare Widerstand gegen die Vertiefung des Gesprächs wurde jedoch nicht geringer. Da stellte es sich heraus, daß ein besonderer Umstand den Patienten behinderte. Er konnte schließlich sagen, daß sein Analytiker mit ihm ein niedrigeres Stundenhonorar vereinbart hatte, als es in jener Stadt bei begüterten Patienten üblich ist. Dies sei der Beweis dafür, daß der Analytiker ihn, den Neger, seinen weißen Patienten nicht gleichstelle. Etwas erschrocken gab der Analytiker seinen Irrtum zu. Er habe gemeint, sein Patient könne kein höheres Honorar aufbringen. Im gegenseitigen Einverständnis wurde das Honorar heraufgesetzt. Jetzt kam die Analyse richtig in Gang.
Ich kann nicht erraten, was den betreffenden Analytiker dazu veranlaßt hat, in einer öffentlichen Diskussion gerade diese Episode zu erzählen, um seinen Umgang mit Patienten aus einer anderen Gesellschaftsschicht zu erläutern. Ich habe sie zur Einleitung meiner Ausführungen über die Notwendigkeit der Gesellschaftskritik im Deutungsprozeß gewählt, weil sie eine unverzeihliche, aber leicht zu durchschauende Abweichung von der für eine klassische Analyse richtigen Deutungstechnik zur Anschauung bringt.
Die Erhöhung des Honorars kommt der Einführung eines Parameters gleich. Das analytische Setting wurde verändert, das Deuten durch ein Agieren des Analytikers ersetzt. Es ist leicht, eine Auswahl von Aussagen zu finden, die statt der Aktion am Platz gewesen wären. Über die gesellschaftlichen Zusammenhänge: Weiße sind Träger der privilegierten Klasse, Neger Repräsentanten der ausgebeuteten und unterprivilegierten Klassen; durch Besitz zählt man zur ersten, durch Armut zu den zweiten. Über verbreitete gesellschaftliche Meinungen (Stereotype): Weiße sind reich, Neger sind arm; die Reichen verachten die Armen, die Weißen verachten die Neger. Über indivi-

duelle Vorstellungen und Übertragungsphantasien des Patienten: Der Analytiker verachtet ihn; er würde ihn weniger verachten, wenn er ihn für reich hielte; er muß den Analytiker fürchten, weil dieser ihn ausbeutet, er muß sich ihm unterwerfen, weil der Analytiker (als Weißer, als Privilegierter, als Ausbeuter) der Stärkere ist usf.

Diese und ähnliche Deutungsschritte wurden durch die Einführung des Parameters unterbunden. Es ist unwahrscheinlich, daß der in der Real- und Sozialerfahrung des Patienten wurzelnde Übertragungswiderstand später noch wirksam gedeutet werden kann, nachdem die Erhöhung des Honorars schwerwiegende Befürchtungen des Patienten bestätigt und unbewußte Wünsche erfüllt hat, z. B. den masochistischen Wunsch, ausgebeutet und dafür geliebt zu werden.

Es erhebt sich der Einwand, daß sich meine Vorschläge auf eine Konfrontation mit der Realität beschränken und daß es sich nicht um die Unterlassung einer Deutung gehandelt habe. In jedem Deutungsprozeß schließen sich Konfrontationen des bewußten Ich mit Vorgängen in der Außenwelt, die ungenügend beachtet oder wahrgenommen werden, Klarstellungen über den Sinn der Äußerungen des Analysanden und eigentliche Deutungen zusammen. Von einer Deutung würde ich nur sprechen, wenn der Analytiker unbewußte Inhalte oder Vorgänge im Ich, im Es, im Überich oder zwischen diesen Instanzen formuliert und seinem Analysanden vorlegt. Zumindest für einige Ich-Einstellungen und Übertragungsneigungen jenes Negerpatienten erfüllen meine Vorschläge dieses Kriterium. Es ist auch zu vermuten, daß durch diese funktionellen Deutungen der Weg für Rekonstruktionen eröffnet worden wäre. Die Familie, in der dieser Patient aufgewachsen ist, ihre Ängste und Hoffnungen, das Überich seiner Eltern können kaum frei von den Auswirkungen ihrer sozialen Situation als Neger in den Südstaaten geblieben sein.

Ich fasse zusammen: Statt eines Mitagierens des Analytikers, das sich als Manipulation der Übertragung auswirkte, hätte ein Deutungsprozeß einsetzen müssen. Dieser sollte Konfrontationen mit der Realität, die der Patient wahrnimmt (z. B. Weiße verachten Neger), umfassen und eine Kritik oder Analyse der sozialen Realität, die der Patient nicht wahrnimmt. Diese Kritik wirkt als Deutung und kann zu einer Überwindung des Übertragungswiderstandes und damit zur Vertiefung der Übertragung führen. Es scheint, daß jede Gesellschaftskritik, die sich nicht auf die unmittelbar wahrnehmbaren sozialen Phänomene beschränkt, sondern die der Gesellschaftsordnung zugrunde liegenden Kräfte aufzeigt, die Wirkung einer Deutung haben kann, weil diese Kräfte auf den psychischen Apparat einwirken.

Den wichtigsten Einwand gegen meine Verwendung jener Episode sehe ich darin, daß die vorgeschlagene Gesellschaftskritik so selbstverständlich und banal ist, daß sie diesen Namen kaum verdient. Kein einigermaßen intelligenter und weltoffener Analytiker würde einen solchen Lapsus begehen. Man kann zwar aus Fehlern lernen, doch nicht aus Fehlleistungen; diese haben andere Ursachen als Unwissenheit!

Dem gebe ich so weit recht, daß jeder Analytiker im Prinzip den gleichen analytischen Prozeß in Gang bringen kann wie der sozialkritisch eingestellte. Doch wäre die Fehlleistung eher vermeidbar gewesen, wenn der Analytiker außer auf seine Intelligenz und seine Empathie auf solide Kenntnisse über die ökonomischen Hintergründe der bekannten Phänomene und Meinungen hätte bauen können. Es ist in einer Analyse relativ leicht, die unmittelbar und in der biographischen Vergangenheit auf den Patienten einwirkende Umwelt allmählich richtig zu sehen, als Phänomen, wie der Patient sie erlebt hat, oder, wie Freud es nennt: als seine psychische Realität. Doch genügt dies oft nicht.

Die Analyse eines jungen, unverheirateten Gymnasiallehrers, den ich in Behandlung hatte, war weit fortgeschritten. Der wichtigste Kindheitskonflikt, der in der Übertragung zur Bearbeitung gekommen war, bestand in einer passiven Liebe zum drohenden ödipalen Vater, einer Fixierung, die sich im erwachsenen Leben als Ängstlichkeit und Unterwürfigkeit gegenüber Autoritätspersonen, als weichliche Unselbständigkeit und mitunter als paranoid gefärbte Angst vor unbekannten Verfolgern äußerte: kurz, das bekannte Bild latenter Homosexualität aus dem sogenannten negativen Ausgang des ödipalen Konflikts.

Zu Beginn der Sommerferien fühlte sich der Patient frei und selbständig. Er übernahm in dieser Stimmung die Leitung eines großen Ferienlagers für Mädchen und Burschen im Alter von 14 bis 17 Jahren. Solche Ferienlager finden im Auftrag der Rektorenkonferenz alljährlich im Ausland statt. Ganz gegen die Tradition jener Ferienlager organisierte der Analysand das Unternehmen in neuartiger Weise: es gab Selbstverwaltung, keine Trennung der Geschlechter, keine Sperrstunde am Abend, keinen von der Leitung bestellten Ordnungsdienst. Dafür entfalteten sich zahlreiche Initiativen und Aktivitäten, insbesondere politische Diskussionsgruppen in Zusammenarbeit mit den Jugendlichen einer benachbarten Stadt. Unliebsame Zwischenfälle gab es nicht. Die Teilnehmer waren von den Ferien begeistert, der Leiter erhielt zahlreiche Dankesbriefe der Eltern. Sogleich nach der Heimkehr wurde er zum Präsidenten der Rektorenkonferenz gerufen, der ihm seine Zufriedenheit, ja, seine Bewunderung für die Leitung des Ferienlagers ausdrückte, aber hinzufügte, daß er ihm den Rat geben müsse, sich in Zukunft nicht mehr zur Durchführung dieser oder ähnlicher Veranstaltungen zu melden. Auf seine erstaunte Frage erhielt er die Antwort, daß Gerüchte über sein Verhalten herumgeboten würden. Es liege in seinem eigenen Interesse, den Versuch nicht zu wiederholen. Der Rektor des Gymnasiums, an dem er arbeite, könne ihm genaueren Bescheid geben. Bei der sofort verlangten Unter-

redung mit diesem, seinem unmittelbaren Vorgesetzten, erfuhr der Lehrer wieder hohes Lob. Jedoch habe ein anderer Schulrektor, der nicht genannt sein wollte, von den Eltern eines Schülers vernommen, er, der Lehrer, habe sich im Ferienlager in anstößiger Weise mit einigen Knaben abgegeben.
Der Patient erzählte diese Ereignisse empört, aber voll Angst. Er wisse selber nicht mehr, ob etwas vorgefallen sei; zwei der Jungen hätten ihm in der Tat ausnehmend gut gefallen. Am besten wäre es wohl, er würde seinen Beruf aufgeben und Volksschullehrer werden. Mit den kleinen Knaben käme er nicht in Verdacht, die seien asexuell. Während er sprach, warf der Patient einmal rasch einen Blick nach hinten, auf mich, wie immer, wenn Verfolgungsängste in ihm aufstiegen.
Um die Deutung, die ich gab, zu verstehen, muß man wissen, daß in unserer Stadt eine Radikalisierung der Gymnasiasten stattfindet, die weit umfangreicher und politisch besser artikuliert ist als in anderen Gruppen, z. B. bei Lehrlingen oder Studenten. Die Gymnasien sind durch das System ihrer Schüler-Auswahl entsprechend der Tradition eine bisher unbestrittene Domäne der herrschenden Schichten und einer rechtsbürgerlichen Partei, der Freisinnigen. Die Rektorenkonferenz versteht sich, unter dem Motto »Wehret den Anfängen!«, als befugter Hüter der Tradition.
Die gegebene Deutung lautete etwa so: Es ist klar, daß Sie sich die Feindschaft der Rektoren zugezogen haben. Durch Ihre Art, das Ferienlager zu leiten, konnten sich dort politische Aktivitäten entfalten, die für die Rektoren und ihre Auftraggeber gefährlich sind. Um das zu unterbinden, mußte man Sie treffen. Im Moment sind Sie erfolgreich, darum konnte es nicht offen geschehen. Man hat Ihren schwachen Punkt erraten.
Die Angst und die resignierte Stimmung des Patienten verschwanden sofort. Die Empörung hielt noch an. Weitere Einfälle bestätigten meine Vermutung. Dann setzte ein erneutes Durcharbeiten der erwähnten Problematik aus dem negativen Ausgang des ödipalen Konflikts einschließlich der paranoid gefärbten Ängste vor dem Analytiker ein.
Hätte ich statt der gesellschaftskritischen Deutung zuerst eine solche der Übertragungsängste gegeben, wäre der Verlauf ein anderer gewesen. Zwar wäre es ebenfalls nicht schwer gewesen, die Beziehung zum Analytiker bald wieder konfliktfrei zu gestalten. Das beobachtende Ich des Patienten hätte sich, identifiziert mit dem analysierenden autonomen Hilfsich des Analytikers, sogleich dem inneren Konflikt zugewandt, dessen Besetzung durch die Verdächtigungen verstärkt worden war. Unweigerlich wäre ein Teil der paranoiden Angst an die nicht durchschauten »Feinde«, an die weitere Öffentlichkeit (vertreten durch die Rektoren) geheftet geblieben, die sich in Wirklichkeit so verhielten wie Verfolger. Erfahrungsgemäß ist es kaum möglich, paranoide Ängste wirksam zu analysieren, nachdem die Wirklichkeit den Befürchtungen recht gegeben hat.
Die unmittelbare Wirklichkeit des Patienten war: Deine Vorgesetzten haben dir homosexuelle Ausschreitungen vorzuwerfen. Mit der Deutung wurde die verborgene Bedeutung der gesellschaftlichen Wirklichkeit vermittelt.

Eine solche Deutung ermöglicht es dem Analysanden, die Gegenwart von seiner Vergangenheit zu unterscheiden. Wir wissen, daß bei großer Angstentwicklung durch Übertragungsphantasien die Wahrnehmung der Person des Analytikers für den Analysanden insuffizient wird; er ist dann nicht mehr imstande, die »Neuauflage« des Kindheitskonflikts von einem aktuellen Konflikt zu unterscheiden. In einer solchen Situation muß die Deutungsarbeit die diskriminierende Funktion des Ich zeitweise ersetzen. Eine ähnliche Funktion kommt der Deutung zu, wenn ein gesellschaftlicher Faktor so eingreift, daß er aus der Kindheit stammende Konflikte mobilisiert. Nicht weil das Ich von Angst überschwemmt ist, sondern weil die gesellschaftliche Gegenwart nicht wahrgenommen wird, fällt dem Analytiker die Aufgabe zu, sie so weit zu klären, bis das Ich imstande ist, die gegenwärtige Lage den unbewußten Erwartungen und Befürchtungen gegenüberzustellen.

Man kann die Situation des gesellschaftskritischen Analytikers mit jener vergleichen, in der wir sind, wenn wir Patienten zu behandeln haben, die in einer pathologischen Abhängigkeit von den egoistischen Wünschen ihrer Eltern (beschrieben als narzißtische Projektionen der Eltern auf das Kind) geblieben sind. Solche Menschen mußten sich bereits in ihrer Kindheit in ungewöhnlichem Maße anpassen. Deutungen werden für sie erst annehmbar, wenn sie gelernt haben, die eigenen Ich-Interessen von denen ihrer Eltern zu unterscheiden. Zuerst müssen Mechanismen projektiver Identifikationen und partizipativer Projektion mit Haltungen und Ansprüchen der Eltern bewußt gemacht und zurückgenommen werden. Erst dann kann der Analysand die Realität seiner Eltern wahrnehmen. Zu diesem Ergebnis könnte es nicht kommen, wenn der Analytiker gleichermaßen wie sein Analysand außerstande wäre, die Realität des pathologischen Verhaltens der Eltern zu durchschauen.

Analog dazu glauben wir, daß der Analytiker erkennen muß, welche Einflüsse die Makrosozietät eines Volkes, einer Klasse, einer sozialen Schicht auf seinen Analysanden ausgeübt hat und noch ausübt. Er muß in Betracht ziehen, daß ein Beamter nicht nur nützliche organisatorische Funktionen hat, sondern daß er Mitmenschen durch seine Macht unterdrückt, daß ein Unternehmer nicht nur einen interessanten und initiativen Beruf hat, sondern auch Herrschaft ausübt und Ausbeutung betreibt, daß ein Industriearbeiter nicht nur eine eintönige manuelle Beschäftigung ausübt, sondern dabei das Ausführungsorgan eines ihm fremden und feindlichen Interesses ist. Erst mit solchem Wissen kann die Ich-Analyse an die Deutung der zur Anpassung dienenden Mechanismen herangehen; das heißt, es können jene Anteile des Ich analysiert werden, die durch Angleichung geformt oder deformiert worden sind.

In mancher Hinsicht weicht das Verfahren, die Gesellschaftskritik in den Deutungsprozeß einzubeziehen, vom Herkömmlichen ab. Vor allem scheint es gegen die Forderung nach einer neutralen Haltung des Analytikers zu verstoßen. Auf dieses Problem möchte ich später zurückkommen und mich vorerst zwei theoretisch wichtigeren Fragen zuwenden.

Erstens schätze ich die Errichtung des Realitätsprinzips und die Funktion der Realitätsprüfung anders ein, als dies üblicherweise geschieht. Zweitens schreibe ich der Gesellschaft, ihrer Struktur und den sie bewegenden Kräften einen ungleich größeren Einfluß auf den entwickelten psychischen Apparat des Erwachsenen zu, als dies in der Psychoanalyse üblich ist. Ich möchte beide Gesichtspunkte zusammen diskutieren, dabei an die herkömmliche Auffassung erinnern und die Unterschiede hervorheben.

Der psychischen Realität, deren Studium das Hauptinteresse der Psychoanalyse gilt, hat Freud schon frühzeitig die praktische oder – wie er sie später nannte – objektive Realität gegenübergestellt. Die Notwendigkeit der Anpassung an die objektive Realität ist der wichtigste Motor der Ichbildung. Während der psychischen Entwicklung soll das Realitätsprinzip aufgerichtet oder, genauer gesagt, das Funktionieren des psychischen Apparats weitgehend vom Lustprinzip auf das Realitätsprinzip umgestellt werden. Dies besagt, daß die Triebwünsche aus dem Es in adäquater Weise den Erfordernissen der unmittelbaren Umwelt angepaßt werden; das Realitätsprinzip ist genetisch gesehen eine Modifikation des Lust-Unlust-Prinzips.

Die objektive Realität der Psychoanalyse ist aber nicht irgendeine Realität schlechthin. Sie läßt sich näher umschreiben. Die unmittelbare Umwelt des Kindes und des Heranwachsenden, vor allem die Welt seiner Beziehungspersonen wird seiner objektiven oder sozialen Realität gleichgesetzt. Ihre Einwirkung und die daraus resultierenden psychischen Prozesse werden entlang den Schritten der Ichbildung aufgeklärt. Das einmal gereifte Ich wird einer Realität gegenübergestellt, die genauso definiert ist wie die unmittelbare soziale Umwelt des Kindes. Der Realitätsprüfung, der Realitätswahrnehmung, rationalen kognitiven Prozessen und einigen weiteren autonomen Ichfunktionen billigt man jetzt zu, die soziale Umwelt objektiv einzuschätzen und mit ihr richtig umzugehen.

Deshalb soll in der psychoanalytischen Behandlung der Funktionsbereich des Ich gegenüber Einflüssen aus dem Es, die sich als Symptome im Ich etabliert haben, erweitert werden. Ist das Realitätsprinzip erreicht oder wieder erreicht, so hat die Psychoanalyse geleistet, was von ihr erwartet werden kann. Dem Analysanden bleibt es überlassen, seine soziale Realität einzuschätzen und in ihr zu handeln.

Doch nimmt das beobachtende Ich in seiner objektiven Realität, das heißt in seiner unmittelbaren Umwelt oft ein verzerrtes oder ins Gegenteil verkehrtes Bild der gesellschaftlichen Wirklichkeit wahr. Dieses Bild könnte durch weitere Erfahrungen und kognitive Prozesse korrigiert werden, wenn die gesellschaftlichen Kräfte, die auf das Individuum wirken, nicht tief in die Struktur des psychischen Apparats eingriffen. Diese Wirkungen werden in der Regel nicht wahrgenommen. Die bewußte und vorbewußte Wahrnehmung der unmittelbaren objektiven Realität, die der Analysand mit der Aufrichtung des Realitätsprinzips erreichen soll, mag ungestört bleiben und die Ichaktivitäten weiterhin leiten. Gleichwohl ist es möglich, daß sie nicht geeignet ist, alle Einflüsse, welche die Gesellschaft auf die eigene Psyche ausübt, zu registrieren. Ja, man kann sagen, daß ein gereiftes Ich, das optimal nach dem Realitätsprinzip ausgerichtet ist, desto weniger geneigt sein wird, die tiefgehenden, formierenden und transformierenden Einflüsse der erweiterten Umwelt wahrzunehmen, je flexibler es sich seinen unmittelbaren Aufgaben stellt.

Die Realitätsprüfung ist eine Voraussetzung zur Aufrichtung des Realitätsprinzips. Sie ist eine davon unabhängige, unerläßliche Funktion des Ich. Nur wenn sie einigermaßen intakt ist, kann das Ich seine relative Autonomie bewahren.

Daran, daß viele Geisteskranke auf ihre Einsperrung mit Protest reagieren, kann man sehen, daß die Realitätsprüfung selbst in Zuständen schwerer pathologischer Verwirrung, in denen die Selbstwahrnehmung weitgehend verzerrt und eingeschränkt ist, noch funktioniert. Umso verwunderlicher ist es, daß normale, intelligente Personen auf Einwirkungen der Gesellschaft, die zu einer dauernden oder vorübergehenden Ich- oder Überichausrichtung (adjustment) führen, nicht reagieren – weil sie diese nicht wahrnehmen. Strukturell ist dieser Tatbestand leicht zu erklären. Das veränderte Ich vermag die sozialen Faktoren, an die es seine Struktur angeglichen hat, nicht mehr zu erkennen. Wenn die Angleichung einigermaßen spät erfolgt, während oder nach der Adoleszenz, sind ihre Folgen manchmal noch subjektiv wahrnehmbar, nämlich als eine Verarmung an Befriedigung, als Erniedrigung des Selbstgefühls (als depressives Gefühl) und mitunter als Erinnerung an frühere Zustände oder an nicht mehr wirksame, aber noch nicht ganz entwertete Ichideal-Forderungen, die der Angleichung widerstanden haben.

Ich fasse zusammen: Damit ein Ich gemäß dem Realitätsprinzip funktioniert, muß es sich (unter anderem) auf eine komplexe Ichfunktion, auf die Realitätsprüfung verlassen. Diese arbeitet automatisch, ohne bewußte Kontrolle, darin einem Abwehrmechanismus vergleichbar. Die Realitätsprüfung dient der Anpassung des Ich an die

Außenwelt und paßt sich ihrerseits den Bedürfnissen des Ich an. Während ein abgewehrter Triebwunsch nicht ohne die Überwindung eines Widerstandes bewußt werden kann, weshalb wir ihn unbewußt heißen, kann ein Anteil der Außenwelt nicht als real wahrgenommen werden, wo die Realitätsprüfung versagt: die Wahrnehmung entzieht sich damit der bewußten Kritik, ist also im deskriptiven Sinne unbewußt. Halluzinationen kommen zustande, wenn dringende Bedürfnisse des Ich die Realitätsprüfung partiell außer Funktion setzen. Weniger dringende Ich-Bedürfnisse, die auf Einhaltung des Realitätsprinzips gerichtet sind, halten die Realitätsprüfung von jenen Wahrnehmungen der Umwelt ab, die eine einmal erfolgte Anpassung gefährden würden, solange sie kein Angstsignal auslösen. Bedeutende Einwirkungen der Umwelt können so für lange Zeit oder andauernd der Realitätsprüfung entgehen und der bewußten Verarbeitung entzogen bleiben. Das Ich wird ohne sie auskommen. Ich schreibe damit dem Ich Funktionen zu, aber nicht einen Drang nach Erkenntnis. Die Deutungsprozesse, von denen ich spreche, zielen auf eine Verbesserung der Realitätsprüfung und auf eine bewußte Wahrnehmung der weiteren Umwelt. Man kann sagen, daß sie das Realitätsprinzip ergänzen, ohne – vorerst – irgend etwas daran zu ändern.

Aus diesen Überlegungen leite ich ab, daß der Analytiker bei seiner Deutungsarbeit die erweiterte soziale Umwelt anders erfassen muß als sein Patient. Er kann sich auch nicht allein auf sein eigenes Realitätsprinzip stützen, das die sozialen Phänomene zwar nicht ebenso wie sein Patient, aber doch nur als Phänomene, nicht nach den ihnen zugrundeliegenden Gesetzmäßigkeiten und den von ihnen ausgehenden Wirkungen erfaßt. Macht- und Produktionsverhältnisse mit allen von ihnen abgeleiteten Institutionen, Regel- und Wertsystemen bedürfen einer Erschließung und Enthüllung – vergleichbar der Arbeit, welche die Psychoanalyse ehedem mit der psychischen Instanz »Unbewußt« geleistet hat.[1] Auch das Wissen des Wissenschaftlers (nicht nur seine Vorurteile) ist zum großen Teil nicht wissen-

[1] Die gleiche Forderung stellt sich den Erziehern: »Konszientisation, in anderen lateinamerikanischen Ländern ein subversiver und daher verbotener Begriff, ist in Peru in aller Leute Mund und somit allen Interpretationen ausgeliefert. Paulo Freire prägte den Begriff und definierte ihn als Prozeß, dank welchem der Mensch, im Dialog mit seinen Mitmenschen, seiner unmittelbaren Wirklichkeit bewußt wird, d. h. die soziokulturellen Mechanismen, die sein Schicksal bestimmen, durchschauen lernt. Das befähigt ihn, diese Mechanismen als Subjekt zu kontrollieren, statt ihnen als Objekt ausgeliefert zu sein. Es ist ein politischer Prozeß, der auf die Veränderung der Verhältnisse abzielt.« Locher, Regula: »Was Touristen in Peru nicht sehen. Probleme der dritten Welt, dargestellt am Beispiel peruanischer Entwicklungsprojekte«. In: *Basler Nationalzeitung* vom 2. 2. 1974 (Nr. 37).

schaftlich objektiviertes Wissen, sondern sozial akzeptiertes Wissen. Dieses Wissen ist nicht nur Inhalt, sondern in vieler Hinsicht auch Grundlage seines Handelns, ebenso wie die Fähigkeit zur Erfassung der objektiven Realität ein Teil der Anpassung seines Ich an seine Umwelt ist. Der Psychoanalytiker kann – wie Heinz Hartmann 1956 schrieb – seine Funktion nur ausüben, »insofern er fähig ist, in dem Denken und Handeln, aus dem seine Arbeit besteht, sich von der sozialisierten Menschenkenntnis loszulösen«.

Karl Marx hat gelehrt, daß man die Gesellschaft nicht verstehen kann, wenn man sie als eine Summe von Individuen betrachtet (was Freud noch in seinen letzten Schriften zumeist tat). Die Gesellschaft ist die Summe der Beziehungen und der Verhältnisse, worin diese Individuen zueinander stehen. Den Sozialwissenschaften, die dieser Grundannahme folgen, ist gemeinsam, daß sie das menschliche Verhalten vor allem oder ausschließlich auf gesellschaftliche Verhältnisse und Beziehungen zurückführen, auch dort – oder gerade dort –, wo das Individuum irrational oder unbewußt handelt. Die Frage, *warum* diese Anschauungen in der psychoanalytischen Theorie nicht die ihnen zukommende Bearbeitung erfahren haben, ist hier nicht zu beantworten. Darüber gibt es eine reiche neuere Literatur.

Obwohl Freud das Verhältnis des Individuums zu seinen Mitmenschen in den Mittelpunkt seiner Betrachtungen rückte, ist m. E. die Eigengesetzlichkeit gesellschaftlicher Kräfte nicht erkannt worden und sind ihre psychischen Einwirkungen nicht kritisch untersucht worden. Um dies zu belegen, möchte ich an die Lehre von den Kriegsneurosen und an Eriksons Beschreibung der Identitätskrise erinnern.

Im Jahre 1918 erkannten die Psychoanalytiker, daß echte Neurosen, die Kriegsneurosen, im Erwachsenenalter entstehen. Diese Kriegsneurosen waren offensichtlich durch äußere Umstände verursacht worden, die man traumatische nannte. Ihre Ausformung erfolgte zwar nicht unabhängig von der psychischen Entwicklung, doch überwog der tiefgehende Einfluß der Umwelt auf den bereits gereiften psychischen Apparat. Das Studium der Kriegsneurosen im Zweiten Weltkrieg und das der schweren psychischen Schäden, die bei Überlebenden der Konzentrationslager in Erscheinung traten, erweiterten die psychoanalytischen Kenntnisse über das Ineinandergreifen der traumatischen Einwirkungen und der in der Kindheit erfolgten Fixierungen. Weit über den Bereich einzelner Symptome hinaus erkannte man die Verformung und funktionelle Schädigung psychischer Strukturen. Dabei wurde den Besonderheiten der jeweiligen traumatischen Situation genau nachgeforscht. Sonderbarerweise ist aber nicht der Schritt gemacht worden, die soziale Umwelt, die Gesellschaft, in der unsere Analysanden leben, wenn sie sich *nicht* im Krieg oder im Kon-

zentrationslager befinden, ebenso genau zu untersuchen. Das, was bei Freud »das gemeine Elend« und ähnlich hieß, blieb für die psychoanalytische Theorie objektive Realität, die dem Ich zwar verschieden schwierige Anpassungs- und Bewältigungsleistungen aufnötigt, der aber keine für den psychischen Apparat relevante Eigengesetzlichkeit zukommt. Ob die Produktionsverhältnisse den einen Mann zwingen, zu hungern, dem anderen am Fließband eine intellektuelle und emotionelle Deprivation aufdrängen, einen Dritten als Unternehmer dazu bringen, seine Arbeiter auszubeuten, einen anderen dazu, als General einen Zwangsapparat zum Zweck tödlicher Aggression in Gang zu halten, ob sie die eine Frau einer ununterbrochenen Geburtenserie aussetzen und die andere ihres gewünschten Kindes berauben – die Produktionsverhältnisse blieben für die analytische Theorie irrelevant. Die Theorie folgte dabei dem gleichen Realitätsprinzip, wie es den Betroffenen zukam. Wahrgenommen wurden die gesellschaftlichen Einwirkungen als Schicksal, mit dem man zu rechnen hat. Die Theorie von der traumatischen Situation wurde nicht zu einer Theorie von der sozialen Situation erweitert.
Erikson hat mit der Identitätskrise einen typischen Vorgang erfaßt, in dem sich das Selbst mit vielen seiner Anteile in einer veränderten sozialen Situation neu orientieren muß und sich dem Ich die Aufgabe stellt, die eigenen, sich verändernden Bedürfnisse einer neuen Umwelt aktiv und passiv anzupassen. Nach glücklicher Überwindung der Identitätskrise wird die Gesellschaft für Eriksons Theorie wiederum zu einer Außen- oder Umwelt, die in das Innenleben nicht eingreift. Die Veränderungen, die die Gesellschaft nach Erlangung der eigenen Identität erfordert und erzwingt, die in der Tat oft weniger dramatisch verlaufen, werden schlicht aus der Prüfung entlassen und dem Schicksal zugeschrieben. Auch hier wurde der Eingriff gesellschaftlicher Zwänge nur für einen kurzen Lebensabschnitt psychoanalytisch zur Kenntnis genommen, als ob der Jüngling, der vorher die psychische Entwicklung und Reifung durchlaufen hat, nur in einer kurzen Spanne seines Lebens gesellschaftlichen Kräften ausgesetzt wäre und dann in einer Schicksalsmatrix außerhalb menschlicher Machtverhältnisse lebte. Während für den Marxisten der Mensch als soziales Wesen geboren wird, wenn er die erste Lohntüte in Empfang nimmt, stirbt er für Erikson als soziales Wesen ab, sobald er »seinen Platz« in der Gesellschaft gefunden hat. Die tiefgehende soziale und berufliche Deformation durch Klasseninteressen und Rollenzuschreibungen, der niemand in unserer Gesellschaft entgeht, blieb Gegenstand der Vulgärpsychologie und literarischer Schilderungen. Die wissenschaftliche Psychologie sah weitgehend über sie hinweg.
In der Praxis liegen die Verhältnisse wohl günstiger als in der Theo-

rie. Jede einfühlende und sorgfältige Analyse wird versuchen, die unbewußt verlaufenden adaptiven und kognitiven Funktionen des Ich zu gesellschaftlichen Vorgängen in Beziehung zu setzen. Dies kann nur so weit gelingen, wie der Analytiker diese Prozesse kennt und durchschaut. Seit den Anfängen der Psychoanalyse wurden typische soziale Prozesse beschrieben, deren Kenntnis die therapeutische Arbeit erleichtert. Bekannt ist die Verzerrung der heterosexuellen Beziehungen durch die normgerechte soziale Entwertung der Frau in der bürgerlichen Gesellschaft. Auch wurde man darauf aufmerksam, daß das Überich in bestimmten sozialen Konstellationen unbemerkt weitgehende Modifikationen seines Inhalts und seiner Wirkungsweise erleben kann. Dies wurde am deutlichsten bei Soldaten, die während der Ausbildung mittels einer Identifikation mit dem Aggressor nicht nur zu neuen Überich-Inhalten, sondern auch zu einer anderen Stellung des Überich zum Ich und zu einer größeren Abhängigkeit des Überich von den Erfordernissen der Außenwelt gelangen. Die Identifikation mit dem Führer oder mit Idealsystemen, Fraktionierungen des Überich und Rückgriffe auf längst verlassene präautonome Überich-Kerne wurden zur Erklärung pathologischen Verhaltens in ungewöhnlichen sozialen Situationen herangezogen. Ähnliche Vorgänge scheinen im Alltag eine große, aber noch unerforschte Bedeutung zu haben.

Die Gesellschaft bietet jedem Individuum Frustrationen und Verführungen, die für seine soziale Lage spezifisch sind und die einer einseitigen Anpassung des psychischen Apparates Vorschub leisten. Die narzißtische Befriedigung am aggressiven oder masochistischen Agieren der Standes- und Klasseninteressen wird besonders leicht übersehen, wenn der Analytiker und sein Analysand der gleichen sozialen Schicht angehören. Da nicht jeder Analytiker ohne weiteres geeignet ist, die nötige kritische Distanz zu den sozialen Verhältnissen, in denen er lebt, herzustellen, wird sein Blick, der sich auf die psychische Realität des Patienten richtet, unweigerlich nur bis zu der Grenze reichen, die die Realitätsprüfung seines Patienten zieht, auch wenn er noch so geschult ist, jene andere Grenze zwischen Bewußt und Unbewußt zu durchdringen. Um den analytischen Prozeß zu begleiten, müßte er seine Aufmerksamkeit jedoch andauernd über beide Grenzen hinaus richten. Denn wir vermuten, daß Klassen-, Berufs- und Machtpositionen des Individuums ständig in die Besetzungen des Selbst eingreifen und das Verhältnis der psychischen Strukturen zueinander bestimmen.

Ich habe die Erfahrung gemacht, daß es in jeder Analyse Erwachsener nötig ist, Identifikationen mit den sozialen Rollen in den Deutungsprozeß einzubeziehen. Mit der Einführung des Begriffs der Rolle, der aus der Soziologie stammt, in die psychoanalytische Theorie wird wohl zuerst einmal eine Begriffsverwirrung entstehen, wie damals, als Erikson die psychologische Bedeutung der sozialen Identität in die psychoanalytische Entwicklungstheorie eingeführt hat. Ohne auf eine begriffliche Definition einzugehen, genügt es vielleicht festzustellen, daß ich unter Rolle das verstehe, was in der Soziologie damit gemeint ist, daß ich aber auch klassen-, kasten- und gruppen-spezifische Verhaltensweisen in ihrem Rollenaspekt einbeziehe.[2] Damit vermehren sich die Rollen, die auf das Individuum fallen, um solche, die ihm nicht oder nur teilweise bewußt sind. (Mit dem Rollenspiel im Psychodrama nach Moreno hat die Identifikation mit der Rolle nicht viel Gemeinsames.) Die wichtigsten psychologischen Aspekte sind: erstens aktive Anpassung an die Erfordernisse der zu übernehmenden sozialen Rollen und zweitens libidinöse und aggressive Erlebnisse, die von den Rollenzuschreibungen und Rollenerwartungen der Umwelt im Individuum ausgelöst werden.

Identifikationen mit der sozialen Rolle können dauerhaft sein, treten aber unter Umständen nur vorübergehend oder als Notfallmechanismus in Erscheinung. Die Identifikation mit der Rolle wirkt unter Umständen wie ein manischer Mechanismus, indem sich das Ich sonst gültiger Überich-Forderungen entledigt. Gleichzeitig können intrastrukturelle Konflikte im Ich, z. B. zwischen aktiven und passiven Einstellungen, überbrückt werden. Der Mechanismus dient zur Ausrichtung an der Außenwelt und wirkt darum gegenüber Es-Ansprüchen und Affekten oft wie ein Abwehrmechanismus. Der wichtigste Unterschied zu einem komplexen Abwehrmechanismus – etwa der Icheinschränkung – liegt in der unmittelbaren libidinösen und oft auch aggressiven Triebbefriedigung, wodurch der Mechanismus einer Sym-

[2] In dieser Arbeit werden zahlreiche Begriffe verwendet, die aus der Soziologie, der Ethnologie und aus anderen Humanwissenschaften herstammen, z. B. Makrosozietät, Klasse, Kaste, Schicht, Gruppe, Rolle u. v. a. Wenn man daran festhält, daß diese Wissenschaften nicht nur im Bezug auf ihre Methoden, sondern als Theorien getrennt bleiben müssen (obwohl sie immer wieder den gleichen Gegenstand untersuchen!) und daß die Trennungslinien zwischen Wissensgebieten nur durch sogenannte interdisziplinäre Forschung überbrückt werden können, ist unsere Verwendung jener Begriffe unerlaubt und eklektisch. Wir sind in dieser klinisch orientierten Arbeit bestrebt, das Verhältnis der verwendeten Ausdrücke zur Psychoanalyse und ihren Sinn für diese klarzumachen. Darüber hinaus meinen wir aber, daß alle diese von uns angewandten Begriffe im Rahmen der dialektisch-materialistischen Geschichts- und Gesellschaftstheorie ihren Platz haben und daß man auf ihre Verwendung weder verzichten kann noch soll. Dazu ist allerdings oft eine sorgfältige begriffliche Klärung nötig, wie sie z. B. M. Erdheim (1972) mit dem »Prestige« gelungen ist, einem Begriff, welcher der Ethnologie und verschiedenen funktionellen Soziologien unentbehrlich ist, der sich aber in eine dialektische Geschichtsbetrachtung vorzüglich einfügen läßt.

ptombildung vergleichbar wird. Zum Unterschied vom Symptom geht die Identifikation mit der Rolle in der Regel mit einer – allerdings oft nur vorübergehenden – narzißtischen Befriedigung einher. Bei der Deutung wird man sich am besten an die alte technische Regel erinnern, daß man regressive Abwehrmechanismen zuerst deuten soll, und progressive, die dem Ich eine gewisse Stärke verleihen, erst später. Ähnlich sollte man Rollenidentifikationen, die dem Ich einen größeren Funktionsspielraum lassen und die mit Triebbefriedigung einhergehen, erst deuten, wenn die Bereitschaft zu regredieren geringer geworden ist und keine unbeherrschbare Angst mehr droht. Dann aber wird die Deutung der Identifikation mit der Rolle unerläßlich, um unbewußte Konflikte, die das soziale Verhalten weitgehend bestimmen, einer bewußten Bearbeitung zugänglich zu machen.

Bei den psychoanalytischen Felduntersuchungen mit Westafrikanern waren wir darauf angewiesen, die jeweilige gesellschaftliche Wirklichkeit unserer Gesprächspartner von Grund auf neu zu studieren. Dabei ergab es sich, daß wir einige psychische Strukturen und Funktionen anders beschreiben mußten, als es in der psychoanalytischen Theorie bisher üblich war. Zum Beispiel kommt in den Instanzen Gruppen-Ich und Clangewissen (vgl. Kap. 4 und 8) zum Ausdruck, wie tief Gesellschaftliches in die Psyche jener Menschen eingreift.

Um unsere Beobachtungen theoretisch zu fassen, war es nötig, zwei – übrigens längst bekannten – Prinzipien zu folgen, die wir nun als Grundlage für die Deutungsarbeit bei Europäern nehmen.

Erstens empfehlen wir, die dialektisch-materialistische Gesellschaftstheorie anzuwenden, und zweitens, bei der Untersuchung psychischer Prozesse auf die Unterscheidung des funktionellen Gesichtspunktes vom genetischen zu achten.

Zum ersten Prinzip: Da sich Produktions- und Machtverhältnisse ständig verändern, von Menschen gemacht und von ihnen im Prinzip veränderbar sind, dürfen sie nicht als unveränderbar beschrieben werden. Nur ein diachrones funktionelles System, wie es im dialektischen Materialismus vorliegt, kann mit dem diachronen Entwicklungsmodell der Psychoanalyse in Einklang gebracht werden und kann die der Sozialordnung zugrunde liegenden Gesetze und Kräfte, die auf den psychischen Apparat wirken, zur Anschauung bringen.[3] Da in jeder Gesellschaft die bedeutendsten Konflikte von den Pro-

[3] Andere »wissenschaftliche« Beschreibungen der Gesellschaft lassen sich mit dem historisch-biographischen Entwicklungsmodell der Psychoanalyse nicht in Einklang bringen und sind deshalb als theoretische Grundlage für die Erweiterung der Deutungsarbeit ungeeignet. Das gilt für die Gesellschafts- und Sozialisationsmodelle der Behavioristen und Lerntheoretiker und auch für funktionalistische soziologische

duktionsverhältnissen ausgehen, müssen diese von der verwendeten Gesellschaftstheorie erfaßt werden. Konflikte zwischen den Interessen des Individuums und jenen der Gesellschaft, die wir im psychischen Entwicklungsprozeß in bezug auf die Beziehungspersonen und die Erziehungsmodalitäten würdigen, wirken – wie es die marxistische Gesellschaftstheorie und einige ethnologische Theorien feststellen – zeitlebens auf das Individuum ein. Sie gehen von Widersprüchen aus, die in der spezifischen gesellschaftlichen Organisation enthalten sind. Hat der historische Fortschritt die bestehenden Widersprüche überwunden, werden neue entstehen. Eine konfliktfreie Gesellschaft ist für die dialektisch-materialistische Geschichtstheorie ebenso undenkbar wie für die Psychoanalyse ein konfliktfreies Individuum. Widerspruchsfrei kann in beiden Theorien nur eine Utopie sein, die auf Erforschung der Realität verzichtet und sich auf Wunschdenken stützt.[4]

Das zweite für die Untersuchung psychischer Prozesse empfohlene Prinzip ist besonders von Hartmann, Kris und Loewenstein in den fünfziger Jahren entwickelt worden: die Unterscheidung des funktionellen Gesichtspunktes vom genetischen. Eine während der psychischen Entwicklung ausgebildete Struktur (z. B. ein Abwehrmechanismus, ein Charakterzug) kann eine Funktion übernehmen, die von den Bedingungen ihrer Entstehung unabhängig ist, und sie kann einem anderen Zweck dienen als dem, der bei ihrer Entstehung gegeben schien. Darum kann die gleiche dynamische Konstellation eine andere Funktion übernehmen, sobald die soziale Umwelt andere Anforderungen an den psychischen Apparat stellt – was wiederum zu intra- und interstrukturellen Änderungen Anlaß gibt.

Somit ist zu verstehen, daß der Einfluß einer sozialen Situation Symptombildungen erzeugen kann, die sich durch Deutung der sozialen Bezüge verändern und die in der Folge auf ganz andere Entwicklungsschritte in der Kindheit zurückgeführt werden müssen, als es erst den Anschein hatte.

Für die Frage der Neurosenwahl ergeben sich daraus neue Gesichts-

Theorien wie jene von Talcott Parsons, die Heinz Hartmann auf ihre Vereinbarkeit mit der Psychoanalyse geprüft hat.

[4] Natürlich hat die Anwendung der marxistischen Gesellschaftstheorie die Folge, daß wir psychische Kräfte nicht als Ursache sozialer Erscheinungen ansehen können, diese und ihre geschichtliche Entwicklung vielmehr auf die Produktivkräfte, ihre Evolution und die daraus abgeleiteten Produktions- und Machtverhältnisse zurückführen. Psychische Bedürfnisse greifen jedoch in den sozialen Prozeß ein, wie sie auch von diesem gestaltet werden. Man kann in der Evolution der Sozietäten die Produktivkräfte mit dem Motor eines Wagens vergleichen, während die individuellen und kollektiven psychischen Prozesse als Steuer, als Beschleuniger oder als Bremse wirken.

punkte. Es muß nicht mehr heißen: Welche frühkindlichen Fixierungen bedingen diese oder jene Neurose des Erwachsenen. Man kann vielmehr sagen: Wenn unter bestimmten Einflüssen der engeren *und* der erweiterten sozialen Realität diese Neurose ausbricht, so ist aus dem Repertoire oder vielmehr aus dem diachronen Gefüge kindlicher Fixierungen diese oder jene Konstellation pathogen geworden. (Natürlich soll dabei nicht geleugnet werden, daß es Entwicklungen gibt, die in jeder bekannten Sozialsituation als insuffizient oder krankhaft imponieren würden.)

Dafür ein Beispiel aus meiner Praxis. Ein junger Mann aus bürgerlicher Familie war während seiner ersten Studienjahre an der Universität zur Überzeugung gelangt, daß die bestehende Gesellschaftsordnung einer grundlegenden Änderung bedürfe. Er suchte und fand den Anschluß an eine politische Gruppe. Diese Gruppe war locker, ohne hierarchische Organisation aufgebaut. Während mein Patient in seinem Beruf und in seiner Familie klaglos funktionierte und in jeder Hinsicht suffiziente Ichleistungen zeigte, konnte er in dieser neuen Gruppe nur als krank im sozialen Sinne des Begriffes angesehen werden. Es zeigte sich, daß er einen Ausgang des ödipalen Konfliktes erlebt hatte, der in seiner gewohnten Umgebung durch milde, relativ konfliktarme Vater-Übertragungen seine Einordnung förderte. Die Verinnerlichung der Autorität seiner Eltern trug dazu bei, daß er sich in hierarchische Strukturen gut einordnen konnte, ohne darunter zu leiden. Der negative Ausgang des ödipalen Konfliktes, die passive Unterwerfung unter den Vater machte es ihm leicht, die unvermeidlichen Frustrationen seiner eigenständigen und phallischen Bedürfnisse hinzunehmen und durch eine Unterwerfung, die ohne größere Angstentwicklung gelang, aufzufangen. In der neuen Umgebung zeigte es sich, daß seine Ichautonomie schwer beeinträchtigt war, da die Gruppe nicht entsprechend dieser Übertragungsneigung reagierte. Zunächst versuchte der Patient immer wieder, Rivalitäten zu mobilisieren und dann entweder autoritär zu siegen oder sich dem Sieger passiv zu unterwerfen. Da beides in dieser Gruppe nicht nur von den Wertsystemen her verpönt war, sondern auch nicht auf entsprechende Reaktionen der Umwelt traf, begann der Patient Erscheinungen von Depersonalisation zu zeigen, in narzißtische Rückzüge zu versinken und war bald auch von Ratlosigkeit und Schamgefühl überwältigt, wenn er in eine andere Umgebung kam. Ein im Rahmen der Struktur und der Wertsysteme einer sozialen Klasse noch zureichender Sozialisationsprozeß hatte zu einer Ichbildung geführt, die auf das Fortbestehen der entsprechenden äußeren Struktur angewiesen war. Der Übertritt in eine anders strukturierte Gruppe mit anderen Haltungen der Teilnehmer und anderen Wertmaßstäben führte zu Versagen. Das Gruppenich des Patienten, wie ich es entsprechend dem Ausdruck, den wir für das Ich von Westafrikanern gebraucht haben, nennen will, war insuffizient geworden.

Im Verlauf der Analyse ermöglichte die Deutung der dem Patienten nicht wahrnehmbaren sozialen Zusammenhänge die Auflösung der

»narzißtischen Neurose« und eröffnete den Zugang zur ödipalen Problematik. Hätte man versucht, ohne die Deutung des Zusammenhangs der sozialen Struktur mit seinem Erleben auszukommen, hätte man gegen den Widerstand des Ich arbeiten müssen, das – in der Form einer Regression (eines narzißtischen Rückzugs) – eine ihm mögliche Anpassung an eine konfliktuelle gesellschaftliche Situation gefunden hatte.

Es ist bekannt, daß nicht zwei Analytiker bei demselben Patienten die gleichen Deutungen in der gleichen Reihenfolge geben würden. Wenn der Analytiker in der Frage der Neurosenwahl dem Einfluß der Gesellschaft das, wie ich meine, richtige Gewicht gibt, wenn er die Pathogenese von den Ergebnissen der psychischen Entwicklung *und* den gesellschaftlichen Bedingungen ableitet, wird seine Deutungsstrategie schon zu Beginn einer Analyse eine andere sein, als wenn er dies nicht täte. Doch ist dies nicht so leicht nachzuweisen.

Viel leichter kann man an manchen einmal abgeschlossenen Analysen zeigen, daß sich Symptombildungen, die einer analytischen Bearbeitung zugänglich gewesen wären, der Analyse entziehen können, wenn im Deutungsprozeß die gesellschaftliche Situation nicht richtig eingeschätzt worden ist.

Ich denke hier an bestimmte Analysen, die zur Zufriedenheit abgeschlossen worden sind und die eigenartige sogenannte Restneurosen nach sich ziehen, die sonderbarerweise nicht in Erscheinung traten, solange der Patient noch in Behandlung war. In meiner Praxis habe ich in dieser Hinsicht einige schmerzliche Erfahrungen gemacht, die doppelt ärgerlich sind, wenn man nachträglich erkennt, daß bei einem richtigen Vorgehen ein günstigerer Ausgang möglich gewesen wäre. Es sind dies Analysen, bei denen die gelungene Anpassung an eine ganz bestimmte soziale Situation, die identifikatorische Angleichung an eine Gruppe oder Kaste, die Identifikation mit ihrer Ideologie zur »Heilung der Neurose« geführt oder beigetragen haben. Die einsetzende narzißtische Restitution bringt dann das Ende einer Analyse, die man besser noch weitergeführt hätte. Der Analytiker stellt die Vernarbung einer tiefen narzißtischen Verletzung fest. Sobald es aber zu einer Bedrohung der äußeren sozialen Stellung kommt, an die der Analysand sich anpassen mußte, oder wenn sich Verschiebungen im inneren Gleichgewicht ergeben, was oft schon mit dem Aufhören der therapeutischen Analyse der Fall ist, wird die sogenannte Restneurose manifest. Häufig muß der Analysand die unentbehrliche Identifikation mit seiner neuerworbenen, kompensatorisch wirkenden sozialen Rolle festhalten. Er wird dann entweder versuchen, seine Ängste projektiv auf einen Sündenbock zu richten, der seine Stellung bedroht, oder er wird sozial versagen oder regressiv andere, schon verlassene Konflikte neu besetzen. Doch auch in Fällen, in denen es nicht zu gröberen Dekompensationserscheinungen des erworbenen funktionellen Gleichgewichts kommt, wird die soziale Kompensation der narzißtischen Anteile einer Neurose das Fortschreiten der unendlichen Analyse auf allen konflikthaften Gebieten, das heißt eine fortgesetzte Selbstreflexion beeinträchtigen.

Der Analytiker könnte sich damit entschuldigen, daß er einen Patienten, der sein narzißtisches Gleichgewicht in der Angleichung an eine besondere soziale Schicht oder Gruppe gefunden hat, gar nicht weiter analysieren konnte, auch wenn er es gewünscht hätte. Man müßte ihm aber entgegenhalten, daß gerade dann, wenn die Restitution des Patienten gut ist, ein gesellschaftskritischer Deutungsprozeß nötig und auch möglich gewesen wäre, der zu neuen Übertragungsmanifestationen und zu einem vertieften Durcharbeiten internalisierter Konflikte hätte führen können.

Es wäre natürlich unsinnig, einem Analysanden in dieser Situation das Kommunistische Manifest vorzulesen oder ihm einen Vortrag über die Klassengesellschaft und seine eigene Stellung und Rolle in derselben zu halten. Nicht der Analysand weiß zu wenig von diesen Verhältnissen, sondern der Analytiker müßte von ihnen mehr wissen. Gegenstand der Deutung ist jetzt der Zusammenhang unbewußter Vorgänge (z. B. der identifikatorischen Abwehr von Aggression, Angst und Schamgefühlen) mit den vom Ich des Analysanden nicht wahrgenommenen oder nicht wahrnehmbaren Einflüssen gesellschaftlicher Kräfte. Die Dynamik der Ideologie einer beruflichen Kaste, die sich aus ihren ökonomischen Kräften herleitet, ist zur Kompensation der Kindheitskonflikte eines Patienten umso geeigneter, als er mit dem gesunden, unmittelbar realitätsangepaßten Anteil seines Ich und seiner Wünsche in der Regel gerade dieser sozialen Situation zugestrebt war, die ihm eine Kompensation versprach.

Aus Gründen der Darstellung habe ich in den früher zitierten Episoden und auch hier bei den unvollständig gebliebenen Analysen einzelne Schritte des Deutungsprozesses herausgegriffen. Dadurch könnte der Eindruck entstehen, daß ich nur einzelne, gesellschaftskritisch richtige oder vollständige Deutungen anderen unrichtigen oder unvollständigen gegenüberstellen wollte. Das ist nicht meine Absicht. Ich glaube vielmehr, daß es darauf ankommt, daß der Analytiker während der ganzen Analyse eine Atmosphäre gesellschaftskritischer Offenheit herstellt. Dies kann nur erreicht werden, wenn er die Kritik der Gesellschaft, die auf seinen Analysanden einwirkt, in das assoziative Spiel seiner frei schwebenden Aufmerksamkeit aufnimmt. Das ist möglich, wenn er die ökonomischen Gesetze und Machtverhältnisse ähnlich gut kennt wie die Gesetzmäßigkeiten der frühkindlichen Entwicklung und der unbewußten Prozesse, die ihm das Gerüst für jede Deutung abgeben.

Auf die früher zurückgestellte Frage, ob das Verfahren nicht zu einer Suggestion oder zu einer Indoktrinierung des Analysanden führt, führen muß oder kann, ist jetzt einzugehen. Die erste Antwort lautet: Ja, ein Schritt in diesem Deutungsprozeß beruht auf Suggestion. Die gesellschaftskritische Deutung wirkt wohl wie jede andere Deutung. Die Identifikation mit der Art und Weise des Analytikers, Unbewußtes zu verbalisieren, ist ein starkes und desto gewichtigeres Instrument der Analyse, je weniger das Ich des Analysanden imstande ist, seine eigene Abwehr partiell unwirksam zu machen, oder je weniger es die vom Unbewußten ausgelösten Affekte verträgt. So weit beruht jede Analyse auf Suggestion. Die weitere Deutung dieser Identifikationen und jener libidinösen und aggressiven Wünsche, die sich mit der Deutung – ob sie nun angenommen oder abgelehnt wird – an die Person des Analytikers heften, wandelt die Suggestion zu einem Stück Einsicht. Erst jetzt kann das Ich des Analysanden die Triebwünsche bewußt wahrnehmen, zulassen, modifizieren oder abweisen, und der Analytiker ist wieder zum »autonomen Hilfsich« (Loewenstein) geworden. Nur sollte meiner Meinung nach das autonome Hilfsich nicht gesellschaftlich blind sein.

Die Frage, ob ich meine Analysanden indoktriniere, ist damit noch nicht erledigt. Man kann z. B. sagen, daß der Analytiker unbewußte Vorgänge so viel leichter objektiv zu beurteilen vermag als gesellschaftliche, weil ihn die eigene Analyse dazu befähigt hat. Er wird mit Deutungen des Unbewußten nichts suggerieren, das nicht schließlich der Prüfung durch das Ich der Analysanden standhält. Vorgängen in der Makrosozietät wird er jedoch subjektiv gegenüberstehen, er wird seine eigene, klassengebundene Ideologie nicht durchschauen, und wenn er gar an einer Ideologie teilhat, die nicht seiner gesellschaftlichen Position entpricht, werden ihn starke Affekte daran hindern, seine eigenen Vorurteile zu durchschauen.

Es ist zuzugeben, daß auf beiden Gebieten, bei der Durchforschung des Unbewußten *und* der Gesellschaft, Vorurteile und Fehleinschätzungen an der Tagesordnung sind, eben wegen der großen Affektbesetzung beider, und weil beides der bewußten rationalen Erfassung nicht ohne Widerstände zugänglich ist. Sogenannte Irrwege psychoanalytischen Denkens (und Handelns) – von Einzelnen und von ganzen Schulen – konnten auch durch »gute« didaktische Analysen nicht vermieden werden. Zu fordern wäre nicht nur, wie ich es oben tat, eine bessere theoretische Erfassung der gesellschaftlichen Einwirkungen auf den psychischen Apparat. Auch die didaktische Analyse des Analytikers müßte auf seine gesellschaftliche Situation und auf die unbewußte Bedeutung seiner Ideologie eingehen. Schließlich wäre noch der Mut vonnöten, jene wirksamen Tabus und hergebrachten Ideale, die das Kasten- und Klassenbewußtsein ausmachen, ebenso radikal in Frage zu stellen, wie es Freud und seine ersten Mitarbeiter mit den sexuellen Tabus und vielen Werten des viktorianischen Bürgertums gewagt haben.

Um nochmals auf jene Analysen zurückzukommen, die durch kompensatorische Angleichung an eine soziale Gruppe zu einem vorzeitigen Ende kommen: Der gesellschaftskritische Deutungsprozeß, den ich anstelle des Abschlusses postuliere, muß psychologisch äquivalent eingeleitet werden, ob sich der Patient nun an diese oder an jene soziale Gruppe angeglichen hat, also z. B. an eine rechtsbürgerliche oder an eine mittlere oder revolutionäre Partei. In jedem dieser Fälle müßte der Deutungsprozeß von den Kräften, Werten und Absichten dieser Gruppe zu ihrer kompensatorischen Funktion, z. B. für das Selbstgefühl, fortschreiten. Das Ergebnis wäre, im Idealfall, das gleiche: Über eine Aktivierung und Erweiterung der Übertragungsneurose käme es zu einer erneuten Konfrontation der Wünsche mit dem Ichideal und der äußeren (gesellschaftlichen) Realität.

Die Kritik der Gesellschaft führt nicht zu einer Indoktrinierung, jedoch zur Bearbeitung von Konflikten, die sonst außerhalb der Analyse bleiben würden. Daß die psychologische Bearbeitung nicht mit einer glücklichen Lösung verwechselt werden darf, ist selbstverständlich.

Vielleicht wird man die pragmatische Nützlichkeit meiner Vorschläge hinnehmen, weil sie an der Praxis – wie sie immer schon war oder hätte sein sollen – nicht viel ändern. Und doch wird man bedauern, daß sich die Psychoanalyse von ihrem eigentlichen Gebiet entfernt: Ist es doch ihre Aufgabe, von einer dialogischen Selbstreflexion zur Kenntnis des eigenen Unbewußten fortzuschreiten. Ich glaube gezeigt zu haben, daß dieses Ziel durch die Einbeziehung von Gesellschaftskritik in den Deutungsprozeß nicht aufgegeben wird. Doch möchte ich das therapeutische Ziel der Analyse noch anders umschreiben: als Funktionswandel der Abwehr. Wir trachten danach, eine in der Kindheit notfallmäßig entstandene Abwehrorganisation in eine altersadäquate und zweckmäßigere Funktionsweise des Ich umzuwandeln. Um dies zu erreichen, ist die angegebene Deutungsarbeit unerläßlich. Würde ein Analytiker ganz darauf verzichten, bliebe sein Analysand darauf angewiesen, jene stabilisierenden oder deformierenden Einflüsse auf sein Ich und Überich im Lauf seines späteren Lebens selbst zu entdecken und ihnen entgegenzutreten. Praktisch gibt ein Analytiker, der die Gesellschaft bei seiner Arbeit als unveränderlich hinnimmt, ein schlechtes Beispiel. Theoretisch werden von ihm jene Abwehrformen, die ein aktives Einwirken des Individuums auf seine soziale Lage implizieren, nicht analysiert und bleiben damit infantilen Fixierungen unterworfen. Mit anderen Worten: Triebwünsche, die sich an soziale Ziele geheftet oder auf diese verschoben haben, werden nur zufällig und ohne die Hilfe bewußter Ichfunktionen zur Befriedigung kommen.

Ob man sich einer so erweiterten Deutungstechnik bedient oder nicht: Jede gelungene Analyse erschüttert die Ideologie des Analysanden, bringt seine individuellen Interessen in Konflikt mit Interessen und Wertsystemen der Gesellschaft, besonders jener sozialen Schicht, der er selber angehört. Wenn man mich fragen sollte, ob meine Analysanden durch die Analyse zu Revolutionären werden, müßte ich »nein« sagen. Es sind letztlich doch die massiven Vor- und Nachteile einer gesellschaftlichen Position, die für das soziale Verhalten einer Person, sei sie analysiert oder nicht, den Ausschlag geben. Abweichungen von dieser Regel sind bei erfolgreich analysierten Menschen nicht selten. Noch häufiger ändern sich in der Analyse einzelne sozial wirksame Einstellungen und Verhaltensweisen. Oft finden solche Menschen Befriedigung in emanzipatorischen Aktivitäten, die ihren materiellen Interessen scheinbar widersprechen.

Ein letztes klinisches Beispiel soll das belegen. Ein Kollege hat mir über diese Episode aus der Analyse einer 24jährigen Studentin der Geschichte berichtet. Das Mädchen war von einer alles durchdringenden Sexualneugierde geplagt. Eine heftige Enttäuschung über ihren Analytiker trat ein, als sie sich am Ziel ihrer Forschung angelangt glaubte. Das Wissen hatte für sie die Bedeutung angenommen, doch noch einen Penis zu erhalten, doch noch einmal Mann zu werden. Daß dieser Wunsch nicht erfüllt wurde, erklärte die Enttäuschung. Durch zwanghafte Anfälle von Freßsucht versuchte die Analysandin, sich das Fehlende einzuverleiben. Gedeutet wurde die regressive Abwehr, die Verlegung auf das Essen, und das Abgewehrte, der Wunsch, einen Penis zu haben. Dieser Wunsch drückte die Auflehnung gegen die Zurücksetzung aus, die sie als Mädchen, verglichen mit ihrem jüngeren Bruder, erfahren hatte. Im weiteren Deutungsprozeß handelte es sich darum, den Verzicht auf die Realisierung der Phantasie, ein Junge mit einem Penis zu werden wie der Bruder, zu ermöglichen und die realitätsgerechten Anteile des Wunsches (zu denken und zu forschen und der Zurücksetzung entgegenzutreten) vor einer neuen Verdrängung zu bewahren. So ist etwa die Deutung zu verstehen: »Wenn Sie ein Mann sein wollen, halten Sie es mit unserer Gesellschaft, in der es heißt, daß ein Mann mehr wert ist als eine Frau.« Die heftigsten verinnerlichten Konflikte, der Wunsch, zu forschen, und der Wunsch, sich gegen die Zurücksetzung aufzulehnen, wurden in dieser Analyse nicht »aufgelöst«.

Es ist fraglich, ob psychische Konflikte überhaupt so gelöst werden können, daß sie verschwinden. Doch wurde das Ich instand gesetzt, für die durch den Konflikt ausgeformten Wünsche eine Befriedigung

an dem Ort zu suchen, wo sie für den Erwachsenen möglich ist. Die historische Forschung, die kritische Durchdringung ihrer gesellschaftlichen Wirklichkeit und der Kampf gegen Zurücksetzungen jeder Art brachten der Analysandin Befriedigung und einigen Erfolg.
Natürlich war die Haltung des Analytikers nicht neutral. In unserem Beruf sind wir es nicht, wenn wir uns zwischen dem Triebanspruch und der Abwehr zu entscheiden haben. Im Prinzip vertreten wir immer die abgewehrten Triebe. Wir finden sie zumeist in abgeänderter Form vor, wie sie ins Ich aufgenommen worden sind. Nach und nach werden sie auf unsere Person übertragen. Jetzt sind wir – soweit wir unsere Gegenübertragung durchschauen – neutral. Doch kaum beginnt der Deutungsprozeß, sind wir schon wieder auf seiten der Unterdrückten: gleich, ob wir das Introjekt eines triebfeindlichen Überich oder die Macht eines gesellschaftlichen Zwanges unserer deutenden Kritik unterziehen. Wir bleiben Analytiker, solange wir bestrebt sind, jenen Wünschen einen Zugang ins denkende und handelnde Ich zu verschaffen, die durch unbewußte Prozesse und Mechanismen daran gehindert worden waren, dem Ich ihre Energien zuzuführen.

3. Das Mikroskop der vergleichenden Psychoanalyse und die Makrosozietät

In einem Artikel der *Neuen Zürcher Zeitung* vom 5. Juli 1974 heißt es:

»Selbst im Andenhochland von Ecuador hat der Kampf um Landbesitz begonnen, der in ganz Lateinamerika immer härtere Formen annimmt. Die Indios der *Sierra* gelten gemeinhin als kaum entwicklungsfähig, sowohl in Bolivien als auch in Peru und Ecuador, wo sie jeweils rund die Hälfte der Bevölkerung stellen. Jahrhundertelange Unterdrückung und Abhängigkeit haben sie gefügig und apathisch gemacht. Aber das kann sich in bestimmten Situationen und mit nur geringem Anstoß von außen schlagartig ändern.«

Psychoanalytiker sehen Gefügigkeit und andauernde Apathie mit Recht als tiefverwurzelte Charakterzüge an. Die Geschichte jedoch lehrt uns, daß sie bei vielen, wenn nicht allen Angehörigen eines Volkes plötzlich verschwinden und anderen Lebenseinstellungen weichen können. Genau auf dieses Kräftespiel hat die vergleichende Psychoanalyse ihr gleichsam mikroskopisches Untersuchungsinstrument zu richten. Unter unerträglichen, unhaltbar gewordenen gesellschaftlichen Verhältnissen tritt die Frage, wie das menschliche Verhalten eigentlich bestimmt wird, unabweisbar und deutlich hervor. Sie ist immer vorhanden. Sie ist es, die der vergleichenden Psychoanalyse ein legitimes Interesse sichert.

Es hat sich als äußerst schwierig erwiesen, das Zusammenspiel psychischer Vorgänge, wie sie der Psychoanalytiker untersucht, und gesellschaftlicher Prozesse, die von den Sozialwissenschaften beschrieben werden, zu erfassen. Das Problem hat seit den ersten Hypothesen Freuds zahlreiche Forscher fasziniert, ohne daß sich bis heute eine bestimmte Arbeitsmethode oder eine allgemein anerkannte Theorie hätte durchsetzen können. Auch wenn man die Grundannahmen der psychoanalytischen Theorie nicht bestreiten wollte, erwies sich ein Umstand als beinahe unüberwindliches Hindernis. Der psychoanalytische Beobachter gehörte immer der gleichen Gesellschaft und oft der gleichen Klasse an wie sein Analysand, den er untersuchte, und beide hatten mehr oder weniger die gleiche Sozialisation durchgemacht. Die nötige Distanz zur Erfassung gesellschaftlicher Prozesse war kaum zu gewinnen. Zumindest diese eine Schwierigkeit fällt weg, wenn man das Instrument der Psychoanalyse auf Angehörige eines anderen Volkes anwendet, besonders wenn man sich damit außerhalb dessen begibt, was man den »abendländischen Kulturkreis« genannt hat. Dann tritt der Zusammenhang gesellschaftlicher Einrichtungen und Prozesse mit psychischen Strukturen und Funktionen ungleich klarer hervor. Dieses Vorgehen hat Georges Devereux (soviel mir bekannt ist, als erster) *Ethnopsychoanalyse* genannt, ein Ausdruck, den ich gleichbedeutend mit »vergleichende Psychoanalyse« verwende. Wie immer man es nennt, das Verfahren steckt noch in den Anfängen; es wirft neue Probleme auf, während es andere gelöst hat, und es stellt manche bewährte psychoanalytische Erklärung in Frage. Da es darin noch keine etablierte Lehrmeinung gibt, muß und darf ich versuchen, den folgenden Überlegungen den Inhalt und die Form zu geben, die meiner eigenen Erfahrung entsprechen.

Die Ethnopsychoanalyse unterscheidet sich von anderen Theorien, die das menschliche Verhalten erklären wollen, durch zwei Grundannahmen. Einerseits schreibt sie den Triebenergien, die zum Teil aus dem Unbewußten wirken, die Bedeutung zu, die ihnen die Psychoanalyse gibt. Dadurch unterscheidet sie sich von den Lerntheorien, von fast allen soziologischen und ethnologischen Theorien, von der klassischen marxistischen Gesellschaftstheorie und auch von den Lehren der Strukturalisten. Andererseits nimmt sie an, daß die Kräfte, welche von der Geschichtsschreibung, der Ethnologie und Soziologie studiert werden, die Evolution der Kulturen in Bewegung halten und daß sie nicht nur in der Makrosozietät ihre Wirkung entfalten, sondern bis in die verborgenen Regungen der individuellen Psyche hinein wirksam sind. Dies gilt für soziale Strukturen und für alle Produktionsverhältnisse, von den einfachsten, welche die Subsistenz garantieren, bis zu jenen politischen Strukturen, die im Dienste einer umfassenden und komplizierten Wirtschaftsordnung stehen. Dadurch unterscheidet sich die Ethnopsychoanalyse von den rein psychologischen Theorien, welche annehmen, daß es allein die Gesetze der menschlichen Psychologie sind, die – neben denen der Naturwissenschaften – die Natur und das Verhalten des Menschen erklären können.

Wir untersuchen die psychische Entwicklung und ihr Ergebnis, die in der Kindheit verinnerlichten psychischen Konflikte. Sie werden im einzelnen und in der Regel nur an einigen wenigen Personen studiert und verglichen. Die genetische Betrachtung ist das Rückgrat der psychoanalytischen Theorie. Wir nehmen an, daß der Wiederholungszwang nicht nur neurotischen Symptomen ihren bleibenden, immer gleichen Ablauf sichert, sondern den Menschen wegen der hohen emotionellen Wertigkeit psychischer Strukturelemente, des Ich und des Überich, ihre dauerhaftesten und wichtigsten Verhaltensmuster aufzwingt. Das Ergebnis der Konflikte, in die das Kind und der Heranwachsende in jeder Gesellschaft unvermeidlich gerät, wird verinnerlicht.

Man kann das auch so ausdrücken, daß jedes Kind intensiven Inter-

aktionen mit seiner Umwelt ausgesetzt ist, die es in einer Familie oder in einer ihr entsprechenden Gruppe nach ganz bestimmten Erziehungsgewohnheiten aufzieht. Der Ablauf dieser Interaktionen ist sehr verschieden, wenn man Kulturen, Subkulturen oder aber Schichten und Klassen der gleichen ethnischen Einheit miteinander vergleicht. Gesteuert durch emotionelle Signale, paßt sich das Kind diesem Austausch mit der Umwelt an. Der Anpassungsvorgang steht unter dem Einfluß biologisch determinierter Reifungsprozesse und steuert seinerseits mannigfache Lernprozesse, die in jeder »culture« wieder andere sind.
Den Ablauf und das Ergebnis der psychischen Entwicklung haben wir das kulturspezifische psychoanalytische Modell genannt. Sowohl bei der Rekonstruktion der psychischen Entwicklung bis zum Zeitpunkt der Untersuchung als auch bei der Beschreibung der erwachsenen Person, die wir als Ergebnis jenes komplizierten Entwicklungsganges ansehen, bedienen wir uns der psychoanalytischen Theorie. Es wird also keine neue Persönlichkeitstheorie aufgestellt. Darum nennen wir das Modell psychoanalytisch. Da in jeder ethnischen Einheit verschiedenartige Einflüsse der »Umwelt« (im engen und im weiteren Sinn) einbezogen werden müssen, die man in der klassischen Psychoanalyse stillschweigend als immer gleich gegeben anzunehmen pflegt, umfaßt das Entwicklungs-»Modell« schließlich auch Lernprozesse und Anpassungsvorgänge jeder Art und fällt etwa mit dem zusammen, was von der Soziologie mit Sozialisation bezeichnet wird. Das kulturspezifische psychoanalytische Modell umfaßt demnach das, was man in der klassischen Analyse als das Ergebnis der psychischen Entwicklung ansieht, betont aber zusätzlich jene strukturellen, funktionellen und inhaltlichen psychischen Phänomene, die aus der Umwelt herstammen. Sie sind also ein spezifischer Bestandteil des Modells, während sie in der klassischen psychoanalytischen Entwicklungstheorie zwar als allgemeine Voraussetzung für die seelische Entwicklung (oft nur als »Reize«) Beachtung finden, aber innerhalb des entwikkelten seelischen Apparats nur so weit beschrieben werden, als sie einen besonderen Stellenwert haben, z. B. als Ichideal, als Introjekt, als dauerhafte Identifikation u. ä. m.
Die Individuen, bei denen dieser Entwicklungsprozeß am besten gelingt, perpetuieren durch Konsensus und soziale Auslese das Kulturmuster, die »culture«. Diejenigen, bei denen allzu große Abweichungen vorkommen, werden, so scheint es, an den Rand gedrängt, sind nicht nur nicht mehr typisch, sondern auch nicht mehr recht lebensfähig oder, von Ausnahmen abgesehen, nicht wirksam für die zukünftige Entwicklung des Gesellschaftsgefüges und die Aufzucht der nächsten Generation.

Erziehungsmuster ändern sich nur sehr langsam. Man kann die Familie und vor allem die Mütter nicht dazu bringen, ihre Kinder anders aufzuziehen, als sie selber aufgezogen worden sind. Dadurch erzeugen sie zwangsläufig in der nächsten Generation kulturspezifische Eigenheiten, die durch Erziehungsgewohnheiten, gültige Wertsysteme und mannigfache Verhaltensweisen der Mütter (und vieler anderer Personen der Umwelt) vermittelt worden sind. Das läßt sich so ausdrücken, daß einmal erworbene kulturspezifische Eigenheiten einer Art Wiederholungszwang unterliegen, der über die Generationen hinauswirkt – zum Unterschied vom Wiederholungszwang der klassischen Psychoanalyse, der Charakterhaltungen und neurotischen Symptomen einer erwachsenen Person den in der Kindheit festgelegten, immer gleichen Ablauf sichert.
Damit haben wir den gleichsam konservativen Anteil an der Kultur, am wirklichen und wirksamen Verhalten ihrer Individuen, am psychologischen Überbau der jeweiligen Gesellschaft oder ihrer Untergruppe beschrieben, ob wir mit unserem Vergleich nun von einem Volk, einer Kaste, Klasse, Randgruppe oder Schicht ausgehen.
Gleichzeitig aber wirken auf die Mütter, die Familien, die Generationen Kräfte ein, die ich nach ihrem makrostrukturellen Ursprung zusammenfassen möchte. Das sind die Produktions- und Machtverhältnisse, die allerdings von den Ethnopsychologen genauer als von der Geschichtsschreibung nach der psychologischen Wertigkeit ihrer Institutionen, der Bedürfnisse und Frustrationen, die von ihnen ausgehen, zu berücksichtigen sind. Am übersichtlichsten ist ihr Einfluß da, wo er ökologisch erfaßbar ist, wo eine bestimmte Umwelt und Technologie ganz bestimmte Produktionsweisen und Lebensformen erzwingt, um das Überleben zu ermöglichen.
Edgerton (1971) hat Angehörige von vier ostafrikanischen Völkern psychologisch untersucht, die sich dadurch auszeichnen, daß je ein Teil des Volkes, von den Gegebenheiten seines Wohnraumes gezwungen, ganz oder großenteils von agrarischer Produktion, ein anderer Teil als Hirten von der Viehzucht lebt. Obwohl die Angehörigen jeder Gruppe ganz deutlich, nicht nur nach Sprache und Traditionen, sondern gerade auch nach ihrer psychologischen Eigenart einander ähnlich geblieben waren, ließ sich doch ebenso eindeutig nachweisen, daß die Produktionsweise für sie charakteristische psychische Muster mit sich gebracht hat. Die Ackerbauern haben Haltungen etwa zum Besitz, zu verschiedenen erwünschten und unerwünschten Charaktereigenschaften und haben »natürliche« Emotionen, wie sie für Ackerbauern typisch sind, die sie mit Angehörigen anderer Ackerbauvölker teilen, während der Sektor ihres Volkes, der Viehzucht betreibt, psychologische Merkmale aufweist, welche bei den ackerbauenden Teilen des

Volkes nicht anzutreffen sind, die sie aber mit anderen Hirtenvölkern gemeinsam haben. Am deutlichsten treten diese Verhältnisse bei den Sexualgewohnheiten und sexuellen Werten hervor, die doch die Psychoanalyse gern bis ins einzelne von der frühkindlichen Entwicklung ableitet. Es kann kein Zweifel bestehen, daß bei diesen vier Völkern die Ökologie in ihrer Auswirkung auf die Produktionsverhältnisse den erworbenen psychischen Strukturen ihre Form gegeben hat.

Solchen makrostrukturellen Kräften und den Widersprüchen, die sie im Sozialgefüge erzeugen, wurde schon lange ihre Rolle bei der Evolution menschlicher Gesellschaften zugeschrieben. Die vergleichende Psychoanalyse muß damit rechnen, ihre Auswirkungen auch bei Individuen anzutreffen, die der Historiker als unbewußte Objekte der Schicksale ihrer Sozietät oder Klasse bezeichnen dürfte. Diese Kräfte, ob sie nun auf die psychische Entwicklung oder auf bereits erwachsene Menschen einwirken, können wir als progressiven, verändernden Faktor ansehen.

Jede vergleichende psychoanalytische Untersuchung muß einerseits auf den konservativen Faktor, die kulturspezifische Sozialisation, andererseits auf den progressiven Faktor, die gesellschaftlichen Verhältnisse, Rücksicht nehmen. Beide kann man sich als Koordinaten in einem Koordinatensystem vorstellen, das für die Bestimmung jeder ethnopsychoanalytischen Beobachtung unerläßlich ist. Eine dritte Koordinate, also in der dritten Dimension, wäre der zeitliche Verlauf. Beide Faktoren, die Sozialisation und die gesellschaftlichen Verhältnisse, sind prinzipiell diachrone Phänomene, das heißt, sie sind immer in Veränderung begriffen. Dort, wo wir uns in dieser Arbeit mit der dritten Koordinate nicht weiter beschäftigen, stellen wir uns aus Gründen der Darstellung so ein, als ob im Moment der betreffenden Untersuchung beide Prozesse stillstünden und ein »Ergebnis« vorläge.

Dieses Koordinatensystem, Sozialisation *versus* gesellschaftliche Verhältnisse, eignet sich vorzüglich, um Forschungsergebnisse, die mit den verschiedensten ethnologischen und psychologischen Methoden gewonnen worden sind, miteinander in Beziehung zu setzen oder zu vergleichen. Es scheint sowohl den Untersuchungsmethoden als auch den psychosozialen Phänomenen gut zu entsprechen. Ich halte dieses Koordinatensystem gegenwärtig für das beste theoretische Instrument, um der Dialektik, die sich bei der ethnopsychoanalytischen Forschung ergibt, eine verständliche Gestalt zu geben.[1]

[1] Das beschriebene Koordinatensystem enthält Widersprüche, die als Ausnahmen von der Regel imponieren, so daß der Sozialisation verändernde Funktionen, den gesellschaftlichen Verhältnissen konservative zukommen. Zum Beispiel kann das

Zur Illustration möchte ich auf die Ergebnisse einer seit 1960 laufenden Untersuchung hinweisen. Gene Borowitz und seine Mitarbeiter (1973) untersuchten alle vierjährigen Negerkinder in einem »housing project«, das heißt in einem staatlich geplanten und finanzierten Ghetto in einer westlichen Vorstadt von Chicago.

Es handelt sich durchwegs um Kinder aus dem Süden nach Chicago eingewanderter kinderreicher Negerfamilien mit niedrigem Einkommen. Alle untersuchten Kinder sind bereits im Ghetto geboren. Der Zweck der Untersuchung war, die psychische Entwicklung aller dieser Kinder *vor* dem Kindergartenalter zu erfassen, um durch geeignete heilpädagogische und schulische Maßnahmen zu bewirken, daß möglichst vielen von ihnen das übliche Schicksal solcher Kinder, die Schul- und Berufsausbildung nicht abschließen zu können, erspart bliebe. Mit anderen Worten: die Untersuchung sollte die Grundlage dafür liefern, daß möglichst viele der Kinder später durch beruflichen Aufstieg das Ghetto verlassen könnten. Die Sorgfalt und Methodik der Untersuchung der Kinder selbst, die Breite der untersuchten Faktoren, die sich auf die Familien, die Mütter, das ökologische und ökonomische Milieu usw. erstreckte, und ihre lange Dauer von 13 Jahren (bis zu dem zitierten Bericht) verleihen ihren Ergebnissen eine größere Sicherheit als den meisten anderen psychoanalytisch orientierten Studien über »culture and personality«.

Die untersuchten Kinder konnte man in drei Gruppen einteilen. Etwa 25 Prozent wurden als »highly competent« eingestuft, als ihrem Alter entsprechend normal entwickelte Kinder, die einen etwa gleichen Ent-

Überich, ein Ergebnis der Sozialisation, wegen seines besonderen Inhalts zur Veränderung drängen. Vom Prozeß der Sozialisation selbst kann in einer relativ stabilen Sozietät ein mächtiger verändernder Impuls ausgehen: So hat die Erziehung in den Missionsschulen der afrikanischen Kolonialreiche bei zahlreichen Schülern dazu geführt, daß sie die Veränderung der traditionellen *und* der kolonialen Gesellschaftsstrukturen in Gang brachten. Soziale Institutionen, z. B. die Familie, die Kirche, der Staat, können direkt oder indirekt einen stabilisierenden Einfluß auf psychische Prozesse haben. Verschiedene gesellschaftliche Institutionen, z. B. Rituale, sind geradezu als kollektive Abwehrmechanismen beschrieben worden; als solche haben sie einen stabilisierenden Einfluß auf die Ichfunktionen der Beteiligten. Diesen und anderen Ausnahmen muß und kann man Rechnung tragen, ohne das Bezugssystem umzukehren. Eine Umkehr des Systems wäre nur möglich, wenn man die materiellen Grundlagen gesellschaftlicher Verhältnisse leugnen wollte. Dann müßte die Gesellschaft bleiben, wie sie ist, bis ein Kind heranwächst, das mit prometheischem Geist begabt ist, der nach Veränderung drängt. Diese Anschauung ist idealistischen Weltanschauungen eigen, die das Seelische als die Quelle oder den Geist als den Schöpfer des Gesellschaftlichen begreifen. Sie kehren das Koordinatensystem als Ganzes um: die bewahrende Funktion kommt den gesellschaftlichen Verhältnissen, die verändernde der Sozialisation zu.

wicklungsstand und etwa gleiche Entwicklungs- und Schulchancen hatten wie gesunde, gut entwickelte weiße Mittelstandskinder dieses Alters, wenn sie sich auch in manchen psychologischen Zügen von jenen wesentlich unterschieden. Die zweite und größte Gruppe von etwa 50 Prozent wurde als »medium competent« bezeichnet. Diese war in bezug auf psychische Störungen und Entwicklungsrückstände zum Unterschied von der ersten und dritten Gruppe sehr heterogen. Alle Kinder waren gestört; die weitere Entwicklung, Schulfähigkeit und Reversibilität ihrer Störungen waren als unsicher zu beurteilen. Die dritte Gruppe, wiederum etwa 25 Prozent, wurde als »low competent« bezeichnet, charakterisiert durch schwerste, als irreparabel beurteilte Entwicklungsschäden und absolute Schulunfähigkeit.

Bei allen diesen aufs schwerste geschädigten »low competent children« ließ sich mit größter Wahrscheinlichkeit vermuten, daß sie in den frühen Entwicklungsphasen schweren Störungen der Mutter-Kind-Beziehung ausgesetzt gewesen waren: Fehlgehen des von René A. Spitz beschriebenen Dialogs mit der Mutter während des ersten Lebensjahres, einschließlich entsprechender Ernährungsstörungen, Neigung zu anaklitischen Depressionen, schwere emotionelle Deprivationen durch Ausfall oder Versagen der Mütter, insbesondere Fehlgehen der Auflösung der Symbiose und der ersten Schritte zur Selbständigkeit. In den von M. Mahler (1969) beschriebenen Individuationsphasen war die Ausbildung eigenständiger Regungen, expansiven und exploratorischen Verhaltens durch Mütter und Umgebung in unheilvoller Weise geradezu verhindert worden.

Der bisher beobachtete Verlauf der Entwicklung von Kindern dieser »low competent«-Gruppe bestätigte leider die düstere Prognose. Die frühe psychische Fehlentwicklung, das Fehlgehen der ersten, also ausschlaggebenden Schritte der Sozialisation bestimmte ihr psychisches und damit auch ihr soziales Schicksal. Ähnliches berichten Bryce und Ruth Boyer (1973) über das Schicksal der Kinder von Apache-Indianern im Mescalero-Reservat, die sie 10 bis 12 Jahre nach ihrer ersten ausführlichen Beobachtung nachuntersucht haben. Aus diesen allerdings extremen Fällen ließe sich schließen, daß es der emotionelle Austausch mit der Mutter in den ersten Lebensjahren ist, der die psychosoziale Entwicklung bestimmt. In allen übrigen Faktoren waren zwischen den 25 Prozent »low competent«-Kindern und den 75 Prozent Kindern der beiden anderen Gruppen zusammen keine relevanten Unterschiede festzustellen, weder in den sozialen Gegebenheiten, der Zusammensetzung oder Stabilität der Familie, im Einkommen, der materiellen Umwelt, noch auch in späteren Erziehungsmaßnahmen; höchstens, daß man versucht hatte, Kinder der »low competent«-Gruppe heilpädagogisch zu behandeln, nur leider ohne

Erfolg. Für so extreme Fälle scheinen also die makrosozialen Kräfte außer Betracht zu fallen, scheint der genetische Gesichtspunkt im Sinne der klassischen genetischen Theorie der Psychoanalyse allein ausschlaggebend zu sein.

Die Untersucher machten jedoch noch eine vielsagende Beobachtung. In den frühen sechziger Jahren, als die Zeichen von »black pride« – Afrolook-Frisuren, »afrikanische« Kleidung, Schmuck und Stoffmuster – noch nicht zur Mode geworden waren, als diese Embleme nur von militant revoltierenden Schwarzen getragen wurden, waren *alle* Kinder der »competent«-Gruppe mindestens mit *einem* Zeichen von »black pride« geschmückt; eine geringe Zahl von Kindern in der »medium competent«-Gruppe ebenfalls. Kein einziges Kind in der »low competent«-Gruppe trug ein solches Zeichen der Gesinnung seiner Eltern an sich! Die Vierjährigen brachten also den Beweis zur Untersuchung mit, daß ihre Eltern in verschiedener Art zu ihrer gesellschaftlichen Umwelt standen. Da, wo die Sozialisation im Säuglings- und Kleinkindesalter gelungen war, darf man in allen Fällen auf eine aktive Einstellung der Mutter oder der Familie zur nahezu unerträglichen sozialen Situation schließen, bei den mäßig geschädigten Kindern manchmal, bei den schwer geschädigten nie. Wir wissen nicht, warum, durch welche psychologischen oder Interaktionsmomente sich diese Einstellung auf die Entwicklung der Kinder ausgewirkt hat. Man ist versucht zu sagen: Zur Aufzucht der Kinder brauchen Eltern eine begründete Hoffnung auf ein menschenwürdigeres Leben ihrer Kinder.

Noch an anderen Merkmalen ließ sich der aktuelle Einfluß der Makrosozietät auf die Kinder direkt abmessen. Im Spielinterview, dem methodologischen Hauptstück der ganzen Untersuchung, das von den gleichen Personen in immer gleicher Weise durchgeführt wurde, verbalisierten die Negerkinder aller drei Gruppen sehr wenig; sie sprachen fünfmal weniger als vergleichbare weiße Kinder bei diesem Test. Nach einer vorübergehenden Unterbrechung der Untersuchung im Jahr 1964, die durch die bekannten Unruhen nötig geworden war, hatte sich dies geändert. Ohne daß sich an der Zuteilung der jetzt neu untersuchten Kinder zu den drei erwähnten Gruppen prozentual etwas änderte, war die Verbalisierung bei allen drei Gruppen jetzt viel reichlicher, etwa gleich wie bei entsprechenden weißen Kindern. Nach den Unruhen hatte in diesem *housing project* eine Art Selbstverwaltung die Exekutivgewalt übernommen. Diese setzte eine eigene schwarze Straßenpolizei ein, die weiße Polizei zog sich aus dem Gebiet der Siedlung zurück. Da die Veränderung der Machtverhältnisse in der Außenwelt so bald von der Veränderung in den Ich-Funktionen der Kleinkinder gefolgt war, muß man diese auf relativ direkte

Einflüsse des Milieus zurückführen. Eine tiefere psychologische Umstrukturierung der Eltern, etwa ihres Überich, kann als Ursache nicht in Betracht kommen.
Manche der einleuchtendsten Formulierungen, welche die »cultural anthropologists« gefunden haben, beruhen auf der Annahme, daß jede Kultur durch die Art, die Kinder aufzuziehen, genau jene prä-ödipalen Triebfixierungen erzeugt, welche die libidinöse Besetzung ihrer Institutionen und damit ihr eigenes Fortbestehen garantieren. In »reiner« Form angewandt, wird damit ein sich selbst bestimmendes Modell aufgestellt, dessen Gleichgewicht nur durch äußere Kräfte, z. B. durch kriegerische Unterwerfung des Volkes, gestört werden kann. Weder innere Konflikte noch soziale Spannungen könnten es verändern. Obzwar diese Auffassung in ihrer Einseitigkeit vieles zu verschleiern vermag, eignet sie sich, die Folgen kulturspezifischer Sozialisation, den oben erwähnten konservativen Faktor, darzustellen.
Dies möchte ich am Verlauf der analen Phase und an den Folgen dieses Verlaufs, den analen Fixierungen und Ich-Anteilen, bei den westafrikanischen Dogon, den Agni und einem typischen Schweizer des unteren Mittelstandes versuchen.
Schon seit langem bezeichnet die analytische Entwicklungspsychologie mit anal nicht nur eine biologisch angelegte Phase der Triebreifung und -entwicklung. Auch die in jener Phase dauerhaft erworbenen Ich-Eigenschaften oder -Funktionen werden – nach der Phase ihrer Herkunft – als anal bezeichnet: z. B. sekundär autonome Reaktionsbildungen (wie Retentivität, Wartenkönnen, körperliche Sauberkeit) oder charakteristische Formen der Triebfixierung (wie sadistische und masochistische Wünsche) und der Objektbeziehung (wie sadomasochistische Besetzungen).
Bei den Dogon wird das Kind traditionsgemäß während eines Großteils der analen Phase noch gestillt oder zumindest im intensiven und möglichst ununterbrochenen Pflegekontakt mit der Mutter gehalten. Es gibt keinerlei Zwang zur Beherrschung der Exkrementalfunktionen, keinerlei Strafen und auch sonst kaum einen Wechsel von Versagen und Gewähren zu erzieherischen Zwecken. Die Kinder trotzen zwar, dem Trotz begegnen Erwachsene aber mit Verständnis, mit Ablenkung, nie mit Gegenaggression. Nur die übrigen Kinder der Gruppe, in die das Kind meist während oder gegen Ende der analen Entwicklungsphase entlassen wird, antworten auf Trotz mit Abwendung und manchmal mit Gegenaggression. Von der Gruppe der anderen Kinder wird die Beherrschung der Sphinkteren imitatorisch und spielerisch erlernt. Erwachsene Dogon zeigen keinerlei retentive Neigungen, haben eine niedrige Ekelschranke, kaum sadistische oder

masochistische Regungen, jedenfalls nicht gegenüber geliebten Personen. Geiz oder Sparsamkeit sind ihnen bekannt, scheinen sich in Sonderfällen auszubilden, gelten aber als bizarre, komische oder krankhafte Eigenschaften. Die Dogon können durchaus aggressiv sein, aber nicht sadistisch; sie können an keiner Aggression im Sinne des Ressentiments längere Zeit festhalten. Typische anale Züge trägt jedoch ihr Verhalten und ihr Gefühl in bezug auf Abgrenzung, Gegenüberstellung und Selbständigkeit gegenüber anderen Personen. Anscheinend wirkt die Trennung von der Mutter und das von der Mutter sehr deutlich unterschiedene Verhalten der Gruppe zu dem ihr neu überlassenen Kleinkind dennoch im Sinne der Fixierung, die hochspezifisch eine einzige der in der Regel auch bei uns in der analen Phase erworbenen Ich-Eigenschaften betrifft: das Nein, die Selbständigkeit und Abgrenzung des Selbst von den anderen. Es mutet übersichtlich wie ein Experiment an, daß die karge Umwelt die Dogon zwingt, Vorräte zu sparen und zu horten, um nicht zu verhungern. Diese Funktionen, die unsere Bauern mittels analer Charakterzüge (Retention als Reaktionsbildung auf Hergeben) bewältigen, übernimmt ein soziopsychologischer Apparat, bei dem der Eine den Anderen vor Verschleuderung der Vorräte zu bewahren trachtet. Entgegen unseren Erwartungen mußten wir einsehen, daß Sparsamkeit und Vorsorge bei einem Dogonpflanzer nicht mit analen, sondern mit oralen Triebfixierungen und gereiften oralen Ich-Eigenschaften geleistet werden. Kurz: das anale Muster des kulturangepaßten Erwachsenen scheint genau der frühkindlichen Entwicklung zu entsprechen. Dieser Eindruck wurde noch deutlicher, da einige analytische Exploranden, die in der analen Phase kulturabweichenden Einflüssen ausgesetzt waren, zusätzliche, kulturatypische anale Züge aufwiesen – z. B. der Jüngling Amegere, der Sohn des Ogobara, der eine Neigung zu sadomasochistischen Phantasien zeigte (vgl. Parin et al., 1963).
Eine ebenso genaue Übereinstimmung scheint bei den Agni zwischen den Erfahrungen in der analen Phase und den später typischen analen Charakterzügen zu herrschen. Sadomasochistische Fixierungen und magisch-projektive Ängste, die den Verlauf der folgenden phallischen Phase prägen, lassen sich unschwer auf die aggressive und lieblose Behandlung, die das Kind in jener Zeit erfährt, zurückführen. Da das Kind anstelle eines Sphinktertrainings oder einer Dressur die tägliche, als schmerzhafte Vergewaltigung empfundene Verabreichung von Einläufen mit einer Aufschwemmung von scharfem roten Pfeffer erlebt, die unmittelbar von Bauchkrämpfen und einer Stuhlentleerung gefolgt ist, kann es nicht wundern, daß sich anale Retentivität als dauerhafter Charakterzug nicht ausbilden kann. Die sehr heftigen und meist sadistisch gefärbten Aggressionen Erwachsener

werden sofort projektiv abgewehrt und können in der Regel nicht als Ressentiment bewahrt werden. Noch auffallender ist der Umgang mit Besitz. Obwohl die Wirtschaftsform geradezu ideale Voraussetzungen zur Kapitalbildung bietet und die historische und soziale Stabilität des Volkes ebenso groß ist wie seine Intelligenz, konnte sich bisher keine Kapitalanhäufung entwickeln; es blieb den Wirtschaftssoziologen unverständlich, warum. Wir nahmen an, daß die Agni wegen der Art ihrer analen Erziehung und der daraus folgenden Fixierungen psychisch ungeeignet sind, Kapitalisten zu werden. Sie sind, wenn man so will, anal fixierte Charaktere, aber ohne die Fähigkeit zum Zurückhalten von Besitz, wie es zur Kapitalbildung und Kapitalverwertung nötig ist. Es ist auffallend, wie gut ihr Charakter einschließlich seiner eigentümlichen analen Anteile zu ihren früheren Wirtschafts- und Lebensformen – als Jäger, Sammler und später als Sklavenjäger und Beutekrieger – gepaßt haben muß, und wie schlecht er zu der seit etwa 70 Jahren vorherrschenden Plantagenwirtschaft paßt. Das wäre ein gutes Beispiel dafür, wie sich der doppelte Konservatismus, das Festhalten an herkömmlichen Formen der Kindererziehung und die Fixierung des Erwachsenen an seine frühkindlichen Erlebnisse, entgegen den makrosozialen Notwendigkeiten durchsetzt. Andererseits warnen solche Beobachtungen davor, anale Charakterzüge eines Volkes oder einer Klasse ohne weiteres einer bestimmten Sozialorganisation zuzuordnen, oder gar, wie es manchmal unbedacht geschieht, die Analität einfach als Folge oder gar als Ursache der kapitalistischen Klassengesellschaft anzusehen.
Schließlich möchte ich noch einen analen Zug eines typischen Deutschschweizers des ländlichen unteren Mittelstandes skizzieren. Der etwa dreißigjährige Schweizer, der es zum Akademiker gebracht hatte, wies keinerlei neurotische Züge auf. Er war in seinen Objektbeziehungen ungewöhnlich glücklich und anpassungsfähig, bei seinen Studien ebenso begabt wie erfolgreich. Ohne die Hilfe seiner Familie hatte er sich in eine andere soziale Schicht, die der städtischen Intellektuellen, integriert, in der er als einer der engagierten Praktiker des politischen Kampfes der neuen Linken mit Recht eine führende Position einnahm. Er lebte in einer Kommune und schien alle Vorurteile und Gewohnheiten seiner kleinbürgerlichen Herkunft abgelegt zu haben, ohne sich jedoch von seinen Eltern und Geschwistern emotionell abzuwenden. Dieser Mann konnte mit Freunden, Freundinnen und Genossen besonders gut umgehen, aber nur – und dies mag überraschen – wenn er im Gespräch, oder auch nur in bewußter Reflexion, die finanziellen Vor- und Nachteile, die sich aus einer eingegangenen Beziehung erwarten ließen, genau abgeklärt hatte. Er erwartete keineswegs finanzielle Vorteile von einer neuen Beziehung,

war großzügig mit Geld, geriet aber in Spannung und Unruhe, solange er nicht berechnet hatte, wie weit sich diese Beziehung zu einem Menschen für ihn lohnen würde, genau in Franken und Centimes. Unterließ er diese Rechnerei, entwickelten sich keine oder sehr aggressive, ambivalente Beziehungen zu den betreffenden Personen. Das entspricht einem Sprachgebrauch im schweizerdeutschen Dialekt. »Es rentiert« oder »es rentiert nöd« heißt, daß man auf etwas Lust hat, es gerne tut, beziehungsweise nicht; z. B.: gehst du mit Hans fischen? »Es rentiert nöd«; soll ich Frau X einladen? »Es rentiert nöd«.

Analytisch gedacht, kann man sagen: Das ist die anale Fixierung; die Gleichung Kot–Geld–Person ist hoch besetzt. Man kann sogar sagen: Also doch ein neurotisches Symptom bei einem sonst unneurotischen Menschen. Dem ersten möchte ich nicht widersprechen. Ob man allerdings eine in der Erziehung während der analen Phase erzielte Fixierung, die für eine bestimmte Schicht bei einem bestimmten Volk typisch und noch dazu überaus häufig ist, als neurotisch, also krankhaft bezeichnen darf, ist eine andere Frage. Vermutlich würde eine genaue Untersuchung der Funktionsweise der schweizerischen Variante einer kapitalistischen Industrie- und Geldwirtschaft im Vergleich mit anderen, z. B. der deutschen oder der französischen, zu dem Schluß kommen, daß gerade diese anale Fixierung (als spezifischer Schritt zur Sozialisation) den in der Schweiz seit etwa hundert Jahren herrschenden Produktionsverhältnissen besonders gut angepaßt ist.

Sicher kann eine Änderung der sozialen Situation, der materiellen Existenz und des politisch-historischen Bewußtseins zwar an Überich-Inhalten und vielen Ich-Einstellungen etwas ändern; andere Ich-Erwerbungen sind jedoch viel widerstandsfähiger. Machen wir das gedankliche Experiment und führen wir in der deutschsprachigen Schweiz den Sozialismus ein, um uns zu fragen, ob ein solcher geldgebundener Umgang mit der Einstellung und den Gefühlen zu Mitmenschen verschwinden könnte, ohne daß sich die Erziehungsgewohnheiten erst gründlich ändern und sich diese Änderung bei Gruppen oder Schichten der anders erzogenen Personen dann in ihrem erwachsenen Ich auswirkt.

Ich lasse die Frage vorerst offen. Wenn ich an die Hypothese erinnere, die der französische Ethnologe Marcel Mauss in seinem berühmten »Essai sur le don« aufgestellt hat, daß alle sozialen Beziehungen durch Gesetze von Geben und Nehmen geregelt oder zumindest erklärt werden können, so kann man wohl sagen, daß mein Schweizer Explorand die in der sozialen Schicht seiner Herkunft überlieferte Form des Gebens und Nehmens erlernt und übernommen hat. Sein Ich stellt für diese in jeder Sozietät nachweisbare Regelung durch

»Geben und Nehmen« eine funktionelle Reaktionsbildung zur Verfügung. Im ganzen ist es sicher, in Einzelheiten noch nicht deutlich, daß eine Änderung sozialer Gegebenheiten allein keine Änderung konstanter erworbener psychischer Züge bewirken wird, wie auch eine Änderung der wirksamen Erziehungsgewohnheiten keine voraussehbare und vor allem keine rasche Änderung der sozialen Verhältnisse erwarten läßt.

An dieser Stelle hilft uns die Ethnopsychoanalyse einen Schritt weiter: Aus unseren Untersuchungen bei den Dogon und ähnlichen Untersuchungen wissen wir, daß für das Zusammenleben unerläßliche Funktionen von emotionell bedeutsamem Geben und Nehmen unter Umständen mittels ganz anderer, nämlich oraler, d. h. in der oralen Phase erworbener und im Ich etablierter Funktionen ausgeübt werden können. Nun erscheint das Ich unseres Schweizers theoretisch doppelt mit seiner Umgebung verknüpft: erstens in der Zeit seiner analen Entwicklungsphase mit den Erziehungsgewohnheiten seiner Eltern, die unter anderem zu der eingangs beschriebenen Fixierung an die Gleichung Kot–Geld–Person geführt hat; zweitens mit seinem weiteren Kulturkreis als Westeuropäer, einem Gebiet, in dem eine kapitalistische Wirtschaftsform herrscht. Doch ist es in eben diesen Ländern auch unmöglich, differenzierte orale Ich-Funktionen in bezug auf soziales Geben und Nehmen auszubilden, weil diese zu ihrer Ausformung eine längere Dauer der oralen Beziehungsform nötig haben, als sie bei den hier herrschenden Erziehungsgewohnheiten besteht. In der abendländischen Erziehung wird bei den Angehörigen aller Klassen der »oralen« Entwicklung des Ich spätestens gegen Ende des ersten Lebensjahres durch sogenannte »altersadäquate« Frustrationen ein Ende gesetzt. (Diese Aussage beruht auf der Annahme, daß die klassischen Entwicklungsphasen der Libido und des Ich zwar durch Reifungsvorgänge, die biologisch bestimmt oder mitbestimmt sind, ausgelöst werden, daß aber ihr Verlauf und das frühere oder spätere Ende einer Phase von Einflüssen der Umwelt abhängig ist.) Die Dogon verlängern die orale Ichbildungszeit nicht nur durch die Abstillung und Trennung von der Mutter erst im 4. Lebensjahr, sondern auch dadurch, daß das Kind nach der Abstillung in eine kollektiv hierarchische Gruppe hineingestellt wird, die oral befriedigend, »mütterlich« wirkt.

Mit diesen Beispielen ist der Satz, daß jede »culture« eine Sozialisation mit sich bringt, welche bei ihren Trägern die ihr spezifischen prägenitalen Bedürfnisse erzeugt, nicht zu bestätigen oder zu widerlegen. Es sollte vielmehr gezeigt werden, daß diese Fragestellung es möglich macht, Vergleiche zwischen der Psychologie verschiedener Völker und Gruppen anzustellen. Dabei sind wir zwar von einem ganz bestimmten Schritt zur Sozialisation, dem oben so genannten »konservativen Faktor«, ausgegangen, mußten aber gesellschaftliche Institutionen der verschiedensten Art und ihre Gesetzmäßigkeiten mit in Betracht ziehen. Dem entsprechende Verfahren haben sich in der Ethnopsychoanalyse bewährt: Man geht von einer Arbeitshypothese aus, erwartet aber nicht, daß sich aus der Antwort das Kernstück einer Theorie ergeben würde. Die Hypothese behandelt man als eine Fragestellung (oder einen Gesichtspunkt) unter vielen, die möglich wären. Sobald diese Fragestellung nicht weiterführt, muß sie durch andere ergänzt werden.

Um ihre Beobachtungen zu organisieren und zu verstehen, wendet die vergleichende Psychoanalyse eine Methode an, die jener der klassischen Psychoanalyse analog ist. Bekanntlich betrachtet diese jedes Phänomen unter sechs verschiedenen Gesichtspunkten: dem entwicklungsmäßigen oder genetischen, dem topischen, dynamischen, ökonomischen, strukturellen und adaptiven. Für die therapeutische Praxis pflegt man noch drei weitere Gesichtspunkte heranzuziehen: die Übertragung, den Widerstand und die Gegenübertragung. Unter diesen Gesichtspunkten kann man, je nach Zweckmäßigkeit, wählen, kann sich sogar eine einseitige Darstellung nach nur einem Gesichtspunkt leisten, muß sich aber immer bewußt bleiben, daß jede richtige psychoanalytische Erklärung im Prinzip mit allen den geannten Gesichtspunkten übereinstimmen müßte.

Die Ethnopsychoanalyse trachtet mit ihren Beobachtungen ebenso zu verfahren. Die einzelnen Fragestellungen oder Gesichtspunkte betreffen zumeist »Interaktionen« nach Spiegels (1971) Definition, Wirkungen eines Systems auf ein anderes und dessen Rückwirkungen. Durch das angegebene Verfahren wird jede Beobachtung und wird auch jeder Erklärungsschritt in eine Vielfalt von Beziehungen gerückt (»transactions«), und es entsteht ein Netzwerk von mehr oder weniger gewichtigen Einflüssen und Wirkungen. Typisch, etwa der oben geschilderte Umgang eines Durchschnittsschweizers mit Geld und Geldeswert, ist in einem solchen Bezugsrahmen nicht das, was statistisch am häufigsten vorkommt; das Typische ergibt sich vielmehr aus der Relevanz dynamischer Bezüge zwischen biographischen, psychischen oder sozialen Bildungen. Es ist daran zu erinnern, daß der Großteil der allgemein gültigen Einsichten der Psychoanalyse, die sich mit der Zeit als typisch erwiesen haben, aus der Beobachtung ganz weniger Analysanden (einschließlich Sigmund Freuds) gewonnen worden sind.

Dabei darf die vergleichende Psychoanalyse die makrostrukturellen Einflüsse nicht als einfache Phänomene nehmen, sondern muß ihre latenten Strukturen, Funktionen und Absichten aufdecken, bevor sie sie mit den Ergebnissen der psychologischen Forschung konfrontiert. Die psychoanalytischen Gesichtspunkte, die man einnehmen kann, sind auch nicht mehr die einfachen Grundannahmen der Metapsychologie. Es sind Ansätze, die sich mehr oder weniger bewährt haben, um sogenannte soziale Einflüsse auf das Individuum zu erfassen. Jeder einzelne Ansatz muß jedoch so behandelt werden wie die »Gesichtspunkte« der Psychoanalyse. Die Ergebnisse werden unweigerlich falsch oder einseitig sein, wenn der Ansatz als die einzige Erklärung mit Ausschluß anderer dargestellt wird.

Der adaptive Aspekt, den Heinz Hartmann (1939) entwickelt hat, wird bei diesem Verfahren nicht aufgegeben, jedoch viel weiter ausdifferenziert als üblich. Er ist an einer als naturgegeben betrachteten, unveränderlichen und im großen ganzen auch vom Individuum nicht zu verändernden durchschnittlich zu erwartenden Umwelt entwickelt worden. Oft wird darum das Ich, wahrscheinlich entgegen der Absicht Hartmanns, als ein appositionell entstandenes, statisches Gebilde verstanden und zu einem Adaptationsapparat reduziert. Bei unserer Betrachtung bleibt das Ich mit seinen Funktionen ein dynamisches Gebilde.

Es würde den Rahmen dieses Artikels bei weitem sprengen, wenn wir eine kritische Würdigung oder auch nur eine Aufzählung aller Ansätze versuchen wollten, die verfolgt worden sind, um den Zusammenhang gesellschaftlicher und psychologischer Prozesse aufzuzeigen. Im folgenden wollen wir, ohne jeden Anspruch auf Systematik oder gar Vollständigkeit, Bemerkungen zu einigen Ansätzen aneinanderreihen, an denen die Möglichkeiten und auch die Grenzen jeder Betrachtungsweise besonders leicht aufzuzeigen sind.

Freud hat die Zensur, später das Überich, als Vertreter der sozialen Umwelt innerhalb des psychischen Apparats beschrieben. Später trat die Abhängigkeit dieser Instanz von den Bedingungen ihrer Entstehung in der Kindheit in den Vordergrund, und bald erwies es sich auch, daß das Überich im Kulturwandel außerordentlich widersprüchliche Forderungen, die gleichermaßen aus der Umwelt stammen, an das Ich richten kann. Schließlich konnte man feststellen, daß diese scheinbar so starre, fest etablierte Instanz unter Umständen nur im Austausch mit ganz bestimmten sozialen Einrichtungen und ihren Trägern wirksam bleibt (»Clangewissen«), daß einer ihrer Anteile sich gegen den anderen richten, ihn blockieren oder ersetzen kann. Moderne soziologische Theorien, die auf der Beschreibung von gültigen Wertsystemen aufbauen (Florence Kluckhohn, 1961), haben diese Idee aufgenommen. Sie stoßen aber auf Schwierigkeiten: Wie werden diese gesellschaftlich gültigen Werte verinnerlicht? Wie ist das Verhältnis zwischen einem Ich, das entsprechend diesen Systemen sozialisiert worden ist, und dem Überich? Und schließlich: wie ist das Verhältnis zwischen dem Druck der äußeren Realität, welche nach den gültigen Werten organisiert ist, und verinnerlichten Wertvorstellungen, die mit Triebenergie besetzt sind? Diese letzte Frage schränkt auch den Bereich ein, für den der Aspekt der Identität nach Erikson aufschlußreich ist. Dieser bisher wohl bekannteste und von Analytikern am allgemeinsten angenommene psychosoziale Gesichtspunkt läßt den Menschen, wenn er einmal erwachsen ist, als Resultat einer Entwicklung verstehen. Dem oben so genannten »progressiven« Faktor wird zwar für den Gang der Sozialisation seine Bedeutung eingeräumt; er verliert sie aber – als strukturierendes psychologisches Moment –, wenn die Identität etabliert ist.

Früh schon haben unbewußte kollektive Phantasien, die den Mythen, Sagen und Märchen zugrundeliegen und in Kulten und Ritualen organisiert sind, das Interesse der Analytiker gefunden. Bei der Deutung dieser Phänomene mußte man aber zumeist darauf verzichten, die Deutungen den Trägern dieser Phantasien vorzulegen. So blieb die beste Möglichkeit zur Verifikation psychoanalytischer Konstruktionen und Rekonstruktionen, der psychoanalytische Prozeß, außer Betracht. Da diese sozialen Erscheinungen aber den verschiedensten Zwecken dienen können, da sie ganz oder in Teilen nicht nur einem historischen, sondern auch einem psychologischen Funktionswandel ausgesetzt sind und da sich insbesondere die »Besetzung« der kollektiven Phantasien individuell und nach dem zeitlichen Verlauf sehr stark ändern kann, ist der Wert solcher psychosozialer Analysen oft gering. Manchmal ähnelt die angeblich psychoanalytische Erklärung von Mythen einem geistreichen Spiel, das weder über die soziale Funktion des Mythos noch über seine psychologische Wertigkeit etwas aussagt.

Der Untergang des Ödipuskonflikts zeigt bei Angehörigen verschiedener Kulturen ganz spezifische Konstellationen. Darum kann man versuchen, statt der präödipalen Fixierungen (wie in den drei Beispielen von analer Fixierung) den Übergang von der Dyade (Mutter–Kind) zur Triade (Mutter–Kind–Vater) als *Tertium comparationis* ins Auge zu fassen (vgl. Kap. 11). (Natürlich müssen dabei die präödipalen Entwicklungsschritte mit ihren wichtigsten Objektrepräsentanzen und den aus diesen Phasen herstammenden libidinösen und aggressiven Besetzungen gehörig beachtet werden.) Das ist der Moment, in dem das Kind in der Regel in eine ganz andere Beziehung zu seinem sozialen Milieu tritt, als sie zur Zeit der Dyade bestand. An diesem Ende der frühen Kindheit werden psychologische Weichen für das spätere Leben gestellt. Gewöhnlich werden gerade da dauerhafte Identifikationen eingegangen, die in die Struktur des Ich und des Überich eingehen.

Von diesen Gesichtspunkten ausgehend, eröffnen sich andere. Da das Ich sich in seinen wichtigsten Eigenschaften aus aufeinanderfolgenden Identifikationen mit Zügen der Beziehungspersonen aufbaut, meinte man, daß in diesen Identifikationen alle für die Strukturierung maßgebenden Einflüsse der Umwelt auf das Individuum enthalten sein müßten (Talcott Parsons, 1961). Dieser Zugang erweist sich bald als zu eng. Es erhebt sich die Frage, warum sich ein Individuum gerade mit diesen und nicht mit anderen Zügen seiner Eltern, Vorbilder, Gegner und Freunde identifiziert; sowohl die Kräfte, mit denen der Mensch seine Umwelt verändert, als auch die Transformation der individuellen Psyche durch andere Mechanismen als den der Identifikation müssen mittels weiterer Fragestellungen erforscht werden.
Es waren in den letzten Jahren vorzüglich die Fortschritte der Ichpsychologie, die mehr als die Erforschung unbewußter Phantasien oder der Triebwelt dazu beigetragen haben, die ethnopsychoanalytischen Anschauungen zu bereichern. Insbesondere die Abwehrorganisation wurde auf ihre Kulturspezifität hin untersucht. Bald schienen einzelne, im Ich etablierte Charakterzüge sozialen Institutionen zu entsprechen; dann wieder wurden einzelne Abwehrmechanismen oder eine bestimmte Auswahl von solchen auf ihre Wirksamkeit in einem sozialen Milieu oder in bestimmten Situationen geprüft, bis schließlich sozialen Institutionen die Wertigkeit kollektiver Abwehren zugesprochen wurde. Die Entwicklung der Begriffe »Gruppen-Ich« und »Clangewissen« (Parin et al., 1971) gehört in diesen Rahmen.
Wir können keine allgemein gültigen Regeln dafür aufstellen, wie die Makrosozietät im Einzelfall analysiert werden muß, um sich der ethnopsychoanalytischen Betrachtungsweise zu fügen, welcher Aspekt der Macht- und Produktionsverhältnisse für die zu untersuchenden Angehörigen eines Volkes, einer Klasse oder Schicht bestimmend ist. Wenn man sich im Zuge einer vergleichend-psychoanalytischen Untersuchung einer neuen ethnischen Einheit zuwendet, ist es nicht einmal möglich anzugeben, welcher sozialen Einrichtung die größte Bedeutung zukommen wird. Allgemein anerkannt ist – zumindest für die Sozialisation – die Wichtigkeit der sogenannten Kernfamilie und aller Verwandtschaftsinstitutionen wie Ehe, Haushalt, Großfamilie, Sippe, Linie, Clan etc. Ebenso sicher ist es aber, daß man sich nicht auf diese Einrichtungen beschränken darf, selbst wenn man nur die früheste Sozialisation im Auge hätte, durch welche dem Säugling und Kleinkind die spezifische Kultur (im weitesten Sinne) »vermittelt« wird. Wir haben oben an den Kindern des Ghettos belegt, daß makrostrukturelle Kräfte einen direkten Einfluß auf das Kind haben, der aus dem Verhalten der »Vermittler« und der Struktur der entsprechen-

den sozialen Institutionen nicht abgeleitet werden kann. Im Prinzip muß jede ethnopsychologische Untersuchung über die Institution Familie hinausgreifen. Dafür ein Beispiel:

In beinahe jeder Gesellschaft lassen sich sogenannte vertikale und horizontale Sozialstrukturen unterscheiden. Bei den früher erwähnten Kindern aus dem Negerghetto und in allen uns bekannten afrikanischen Sozietäten wird das Gefüge der Ich-Identifikationen überhaupt nur verständlich, wenn man in der Kindheit, der Adoleszenz und bei Erwachsenen den Wechsel und das sich dialektisch in der Zeit entwickelnde Verhältnis zu zwei voneinander verschiedenen Sozialstrukturen beachtet, das zu verschiedenen und einander oft widersprechenden identifikatorischen Reihen führt: Identifikationen mit der hierarchisch-vertikalen Organisation der Familie, welche oft in den gesellschaftlichen Institutionen wiederholt und perpetuiert wird, und demgegenüber die Identifikation mit »horizontalen« Institutionen, mit der Peergroup, dem *Gang,* der Altersklasse. Die Psychoanalyse hat diesen für die typische Ich- und Überich-Bildung ausschlaggebenden Verhältnissen eine viel zu geringe Beachtung geschenkt: Grund für diese Vernachlässigung ist unser allzu selbstverständliches Hinnehmen der hierarchischen Struktur der Familie als der einzig sozial relevanten und richtigen und die faktische Isolierung des Kindes von seinen Altersgenossen in der Kleinfamilie des städtischen Mittelstandes. Die Dogon haben ein schönes paradoxes Sprichwort: Ein Dogon ist keinem anderen gleich, und: kein Dogon unterscheidet sich von einem anderen seiner Altersklasse. Mit dem ersten ist die Organisation der patriarchalen Großfamilie, mit dem zweiten die Klasse der gleichzeitig Herangewachsenen und Beschnittenen, die Tumo, gemeint, wobei einerseits Jungen und Männer und andererseits Mädchen und Frauen als »gleich« mit ihren Geschlechtsgenossen gelten.

Das bisher Gesagte läßt, ebenso wie ein Überblick über die vergleichend-psychoanalytische Literatur, leicht den unrichtigen Eindruck entstehen, die Ethnopsychoanalyse eigne sich nur für das Studium exotischer Völker oder vielleicht noch von Menschen aus Gruppen, Schichten oder Klassen, die derjenigen des Forschers sehr fern stehen. Dem ist nicht so. Sogar Erfahrungen, die ich in einer recht typischen psychoanalytisch-therapeutischen Mittelstandspraxis (in Zürich) gemacht habe, können über die Hermetik und Vereinzelung der Situation »auf der Couch« hinausführen.

Seit Jahren habe ich immer wieder männliche und weibliche Analysanden aus der Schweiz, der Bundesrepublik, aus Österreich, Frankreich und Italien behandelt, deren sozialer und Familienhintergrund genau dem entsprach, was Theodor W. Adorno und seine Mitarbeiter

(1950) in ihrer großangelegten Untersuchung als charakteristisch für die »authoritarian personality« bezeichnet haben. Es zeigte sich jedoch, daß nur ein Teil dieser Analysanden die typischen Züge der »authoritarian personality« entwickelt hatten, andere nicht. Ein Faktor vor allem schien dafür verantwortlich zu sein. Da, wo die narzißtische Besetzung des Selbst während der Kindheit und Adoleszenz mangelhaft und schweren Störungen unterworfen war, hatten sich regelmäßig sekundäre Identifikationen mit autoritätsgebundenen Strukturen, insbesondere sekundäre Identifikationen mit einem aggressiv-repressiven Überich eingestellt und konnten nicht rückgängig gemacht werden, ohne die Funktionstüchtigkeit des Ich und die psychische Homöostase aufs schwerste zu erschüttern. Diese Personen wiesen eine »authoritarian personality« auf. Andere, deren Selbstgefühl relativ gut war – als Zeichen einer mehr oder weniger ungestörten narzißtischen Besetzung des Selbst –, hatten trotz scheinbar gleicher Voraussetzungen keine »authoritarian personality« ausgebildet oder konnten zumindest das dafür typische Verhalten leicht aufgeben. Im Verhältnis und innerpsychischen Kräftespiel zwischen der Besetzung des Selbst und der Identifikation mit aggressiv besetzten Introjekten (ursprünglich Identifikationen mit dem Aggressor) scheint die Entscheidung darüber zu fallen, ob ein autoritär strukturiertes Milieu eine »authoritarian personality« hervorbringt oder nicht. Oft war es möglich zu rekonstruieren, auf welche Erziehungsfaktoren und Entwicklungsschritte die Schädigung der narzißtischen Entwicklung zurückzuführen war. Es sind, stichwortartig, nach ihrer Bedeutsamkeit geordnet, folgende: Erstens die ungenügende Fähigkeit der Mutter, ihr Kind ohne erzieherische Einschränkung zu lieben und zu bewundern, besonders während der Individuationszeit, den zweiten 18 Monaten nach Mahler (1969); zweitens das Fehlen eines ihm mit positiven Gefühlen zugewandten gleichgeschlechtlichen Vorbilds zu Beginn der Latenzzeit, also sogleich nach dem Untergang des ödipalen Konflikts; drittens ein Ungleichgewicht zwischen der emotionellen Bindung an Personen horizontaler und vertikaler sozialer Strukturen während der Jahre der psychischen Entwicklung, besonders während und nach der Pubertät.

Die Frage nach den psychischen Folgen der Entfremdung, die sich dem Ethnopsychologen im abendländischen Kulturkreis aufdrängt, ist ein Gesichtspunkt, der noch nicht genügend Beachtung gefunden hat. Die Entfremdung der ökonomischen Verhältnisse scheint für die betroffenen Personen, neben anderen Folgen, immer zu einem besonderen, psychologisch relevanten inneren Widerspruch zu führen. Die erworbene Ich-Identität der Person, die Erikson (1959) beschrieben und abgeleitet hat, gerät in Widerspruch zu den von der Gesellschaft gebotenen und geforderten Rollenidentifikationen in der Familie, im Berufsleben und ganz besonders den Rollen, welche von der Klassenzugehörigkeit aufgedrängt werden. Mit anderen Worten: Die psychische Entwicklung und ihr Ergebnis, die gelungene Sozialisation, widersprechen den Anforderungen des sozialen Lebens, die fixierten psychischen Bedürfnisse werden frustriert, die Abwehrorganisation des Ich wird insuffizient. Für das psychische Funktionieren und emotionelle Wohlbefinden scheinen Mechanismen, die ich »Identifikation mit der Rolle« genannt habe, eine ausschlaggebende Bedeutung zu haben. Während das entfremdete Individuum seinen Einfluß auf die gesellschaftliche Produktion verloren hat, hört es nicht auf, ein psychisches und soziales Leben zu führen. Doch scheinen dabei regelmäßig, und nach noch nicht genügend erforschten Gesetzmäßigkeiten, Verarmungen an Befriedigung und Schädigungen der erworbenen Ich-Apparate einzutreten. Während also die Person ihre sozialen Rollen unvermeidlicherweise ausführt, werden die Beziehungen zur Objektwelt gestört, unbefriedigend, es tritt eine ungünstige Verschränkung libidinöser und aggressiver Ziele auf, und – was besonders wichtig ist – narzißtische Rückzüge springen kompensatorisch ein, um die psychische Homöostase und die sozial-materielle Existenz trotz der gestörten oder eingeschränkten Beziehung zu den Objekten noch zu garantieren. Eine gewisse Befriedigung im Sinne der »positive emotional response« amerikanischer Soziologen ist anscheinend nötig, wenn man nicht sozial versagen, das heißt psychisch krank werden will.

Natürlich sind es nicht ausschließlich, wohl auch nicht in erster Linie psychologisch faßbare Vorgänge, die der Entfremdung kompensatorisch entgegenwirken. Die Agni haben mit ihrer Identität ein großes Bedürfnis ausgebildet, soziales Prestige zu genießen. Bringen sie es nicht dazu, sind sie unglücklich und werden krank – lebenswichtige Ich-Funktionen erleiden Störungen und regressive Verzerrungen. Der Entfremdung in der kapitalistisch organisierten Plantagenwirtschaft begegnen sie zuallererst damit, das psychologisch nutzlose, mühsam erworbene Geld durch den Kauf von Goldschmuck, durch die luxurierende Steigerung und finanziell ruinöse Häufung traditioneller Festlichkeiten in psychisch befriedigende Prestigewerte umzusetzen.

Doch lassen auch psychoanalytische Beobachtungen manchmal recht deutliche Antworten auf unsere Fragestellung zu, etwa als Antwort auf die Frage: Welche ungenügend überwundenen Konflikte im Ich sind auf den sozialen Zustand der Entfremdung zurückzuführen?

Solche Konflikte waren bei drei untereinander recht verschiedenen jungen Männern aus der deutschsprachigen Schweiz nachzuweisen. Ihnen war gemeinsam, daß sie erst als Erwachsene psychisch erkrankten. Auf sozialem Gebiet äußerte sich das so, daß sie ihre Rollen, zwei als Studenten, einer als Metallarbeiter, nicht mehr ausfüllen konnten, arbeitsunfähig geworden waren. Es war nachweisbar, daß die Entfremdung ihrer sozialen Lage zu einer neurotischen Desintegration ihrer Person nach einer bis dahin einigermaßen gelungenen psychischen Entwicklung geführt hatte. Gemeinsam war ihnen weiterhin, daß der ödipale Konflikt, der Übergang von der Dyade Mutter–Kind zur Triade Mutter–Kind–Vater und/oder Gesellschaft, die Verinnerlichung sozialer Verhaltensweisen ums 5. Lebensjahr und in der Pubertät noch einigermaßen gelungen waren. Sie wären – im Bereich phallischer Strebungen, mit aggressiv-rivalisierenden und anal-retentiven oder anal-unterwürfigen Fixierungen ausgestattet – zu recht typischen und wegen ihrer Vitalität und Intelligenz recht imponierenden Vertretern des lebenstüchtigen Mannes im hierarchischen und auf Konkurrenz abgestimmten Bereich unseres Erwerbslebens geworden. Doch konnte, bei jedem der drei aus anderen, besonderen Gründen, die Diskrepanz zwischen der angebahnten Ich-Identität und dem konkreten Rollenangebot nicht überwunden werden; das heißt: innere Konflikte wurden pathogen.

Beim Studenten Peter hatten die gesellschaftlich »falschen« Ideale eines übermächtigen Überich, eines Eltern-Introjekts, mit dem er sich immer wieder identifizieren mußte, zu einem narzißtischen Rückzug, einem fast völligen Aufgeben der Objektrepräsentanzen geführt, mit entsprechenden psychotisch anmutenden Fraktionierungen des Selbst und mit der Hemmung bereits autonom gewordener Ich-Funktionen.

Der Student Marco war eigentlich an der Frustration erkrankt, daß ihn seine Ich-Überich-Entwicklung von befriedigenden Ergebnissen seiner Aktivität außerordentlich abhängig machte, ihm aber ein entfremdeter Gelderwerb trotz massiver analer Fixierungen keine genügende Befriedigung bei der Arbeit brachte. Er hatte den ganzen, recht hoch besetzten Sadismus seines Überich und der seinem Ich zur Verfügung stehenden Aggression nach innen gerichtet. Die Folge war eine schwere und anhaltende Neigung zum Suizid, ein Leben zum Tode, wie es der italienische Dichter Cesare Pavese realisiert hat.

Dem Metallarbeiter Fritz war zu dem Zeitpunkt, an dem er die Berufs- und Familienrollen des erwachsenen Mannes zu üben begann, die Frustration seiner libidinösen phallischen und rivalisierenden Bedürfnisse zum psychischen Verhängnis geworden. Während einiger Jahre hatte er versucht, mittels der funktionierenden Anteile seines Ich zu einer Befriedigung seiner libidinösen Bedürfnisse zu gelangen. Die Befriedigungen, die seine Klassenlage zuließ, waren allzu spärlich. Er konnte nurmehr auf regressive prägenitale Möglichkeiten zurückgreifen, das heißt, er entwickelte ein dissoziales Verhalten, das unschwer als neurotisches Agieren unter dem Wiederholungszwang zu erkennen war. Dementsprechend stellte der Psychiater, der ihn zur Behandlung überwies, die Diagnose: verwahrloster triebhafter Psychopath mit polymorph-perversen Neigungen. Bei ihm ebenso wie bei den beiden anderen Männern ließ ein zureichendes Durcharbeiten des inneren Konflikts eine normale Persönlichkeit hervortreten, die zwar natürlich weiterhin am sozialen Zustand der Entfremdung zu leiden hatte, aber ohne wesentliche Beeinträchtigung der Ich-Funktionen.

Die vorläufige und notwendigerweise unvollständige Antwort auf die Frage nach den psychischen Folgen der Entfremdung lautet: Der Widerspruch zwischen dem Ergebnis einer psychischen Entwicklung und den zur Verfügung stehenden Rollenmustern in einer entfremdeten Situation wirkt auf den psychischen Apparat so ein, daß Ich-Funktionen beeinträchtigt werden. Das Ergebnis ist eine Neurose, die trotz ihrer idiosynkratisch-individuellen Symptomatik von der allgemeinen sozialen Situation ausgelöst und unterhalten wird.

Die Wahl dieser drei Beispiele vermittelt vielleicht den Eindruck, daß eine Veränderung der psychologischen Folgen der Entfremdung im allgemeinen nur durch eine psychoanalytische Lösung innerer Konflikte in Gang kommen könne. Dem ist nicht so. Die Wahl der Beispiele ist durch die Methode der Beobachtung bei der psychoanalytischen Behandlung psychisch schwer gestörter Personen bestimmt. Auch die Ethnopsychoanalyse, die ja trachtet, ihre Untersuchungen mit normalen, das heißt gut funktionierenden und gut integrierten Mitgliedern einer Sozietät vorzunehmen, muß darauf verzichten, Erfahrungen in Zeiten zu sammeln, in denen die betreffende Gesellschaft in stürmischen oder revolutionären Umwälzungen begriffen ist. Im Prinzip kann eine Überwindung der psychischen Folgen der Entfremdung dadurch in Gang kommen, daß die aufgezwungenen Rollen abgelegt werden. Die Veränderung der Gesellschaft, ja, schon die aktive Ablehnung oder der Kampf gegen die unerträglich gewordenen äußeren Zwänge kann die pathogen gewordenen inneren Konflikte entspannen und kompensatorische Symptome zum Verschwinden bringen. Solche Vorgänge sind nicht nur im Prinzip möglich, sondern auch häufig zu beobachten. Wahrscheinlich würde man unter den Eltern jener »competent children« im Negerghetto, die ihre Kinder mit den Zeichen von »black pride« geschmückt haben, solche Entwicklungen finden.

Zusammenfassend kann man sich fragen, wie weit die Konfrontation der vergleichenden Psychoanalyse mit der Makrosozietät bisher geführt hat und worin ihre weiteren Möglichkeiten liegen:

Die Änderung eines kultur- oder klassenspezifischen psychischen Modells, eines typischen psychischen Verhaltens erfolgt nur langsam, weil sich Erziehungsgewohnheiten nur langsam ändern und weil sie langwährende Folgen haben, die über Generationen hinaus fortwirken. Raschere und spektakulärere Folgen (für psychologisch vergleichbar strukturierte Personen) sind von Änderungen der Macht- und Lebensverhältnisse in einer Sozietät, in einer Klasse, bei einem Volk zu erwarten. Diese Prozesse ergänzen einander und müssen wohl in einer noch kaum zu erfassenden Weise aufeinander einwirken, um historische, das heißt fortschreitende und gesellschaftlich wirkende Folgen zu haben und nicht einfach zu einer Vermehrung psychischer Pathologie und gesellschaftlichen Elends zu führen.

Die Ethnopsychoanalyse vermag Einblicke in innere Konflikte in ihrem Zusammenhang mit Widersprüchen und Spannungen im Gesellschaftsgefüge zu geben, die der Aufklärung in der Analyse von Einzelpersonen unzugänglich sind. Zwar ist der individuelle psychoanalytische Prozeß ihre wichtigste Methode, um Beobachtungen zu machen. Das Ergebnis innerer Konflikte und deren Herkunft vermag sie aber im Zusammenhang mit gesellschaftlichen Zuständen und mit historischen Prozessen zu sehen.

4. Das Ich und die Anpassungsmechanismen

Der Titel dieser Arbeit, »Das Ich und die Anpassungsmechanismen«, soll an zwei Werke erinnern, deren entscheidende Bedeutung für die Entwicklung der Psychoanalyse unbestritten ist: »Das Ich und die Abwehrmechanismen« von Anna Freud (1936) und »Ich-Psychologie und Anpassungsproblem« von Heinz Hartmann (1939). Ich beeile mich hinzuzufügen, daß weder der Umfang des Artikels noch gar die Relevanz unserer Überlegungen den Anspruch auf einen Vergleich mit den beiden angeführten Arbeiten rechtfertigt. Das Verhältnis zu Anna Freuds Buch ist das einer Analogie: *Anpassungs*mechanismen nenne ich im Ich des Erwachsenen mehr oder minder fest etablierte Mechanismen, die unbewußt, automatisch und immer wieder gleich ablaufen, gerade so, wie es bei den *Abwehr*mechanismen beschrieben ist. Während sich diese jedoch im Ich etabliert haben, um unerwünschte oder störende Triebregungen, Wünsche oder Affekte abzuwehren, haben die von mir gemeinten Anpassungsmechanismen den Zweck, mit eingreifenden Einflüssen der sozialen Umwelt fertig zu werden. Auch in meiner Argumentation finden sich Analogien zum Vorgehen von Anna Freud, besonders aber in der Zielrichtung. Man hat die jeweilige Abwehrorganisation des Ich als eine idiosynkratische Form, ja, als das wichtigste dynamisch wirksame Substrat des Ich begreifen gelernt; in ähnlicher Weise scheinen sich auch die Anpassungsmechanismen zu einer Organisation zusammenzufügen, die idiosynkratische Merkmale des sozialen Verhaltens, ja, so etwas wie kulturspezifische Ichvarianten bedingt.

Fragestellung

Auf die Arbeit von Heinz Hartmann habe ich angespielt, weil es mir um eine Art Fortsetzung derselben geht. Seit 1939 haben sich nämlich aus seiner Diskussion der Anpassungsleistungen des Ich zwei ganz verschiedene Verwendungen des Begriffs »Anpassung« in der Psychoanalyse entwickelt.

Anpassung oder »anpassungsmäßig« meint erstens einen Gesichtspunkt, unter dem jedes psychische Phänomen betrachtet werden kann, so wie es auch genetisch (aus seiner Entstehung), strukturell (nach seiner Zuordnung zu einer der Strukturen des psychischen Apparats) usw. zu erklären ist. Der anpassungsmäßige Gesichtspunkt gilt selbstverständlich auch für Mechanismen, die sich im Ich etablieren.

Zweitens meint man aber mit Anpassung einen ganz bestimmten Prozeß und sein Ergebnis. Dieser Sprachgebrauch geht unmittelbar von der Aufgabe des Ich aus, zwischen Innen- und Außenwelt zu vermitteln, der es seine Entstehung verdankt und die seine wichtigsten Funktionen bestimmt. Die Ich-Psychologie hat sich eines theoretischen Kunstgriffs bedient, um den Weg der Anpassung an die Umwelt, die von Anfang an als soziale, als die Welt der Beziehungspersonen definiert war, zu bestimmen und um den Grad der erreichten Anpassung zu messen. Die Umwelt wurde auf eine »durchschnittlich zu erwartende« reduziert, d. h. sie wurde als eine unveränderliche Größe angesetzt. Jetzt konnte sich die Erforschung des Ich entfalten, des Gangs seiner Entstehung und der Ausbildung seiner Struktur, bis auch sein Anpassungsapparat, für den die frühe psychoanalytische Forschung wenig Interesse aufbrachte, beschrieben war. Nun wäre es angebracht gewesen, den eingeführten Parameter wieder fallenzulassen und dem nachzugehen, was die unterschiedlichen sozialen Verhältnisse, die gewaltig und oft gewaltsam auf uns einwirken, in der Struktur und für die Funktion des Ich bewirken. Hartmann war sich dieses Problems bewußt, verfolgte es aber nicht weiter. Da schließlich der Mensch ein biologisches Wesen ist und im ganzen Tierreich Anpassung zum Zweck des Überlebens ein Hauptmerkmal der Leistungen jeder Spezies ist, erschien die Anpassung als ein Ziel; Abweichungen waren nur als Störungen, als Fehlgehen der normalen Entwicklung oder als Ausfall von Funktionen interessant. Eine Untersuchung der Veränderungen des Substrats »soziale Umwelt« erübrigte sich.

Ich habe versucht, den Kunstgriff rückgängig zu machen, die gesellschaftlichen Verhältnisse von der fiktiven Statik einer bloß angenommenen Durchschnittlichkeit freizusprechen und zu sehen, welche Vorkehrungen das Ich trifft, wie es eingerichtet ist, jenen Kräften zu begegnen. In dieser Hinsicht setze ich da fort, wo Hartmann aufgehört hat.

Daß ich dabei stellenweise auf Neuland stoße, daß z. B. Anpassungsmechanismen des Ich kaum bemerkt und schon gar nicht näher untersucht worden sind, obwohl es sich um alltäglich Beobachtbares handelt, hat mehrere Gründe. Viele Analytiker folgen noch heute dem biologistischen Ansatz, der die Umwelt als eine »naturgegebene« ansieht und das Individuum allein als ein veränderliches – eine Auffassung, die für die Gesellschaft als Umwelt nicht haltbar ist. Ein weiterer Grund für diese Vernachlässigung ist wohl darin zu suchen, daß die Psychoanalyse zumeist schlechte Erfahrungen gemacht hat, wenn sie sich auf Einwirkungen der äußeren Realität bezog, statt die innere oder psychische Realität zum Bezugspunkt zu nehmen. Das Beispiel, das am besten bekannt ist, war Freuds Annahme, es sei die Verführung durch erwachsene Personen, welche eine traumatische Fixierung an sexuelle Kindheitserlebnisse zur Folge habe. Er mußte bald erkennen, daß es die Phantasie der Kinder selber war, welche äußerlich harmlose Ereignisse zu lebenszerstörenden inneren Dramen umdichtete. Die psychische Realität, der immerhin die praktische oder, wie Freud sie später nannte, die objektive Realität gegenüberstand, war und blieb das Hauptgebiet psychoanalytischer Forschung. Ich möchte betonen, daß auch ich dieser Ausrichtung folge. Wer möchte bestreiten, daß z. B. der Struktur »Ich«, einem abstrakten Begriff, Psychisches den realen Inhalt gibt. Wenn wir hingegen untersuchen wollen, was für Kräfte aus dem Es die Abwehr auf den Plan rufen und die Errichtung von Abwehrmechanismen fordern, können wir von den Triebwünschen nicht absehen. Es ist bekannt, wie verschieden die Abwehr ausfällt, wenn libidinöse Strebungen etwa aus der oralen oder aus der analen Entwicklungsphase der Libido Befriedigung verlangen. In analoger Art müssen wir die Kräfte der Außenwelt ins Auge fassen, wenn wir die Ichstrukturen bestimmen wollen, die zur Anpassung dienen, ob es sich nun um eine passive, autoplastische oder um eine aktive, alloplastische Anpassung oder um eine gemischte handelt.

Der Einwand ist berechtigt, daß die Psychoanalyse längst dabei sei, diesen Schritt zu tun. Was ist die Erforschung der frühen Beziehung des Säuglings zur Mutter durch René A. Spitz u. a., was die Beschreibung der frühen Kindheit durch Anna Freud, Margaret Mahler u. a., was die ganze Revision der Ichbildung im Lichte der präödipalen Objektbeziehungen anderes als Erforschung der Anpassung an die Personen der sozialen Außenwelt! Und ist nicht die Beachtung der Kommunikationsweisen, der Sprache, der Interaktionen in Familie und Gruppe der beste Weg, die Anpassung des Ich im einzelnen nachzuzeichnen? Eine andere Forschungsrichtung ist vor allem vom Sigmund Freud-Institut in Frankfurt (A. Mitscherlich u. a.) ausgegangen, wo eine vielfältige Nachprüfung und Anwendung psychoanalytischer Erkenntnisse im Lichte historischer Prozesse und einer kritischen Gesellschaftsforschung im Gang ist.

Wir wissen heute ungleich mehr über die Psychologie der Sozialbeziehungen als 1939, zur Zeit, als Hartmann begann, das Problem der Anpassung zum Ausgangspunkt einer genaueren Erforschung der Struktur »Ich« zu nehmen. Man könnte zuwarten, bis die Ergebnisse der Interaktionsforschung und der psychoanalytischen Sozialpsychologie ausreichen, um die Leistungen des Ich in einer sich verändernden und auf es einwirkenden Umwelt zu bestimmen.

Statt dessen hat mich das Interesse daran, wie das soziale Verhalten analytisch zu erfassen ist, zu einem anderen Zugang gedrängt: Ich habe die psychische Entwicklung, den genetischen Gesichtspunkt, vorerst beiseite gelassen, habe von der Anpassung des Kindes an die Objekte seiner familiären Umwelt zwar Kenntnis genommen, bin aber dann direkt auf das soziale Verhalten der erwachsenen Person eingegangen. Den gleichen Weg hat Freud in »Massenpsychologie und Ich-Analyse« (1921) eingeschlagen. Vom Verhalten der Massen und des Individuums in der Masse[1] ist er zu Deutungen und Rekonstruktionen gelangt, auf denen noch heute alles aufbaut, was wir über die Psychologie des Menschen in der Gesellschaft wissen. Allerdings wurde ich durch zwei scheinbar ganz verschiedene Arbeitsmethoden zu den Anschauungen gebracht, die ich heute vorlege.
Erstens war es die psychoanalytische Untersuchung von Angehörigen traditionsgeleiteter Völker, die außerhalb des »abendländischen Kulturkreises« mit einer vorkapitalistischen Wirtschaftsform leben, die eine genauere Erfassung des Zusammenhangs jener Ichstrukturen (auf die man bei der Untersuchung unmittelbar stößt) mit den gesellschaftlichen Einrichtungen nötig machte. Dabei wurde es unumgänglich, die soziale Anpassung analytisch in Frage zu stellen. Es konnten eigenartige Ichfunktionen beschrieben werden, die in der europäisch-amerikanischen Psychoanalyse scheinbar nicht vorkamen oder zu wenig Beachtung gefunden hatten. Aus diesen Untersuchungen stammt die Beschreibung des »Gruppen-Ich«, des »Clangewissens«, der spezifischen »Identifikationsmodi des Ich«.
Die zweite, von der ersten stark beeinflußte Methode war die der klassischen Psychoanalyse in Europa. Ohne das Setting oder die übliche Deutungstechnik zu verändern, wurden Einwirkungen der sozialen Umwelt auf die Analysanden in den Deutungsprozeß einbezogen. Dies schien notwendig, weil viele Analysanden nicht imstande waren, eingreifende Umwelteinflüsse wahrzunehmen; diese waren, im deskriptiven Sinn, unbewußt, weil das Ich sich ihnen in seiner Struktur angepaßt hatte. Am klarsten trat bei diesem Vorgehen ein Mechanismus in Erscheinung, den ich vorläufig »Identifikation mit der Rolle« genannt habe. Ich habe mein Vorgehen unter dem Titel »Gesellschaftskritik im Deutungsprozeß« (Kap. 2) beschrieben und näher begründet. Hier will ich versuchen, das Ergebnis dieser analytischen Deutungsarbeit für die Ichpsychologie fruchtbar zu machen, die klinischen Anzeichen automatischer Anpassung als Ichanteile zu beschreiben.

[1] Freud bezog seine Überlegungen vor allem auf organisierte Massen (Kirche und Heer), die wir heute als Institutionen bezeichnen würden.

Wenn wir bei der Deutungsarbeit von Anpassungsleistungen des Analysanden gegenüber ihm unbekannten (also im deskriptiven Sinn unbewußten) gesellschaftlichen Einflüssen ausgehen (analog zu der Art, wie man einen Widerstand deutet), kommt es häufig zu einer Änderung der Beziehung zum Analytiker, z. B. zu einer Milderung des Übertragungswiderstandes oder zu einem Wechsel in der übertragenen Rolle.[2] Solche Deutungen ziehen intrastrukturelle oder interstrukturelle Veränderungen nach sich, das heißt Änderungen der Ichstruktur oder solche des Verhältnisses zwischen dem Ich und dem Überich oder dem Ich und dem Es. Dabei kann man zwei verschiedene Aspekte unterscheiden. Auf der einen Seite werden Mechanismen deutlich, die eine automatische Anpassung an gewisse soziale Forderungen und Kräfte gewährleisten und dem Ich eine relative Stabilität verleihen – wobei nichts darüber gesagt ist, ob diese stabilisierende Funktion gute, gesunde, normale Icheigenschaften oder eingeschränkte, pathologische betrifft. Auf der anderen Seite werden ganz verschiedene Veränderungen im Ich ausgelöst, die von einer Stärkung und Verbesserung aller Funktionen bis zu einer Erschütterung der Abwehrorganisation, zu tiefgehenden Regressionen und zum Einbruch bisher abgewehrter Triebansprüche variieren.

Man kann sich das so vorstellen, daß die Anpassungsmechanismen das Ich in ähnlicher Weise von der ständigen Auseinandersetzung mit der Außenwelt entlasten, wie die Abwehrmechanismen das gegenüber den abgewiesenen Triebansprüchen leisten. Die andere Seite der Entlastung ist jedoch Erstarrung und Einschränkung: Was das Ich an Stärke gewonnen hat, büßt es an Flexibilität und Elastizität ein.[3] Fällt der Zwang zur automatischen Anpassung weg, so erhält das Ich – nach Überwindung einer Phase der Erschütterung – neue Möglichkeiten, sich zu organisieren. Es kann sich zur Außenwelt, aber vor allem gegenüber Es und Überich besser oder zumindest anders einstellen als vorher. – Praktisch sieht das so aus, daß die Deutung unbewußter Anpassung zumeist davon gefolgt ist, daß neues Material aus dem verdrängten Unbewußten auftaucht, daß die Beziehung zu den Objekten der Liebe und der Aggression, einschließlich jener zum Analytiker, sich verändert und, vor allem, daß die Anteile des Überich, die mit den Sozialbeziehungen zusammenhängen, einer Neubearbeitung offenstehen. Mit anderen Worten: die Analyse vertieft sich,

[2] Sandler (1974) unterscheidet deutlich zwischen der auf den Analytiker übertragenen Gefühlseinstellung und der Rolle, die das Kind einem Elternteil zuschrieb, die ebenfalls übertragen werden kann.

[3] »... jede Anpassung ist partieller Tod, Aufgeben eines Teiles der Individualität ...« (Ferenczi, 1931: 248).

wenn man dem Ich durch solche Deutungen vorübergehend die stützende Funktion seiner automatischen Anpassung entzieht.

Abgrenzung gegen andere Anpassungsleistungen

Einige einfache, man kann auch sagen primitive Anpassungsmechanismen sind bei Kindern gut zu beobachten, z. B. die Ritualisierung und die Imitation. Sie setzen das Ich instand, Anpassungsaufgaben mit geringer Energie gerecht zu werden, die sonst einen großen Aufwand erfordern würden. Treten in der Kindheit exzessive Ritualisierungen auf oder ersetzt ein imitatorisches Verhalten reifere identifikatorische Prozesse und Lernvorgänge, so kann man darauf schließen, daß das Ich Konflikten aus der Triebsphäre, zumeist großen Ängsten oder Versagungen von seiten der Beziehungspersonen, ausgesetzt ist. Im Sinne einer notfallmäßigen Ichregression trachtet das Ich, seine Schwäche durch Verstärkung dieser Mechanismen auszugleichen. Beide Mechanismen stehen auch dem Erwachsenen zur Vergügung. Es ist bekannt, wie Zwangssymptome sich durch Ritualisierung im Ich ausbreiten oder, besser gesagt, das Ich zwingen, sich den Erfordernissen des unverständlichen Zwanges automatisch zu unterziehen. Exzessive Imitationsneigung bei Erwachsenen ist ein sehr auffallendes Symptom, das auf schwer gestörte Objektbeziehungen oder vielmehr auf ein regressives Ausweichen auf eine konfliktfreiere Modalität der Beziehungen zum Objekt hinweist. Natürlich können diese und ähnliche primitive Mechanismen auch weiterhin der Anpassung an die äußeren Erfordernisse dienen. Wir könnten kaum eine Arbeit ohne die Hilfe von Routine, von einigen angepaßten Ritualisierungen leisten; ohne die imitatorische Funktion wäre kaum ein Erlernen neuer Fertigkeiten möglich.

Eine Hausfrau, die in analytischer Behandlung steht, kocht dreimal täglich, wäscht ab, kauft ein, kocht und serviert das Essen. Alles ist restlos ritualisiert, läuft wie am Schnürchen. Doch fühlt sie sich erschöpft, hat keine Freude an dieser Arbeit, und die Familie klagt über die »lieblos« zubereiteten Mahlzeiten. Der Hinweis, daß eine ritualisierte Handlung abläuft, die Eigeninitiative erspart und ausschließt, bringt Unordnung in den geordneten Haushalt, ermöglicht es aber der Patientin, ihre Einstellung zu den Mitgliedern ihrer Familie zu revidieren, z. B. zu erleben, daß sie für gar niemanden kochen möchte, weil sie fühlt, daß ihr zu wenig Anerkennung und Liebe geboten wird. Ausnahmsweise wirkt hier ein primitiver Anpassungsmechanismus so, wie wir es bei den weiter unten beschriebenen, komplexeren schildern: im Sinne einer Stabilisierung des Ich, deren Wegfall die Abwehrorganisation in Bewegung bringt.

Es ist kein Zweifel, daß die Anpassung an soziale Erfordernisse unter anderem das einschließt, was man unter Sublimierung oder sublimierter Triebabfuhr und -befriedigung versteht. Sublimierte Triebregungen haben nicht nur ihr Objekt gewechselt und können an einem Verschiebungsersatz ablaufen. Auch das Ziel, die Befriedigung selbst, hat sich verändert. Obzwar ich der Meinung nicht folge, daß sublimierte Leistungen »konfliktfrei« geworden sind, sondern annehme, daß die so abgeführten Konflikte nur relativ entspannt und deshalb gut verschiebbar, gleichsam plastisch geworden seien, kann ich Anpassungsmechanismen nicht mit Sublimierungen gleichsetzen (Kap. 1). Deutet man nämlich solche Anpassungen, wird der Unterschied alsbald klar. Die Aufklärung »echter« Sublimierungen, die ichsynton sind, also die Abfuhr von Aggression oder Libido erlauben, hat keine weitere Folge. Wenn hingegen eine automatisch und unbewußt erfolgte soziale Anpassung gedeutet wird, hat dies eine Umorientierung des Ich, oft eine Aktivierung abgewehrten Materials und nicht selten weitergehende Prozesse der Umstrukturierung zur Folge. Wenn man die Unterscheidung zwischen Sublimierung und Anpassungsmechanismus, die uns zwar theoretisch und auch therapeutisch fruchtbar erscheint, nicht machen wollte, könnte man sagen: Bei Sublimierungen haben die synthetischen und integrativen Funktionen des Ich das Übergewicht, bei anderen Anpassungen überwiegen gesellschaftliche Zwänge, denn Isolierung, Liebesverlust, Beschämung und andere Strafen drohen, wenn das Ich sich nicht anpaßt. Daß die Anpassung unbewußt erfolgt, ist aus der defizienten Wahrnehmung des »beobachtenden Ich« zu erklären, das es nötig hatte, sich so weit anzugleichen, bis es seine eigenen Interessen von denen der sozialen Umwelt nicht mehr unterscheiden konnte.

Manchmal ist man versucht, in Reaktionsbildungen, die ihren Symptomcharakter verloren haben, Anpassungsmechanismen zu sehen. Das bekannteste Beispiel ist die Körperpflege, die aus einer Reaktion auf anale Schmierlust hervorgeht und, »sekundär autonom« geworden, nicht nur zu einem unerläßlichen Bestandteil der libidinösen Besetzung des eigenen Körpers und zu einer Stütze des Selbstgefühls wird, sondern auch der sozialen Anpassung dient. Die Vernachlässigung der erworbenen Sauberkeitsgewöhnung kann geradezu als Mittel des sozialen Protests verwendet werden. Solche Reaktionsbildungen haben u. a. sicherlich auch die Funktion der sozialen Anpassung. Sie sind ein bleibendes Resultat der Erziehung, ein Ergebnis der Sozialisation des Kindes. In der Analyse wird es jedoch deutlich, daß es sich um echte Abwehrmechanismen handelt. Das heißt: Ohne ein tiefgehendes Durcharbeiten der Widerstände können sie nicht verändert oder aufgegeben werden. Es wäre sehr unzweckmäßig, den Anpassungswert,

den sie haben, und ihre Bedeutung für die kulturspezifische Ausformung des Ich mit der Dynamik ihrer ursprünglichen Funktion, der Triebabwehr, zu verwechseln.
Obzwar die Abgrenzung nicht immer klar zu ziehen ist, glaube ich, daß man unter dem Gesichtspunkt der Anpassung lediglich andere Mechanismen zusammenfassen sollte, denen die Funktion der Triebabwehr nicht oder nicht mehr zukommt, die dazu dienen, Erfordernissen und Pressionen der Außenwelt zu begegnen, und die dadurch dem Ich eine relative Stabilität verleihen oder erhalten.[4] Daß dieses Ich eine Abwehrorganisation aufweist, die Triebregungen unterdrückt oder nur in der Form von Symptombildungen zuläßt, sollte wie bisher auf die psychische Realität von Phantasien, Wünschen und Ängsten und nicht auf die Umwelt und ihren Einfluß bezogen werden.

Die Anpassungsmechanismen; gemeinsame Merkmale

Gemeinsam ist den Anpassungsmechanismen, daß sie sich als Stabilisatoren für die Ichorganisation erweisen, solange die sozialen Verhältnisse, unter denen eine Person lebt, sich nicht ändern. Sie funktionieren automatisch und unbewußt, und sie gewährleisten einen relativ konfliktfreien Umgang mit ganz bestimmten gesellschaftlichen Einrichtungen. Dadurch sind sie ökonomisch vorteilhaft: Sie entlasten andere Ichapparate und erleichtern es, zu Triebbefriedigungen zu gelangen, die von der Umwelt im Rahmen der entsprechenden Institutionen geboten werden. Narzißtische Befriedigungen treten dabei gegenüber den objektbezogenen in den Vordergrund. Andererseits schränken alle Anpassungsmechanismen die Flexibilität des Ich ein und verhindern, daß eine weitere Anpassung der Triebwünsche an andere oder sich verändernde soziale Verhältnisse zustande kommt. Ursprünglich dienen sie also der Einrichtung des Realitätsprinzips; dann aber können sie es beeinträchtigen. Ich schreibe den Anpassungsmechanismen keine konstante Beziehung zu den Affekten zu. Ihr Funktionieren ermöglicht zwar u. U. Wohlbefinden (Sandler); man kann aber nicht sagen, daß sie immer vom Wohlbefinden begleitet sind oder darauf abzielen. Beim Versagen der automatischen Anpassung tritt

[4] Nach Hartmann könnte man die Annahme machen, daß es sich bei den Anpassungsmechanismen »ursprünglich« um Abwehrmechanismen gehandelt habe, die, »konfliktfrei« geworden, nun mit »neutralisierter« Libido besetzt und zu den »sekundär autonomen« Ichfunktionen zu zählen seien. Die Entstehungsgeschichte der Mechanismen, ihre Einrichtung im Ich widerspricht einer solchen Annahme. Eine vertiefte Diskussion des Begriffs der Neutralisierung der Libido, den ich in Frage gestellt habe (Kap. 1), würde den Rahmen dieser Arbeit sprengen.

häufig Angst auf; sie dient aber nicht zur Vermeidung oder zur Abwehr von Angstgefühlen.
Auf eine kurze Form gebracht: Abwehrmechanismen erfordern Energie (eine Gegenbesetzung), um das Ich von Triebansprüchen zu befreien, während Anpassungsmechanismen das Ich von dieser Aufgabe entlasten.
Während man die Abwehrmechanismen als Niederschlag (oder als das im Ich errichtete Erbe) der kindlichen Triebkonflikte ansehen kann, sind die Anpassungsmechanismen ein viel direkterer Ausdruck dessen, daß die soziale Umwelt in die Ichstruktur eingreift: Sie werden zwar ebenfalls bereits in der Kindheit angelegt, bleiben aber zeitlebens sozialen Kräften unterworfen. Der »Einzige und sein Eigentum« (Max Stirner), die Idee einer freien Entscheidung über das eigene Verhalten, die von den Traditionen des Liberalismus bis zur Sartreschen Existenzialphilosophie hochgehalten wurde und in psychoanalytischen Begriffen wie Ich-Autonomie und Ich-Dominanz ihren Niederschlag gefunden hat, wird durch die Existenz der Anpassungsmechanismen weiter in Frage gestellt.
Im folgenden versuche ich, drei Anpassungsmechanismen zu beschreiben, die ich zwar z. T. aus analytischen Gesprächen mit Afrikanern abgeleitet habe, die aber auch das Ich unserer Analysanden in Europa auszeichnen. Damit ist nicht gesagt, daß es nur diese drei Mechanismen gibt. Wenn sich meine Anschauungen bewähren sollten, wird man wahrscheinlich mehrere Anpassungsmechanismen finden oder zumindest den dritten (die Identifikation mit der Rolle) in verschiedene Varianten aufsplittern müssen.
Bei jedem der drei Mechanismen gebe ich zuerst einen kurzen Überblick:
1. über die Bedingungen, unter denen sie im Ich »eingerichtet« werden,
2. über ihre Dynamik und Wirkungsweise und
3. über die Auswirkungen des Mechanismus für das gesellschaftliche Verhalten.

Das »Gruppen-Ich«[5]

Überblick: Die Entstehung des Gruppen-Ich führen wir auf relativ spannungsfreie identifikatorische Beziehungen zurück, die sich in der Kindheit und Adoleszenz vorzugsweise zu gleichgeschlechtlichen

[5] Der Ausdruck »Gruppen-Ich« wurde von Paul Federn (1936) geprägt, der in einer Spekulation über frühere Zivilisationsformen meinte, die Ichgrenzen seien einst verwaschener oder gar nicht vorhanden gewesen. Wir geben dem Wort einen ganz anderen Sinn. (Vgl. Parin et al., 1971.)

Gleichaltrigen in »horizontalen« Gruppen etablieren. Wenn diese Beziehungen weder durch Frustration noch durch Aggression gestört werden und wenn gewisse »orale« Ich-Eigenschaften erhalten bleiben, ist der Erwachsene immer wieder bereit, solche befriedigenden Beziehungen einzugehen. Sind in einer sozialen Situation Gemeinschaften oder Gruppen vorhanden, in denen wegen ihrer Struktur und der besonderen Psychologie der Mitglieder gegenseitige brüderliche bzw. schwesterliche Identifikationen möglich sind, ist das Gruppen-Ich ein Garant für eine gute soziale Anpassung (z. B. im Dogon-Dorf). Dieser Anpassungsmechanismus gibt die Gemeinschaftsstruktur der Gesellschaft genauer wieder als andere. In der Kleinfamilie hat er keinen Platz. Im öffentlichen Leben der urbanisierten Industriegesellschaft muß er versagen. In dieser wird ein Ich, das so eingerichtet ist, schwer beeinträchtigt und unterliegt pathologischen Regressionen. Mitunter kann das Gruppen-Ich auch in unserer Gesellschaft im Rahmen sozial randständiger Brüdergemeinden der Anpassung dienen. Obzwar es den Beteiligten Stabilität und ein ungewöhnliches Aktivitätspotential verleiht, entspricht es eher einem utopisch erwünschten Zustand, als daß es zu Veränderungen der Gesellschaft drängt.

Beispiele: Wir haben das Gruppen-Ich zuerst bei Afrikanern beschrieben. Es war leicht abzugrenzen, sei es, weil die menschliche Umwelt für diese Afrikaner wichtiger ist als für uns, um ihrem Ich ein relativ autonomes Funktionieren zu ermöglichen, sei es, weil uns ihre Abhängigkeit von der sozialen Umwelt deutlicher wurde als die von europäischen Analysanden, deren Abhängigkeiten den unseren gleichen.
Aber auch Europäern muß man ein Gruppen-Ich zuschreiben: »Nehmen wir einen europäischen Gelehrten, der befriedigt von einer wissenschaftlichen Diskussion mit Fachkollegen heimkehrt und für dessen Wohlbefinden solche Anlässe wichtig sind. Schreiben wir ihm zu, daß sein Wohlbefinden von der Befriedigung aggressiver und libidinöser Wünsche herstammt, die nur unter diesen Bedingungen in sein Ich Einlaß finden können. Die Voraussetzung dazu, die für das ganze Ich gültige Funktionsweise ist, daß das Ich die Fähigkeit ausgebildet hat, in der Diskussion ziel-abgelenkt und dem Sekundärprozeß unterworfen Befriedigungen zu genießen, sofern, und dies wäre eine Manifestation des Gruppen-Ich, eine Gruppe da ist, deren Struktur wissenschaftliche Diskussion erlaubt und deren Mitglieder ein Ich mit sehr ähnlichen Fähigkeiten haben« (Parin et al., 1971: 537 ff.).

Dynamik und Funktion: Unter »Gruppen-Ich« verstehen wir eine für das ganze Ich gültige, besondere Funktionsweise und eine Reihe besonderer Ichfunktionen, Manifestationen des Gruppen-Ich, die auf die Mitwirkung einer Gruppe von Menschen angewiesen sind, um suffizient zu sein und zu bleiben. Dabei muß die Gruppe eine bestimmte Struktur aufweisen und ihre Mitglieder müssen in besonderer Weise reagieren; ihre emotionelle Bereitschaft und/oder ihre Fähigkeit, ganz bestimmte Rollen zu übernehmen, ist die Voraussetzung dafür, daß das Gruppen-Ich in Funktion tritt. Diese Ichfunktionen beruhen auf der erworbenen Bereitschaft des Ich, ganz bestimmte identifikatorische Beziehungen einzugehen. Das Gruppen-Ich ist also keine grundsätzlich andere psychische Struktur als das sonst beschriebene Ich, aber auch keine zusätzliche, wie wenn etwa ein eigenes abgegrenztes Ich und dazu noch ein Gruppen-Ich vorhanden wäre.

Identifikationsmodi dieser Art hat Freud (1921) beschrieben. Teilnehmer einer Masse nehmen die Gestalt des Führers zum Ichideal und ermöglichen es damit, untereinander relativ spannungsfreie Identifikationen einzugehen. Freud beschreibt diese Identifikationen als eine vorübergehende Beziehungsform, vermutet, daß dabei die Besetzung der Massenteilnehmer mit homosexueller Libido eine Rolle spiele, und erinnert daran, daß heterosexuelle Liebesbeziehungen die Tendenz haben, den Zusammenhalt der Masse zu stören oder zu sprengen.

Doch wird nicht jedermann vollends zum Teilnehmer einer Masse. Die Neigung, den Führer oder gemeinsame Ideale zum Ichideal zu machen, ist individuell verschieden stark ausgebildet. Das Ich verschiedener Personen gibt sich in sehr unterschiedlicher Weise zur Errichtung und zum Festhalten identifikatorischer Beziehungen her. Bei den afrikanischen Untersuchungen hat es sich gezeigt, daß ähnliche identifikatorische Beziehungsformen eingegangen werden können, ohne daß es zu einer Massenbildung kommt, ohne daß ein Führer oder eine Leitidee in Erscheinung tritt. Das ist unter folgenden Bedingungen möglich:

1. Das Ich hatte in seiner früheren Entwicklung die Bereitschaft erworben, Identifikationen mit Beziehungspersonen einzugehen, die ganz bestimmte Gefühle erweckt und Befriedigungen gewährt haben. Diese Beziehungsform nenne ich, mit einem nicht wörtlich zu nehmenden Ausdruck, brüderliche und schwesterliche.

2. Das Ich hat die Fähigkeit bewahrt, auf orale Beziehungs- und Stillungsmodalitäten zu regredieren, zumindest wenn die Beziehungspersonen keine Aggressionen (z. B. Neid, Rivalität u. ä.) auslösen. Diese Fähigkeit zur oralen Regression, so nimmt Fenichel (1945) an, sei die Voraussetzung für jede neue Identifikation, die immer auf einen Akt der Einverleibung zurückgehe. Das Gruppen-Ich ist nicht unbedingt geneigt, solche Regressionen zuzulassen; es mag im übrigen starr erscheinen. Wenn jedoch das Verhalten der betreffenden Gruppenmit-

glieder formal und emotional ein brüderliches bzw. schwesterliches ist, ist das Gruppen-Ich bereit zur Regression und zur Etablierung jener Identifikationen. Die Gruppe als ganze wirkt dann »mütterlich«, in dem Sinn, daß die Beteiligten darin orale Partizipation und oralen gegenseitigen Austausch finden; diese orale »Stillung« kann sich auf jede Art von libidinöser Befriedigung beziehen. Oral meint hier die Entwicklungsstufe des Ich und nicht das Niveau der Libidoentwicklung.

3. Ist die Identifikation hergestellt, kommt dem Ich als ganzem eine Stärkung zu. Es funktioniert als ganzes besser. Dies geht wahrscheinlich darauf zurück, daß – ähnlich wie bei der Massenbildung – Aggressionen nur noch nach »außen«, nicht auf die Mitglieder der Gruppe gerichtet werden, diese vielmehr in zielabgelenkter Form relativ frustrationsfreie Befriedigungen anbieten. Die Bindung selbst wird bei dieser Form der Anpassung durch zielabgelenkte homosexuelle Besetzungen erhalten.

Die *Entstehung des Gruppen-Ich* führen wir auf Identifikationen in der Kindheit und Jugend zurück, die nicht auf die sogenannte »Identifikation mit dem Aggressor« hinauslaufen. Bekanntlich hat Freud gefunden, daß das Ich die Spuren aller früheren Objektbeziehungen enthält, daß es sich aus Identifikationen aufbaut. Doch scheint der Ausgang verschieden zu sein: Einmal wird er durch Frustration oder Drohung erzwungen; es kommt zur Aufrichtung von Attributen des Beziehungsobjekts im Ich. Ein andermal ist der Ausgang friedlicher, nicht durch Frustration oder Aggression erzwungen. Dann werden nicht Attribute des Objekts verinnerlicht. Das Ich richtet jedoch einen Apparat ein, der immer wieder bereit ist, solch eine befriedigende Beziehung zu wiederholen, wenn die Außenwelt sie bietet. Diese strukturelle Spur befriedigender Identifikationen ist einem elektrischen Stecker vergleichbar, der dem Ich immer wieder Energie zuführt, sofern eine genau den gewünschten Strom spendende Person oder Gruppe da ist. Es ist zu betonen, daß dieser Mechanismus keine eigene Besetzung mit Triebenergie aufweist, wie dies bei den Abwehrmechanismen (als Gegenbesetzungen) angenommen werden muß. Der Stecker führt Energie zu, enthält aber keine.

Es sind Beziehungen zur Gruppe gleichgeschlechtlicher Gleichaltriger (peer groups, Brüdergemeinden, diverse Gangs, Jugendgruppen und Bünde), die am ehesten solche Identifikationen gestatten. Der hierarchischen oder, soziologisch gesprochen, vertikalen Gruppenorganisation steht eine paritätische, horizontale gegenüber. In dieser können solche spannungsfreien Identifikationen stattfinden, sofern die Gruppe genügend mütterlich gewährende, pflegende und stillende Verhaltensweisen hat und nicht durch Rivalitätsaggressionen u. ä. zu sehr gestört ist, um eine zeitweilige »orale Regression« zu erlauben. Wenn in der Kindheit und Jugend ein Gleichgewicht zwischen den vertikalen Personengruppen (nach dem obligat vertikalen Muster der altershierarchischen Familie) und den horizontalen oder vielmehr ein harmonischer Wechsel zwischen beiden besteht, bildet sich ein wohlfunktionierendes Gruppen-Ich aus, das die spätere soziale Anpassung an entsprechende Gruppen erleichtert.

In unserer Gesellschaft sind viele Gruppen nur scheinbar horizontal organisiert, weisen aber in bezug auf ihre psychologische Wirkung eine hierarchische Struktur auf. Bei den Pfadfindern haben Führungshierarchie und Ideologie, in unseren Schulen der konkurrenzbezogene Leistungsdruck und die daraus entstehende Rivalität das Übergewicht über die horizontale Altersgliederung der Gruppen. In diesen Institutionen kommt in der Regel die Identifikation mit dem Aggressor, nicht aber ein Gruppen-Ich zustande.

Andererseits erzwingen manche vertikal organisierte Gruppen, so die altershierarchisch gegliederte matrilineare Sippe der Agni, eine orale Regression, welche dazu verhilft, sogar höchst bedrohliche Objekte (eine vergewaltigende phallische Mutter) nicht nach dem Typus der Identifikation mit dem Aggressor einzuverleiben, sondern als Identifikationsbereitschaft einzubauen.

In der *therapeutischen Psychoanalyse* gibt das Gruppen-Ich häufig dem Arbeitsbündnis seine Wirksamkeit. Dabei tritt »die gute, gemeinsame, analytische Arbeit« ins Ichideal der Beteiligten ein. Sie wird besetzt, analog dem Führer bei der Massenbildung. Das erleichtert die gegenseitige Identifikation. (Eine gemeinsame Idealbildung als Voraussetzung für die Identifikation, nach dem Freudschen Modell der Massenbildung, kommt auch beim Gruppen-Ich vor.) Eine milde homosexuelle Übertragung, die für das Arbeitsbündnis und für den Fortgang der Analyse so förderlich ist, kann auf das Gruppen-Ich zurückgeführt werden. Dabei ist zu beobachten, daß zielabgelenkte prägenitale Befriedigungen beider Partner durchaus zulässig sind, z. B. Zeigen und Schauen, und daß das Ich trotz der Regression gestärkt scheint. Ein Auftauchen ungehemmter sexueller oder aggressiver Übertragungen (Sexualisierung bzw. Aggressivierung) beeinträchtigt das Arbeitsbündnis sogleich, ebenso ein Verstoß des Analytikers gegen seine brüderliche bzw. schwesterliche Verhaltensrolle. Das Gruppen-Ich verliert seine »automatische« Anpassungsfunktion. Die Abwehrorganisation des Ich tritt wieder voll in ihre Rechte, ob sie nun suffizient oder durch Symptombildungen gekennzeichnet ist.

In Ausbildungsanalysen kann das Gruppen-Ich die Zugehörigkeit zur Gruppe der Analytiker zum Inhalt nehmen. Ist dieser Anpassungsmechanismus suffizient, wird das Ich relativ konfliktfrei und der analytische Prozeß kommt zum Stillstand. Bei diesen Personen wird die Analyse wieder in Gang kommen, wenn es ihnen möglich ist zu erleben, welche Verunsicherung es für ihr Gruppen-Ich bedeuten würde, wenn sie *nicht* Analytiker werden könnten.

Häufig festigt der Anpassungsmechanismus Icheinstellungen des Analysanden und kann dann mit einem Widerstand verwechselt werden. Der Umgang mit einer Gruppe von Trinkkumpanen, die Teilnahme am Einladungsritual einer Schicht mit vornehm-bürgerlichen Lebensformen, die Beteiligung an einer politischen Gruppierung werden oft wirkungslos als »Agieren« gedeutet. Wenn es gelingt, dem Analysanden zu zeigen, daß ihm etwa das beliebte Trinken mit den Kneipenbrüdern eine bedrohliche Scham vor sozialem oder geschlechtlichem Versagen erspart, die er ohne seine Gruppe auszustehen hätte, kann sowohl der Mechanismus durchschaubar werden als auch die Analyse der entsprechenden Symptome in Gang kommen. Das angepaßte Ich war stabilisiert; im weniger angepaßten werden Konflikte lebendiger und eher erlebbar.

Besondere Auswirkungen: Wir haben den vorbildlichen Gemeinschaftssinn, der im traditionellen Dogondorf herrscht, auf ein ausgeprägtes Gruppen-Ich zurückgeführt. Dieses wird in einer »mütterlich« wirkenden Gruppe ausgebildet, in die das Kind im 4. Lebensjahr unmittelbar nach einer verlängerten Zeit der Stillung und symbiotischen Zweisamkeit mit seiner Mutter eintritt. Das Gruppen-Ich wird in der Adoleszenz und später im Leben des Erwachsenen in entsprechend organisierten Gruppen, die aus ähnlich sozialisierten, gleichgeschlechtlichen und gleichaltrigen »peers« bestehen, verstärkt und erneuert.

Es liegt nahe, eine Erziehung zu einem besseren Sozialverhalten, die manche utopischen Erziehungsmodelle anstreben, dadurch zu bewerkstelligen, daß man den Kindern und Heranwachsenden Gelegenheit gibt, ein Gruppen-Ich auszubilden.[6]

In bezug auf die Familienforschung stellt sich die Frage, ob nicht Anpassungsmechanismen, die dem Gruppen-Ich ähnlich sind, bei Patienten mit einer besonderen Form der schizophrenen Entwicklung eine Rolle spielen. Familienforscher und -therapeuten (H. Stierlin u. a.) schildern Menschen, die von ihrer Mutter so eingreifend und einseitig sozialisiert worden sind, daß sie nur in einer Welt leben könnten, die ganz von den Regeln und Erwartungen bestimmt ist, die ihnen von der Mutter und den anderen Familienmitgliedern vermittelt wurden. Da diese Welt der außerfamiliären Wirklichkeit nicht entspricht, sind

[6] Die Hypothese, die Murphy (1974) zur Erklärung der weltweit verbreiteten Protestbewegung der Jugend aufgestellt hat, wäre mit der Annahme von Mechanismen, die dem Gruppen-Ich nahestehen, gut vereinbar.

sie psychotisch. Wir haben beobachtet, daß erwachsene Dogon, die mittels eines gut ausgebildeten Gruppen-Ich gute Ichfunktionen und eine ausreichende Stabilität haben, plötzlich in psychotiforme Zustände geraten, wenn sie unvermittelt in eine anders strukturierte Umwelt kommen. Es tritt sogleich eine Restitution ein, wenn sie in ihr Dorf zurückkehren. Könnte es nicht sein, daß »delegierende« Mütter durch ihre verwöhnende Haltung die Ausbildung oraler Ichqualitäten fördern und daß die wechselseitige Identifikation mit den Familienmitgliedern für den gebundenen »Delegierten« einen unersetzlichen Ichstabilisator darstellt? Der Gesichtspunkt der Delegation ist bei den Familienforschern (ebenso wie die Interaktionsmodalitäten oder das sog. Vermächtnis) auf den interpersonellen Prozeß bezogen. Das psychotische Ich sollte hingegen auch als Struktur, also metapsychologisch, zu beschreiben sein. Es scheint mir, daß das Ich der »gebundenen Delegierten« durch sein Kommunikationssystem und seinen Umgang mit den Objekten (z. B. Spaltung und Introjektion) noch unzureichend charakterisiert ist und daß es sich durch die Einrichtung eines besonderen Anpassungsmechanismus auszeichnet.

Das »Clangewissen«

Die großartigste Anpassungsleistung angesichts der Erfordernisse der sozialen Umwelt ist zweifellos die Errichtung des Überich. Dieser außerordentlich komplexe Vorgang führt zu einem Ergebnis, das nicht als »Mechanismus« beschrieben werden kann; mit Recht spricht man von einer eigenen Instanz, einer vom Ich abgegrenzten Struktur.

Überblick: Doch kann das Ich die Fähigkeit ausbilden und bewahren, äußere Autoritäten oder Institutionen zeitweise oder vorübergehend an die Stelle eines verinnerlichten Überich zu setzen. Sie werden mit den gleichen Triebenergien besetzt und wirken verbietend und belohnend auf das Ich zurück. Das Ich neigt dazu, diesen Wechsel als Mechanismus zu etablieren, wenn die erziehenden Instanzen, Eltern und Familie, während der Dauer der kindlichen Abhängigkeit in besonders hohem Maße äußeren, makrosozietären Einflüssen ausgesetzt sind. Extreme Lebensumstände (privilegierte Kasten, Gettoisierung, Pauperisierung) und besonders auch aufgezwungene oder hochbesetzte Ideologien (beim Kleinbürgertun bzw. bei religiösen Sekten) begünstigen eine solche Ichentwicklung. Dann fallen, für das Ich, äußere und innere Instanzen (Introjekte) zusammen. In einer klassenlosen Gesellschaft, in der die ideologischen Forderungen die Interessen des Einzelnen in seiner Sozietät relativ genau widerspiegeln, wirkt das Clangewissen nicht nur stabilisierend; es fördert dort jene Ichinteressen, die überhaupt sozial durchgesetzt werden können. Widersprechen die ideologischen Werte und Vorschriften jedoch den Bedürfnissen des Einzelnen, wie dies bei unseren Analysanden, die alle in einer Klassengesellschaft leben, zumeist der Fall ist, schränkt das Clangewissen das Individuum oft in der Hinsicht ein, daß sein Ich auch noch jene Selbständigkeit gegenüber der sozialen Umwelt verliert, die es – nach Überwindung von Schuld und Scham gegenüber dem internalisierten Überich – genießen könnte.

Beispiele: Ein einfaches Beispiel für das »Clangewissen« entnehme ich dem Gespräch mit einem frommen heidnischen Dogon: er sagt, daß er nach islamischem Ritus beten würde, wenn er in ein muselmanisches Dorf käme. Bewußt meint er dazu, »damit die Ältesten dort nicht traurig sind, wenn einer ihren Glauben nicht teilt«; und »es ist für niemanden gut, wenn die Dorfältesten bedrückt sind, dann können sie nicht richtig für das allgemeine Wohl sorgen«. Religiöse Vorstellungen und Vorschriften, die zum Überich zu rechnen sind, werden an äußere Instanzen delegiert. Vom Ich aus gesehen erfolgt eine Entlastung, wenn man sein Überich durch äußerlich angepaßtes Verhalten befriedigen kann.
Auch an unseren Analysanden ist mitunter zu sehen, daß die Delegation des Überich an äußere Instanzen dem Ich eine Entlastung bringt, ohne daß es zu einer bewußten Aufarbeitung der Schuld, zu einer Lockerung der Abwehrorganisation kommen muß. Die bekanntesten Beispiele sind die Beichte bei kirchengläubigen Katholiken und der Soldat im Krieg, der ohne Gewissensqual tötet.

Dynamik und Funktion: Bereits Freud (1921) hat ausdrücklich zwischen der Identifizierung mit einem Objekt, die zu lustvollen Gefühlen Anlaß geben kann, und der Verkörperung des Ichideals in einer äußeren Autorität (etwa der Kirche) unterschieden. Sandler (1964/1965) hat den Vorgang genauer dargestellt und ihn als alltägliches Vorkommnis bezeichnet: »Das Überich wird jedoch nur so lange vom Ich gestützt, wie umgekehrt das Überich als Ich-Stärkung funktioniert. Es gibt jedoch Situationen, in denen das Ich die Normen und Vorschriften des Überich absolut außer acht lassen kann und wird, nämlich, wenn es anderweitig in ausreichendem Maße narzißtische Stützung finden kann« (S. 741). »Im täglichen Leben gibt es viele Beispiele dafür, daß die Moral und die Ideale einer Gruppe an die Stelle der individuellen moralischen Einstellung treten, z. B. bei religiöser Bekehrung, bei der Bandenbildung und der Heldenverehrung der Jugendlichen« (S. 742).
Von einem Clangewissen würde ich jedoch nur sprechen, wenn die

Veräußerlichung zur Erhaltung des Ich notwendigerweise, also automatisch eintritt; bei diesen Personen ist keine »anderweitige ... narzißtische Stützung« nötig. Die Externalisierung selbst bringt sie mit sich.

Zur Entstehung des Clangewissens: In unserer Kultur kommt es dazu, wenn die erziehenden Eltern gegenüber der Umwelt, die sie vertreten, als Person zurückstehen und dem Kind statt dessen Werte oder Ideologien anbieten, die nicht ihre eigenen sind, die ihr Verhalten vielleicht gar nicht bestimmen oder vor denen sie selber versagen oder sich fürchten. Erfolgt dies in kritischen Phasen, so wird das Clangewissen zu einer dauerhaften Erwerbung. Vor allem die passive Unterwerfung unter die versagende Hauptperson im ödipalen Konflikt scheint bei uns eine solche empfindliche Phase zu sein, besonders wenn aus der präödipalen Entwicklung starke Verlassenheitsgefühle, das Gefühl, nicht geliebt zu werden, oder ein Defizit der narzißtischen Besetzung des Selbst resultieren.

Projektionen und Spaltungsvorgänge, bei denen Anteile eines grausamen Überich oder präautonome Überich-Kerne nach außen verlegt werden, gehören jedoch nicht hierher. Es sind notfallmäßige Abwehren, durch die das Ich kaum entlastet wird. Abwehrversuche mittels primitiver Mechanismen haben wenig Anpassungswert, ebensowenig paranoide Wahnbildungen.

Andererseits wird in *therapeutischen Analysen* leicht übersehen, daß es zahlreichen Menschen gelingt, das Überich einer Person oder Gruppe zu überantworten, die Macht oder Prestige ausübt, und so ihr Ich scheinbar zu entlasten und zu stabilisieren. Der Altautohändler, der die Geschäftsmoral seiner Berufskollegen teilt, folgt seinem »Clangewissen« ebenso wie der Fanatiker, der für eine gute Sache ganz rücksichtslos kämpft; aber auch der Analysand, der den Analytiker, der »alles versteht«, zum Überich-Träger macht und sonst verbotene Triebwünsche zuläßt. Es sind keineswegs psychiatrisch als psychopathisch einzustufende Personen, die diesen Mechanismus aufweisen. Gerade gut angepaßte, brave Bürgerinnen und Bürger mit relativ suffizienten Ichfunktionen passen sich äußeren Mächten an, um ihrem Ich vorerst Kraft zu geben.

Der Wiederholungscharakter solcher Haltungen würde dafür sprechen, daß es sich um eine Übertragung handelt, besonders wenn die Überich-Funktion dem Analytiker zugeschrieben wird. Eine Deutung der vermeintlich abgewehrten Triebregungen und der Übertragung ist überraschenderweise nicht möglich. Der Patient hat kein Verständnis für die Deutung. Er sagt: »So ist es doch, alle tun das, alle verlangen das«; er meint die Gruppe, der er sein Überich zuteilt. Beharrt der Analytiker auf seiner Deutung, wird seine Person und seine

Moral für den Analysanden fragwürdig, was sich in Enttäuschung, aggressivem Rückzug, Unterwerfung oder anderswie äußern mag. Wenn man jedoch so vorgeht, daß der Analysand zuerst erkennt, wen und was er anstelle seines individuellen Gewissens zum Richter einsetzt, und dann die Moral seines Clangewissens sorgfältig bloßlegt, enthüllt sich in der Regel, daß das Ich durch Angleichung des Überich an äußere Forderungen entlastet worden war.

Das Ich der jungen Agnifrau Elisa hat mit Hilfe des Clangewissens, das der Reihe nach ihre Mutter, den Schiedsrichter Ibi, den Dorfchef und die Magierin von Yosso zum »Ideal« nahm, eine jeweils genügende Entlastung gefunden, als es vom wiederbelebten ödipalen Konflikt schwer erschüttert war. Es ist kein Zweifel, daß die geliehenen »Moralen« weitgehend mit ihrer eigenen zusammenfielen. Wenn bei unseren Analysanden eine entsprechende Übereinstimmung zwischen der eigenen und der äußeren Moral herrscht, ist der Mechanismus analytisch kaum zu erschüttern. Widersprechen jedoch die ideologisch vertretenen Werte den Ichinteressen des Analysanden, kann es zu einer Revision des Mechanismus kommen.

Besondere Auswirkungen: Die Bedeutung des Clangewissens ergibt sich nicht so sehr aus der projektiven Identifikation, mit der das Introjekt nach außen verlegt wird, mit dessen Forderungen das Ich sich identifiziert. Dieser Mechanismus bekommt seine soziale Bedeutung vielmehr aus der entgegengesetzten Bewegung: Wenn sich die Forderungen und Werte, die in der Gesellschaft gelten, ändern, ein Vorgang, der durch Macht- und Propagandamittel gesteuert werden kann, dann muß das Ich sich der neuen Ideologie fügen oder sich ihrer bedienen, um voll funktionstüchtig zu bleiben. Dieser Anpassungsmechanismus funktioniert um den Preis einer erhöhten Manipulierbarkeit des Subjekts.

Es wäre zu untersuchen, ob diejenigen psychotischen »Delegierten«, die aus ihrer Familie eine Art Immunisierung gegenüber dem individuellen Gewissen mitbringen, vielleicht mit einem Clangewissen ausgestattet sind. Deutlicher scheint dieser Mechanismus beim sogenannten »Vermächtnisträger« in Erscheinung zu treten. Mehrere Generationen seiner Familie liefern ihm das Substrat für sein Clangewissen. Werden diese Werte in einer Therapie oder dadurch, daß sie von den öffentlich geltenden allzu sehr abweichen, unwirksam, kommt es zuerst zu einer Erschütterung des Ich, das auf den narzißtischen Gewinn aus einem guten Clangewissen angewiesen war.

Die »Identifikation mit der Rolle«

Vorbemerkung: »Identifikation mit der Rolle« nenne ich komplexe Anpassungsmechanismen, die sich vorübergehend oder dauerhaft im Ich etablieren. Die Abgrenzung dieser Mechanismen von anderen Funktionen ist nicht scharf, ihre Dynamik ist vielleicht nicht einheitlich, und ich kann auch für die Psychogenese keine sicheren Angaben machen. Dennoch halte ich diese Mechanismen für eine bisher unersetzliche Ergänzung der Ichpsychologie. Ich selber kann in der Praxis ohne den Begriff nicht mehr auskommen; er gestattet eine breite Verknüpfung der individuellen Psychologie mit der Sozialpsychologie, der Lehre vom Verhalten in kleineren Gruppen und in der Makrosozietät.

Unter »Rolle« verstehe ich das, was in der Soziologie damit gemeint ist: das erwünschte und geforderte Verhalten, je nach Geschlecht, Lebensalter, in der Familie, im Beruf, als Teilnehmer der verschiedenen Institutionen. Gruppen-, kasten- und klassenspezifische Verhaltensweisen werden in ihrem Rollenaspekt einbezogen.[7] Positiv bewertete Rollen – der Familienvater, der Unternehmer, der Arbeiter – oder negativ bewertete – der Kriminelle, der Geisteskranke, der Bevormundete (das Mündel) – sind gleichermaßen gemeint. Alle diese sozialen Rollen stehen im Zusammenhang mit gesellschaftlichen Institutionen. Der ideologische Überbau der Institutionen enthält jeweils die Wünsche und Forderungen, die von der engeren und weiteren Sozietät auf den wirklichen oder präsumptiven Rollenträger gerichtet sind. Dabei ist es gleichgültig, ob die Gesellschaft und ob der Rollenträger sich jener ideologischen Inhalte bewußt ist oder nicht.

Hingegen meine ich mit der sozialen Rolle nicht alles, was sich in einer funktionalistischen Soziologie als Rolle definieren läßt; ideologisch nicht definiertes Sozialverhalten jeder Art, sei es in der betreffenden Gesellschaft nun erwünscht, gleichgültig oder verpönt, ergibt nicht die Möglichkeit zur »Identifikation mit der Rolle«. Das soziale Verhalten einer Person, ob es nun, psychologisch gesprochen, dem Realitätsprinzip oder einem Wiederholungszwang folgt, wird erst zum Rollen-Verhalten, wenn es im ideologischen Kontext vordefiniert ist. Damit ist jedoch noch nichts darüber ausgesagt, ob die Person sich der Rolle gemäß verhält, ohne sich mit ihr zu identifizieren, oder ob sie sich mit ihr identifiziert. Die »Identifikation mit der Rolle« ist ein psychologisch zu beschreibender Vorgang, ein Schritt (unter anderen), durch den eine »objektive« zu einer »subjektiven« Rolle wird.

[7] Mit dem Rollenspiel im Psychodrama nach Moreno hat die Identifikation mit der Rolle nicht viel gemein.

Um ein Beispiel zu geben: Ein homosexueller Mann hat ein bestimmtes soziales Verhalten. Er wählt männliche Sexualpartner. Damit ist noch nichts darüber gesagt, ob er sich der Ideologie der Institution »Homosexualität in der Industriegesellschaft« entsprechend verhält. Tut er dies, frequentiert er die entsprechenden Treffpunkte, kleidet und benimmt er sich den ideologischen Erwartungen der Gesellschaft entsprechend, so verhält er sich wohl der sozialen Rolle gemäß. Damit ist noch nichts darüber gesagt, ob er sich mit der Rolle des Homosexuellen identifiziert. Tut er dies – ein rein psychologischer Vorgang –, ist es zu einer Änderung in seinem Ich gekommen, die sich psychologisch beschreiben und psychoanalytisch aufklären läßt.

Überblick: Mit der Entwicklung des Ich in der Kindheit erwirbt dieses die Fähigkeit, verschiedene Rollen zu übernehmen, die ihm die Familie, später die Schule und eine weitere Öffentlichkeit zuteilen, und sich gemäß diesen Rollen zu verhalten. Obzwar Konflikte zwischen dem Es und den Forderungen der Erziehung damit nicht gelöst werden, entspannt die Identifikation manche dieser Konflikte. Le Coultre (1970) hat betont, daß das Ich des Erwachsenen häufig »gespalten« ist: man ist ein tüchtiger, erwachsener Mann und gleichzeitig ein hilfloser, kleiner Junge, oder eine alternde Frau von 45 Jahren und gleichzeitig eine Adoleszente, die das Leben noch »vor sich« hat. Die Beibehaltung und Abspaltung einer kindlichen Rolle dient nach Le Coultre dem Schutz des erwachsenen Ich vor unerledigten kindlichen Konflikten, also letzten Endes der Abwehr. Andere Autoren (Richter, 1976) meinen, daß die Übernahme von Rollenzuschreibungen Angst erspart oder vermeidet, insbesondere die Angst, nicht geliebt und schutzlos allein gelassen zu werden, die sich von der Trennungsangst des Kindes ableitet.

Wir haben gesehen, daß eine vorübergehende oder dauernde Identifikation mit der Rolle dem Ich eine größere Stabilität verleiht. Zur Entspannung von Konflikten mit der Außenwelt wäre ein bloßes Übernehmen von Rollenverhalten ausreichend; wie erklärt es sich dann, daß die Rolle weiter gespielt wird, wenn kein äußerer Konflikt mehr droht? Auch durch Rollenidentifikation werden innere Konflikte nicht gelöst. Doch resultieren für das Ich zwei Vorteile, wenn es die ihm zugeteilten Rollen nicht nur übernimmt, sondern sich mit ihnen identifiziert: Die äußere Anpassung erfolgt dann automatisch, sie erfordert keinen Besetzungsaufwand. Eine dabei eventuell nötige Ichspaltung wird zumeist nicht wahrgenommen und beeinträchtigt die Gesamtfunktion kaum. Zweitens bietet die Identifikation immer eine wirkliche oder phantasierte libidinöse oder aggressive Befriedigung, die manchmal auf die rollenzuschreibenden Objekte bezogen ist; ergänzend bietet sie eine narzißtische Befriedigung darüber, daß man einer ist, der seiner Rolle entspricht.

Sosehr die Identifikation mit der Rolle ein Hauptinstrument der Angleichung des Erwachsenen an gesellschaftliche Forderungen und Zwänge ist, so sehr ist die Analyse dieser Identifikationen (seien sie nun auswechselbar und kurzfristig oder dauerhaft) ein unersetzliches Instrument der Emanzipation. Mit anderen Worten: Der Mensch ist nicht Meister im eigenen Haus. Die Analyse muß ihm nicht nur bewußt machen, welchen Kräften aus dem Verdrängten er unterliegt, sondern auch, welche Gewalten seiner Umwelt automatisch über ihn herrschen, weil sein Ich sich, zumeist unbewußt, über diverse Rollenmuster mit ihnen identifiziert hat.

Beispiele: Besonders deutlich wurde die Identifikation mit der Rolle bei Afrikanern, in deren relativ einfach strukturierter sozialer Umwelt die Zuschreibungen deutlicher und weniger zahlreich sind als bei uns.

In den Gesprächen mit F. Morgenthaler (Parin et al., 1971) imponierte Brou Koffi als energischer, selbstsicherer und umsichtiger Mann, solange er in seiner Rolle als Dorfchef sprach. Mußte er unter dem Ansturm von unbewußtem Material oder durch Deutungen seines Verhaltens die Rolle als Dorfchef aufgeben, war er von Ängsten geplagt, ratlos, unterwürfig; sein Selbstgefühl lag darnieder. Trat eine neue Dorfchefpflicht an ihn heran, übernahm er die gebotene Rolle und sein seelisches Gleichgewicht stellte sich sofort wieder her.

Ein Fall aus meiner Praxis in Zürich zeigt die Wirkung der Rollenidentifikation:

Ein tüchtiger, intelligenter und scheinbar wortgewandter Arzt hatte mir in vier Vorbesprechungen überzeugend und mit einem einfühlbaren Affektgehalt seine Biographie und seine Gründe dargelegt, warum er eine Analyse brauche. Als ich auf seinen Vorschlag einging und er beginnen wollte, mir seine Einfälle ohne vorherige Planung mitzuteilen, konnte er nicht sprechen. Dies war eine äußerst kränkende Erfahrung für ihn, die sich trotz aller Versuche, ihm darüber hinwegzuhelfen, mehrmals wiederholte. Jedes Wort, das er von sich aus sprechen, jedes Gefühl, das er zeigen wollte, war von lähmender Angst oder vernichtender Scham behindert. Während der gleichen Zeit arbeitete er als Chefarzt eines komplizierten medizinischen Betriebes energisch und klaglos und galt als ein zwar kühler, aber freundlicher, umgänglicher und selbstsicherer Kollege. Die Identifikation mit der zugeteilten sozialen Rolle war stufenweise erworben worden und hatte sonst defiziente Ichfunktionen ersetzt. Einmal hatte er sich mit der sozialen Rolle als Arzt nicht identifizieren können, als er versuchte, eine Stelle im Ausland anzunehmen, wo ganz andere Rollenerwartungen auf sein ärztliches Auftreten gerichtet waren. Dort wurde er plötzlich verwirrt, wollte sich umbringen und kehrte noch rechtzeitig heim, um da einen anderen Platz als Arzt zu finden.

In der psychoanalytischen Theorie und Praxis pflegt man ein solches Phänomen zu erklären, ohne den Begriff der Identifikation mit der sozialen Rolle beizuziehen. Ich habe dies ebenfalls getan, und die Analyse hatte schließlich Erfolg. Doch glaube ich, daß meine Deutungen wie auch mein Verständnis für den Patienten unvollständig geblieben sind.
Während der Analyse werden an den Analytiker neben den bekannten Übertragungsrollen (Sandler, 1974), z. B. der einer erziehenden Mutter während der analen Phase, andere Rollenerwartungen herangetragen, ihm zugeschrieben oder auf ihn projiziert. Die eigene Rollenidentifikation bewirkt, daß der Partner, alloplastisch, mit einer entsprechenden Rolle identifiziert und dementsprechend behandelt wird.

Eine jüngere Ärztin hatte einen jungen Mann aus einer sehr begüterten Familie in Analyse. Das Arbeitsbündnis war gut, die Übertragung hatte eine mild erotisierte, brüderlich-positive Tönung. Der Patient hatte in den letzten Stunden versucht, sich über die komplizierten und quälenden neurotischen Verstrickungen in seiner elterlichen Familie Klarheit zu verschaffen. Da er damit nicht zu Rande kam, versuchte die Analytikerin im Sinn einer Klarstellung zusammenzufassen, was er über seine Familie gesagt hatte. Der Patient wurde ganz plötzlich ungehalten, herrschte die Analytikerin an, darüber habe sie nicht zu reden, er wisse nicht, was er hier noch zu suchen habe. Der Analytikerin fiel zuerst ein: Er ist sehr reich, und dann: Er herrscht mich an wie ein Dienstmädchen. Eine entsprechende Intervention machte dem Patienten bewußt: Solange ich zu meiner Ärztin rede, habe ich in ihre Kompetenz volles Vertrauen, und sie versteht mich wie eine Schwester. Sobald sie über meine Familie redet, in der ich »Sohn einer vornehmen Familie« bin (wir würden sagen: mit dieser Rolle identifiziert), ist sie wie ein Dienstmädchen, das man angestellt hat, das aber kein Recht hat, sich in Familienangelegenheiten einzumischen. Nach dieser Deutung stellte sich die günstige Arbeitsatmosphäre wieder her.

Entwicklung der Rollenidentifikation: Wahrscheinlich fallen die genetischen Schritte, die zur Ausbildung der Rollenidentifikation führen, mit der Entwicklung des kindlichen Ich zusammen, die sich nie in einer unveränderten Umwelt abspielt: Allein schon im Älterwerden durchläuft das Kind in bezug auf seine Rollen ständig wechselnde gesellschaftliche Situationen, an die es sich anpassen muß. Spätere Rollenidentifikationen werden den früh zugeteilten, in der Familie und in der Schule auferlegten nachgebildet, sozusagen in die gleichen Ichkonturen eingezeichnet.
Später kommt es durch gesellschaftliche »Notwendigkeiten und Zwänge« zur Identifikation mit einer sozialen Rolle. Der Unterschied zwischen Not und Zwang ist nicht groß. Beides bedeutet, daß es

vorteilhafter ist, die zugeschriebene Rolle zu übernehmen, als sie abzulehnen. Wenn man die Rolle nicht übernimmt, drohen Gefahren, es tritt Furcht vor realen Frustrationen und Strafen auf, deren Stätte das Ich ist. Das schließt nicht aus, daß gleichzeitig neurotische Ängste ausgelöst werden. Wenn eine Frau heiratet, um ihre Rolle als Hausfrau und Mutter zu finden, mag sie Angst vor den Nachteilen und Diskriminationen haben, die eine unverheiratete Frau in unserer Gesellschaft erwarten. Das schließt nicht aus, daß sie eine neurotische Angst vor dem Alleinsein hat, die ihren Entschluß mitbestimmt. Sowohl Ängste, die durch reale Drohungen ausgelöst werden, als auch solche, die von Triebkonflikten herkommen, können bewußt oder unbewußt sein.

Dynamik und Funktion: Mit der Identifikation mit der sozialen Rolle ist nicht einfach die Ausführung der zugeschriebenen Verhaltensweisen gemeint, sondern eine besondere Form, wie das Ich mit zugeschriebenen Rollen umgeht. Bei der Untersuchung des Mechanismus fällt ins Gewicht, daß Angst zwar ganz generell als Regulator wirkt, daß sich aber die Verfolgung der Angstsignale im Ich nicht eignet, viel mehr von den Vorgängen im Ich zu erkennen, als daß es zur Ausführung einer Rolle kommt oder daß Unsicherheit und drohende Gefahren dem Ich eine Anpassung in irgendeiner Form nahelegen.[8]

[8] Meiner Auffassung der Identifikation mit der Rolle stehen andere gegenüber, denen gemeinsam ist, den Mechanismus als Abwehrmechanismus zu beschreiben, und zwar so, daß die Abwehr gegen Angst gerichtet ist. Am klarsten wird dieser Standpunkt von der sog. englischen Schule vertreten, die dem Gedankengut von Melanie Klein verpflichtet ist.

I. Menzies untersucht »Das Funktionieren von Sozialsystemen als Angstabwehr« (»The functioning of social systems as a defence against anxiety«), besonders die Rollenzuteilung innerhalb einer Institution, einer Ausbildungsstätte für Krankenschwestern in einem großen Londoner Spital. Die Ausführung der zugeschriebenen Rolle dient, so lautet die Erklärung, jedenfalls der Angstabwehr. Denn die Realität (der Institution) wirkt als Symbol, das Angst auslöst, welche aus unbewußten Phantasien stammt. Wenn das Symbol (also der symbolische Aspekt der Realität) mit der unbewußten Phantasie gleichgesetzt wird, tritt unbeherrschbare, akute Angst auf. Wenn das reale Geschehen als Symbol den unbewußten Phantasieinhalt jedoch nur darstellt (repräsentiert), kann die Angst beherrscht werden. Die Voraussetzung, daß die Realität (z. B. Arbeiten in jener Institution) jedenfalls zuerst einmal Angst auslöst, erlaubt es theoretisch, Rollenidentifikationen als Angstabwehr zu beschreiben. Praktisch wird von der Tatsache, daß Angst auftritt, wenn eine soziale Rolle aufgegeben wird, abgeleitet, daß der Rolle die Funktion zukommt, Angst abzuwehren.

In diesem Rahmen kann ich natürlich keine genügende Würdigung oder Kritik der Theorie von Melanie Klein geben. Für mein Thema ist immerhin eine deutliche

Aus der Beobachtung von Familien und Gruppen könnte abgeleitet werden, daß die Angst vor Isolierung, Ausschluß oder Liebesverlust die Rollenidentifikation in erster Linie oder gar ausschließlich bestimmt (Richter, 1976). Doch sind bewußte Ängste bei der Übernahme zahlreicher neuer Rollen in makrosozietären Institutionen oft nicht nachweisbar; und gerade die Identifikation mit Rollen, die das Subjekt isolieren, von der Familie und Gruppe abheben und trennen, verleihen dem Ich häufig eine besondere Stabilität, so daß die Wirksamkeit unbewußter Trennungsangst unwahrscheinlich wird.

Die wichtigsten psychologischen Voraussetzungen dafür, daß es zu Rollenidentifikationen kommen kann, sind: aktive Anpassung an die zu übernehmenden sozialen Rollen und libidinöse und aggressive Erlebnisse, die von den Rollenzuschreibungen und Rollenerwartungen der Umwelt im Individuum ausgelöst werden. Denn die Gesellschaft bietet jedem Individuum Frustrationen und Verführungen, die für seine soziale Lage spezifisch sind und der einseitigen Anpassung des psychischen Apparats Vorschub leisten. Ja, es ist zu vermuten, daß die Klassen-, Berufs- und Machtposition des Individuums ständig in die Besetzungen des Selbst eingreift und das Verhältnis der psychischen Strukturen zueinander bestimmt.

Identifikationen mit sozialen Rollen, so widersprüchlich oder frustrierend sie auch sein mögen, dienen jedenfalls der sozialen Anpassung; ohne solche Identifikationen wäre ein richtiger Umgang mit der Umwelt ungeheuer erschwert. Die Rollen selbst sind abgeleitet und definiert von gesellschaftlichen Institutionen. Viele dieser Institutionen sind so

Abgrenzung meiner Deutung von jener der englischen Schule möglich. Diese hat den Vorteil, ein einfacheres Modell zu liefern. Statt wie ich eine Abwehrorganisation und daneben Anpassungsmechanismen anzunehmen, kommt sie mit dem einen Begriff der Abwehr aus.

Daß jedoch Angst auftritt, wenn sich eine Situation ändert, läßt meines Erachtens nicht darauf schließen, daß die Situation der Angstabwehr gedient hat. Der Umstand, daß ein Kind Angst zeigt, sobald die Mutter weggeht, läßt nicht darauf schließen, daß der Gegenwart der Mutter die Funktion der Angstabwehr zukam. Abgesehen von der Fragwürdigkeit dieser theoretischen Begründung ist das Modell Rolle/Angstabwehr ein geschlossenes: Die individuelle Psyche braucht die Institution zur Abwehr; die Institution wird entsprechend dem subjektiven (neurotischen) Bedürfnis organisiert. Dadurch wird der konservative Charakter der Institutionen, ihre Tendenz, entgegen vernünftigerer Regelung sich selber gleichzubleiben, erklärt. Geändert werden könnten sie nur durch »Einsicht«. – Mein Modell läßt offen, welche Verhältnisse den Institutionen und den in ihnen festgelegten Rollen ihre Haltbarkeit geben: soziale Verhältnisse, ökonomische und andere Interessen und Pressionen. Einsicht in ihre psychologische Wirkung allein vermag wohl das subjektive Erleben der Rolle zu verändern, bietet aber keine Gewähr dafür, daß sich die Institution mit den in ihr festgelegten Rollen, die von anderen Kräften abhängt, bereits ändert.

eingerichtet, daß sie für den einzelnen wie ein Abwehrmechanismus wirken, der nach außen verlegt ist. Freud (1913: 89) hat das zuerst an der »Strafordnung« aufgedeckt:

»Wenn einer es zustande gebracht hat, das verdrängte Begehren zu befriedigen, so muß sich in allen Gesellschaftsgenossen das gleiche Begehren regen; um diese Versuchung niederzuhalten, muß der eigentlich Beneidete um die Frucht seines Wagnisses gebracht werden, und die Strafe gibt den Vollstrekkern nicht selten Gelegenheit, unter der Rechtfertigung der Sühne dieselbe frevle Tat auch ihrerseits zu begehen. Es ist ja eine der Grundlagen der menschlichen Strafordnung, und sie hat ... die Gleichartigkeit der verbotenen Regungen beim Verbrecher wie bei der rächenden Gesellschaft zur Voraussetzung.«

Wir sind noch lange nicht so weit, die psychosoziale Wirksamkeit auch nur der wichtigsten Institutionen ganz zu durchschauen. Ihre psychoanalytische Durchleuchtung, die Freud immer wieder in Angriff genommen hat, kam meist daran zum Stillstand, daß die Analytiker mit den gleichen Norm- und Wertsystemen identifiziert waren, die den Institutionen unter den herrschenden Verhältnissen ihre Legitimation gaben, und nicht die Freiheit hatten, sie in Frage zu stellen. »Sozial eingerichtete Abwehrsysteme« (culturally constituted defensive systems), wie Pollock sie nennt, sind gesellschaftliche Einrichtungen, die das Individuum von sozial unerwünschten Triebregungen und der Arbeit der Abwehr oder des Verzichts entlasten. Die Kultur, die zum Teil auf Triebunterdrückung begründet ist, übernimmt mit ihren Institutionen einen Teil dieser Arbeit. Dem sich anpassenden Ich bleibt Abwehrarbeit erspart, sofern sich die Person mit der ihr institutionell zugeteilten Rolle normgerecht identifiziert. Der Befund, daß das Ich zur Identifikation mit der Rolle keine Energie braucht und sein Abwehrsystem dabei entlastet wird, kann nicht überraschen. Allerdings tauscht es für den ökonomischen Gewinn eine strukturelle Einschränkung ein.

Gelungene Identifikationen mit der Rolle entlasten das Ich. Manchmal helfen sie, intrastrukturelle Konflikte im Ich, z. B. zwischen aktiven und passiven Einstellungen, zu überbrücken, wenn etwa die Rolle eines mittleren Angestellten Passivität gegenüber den Vorgesetzten und Aktivität bei der Arbeit und gegenüber untergeordneten Personen verlangt. Die nötige Ausrichtung auf die Außenwelt kann unangenehme Affekte vorübergehend zum Schweigen bringen. Auch Es-Ansprüche können zurücktreten, so daß die Unterscheidung von einem Abwehrmechanismus nicht immer leicht ist. Der wichtigste Unterschied gegenüber einem komplexen Abwehrmechanismus, etwa der Icheinschränkung, liegt in der Triebbefriedigung, die der Rollenidentifikation oft folgt. Dadurch wird der Mechanismus einer Symptombildung vergleichbar. Während jedoch ein neurotisches Symptom kaum je eine sekundäre narzißtische Befriedigung und eine entsprechende Erhöhung des Selbstgefühls mit sich bringt, geht die Identifikation mit der Rolle regelmäßig mit einer, allerdings oft nur vorübergehenden, narzißtischen Befriedigung einher.

Für beide Arten von Befriedigung, die objektbezogene und die narzißtische, ist zu bedenken, daß die Rollenidentifikation zwar oft verlangt, daß man auf bestimmte Befriedigungen verzichtet (etwa: Wer Auto fährt, trinkt nicht), aber daß nur die wenigsten sozialen Rollen dem Träger nicht zumindest irgendeine Befriedigung von seiten jener Objekte bringen, die ihm die Rolle zuschreiben.

Die narzißtische Befriedigung, die von der Rollenidentifikation ausgeht, fällt am meisten auf, wenn die Übernahme der Rolle massive Frustrationen anderer Art mit sich bringt. Rekruten, die unter der Rechtlosigkeit und schikanösen Behandlung während der militärischen Ausbildung gelitten haben, erinnerten in der Analyse, wie ihnen die Identifikation mit der Rolle eine unmittelbare Erleichterung brachte. Ein Teil des individuellen Überich kann an die Befehlshaber delegiert werden; passive, masochistische, homosexuelle und andere regressive Befriedigungen werden plötzlich möglich. Hier, und gar erst bei weniger unangenehmen Rollenzuschreibungen, bleibt der narzißtische Gewinn, daß ich Rekrut, Arzt, Vater etc. bin, nicht aus; handelt es sich um eine einigermaßen dauerhafte Identifikation, stärkt sich das Gefühl einer eigenen Identität, auch wenn diese noch so sehr auf unvermeidlicher oder sogar erzwungener Anpassung beruht.

Identifikationen mit der sozialen Rolle treten unter Umständen nur vorübergehend als Notfallmechanismus in Erscheinung. Ein sonst gütiger Mann schlägt »als Vater« seine Kinder; ein ehrlicher Kaufmann gerät in Bedrängnis und übervorteilt »als Geschäftsmann« seinen Freund und Partner. Das Rollenmuster, mit dem er sich identifiziert, enthält den Satz, daß im Geschäftsleben vor allem der eigene Vorteil verfolgt werden muß und daß die Freundschaft aufhört, wo das Geschäft beginnt. So wirken Rollenidentifikationen unter Umständen wie ein manischer Mechanismus, mittels dessen sich das Ich sonst gültiger Überich-Forderungen entledigt.

Das Verhältnis der Ich-Identität (Erikson) zur Rollenidentifikation ist komplex. Für eine Abgrenzung der beiden Begriffe wäre eine ausführlichere Diskussion nötig, als sie hier gegeben werden kann. Dabei muß man von zwei einander scheinbar widersprechenden Feststellungen ausgehen, die sich von der psychoanalytischen Beobachtung ableiten: Einerseits baut sich die Ich-Identität zum Teil aus Rollenidentifikationen auf, und andererseits verringert die Einrichtung einer haltbaren Ich-Identität die Tendenz, sich mit sozialen Rollen zu identifizieren.

In den »epigenetischen Krisen«, in denen sich die Identität einer Person etabliert (und deren auffallendste Erikson beschrieben hat), gehen unter anderem zugeschriebene Rollenmuster, die durch Identifikation verinnerlicht worden waren, mehr oder weniger modifiziert eine Verbindung mit anderen, unter Umständen schon früher verinnerlichten Identifikationen ein. Ist die erworbene Ich-Identität genügend stark und in die psychische Struktur integriert, so wirkt sie als Organisator, stabilisierend für das Ich. Es ist hinfort weniger darauf angewiesen, sich mit Rollen, welche das soziale Leben anbietet oder aufdrängt, zu identifizieren. Klinisch ist es manchmal schwierig, dauerhafte Identifikationen mit der sozialen Rolle von der Identität (Erikson) zu unterscheiden. Doch sollte man von Identität wohl nur sprechen, wenn die Summe der Selbstrepräsentanzen betroffen ist; ein Verlust der Identität geht immer mit einer Erschütterung einher und erfordert eine psychische Umstrukturierung, während lange währende Rollenidentifikationen leicht aufgegeben und gegen andere ausgetauscht werden, wenn sie keine Vorteile mehr bieten.

Zahlreiche Menschen sind nicht imstande, sich mit den gebotenen Rollen zu identifizieren. Ihr Ich hat während seiner Entwicklung Verzerrungen erlitten, oder es ist andauernd Stätte solcher Konflikte, daß die Person sich nicht gemäß den gebotenen Rollenmustern verhalten und/oder sich nicht mit ihrer Rolle identifizieren kann. Das Ich dieser Menschen wäre zwar auf Rollenidentifikationen dringend angewiesen, um eine genügende Stabilität zu bewahren, kann aber mit dem Gebotenen nichts anfangen. Jedem Psychiater ist jene unheimliche Folge der Hospitalisierung bekannt: Das Angebot immer eingeschränkterer Rollen, mit denen sich auch ein schlecht funktionierendes oder regrediertes Ich identifizieren kann, führt zu einer Stabilisierung im Sinne der rollenvermittelnden Institution. Das Ergebnis, zu dem eine automatische Anpassung unter solchen Umständen führt, heißt Hospitalismus.

Zweifellos gibt es Personen, die sich mit keinem wie auch immer gearteten Rollenmuster, das ihnen geboten wird, identifizieren. Sie sind zwar durchaus imstande, sich dieser oder jener Rolle gemäß zu verhalten. Wird aber von der Umwelt ein automatisch konformes Rollenverhalten gefordert, das nur durch Identifikation mit dem vollständigen Muster geleistet werden kann, ziehen sie es vor, ihre soziale Situation zu verändern oder zu verlassen, um die gebotene Identifikation abzulehnen oder zu vermeiden. In sehr geschlossenen oder institutionell durchorganisierten sozialen Gruppen werden diese Individuen zu Gegnern oder zumindest zu Außenseitern der Gesellschaft. Aber wenn die soziale Lage auch keine so greifbaren Nachteile mit sich bringt, erfordert die Ablehnung jeder Rollenidentifikation einen

erheblichen psychischen Aufwand. Diese Menschen machen es sich nicht leicht. Ihr Ich verzichtet auf einen Stabilisator, der zumindest in unserer Gesellschaft leichter eingebaut als vermieden werden kann. Sie verzichten auf narzißtische Befriedigungen, die ihnen mit der Identifikation automatisch zufließen würden. Ihr Ich muß demnach Konflikte mit inneren und äußeren Instanzen andauernd verarbeiten, ohne Gewähr für den Ausgang derselben, ohne den oben beschriebenen Schutz vor Erschütterungen seines Gleichgewichts und in Gefahr, Befriedigungen kompensationslos einzubüßen.
Welche frühkindlichen Entwicklungsschritte eine solche Charakterbildung einleiten, ist nicht klar; wahrscheinlich können sehr verschiedene Konstellationen den gleichen Ausgang nehmen. Sicher haben alle diese Menschen eine starke Ichidentität, zu der weitere Rollenmuster gar nicht passen und in die nicht dazu Stimmendes gar nicht integriert werden kann. Weiter hat man den Eindruck, daß sich das Ich dieser Personen gleichsam entschieden hat, eher dem verinnerlichten Ichideal als den Forderungen der Außenwelt zu folgen. Eine solche innere Autonomie und äußere Unabhängigkeit, die sich zwar nicht gefahrlos, aber offen allen Konflikten stellt, entspricht wohl dem emanzipatorischen Ziel der Psychoanalyse. Doch sieht man in therapeutischen und Lehranalysen häufig, daß die erreichte relative Ich-Autonomie zwar ausreicht, um künftige Identifikationen mit der Rolle nicht völlig unbewußt einzugehen, daß sie allein aber keine genügende Voraussetzung für die Ablehnung von Rollenidentifikationen ist.

Besondere Auswirkungen: Im Erwachsenenalter treten tiefreichende psychologische Veränderungen ein, die von Einflüssen der Umwelt ausgelöst werden und denen die Psychoanalyse bisher wenig Aufmerksamkeit gewidmet hat. Sie verlaufen häufig nicht so dramatisch und lebensentscheidend wie die Identitätsfindung, die von Erikson als letzter Entwicklungsschritt am Ende des Adoleszenzalters als Anpasssung an neue Aufgaben und als innere Umstrukturierung beschrieben worden ist. Doch scheint es, daß spätere Umstrukturierungen, die große innere Konflikte und eine »Neuauflage« von Kindheitskonflikten nach sich ziehen, von Veränderungen der Rollenidentifikation eingeleitet werden. Eine Rolle muß aus äußeren Gründen aufgegeben werden. Das Ich verliert seine Stabilität, die narzißtischen Befriedigungen, welche die Rolle geboten hatte, gehen verloren. Entweder werden neue Identifikationen gefunden, oder das Ich muß mit den auftauchenden Konflikten ohne diese Stütze fertig werden, was manchmal nur um den Preis neurotischer Symptombildung gelingt. Umgekehrt kann anscheinend eine Verarmung des Selbst an narzißtischer Besetzung das Ich zwingen, eine Rolle, die viel Selbstgefühl, phallische Exhibition oder ähnliches erfordert, aufzugeben. Dann kommt der gleiche Prozeß in Gang.

Die Transformation des Menschen durch die Macht ist ein altes psychologisches Problem, das mittels der genaueren Beobachtung der Rollenidentifikation einige weitere Aufklärung findet. Zwar lassen sich nur selten Personen in hoher politischer oder wirtschaftlicher Machtposition psychoanalytisch beobachten; aber bei genügender Kenntnis der Sozialbezüge kann man bei nach außen hin wenig mächtigen Personen die Machtposition als Rollenzuteilung abgrenzen und bewußt machen. Es ist sehr auffallend, wie wenig objektbezogene Befriedigung an solche Rollen geheftet ist und daß die Ausübung und der Genuß von Aggression nur als zusätzlicher Gewinn erscheint. Der narzißtische Gewinn an Selbstbesetzung – sei es vom Selbstbild her, von der wirklichen oder phantasierten Bewunderung seitens der weniger Mächtigen oder von der Identifikation mit mächtigeren Personen in ähnlicher sozialer Position – macht den Aufwand wett, der nötig ist, um Macht zu erringen und diese zu behalten. Manche Sozialrollen bringen zwar Macht, aber keine greifbaren materiellen Vorteile. Solche Rollen werden dennoch mit großem Aufwand festgehalten, weil der narzißtische Gewinn von der Übung der Macht ausgeht. Bei einigen Analysanden war zu beobachten, daß die narzißtische Zufuhr aus der Identifikation mit einer Machtrolle objektbezogene Bindungen schrittweise ersetzt hatte. In diesem Sinn entsprachen sie der banalen These, daß »Macht eine Sucht nach mehr Macht« erzeugt.

In der therapeutischen Analyse: Während der Analyse achte ich darauf, welche Rollen jedem Analysanden zugeschrieben sind und wie weit er sich mit diesen identifiziert. Die Rollenidentifikation ist manchmal leicht wahrzunehmen, wie bei dem oben erwähnten jungen Mann, der als Sohn einer vornehmen Familie die Analytikerin zu einem Dienstmädchen machte. Die narzißtische Befriedigung aus dem aggressiven oder masochistischen Ausleben von Standes- und Klasseninteressen wird leicht übersehen, wenn der Analysand und der Analytiker der gleichen sozialen Schicht angehören und der Therapeut nicht eine besondere Fähigkeit hat, die gesellschaftlichen Kräfte zu durchschauen. Sobald der Analysand voll mit seiner Klassenrolle identifiziert ist, reicht der Blick des Analytikers, der sich auf die psychische Realität seines Patienten richtet, nur bis zu der Grenze, die von der Realitätsprüfung seines Patienten gezogen ist. Um den analytischen Prozeß zu begleiten, müßte er seine Aufmerksamkeit jedoch andauernd über beide Grenzen hinaus richten, über die Grenze zwischen bewußt und unbewußt und jene zwischen bewußter und nicht wahrgenommener sozialer Realität des Analysanden.

Bei der Deutung der Identifikation mit einer Rolle wird man sich am besten an die alte technische Regel erinnern, daß man regressive Abwehrmechanismen zuerst deuten soll, und progressive, die dem Ich eine gewisse Stärke verleihen, erst später. Ähnlich sollte man Rollenidentifikationen, die dem Ich einen größeren Funktionsraum lassen und mit Triebbefriedigung einhergehen, erst deuten, wenn die Bereitschaft zu regredieren geringer geworden ist und keine unbeherrschbare Angst mehr droht. Dann aber wird die Deutung der Identifikation mit der Rolle unerläßlich, um unbewußte Konflikte, die das soziale Verhalten weitgehend bestimmen, einer bewußten Bearbeitung zugänglich zu machen.

Eine besondere Bedeutung kommt der unbewußten Rollenidentifikation am Beginn und Ende von Analysen zu.

Die Patientenrolle kann so konzipiert sein, daß der Patient dem Arzt gegenüber allein über körperliche Leiden klagt, die jener heilen solle. Wollte man das in einer Analyse als Widerstand deuten, müßte man gleichzeitig erraten haben, was durch die Klagen über körperliche Gebrechen abgewehrt wird. Nicht selten erlebt man, daß gar nichts abgewehrt worden ist, daß die vorübergehende Rollenidentifikation nur dem Ich Stabilität und Kraft geben sollte, Befürchtungen und anderen Belastungen standzuhalten.

Ein Architekturstudent, mit dem ich eine analytisch orientierte Psychotherapie begonnen hatte, klagte, mir gegenüber, lediglich über Kopfschmerzen. Als ich ihn auf seine Identifikation mit der herkömmlichen Patientenrolle hinwies, gab er zur Antwort: Sie tragen ja auch einen weißen Arztkittel. Ich hatte an diesem heißen Sommertag Jeans und ein Hemd mit offenem Kragen an. Während der Psychotherapie, die mit einigen Unterbrechungen zwei Jahre dauerte, war von Kopfschmerzen nie mehr die Rede. – An diesem Beispiel sieht man, daß, wie so häufig, eine zweite »rollenzuschreibende« Person von der Identifikation mitbetroffen wird.

Am Ende einer Analyse täuscht die Identifikation mit einer neu erreichten gesellschaftlichen Rolle manchmal eine Heilung, zumindest eine gute narzißtische Restitution vor, wie sie seinerzeit Ferenczi (1927) und später Grunberger (1957) als charakteristisch für eine Auflösung der Kindheitskonflikte und für das »natürliche« Ende der Analyse beschrieben haben. Realisiert der Analytiker diesen Sachverhalt, kann er die Rollenidentifikation leicht bewußt machen, ohne daß die erreichte soziale Position dadurch gefährdet würde. Dann kommt die Analyse jener Regungen in Gang, die das Ich, gestärkt durch die Rollenidentifikation, mittels seiner Abwehr vom Bewußtsein fernhalten konnte.

Die beschriebenen Anpassungsmechanismen vermögen viel für das Ich zu leisten, wenn es unter eingreifenden oder wechselnden Bedingungen der Außenwelt funktionstüchtig bleiben soll. Sie dienen der Autonomie des Ich (Rapaport 1951; 1957), tendieren aber dazu, die Unabhängigkeit von der Umwelt zu beeinträchtigen. Treten sie in Funktion, wird das Ich von Triebkonflikten entlastet; es tritt weniger Angst auf, und das Ich wird als ganzes stabilisiert. Die Umwelt greift aber in einer vom Ich nicht steuerbaren Weise in seine Struktur ein und bestimmt wichtige Ichfunktionen.

Wenn die psychische Entwicklung, ergänzt zur Sozialisation, zu einem Ergebnis geführt hat, das der sozialen Umwelt, in die der Erwachsene gerät, psychologisch nicht entspricht, können die Anpassungsmechanismen nicht ausreichen. Das geschieht nicht nur bei der Verpflanzung in einen anderen Kulturkreis (Emigration). Eine Veränderung der sozialen Situation (Verarmung, Proletarisierung, sozialer Aufstieg) hat die gleiche Wirkung. Zahllose Menschen werden davon betroffen, wenn sich die Makrosozietät rasch ändert (politische Umwälzungen, ökonomische Krisen, Urbanisierung, technologische oder machtpolitische und bürokratische Umorganisation der Gesellschaft). Dadurch, daß die Mechanismen das Ich nicht mehr entlasten, kommt es zu tiefgehenden Umstrukturierungen der Person. An anderer Stelle habe ich die Vermutung ausgesprochen, daß in solcher Weise »entfremdete« soziale Situationen häufig neurotische Fixierungen manifest werden lassen, die unter anderen Umständen latent geblieben wären (Kap. 3).

In den letzten Jahren wurde von verschiedener Seite angenommen, daß »narzißtische« Persönlichkeitsstörungen (Kohut, 1971) in den westlichen Industriestaaten vermehrt auftreten. Wir vermuten, daß dies weniger auf Änderungen der Familienstruktur und der frühkindlichen Erziehung zurückgeht als auf ein Versagen der Anpassung in einer entfremdeten sozialen Lage. Damit will ich sagen, daß das Ich zwar Anpassungsmechanismen ausgebildet hat, die ihm unter anderen Lebensumständen einen genügenden funktionellen Bereich sichern würden, daß aber eine Verarmung an Befriedigung einen Rückgriff oder Rückzug auf narzißtische Erlebnisweisen erzwingt. Rapaport hat überzeugend nachgewiesen, daß das Ich nicht nur auf eine genügende Zufuhr von Triebenergie aus dem Es angewiesen ist, um sich eine relative Autonomie zu bewahren, die bei einer neurotisch starren oder verzerrten Abwehrorganisation beeinträchtigt ist. Es braucht auch eine adäquate soziale Umwelt, in der es funktionieren kann, die es aufnimmt, die ihm »nutrition« bietet. In einigen Analysen habe ich festgestellt, daß die Umwelt, gemessen am Ergebnis der psychischen Entwicklung und Sozialisation, allzu frustrierend war, so daß es zu scheinbaren narzißtischen Persönlichkeitsstörungen gekommen war. Die soziale Anpassung gelang nicht mehr. Es kam zu einem narzißtischen Rückzug. Dieser entsprach zwar einer Regression auf frühkindlich-narzißtische Erlebnisweisen, war aber relativ leicht zu beheben, sobald eine aktive Veränderung der sozialen Lage oder auch nur die bewußte Auseinandersetzung mit dieser möglich wurde.[9]

In der modernen Industriegesellschaft erreicht die Sozialisierung des Menschen ein »höheres« Ausmaß, in dem Sinn, daß die Anzahl der Rollen, die zu übernehmen sind, und die Unausweichlichkeit ihrer Zuschreibung zunehmen. Wirtschaftliche Entwicklungen und Krisen bringen einen häufigen und oft unvorhersehbaren Wechsel im Rollenangebot. Diese Verhältnisse scheinen dazu zu führen, daß das Ich sich mit immer mehr, z. T. widersprüchlichen Rollen identifizieren muß. Dadurch treten objektbezogene Befriedigungen und Konflikte zurück und werden von dem rollenidentifizierten Ich kompensatorisch aufgefangen, durch narzißtische Befriedigungen und Konflikte ersetzt. Mit anderen Worten: Das Gleichgewicht zwischen den narzißtischen (aggressiven und libidinösen) Bedürfnissen und den objektbezogenen ist gestört; es kommt zu einer Verschiebung zugunsten der narzißtischen. Die fortschreitende Vermarktung des Individuums zwingt das Ich, den Lustgewinn objektaler Wunschbefriedigung gegen narzißtische Prämien umzutauschen, die mit den gebotenen Rollenidentifikationen eher vereinbar sind.

Im Prinzip sind das reversible Prozesse. In Analysen kann man immer wieder feststellen, daß die »Vernarbung« narzißtischer Verletzungen, die Verbesserung des Selbstgefühls, die bei einer konfliktfreieren Besetzung des Selbst zustande kommt, automatische Rollenidentifikationen unnötig macht und daß scheinbar verlorene objektbezogene Besetzungen wieder hervortreten.

Doch widerspricht eine solche Entwicklung der sozialen Situation. Propaganda und Reklame, vermittelt durch die Massenmedien und den marktgesteuerten öffentlichen Konsens (sowie durch die Moral der sogenannten »Sachzwänge«), haben geradezu den Zweck, narzißtische Bedürfnisse zu mobilisieren und Mittel zur narzißtischen Befriedigung anzubieten (etwa: ein neues Auto für eine narzißtische Lücke).[10] Gegenüber Propaganda und Angebot dieser Art ist das Ich relativ wehrlos. Da kein greifbarer Gegner vorhanden ist, kann es weder Aggres-

[9] Von »echten« narzißtischen Neurosen würde ich sprechen, wenn die Entwicklungsstörung in der Kindheit überwiegt und der äußeren Lebenssituation kein oder nur ein geringes Gewicht als Faktor der »Neurosenwahl« zukommt.

[10] Hier folge ich einer Anregung von Pier Francesco Galli, Bologna.

sionen (im Dienste des Ich) dagegen mobilisieren, noch kann es seine angepaßte Formation ohne weiteres aufgeben: es wäre vorerst erschüttert, mit inneren Konflikten und der Frustration seiner objektbezogenen Wünsche konfrontiert. Häufig kommt es dazu, daß weitere narzißtische Befriedigungen gesucht werden, um das Defizit an Befriedigung auszugleichen. Das kann durch neue oder verstärkte Rollenidentifikationen geschehen, die dann nicht mehr aufgegeben werden können.

Wenn man diesen Überlegungen folgt, kommt man zu dem Schluß, daß die sich häufenden narzißtischen Persönlichkeitsstörungen strukturiert sind wie Perversionen (Morgenthaler, 1974). Defekte in der Besetzung des Selbst und der Objekte werden durch die Überbesetzung narzißtischer Bedürfnisse kompensiert. Diese sind für die Erhaltung einiger Funktionstüchtigkeit unentbehrlich, ohne sie würde das Ich seine Stabilität verlieren. Da die soziale Situation eine narzißtische Kompensation des frustrierten Ich und des defekten Selbst begünstigt, ist es zweifelhaft, ob narzißtische Persönlichkeitsstörungen noch pathologisch genannt werden dürfen: Gemessen an einer höheren Flexibilität und Toleranz des Ich gegenüber den Triebansprüchen und an einer angenommenen Harmonie zwischen narzißtischen und objektbezogenen Bedürfnissen handelt es sich um schwere Störungen. Gemessen an der geforderten Einordnung in die verwaltete Welt der Technik, der Produktion und des Kapitals sind »narzißtische« Entwicklungen gelungene Lösungen, die das Ich, das mit seinen Rollen identisch geworden ist, zuwege gebracht hat.

Zahlreiche Dichter unserer Zeit haben solche Verhältnisse eindrücklich geschildert. Bertolt Brecht zeigt in »Im Dickicht der Städte« einen Mann, der nicht einmal mehr einen Gegner findet, mit dem er kämpfend etwas erleben kann, wenn schon keine glücklichere Beziehung möglich ist, und der darum verzweifelt. Becketts Godot, auf den gewartet wird, kommt nicht; das Warten ist ausgefüllt durch Manifestationen narzißtischer Gewalt. In Boris Vians »Les bâtisseurs d'Empire« wird kein Mensch mehr erwartet. Der Lebensraum, dargestellt als die ärmliche Wohnung des Protagonisten, wird enger, unbewohnbar. Am Ende jedes Akts gibt der Bedrohte dem »Schmürtz«, einem leblosen Popanz, der in der Ecke steht, eine fürchterliche Ohrfeige und zieht sich über eine immer engere Wendeltreppe in das nächsthöhere Stockwerk zurück, in eine Wohnung genau wie die frühere, mit einem »Schmürtz« in der Ecke. Dies dreimal, in drei Akten. Man weiß nicht, ob die stufenweise vollzogene Flucht nach oben noch weitergehen kann, wenn das Stück aus ist. Vielleicht bleibt kein Ausweg mehr.

In einer extrem entfremdeten sozialen Situation versagen die Möglichkeiten zur Anpassung. Es kommt zum psychologischen Zusammenbruch; die düsteren Visionen dieser Dichter schildern realistisch die seelische Wirkung unerträglicher Lebensumstände. In der Analyse versuchen wir, dem Ich einen Verzicht auf seine unbewußt funktionierenden Anpassungsmechanismen zu ermöglichen, damit es zu einer aktiven Veränderung seiner sozialen Lage fähig wird. Das aktive Streben nach einer Veränderung unerträglicher sozialer Verhältnisse ist nicht nur eine ethische Forderung oder Folge einer politischen Entscheidung; dieser Kampf um ein besseres Leben ist auch eine unersetzliche Funktion des Ich.

Sigmund Freud ist zu Beginn seiner psychoanalytischen Forschung davon ausgegangen, daß es die Lebensverhältnisse sind, welche die Neurosen erzeugen, und daß der Therapeut die Aufgabe hat, den Patienten zu einer aktiven Auseinandersetzung mit seiner Umwelt zu befähigen. Er schrieb 1895 in den *Studien über Hysterie* (S. 312):

»Ich zweifle ja nicht, daß es dem Schicksale leichter fallen müßte als mir, Ihr Leiden zu beheben: aber Sie werden sich überzeugen, daß viel damit gewonnen ist, wenn es uns gelingt, Ihr hysterisches Elend in gemeines Unglück zu verwandeln. Gegen das letztere werden Sie sich mit einem wiedergenesenen Seelenleben besser zur Wehre setzen können.«

5. Der Widerspruch im Subjekt

Die Anpassungsmechanismen des Ich und die Psychoanalyse gesellschaftlicher Prozesse

»Der Neurotiker leidet mehr als der Wohlangepaßte; in vielem leidet er aber am Gleichen, was in der Angepaßtheit stumm geworden ist.«
(A. Mitscherlich, 1963: 465)

Interdisziplinäre Sozialpsychologie und Psychoanalyse gesellschaftlicher Prozesse

Die verschiedenen Wissenschaften unterscheiden sich durch verschiedene Forschungsgebiete; ihre Methoden, Instrumente und Zielsetzungen können dementsprechend nicht die gleichen sein. Das Ergebnis der einen Forschung ist unabhängig vom Ergebnis der anderen. Entsteht das Bedürfnis, benachbarte Forschungsgebiete miteinander zu verbinden, müssen neue Methoden und Instrumente gefunden werden, um ein sich bietendes Ziel zu erreichen. Aus der interdisziplinären Forschung ist eine neue Wissenschaft entstanden.

Die Spezialisierung der Wissenschaft, die man wegen der Trennung zwischen den einzelnen Forschungszweigen und -richtungen auch Kompartimentalisierung nennt, hat für die Naturwissenschaften große Erkenntnisfortschritte gebracht. In den Humanwissenschaften gewann man eine Fülle von Einsichten in die menschlichen Verhältnisse, ohne daß es dazu kommen mußte, menschliche Gesellschaften einer grundlegenden Kritik zu unterziehen.

Die Kompartimentalisierung der Wissenschaft erlaubte es, die Entstehung der tierischen Arten einschließlich des Menschen mittels der Darwinschen Deszendenzlehre aufzuklären und gleichzeitig mit einer gleich achtbaren Wissenschaft, der Theologie, die Erschaffung des ersten Menschen nach dem Mythus der Genesis darzutun: Adam wurde von Gott aus Lehm erschaffen und die Urmutter Eva aus seiner Rippe. Als Karl Marx in den Verhältnissen und Beziehungen zwischen den Menschen die Struktur der Gesellschaft bloßgelegt hatte, hinderte das eine philosophisch-ontologisch orientierte Anthropologie, eine Vielzahl von Wirtschaftslehren, Soziologien, Geschichtslehren und Psychologien, die nebeneinander blühten, nicht, zahllose Kenntnisse über das soziale Leben des Menschen und über Gesetze und Regeln der Gesellschaft zu ernten, ohne sie zur Wissenschaft von den Produktions- und Machtverhältnissen zusammenzuschließen, die

allein eine Kritik der gesellschaftlichen Praxis ergeben hätte. Die Spezialisierung der Wissenschaften war in den Dienst der kapitalistischen Verwaltung und Ausbeutung sich ausbreitender und immer lückenloser durchorganisierter nationaler Gesellschaften getreten.
Für die Psychologie und die ihr benachbarte Soziologie ergab sich die Notwendigkeit, eine neue interdisziplinäre Wissenschaft, die Sozialpsychologie, zu etablieren. Sie entlehnte ihre Begriffe und ihren Jargon der einen und der anderen, entwickelte, wenn auch zögernd, neue Methoden und neue Begriffe, um neue Forschungsziele, das Verhalten in Institutionen, Gruppen, Staaten usw., zu studieren.
Ich strebe nicht danach, interdisziplinäre Forschung zu treiben bzw. die Sozialpsychologie auszubauen. Meine psychoanalytische Untersuchung gesellschaftlicher Prozesse beruht auf einer anderen Grundlage und verfolgt ein anderes Ziel als die Sozialpsychologie. Denn ich halte mich an eine Bewegung, die von einer anderen Auffassung der Wissenschaft ausgeht. Ihre Grundannahme ist, daß eine Erkenntnis nicht stimmen kann, wenn sie einer anderen, die mit anderen Methoden gewonnen sein mag, widerspricht: die beobachteten Phänomene bilden eine Einheit. Diese Auffassung bedient sich oft der gleichen oder ähnlicher Methoden und Instrumente wie jene andere. Da aber jeder Forschungsgegenstand seine Qualität ändert, wenn er in neue Verbindungen eintritt oder wenn er mit anderen Methoden untersucht wird, ist es notwendig, die auftauchenden Widersprüche immer wieder mit dem untersuchten Gegenstand zu konfrontieren. Dabei erweist sich, ob die Widersprüche fehlerhaftem Vorgehen oder den untersuchten Verhältnissen zuzuschreiben sind. Da nicht Ideen, sondern wirkliche, »materielle« Verhältnisse untersucht werden, die – zumindest im Bereich menschlicher Verhältnisse – ständigen Veränderungen unterworfen sind, ist nicht zu erwarten, daß die Methode der Nachprüfung ein widerspruchsfreies Ergebnis erbringt. Denn jede Entwicklung wird von den Widersprüchen und Konflikten, die in den Verhältnissen enthalten sind, weitergetrieben. Die Methode verlangt jedoch, daß die Wissenschaft die neu auftauchenden Widersprüche erkennt und aus ihnen die Fragestellung und das Ziel des nächsten Forschungsschrittes ableitet.
Diese, die dialektische Methode, macht es möglich, soziale Verhältnisse psychoanalytisch zu untersuchen, also mit einem Instrument, einer Theorie, die unter ganz bestimmten experimentellen Bedingungen vorerst an einzelnen Individuen entwickelt worden ist. Ohne aus dem Auge zu verlieren, daß Gesetzmäßigkeiten des Individuums und der Gesellschaft sich nicht widersprechen dürfen, wenn sie auch oft praktisch und theoretisch in Konflikt miteinander stehen, hat sich die Psychoanalyse gesellschaftlicher Prozesse darin bewährt, menschliche

Verhältnisse zu untersuchen. Insbesondere versucht sie, das Wirken gesellschaftlicher Kräfte dort aufzuklären, wo sie sich jedenfalls bemerkbar machen: im Seelenleben des Einzelnen. In diesem Sinn waren bereits die ersten Erkenntnisse Freuds Beispiele einer *dialektischen* Sozialpsychologie. Der Triebwunsch kommt aus dem Unbewußten; seine Unterdrückung oder Zensur vertritt die Gegenkräfte aus der sozialen Umwelt.
Um einen solchen Versuch, die Psychoanalyse auf gesellschaftliche Verhältnisse auszudehnen, handelt es sich auch bei der Entwicklung des Begriffs der Anpassungsmechanismen und bei der Untersuchung ihrer Regeln und Gesetze. Es wird zu beachten sein, daß das Untersuchte seine Eigenschaften und seine Wirksamkeit ändert, wenn es unter anderen Verhältnissen und mit anderen Methoden studiert wird. Dafür ein Beispiel: »Ideologie einer Rolle« nenne ich die emotional bedeutsamen Wertvorstellungen, Zuschreibungen, den Lohn und die Sanktionen, die einem gesellschaftlich etablierten Rollenmuster zukommen. Sobald eine Person sich nicht nur dieser Rolle gemäß verhält, sondern ihre Ideologie durch den Mechanismus der Identifikation verinnerlicht hat, spreche ich von einer »Rollenrepräsentanz«. Die Rollen-Ideologie hat dort, wo sie im individuellen Seelenleben wirksam wird, eine neue, die psychische Qualität gewonnen; diese ist der Wirkung und Bedeutung der lange schon beschriebenen Objektrepräsentanzen vergleichbar.

Zur Psychoanalyse gesellschaftlicher Prozesse

Ich bin nicht allein, wenn ich in der Psychoanalyse eine Methode zur Erforschung gesellschaftlicher Prozesse sehe (Parin, 1975). Wie Th. Adorno (1955) schreibt, wurde die Theorie der Gesellschaft ergänzt durch »die analytische Psychologie, die einzige, die im Ernst den subjektiven Bedingungen der objektiven Irrationalität nachforscht«.
Zumindest seit dem Erscheinen von »Massenpsychologie und Ich-Analyse« (Freud, 1921) sind auf diesem Gebiet Einsichten erzielt worden, die heute nichts von ihrer Gültigkeit verloren haben. A. Mitscherlich hat dies kürzlich (1977) in einer eingehenden Nachprüfung jenes Werkes festgestellt. Er wirft die Frage auf, ob sich die Condition humaine derart verändert hat, daß unsere Einsichten nachhinken und daher nicht genügend weit entwickelt sind, um das gesellschaftliche Leben der heutigen Massen zu verstehen. Der psychoanalytischen Methode und Theorie möchte er weiterhin vertrauen. Das ist nicht immer so gewesen. Bereits die ersten »Sozialpsychologen« (Karin Horney, Clara Thompson, Sullivan) fanden es nötig, das Trieb-

und Konfliktmodell der Psychoanalyse aufzugeben, um gesellschaftliche Psychologie zu betreiben. Damit verloren sie aber auch gleichzeitig die Möglichkeit, ihre Funde mit der ergiebigsten Methode, der Psychoanalyse, am konkreten Gegenstand ihrer Forschung zu überprüfen. Andere (der frühe W. Reich, Herbert Marcuse, Erich Fromm) wollten die Psychoanalyse nicht aufgeben, glaubten aber, daß ihre Methode und/oder ihre Theorie vereinfacht oder sonstwie umgestaltet werden müßten, um der Erforschung der Gesellschaft dienlich zu sein. Eine kleine Zahl von Analytikern hielt an der Methode und an den theoretischen Anschauungen der Psychoanalyse fest. Eine Begrenzung ihrer hervorragenden Leistungen (H. Hartmann u. a.: Ich-Psychologie; Eriksons Lehre von der Identität) scheint dadurch bedingt, daß sie es nicht wagten, der Realität gesellschaftlicher Kräfte ganz ins Auge zu schauen. Bei Erikson reduzierten sich diese Kräfte zu ethisch-philosophisch definierten Werten und Lebensaufgaben; Hartmann verfolgte seinen tiefschürfenden Ansatz, soziale Verhältnisse psychoanalytisch zu erhellen (1944, 1950), nicht weiter und neigte dazu, ein biologisch begründetes Anpassungsprinzip zur Verdunkelung gesellschaftlicher Machtpotentiale zu verwenden.

Freud selber war in der Kritik und Aufgabenstellung seiner Wissenschaft radikaler. Ich zitiere ihn hier, weil er in einem Rückblick auf das Geleistete der Analyse genau jene Aufgabe zuweist, die ich mit der Aufklärung der Anpassungsmechanismen zu einem Teil zu lösen trachte. »Das Über-Ich ist für uns die Vertretung aller moralischen Beschränkungen ... Da es selbst auf den Einfluß der Eltern, Erzieher und dergleichen zurückgeht ...« und sich diese mit den eigenen Eltern identifizieren, »wird das Über-Ich des Kindes eigentlich nicht nach dem Vorbild der Eltern, sondern des elterlichen Über-Ichs aufgebaut; es ... wird zum Träger der Tradition, all der zeitbeständigen Wertungen, die sich ... über Generationen fortgepflanzt haben. Sie erraten leicht, welch wichtige Hilfen für das *Verständnis des sozialen Verhaltens* der Menschen ... sich aus der Berücksichtigung des Über-Ichs ergeben« (1933: 73 f.; Hervorhebung von mir). Es folgt eine kurze Würdigung der »sogenannt materialistischen Geschichtsauffassungen« und eine Zusammenfassung der Ergebnisse seiner Massenpsychologie. Den Ausblick für die Zukunft faßt Freud wie immer vorsichtig, aber genau: »Besäßen wir mehr Anwendungen dieser Art, so würde die Annahme des Über-Ichs das letzte Stück Befremden für uns verlieren und wir würden von jener Befangenheit gänzlich frei werden, die uns doch noch befällt, wenn wir uns, an die Unterweltatmosphäre gewöhnt, in den oberflächlicheren, höheren Schichten des seelischen Apparats bewegen. Wir glauben selbstverständlich nicht, daß wir mit der Sonderung des Über-Ichs das letzte Wort zur Ich-

psychologie gesprochen haben. Es ist eher ein erster Anfang, aber in diesem Fall ist nicht nur der Anfang schwer« (1933: 74).
Ich versuche also, am Trieb- und Konfliktmodell der Psychoanalyse, das sich bewährt hat und noch durch kein besseres ersetzt worden ist, festzuhalten und die Psychologie des Ich so auszubauen, daß die Wirkungsweise gesellschaftlicher Kräfte näher bestimmbar wird. Von den bisher beschriebenen drei Anpassungsmechanismen (Kap. 4) halte ich mich im folgenden an einen: die Identifikation mit (der Ideologie) der (sozialen) Rolle.
Meine Wahl ist keine zufällige. In unserer Gesellschaft sind es Rollenmuster, die ein Gutteil des »sozialen Verhaltens« bestimmen. Mitscherlich hat der Untersuchung der Rollen ein ganzes Kapitel eines seiner Hauptwerke (1963) gewidmet. Da er einer jener Forscher ist, die bei der Untersuchung gesellschaftlicher Phänomene am striktesten am Triebmodell festhalten, muß er versuchen, die Wirksamkeit des Rollenverhaltens auf entsprechende psychische Funktionen zurückzuführen, und diese in den Strukturen oder Instanzen lokalisieren.

Der Widerspruch im Subjekt

Mitscherlich hat die Einschränkung, die uns durch das Erfüllen gesellschaftlicher Rollen zukommt, immer wieder betont; so faßt er eine klinische Schilderung folgendermaßen zusammen: »Das Rollenstereotyp, wie ›man‹ sich als Frau zu verhalten hat, ist eine nicht überwindbare Fessel geblieben; das ›man‹ und das Selbstbewußtsein sind zu einer nicht trennbaren Einheit geworden« (1963: 330). Die Wirkung der Rolle gehe vom Ichideal aus, in das ihre Forderungen aufgenommen worden sind: »Das Ichideal fällt ... mit einem von der Gruppe vorgegebenen Rollentypus zusammen, der in das Überich aufgenommen wurde und dort, so fremd er ist (weil der Stellungnahme unzugänglich), doch die Funktion ausübt, das Selbstsein zu vermitteln. Viele Gruppenmoralen unterstreichen diesen Tatbestand noch, indem sie betonen: Du bist nichts – deine Gruppe (dein Clan, dein Volk) ist alles; also entwickle kein kritisches Ich, sondern sei Rolle, alles andere bringt dir Schuld« (S. 331 f.). Der Vorgang der Identifikation bringe das Rollenstereotyp zu seiner Wirkung im Überich, durchaus analog dem von Freud (1921: 128) beschriebenen, daß die Mitglieder einer Masse »ein und dasselbe Objekt« (den Führer) »an die Stelle ihres Ichideals gesetzt« haben. Bei jenen Personen, die sich den Forderungen ihres durch die identifikatorische Verinnerlichung des Rollenstereotyps veränderten Überich nicht entziehen können, muß Mitscherlich annehmen, daß ihr Ich relativ (gegenüber dem

Überich) schwach ist oder kindlich geblieben ist: »Wenn die Rolle das Verhalten so weitgehend bestimmt, daß auch sehr deutliche konkurrierende und kontrastierende Empfindungen nicht gezeigt werden dürfen, so verweist dies auf eine unreife Verfassung der Persönlichkeit, die nicht imstande ist, den infantilen Zwang zur Identifizierung durch eine individuelle Ausdrucksprüfung und einen persönlichen Entschluß zu durchbrechen« (1963: 331). Dementsprechend stellt sich die Überwindung der Rollenidentifikation als ein andauernder Kampf zwischen dem bewußtseinsfähigen Anteil des Ich und dem transformierten Überich dar: »... auch die Einsicht in unsere Gebundenheit an Rollen kann bei einer neuen Spaltung, diesmal in offiziell und privat, enden ... Auch die ›Privatrolle‹ ist gesellschaftlich vorgegeben. Die vollkommenere Entwicklung bringt uns dazu, die ›Reflexion‹ im Engagement fortzusetzen: es vollzieht sich darin, daß Einsicht, jenes Stückchen geistiger Selbständigkeit, gegen Widerstand in das Rollenverhalten eingeht« (S. 356).

Ich kann Beobachtungen, auf denen Mitscherlichs Analyse fußt, bestätigen und bin mit ihm der Ansicht, daß das Verhalten gemäß einem Rollenstereotyp durch den Vorgang der Identifikation zu einer Veränderung der psychischen Struktur führt. Meine psychoanalytische Erklärung weicht nur in einem Punkt von der seinen ab: Ich glaube, daß die Identifikation in der Regel zuerst im Ich stattfindet und nicht im Überich oder Ichideal.[1]

Der Unterschied scheint gering, ist es aber nicht. Wenn das Rollenstereotyp zum inneren Gebot geworden ist, kann man sich dagegen auflehnen, kann das Ich, sei es stark und reif oder schwach und unreif, zur Selbstreflexion aufrufen. Wird das falsche Ideal, das die Gesellschaft uns mit der Rolle unbemerkt hereingesetzt hat, entlarvt, verliert es seine Kraft. Ein emanzipatorischer Schritt ist getan, ein Stück Freiheit erkämpft.

Identifiziert sich hingegen das Ich mit der Rolle, ist es selbst schon korrumpiert. Man hat sich die Rolle nicht gewählt; sie ist aufgezwungen worden. Um den Zwang nicht zu spüren, nimmt man ihn ins Ich herein; das falsche Ideal folgt nach, ergänzt das falsche Bewußtsein. Das Ich ist entlastet. Man ist nicht mehr allein, Ängsten ausgesetzt, und die Abwehr gegen frühkindliche Wünsche nach Geborgenheit und Zugehörigkeit ist entspannt. Man ist Rollenträger, nimmt teil an einer Institution, einer Gruppe. Was an Autonomie verloren-

[1] Diesen Vorgang hat Freud (1921: 128, 150) von der Identifikation mit dem Ichideal deutlich unterschieden; er meint, daß er die »Ichgemeinsamkeit« der Individuen herstellt, die sich als Masse mit einem Führer (als Ichideal) identifiziert haben.

ging, wird wettgemacht durch neue Arten von Befriedigung, die die Rolle bietet. Bevor das Ich sich auf seine ursprünglichen Bedürfnisse besinnen kann, muß es seine Angleichung erst rückgängig machen, die Autonomie zurückgewinnen, mehr Angst aushalten, den Aufwand, den jede Autonomie erfordert, verstärken.

Das Ich ist erst imstande, seine Rolle zu reflektieren, wenn es Vor- und Nachteile, die sie ihm bietet, abwägen, die Vorteile der Autonomie gegen die aus seiner bewußtlosen Anpassung vergleichen kann. Dieser Konflikt ist leichter bewußt zu machen als der zwischen dem Ich und einer abstrakten Idealforderung. Der Ausgang ist ungewiß. Manche bringen es von selber zustande, ihre Autonomie gegenüber Identifikationsangeboten zu bewahren; andere gelangen dazu in einer Analyse; gleichgesinnte solidarische Gruppen können das Gefühl der Machtlosigkeit und des Alleinseins ersparen, das jeden befallen kann, der von seinen eigenen Rollen Distanz nimmt. Vor allem aber bietet sich die Möglichkeit, die den Rollenstereotypen inhärenten Widersprüche im Ich aufzudecken, Rollenmuster zu durchschauen, abzuändern, und es bleibt die Hoffnung, die Gesellschaft so zu ändern, daß in den Rollen, die sie uns zuschreibt, unsere Autonomie respektiert wird.

Diese Auffassung (Identifikation des Ich mit der Rolle) stelle ich der früheren (Identifikation mit einem Rollenstereotyp im Ichideal) gegenüber. Der Unterschied zeigt sich im analytischen Prozeß und noch mehr bei der psychoanalytischen Erfassung gesellschaftlicher Prozesse; er soll hier diskutiert werden.

Nach der früheren Auffassung spielen sich beim Erwachsenen Konflikte zwischen dem Ich, das die Interessen des Es wahrzunehmen und den Anforderungen der Realität Rechnung zu tragen hat, und dem Überich[2] ab, sobald eine Identifikation mit dem »Rollenstereotyp« eingetreten ist. Freud (1933) hat das Überich als den Vertreter der weiteren Gemeinschaft (der Traditionen usw.) im psychischen Apparat beschrieben. Widersprüche der Interessen des Individuums mit den Erfordernissen der sozialen Umwelt sind danach äußere. Innerhalb des psychischen Apparats, im Subjekt, können solche Widersprüche als Konflikte zwischen dem Ich und dem Überich aufgefunden werden. In beiden Fällen steht das denkende und handelnde Ich den Einschränkungen der Sozietät gegenüber; durch Einsicht in sein vom Überich gefordertes Rollenverhalten sollte es ein »Stückchen geistiger Selbständigkeit« erwerben.

Bei dieser Deutung stellen sich Widersprüche zwischen dem Rollenstereotyp und dem Ich immer als Widerspruch zwischen dem Subjekt

[2] Die Bezeichnungen Überich und Ichideal verwenden wir hier synonym.

und der Außenwelt dar, das eine Mal nach außen gerichtet gegen Rollenzuschreibung und -angebote, das andere Mal nach innen gegen die entsprechenden identifikatorisch erworbenen Überich-Anteile und -Forderungen. In der Analyse hofft man, daß sich das Ich, von unnötiger Triebabwehr entlastet und gestärkt, der Herausforderung stellen wird, sein Rollenverhalten zu reflektieren und sich selbstkritisch mit dem Überich auseinanderzusetzen. Die Psychoanalyse kann lediglich dazu beitragen, den Widerspruch zwischen Individuum und Gesellschaft zu klären.

Nun sind aber gesellschaftliche Widersprüche in alle angebotenen »Rollenstereotypien« aufgenommen worden. Diese Widersprüche bewirken es in einer konfliktreichen Gesellschaft, daß Menschen, die sich ihrer Rolle gemäß verhalten, oft irrationalen Verhaltens- und Gefühlsnormen folgen. Am deutlichsten wird das, wenn ein Mensch seine eigenen Bedürfnisse nicht mehr zu erkennen scheint und, scheinbar ohne Grund, die Interessen gegnerischer Menschen oder Gruppen vertritt. Das wird oft so ausgedrückt, daß der Mensch ein »falsches Bewußtsein« hat, seine »objektiven« Bedürfnisse nicht wahrnimmt.[3] Den Vertretern einer aufgeklärten Vernunft liegt es nahe anzunehmen, daß eine Vernebelung oder Täuschung stattgefunden hat oder daß unrichtige Informationen an diesen Verhältnissen schuld sind. Doch Aufrufe zu vermehrter Selbstkritik und zur besseren Einsicht in gesellschaftliche Konflikte bringen oft nicht den gewünschten Erfolg.

Die Auffassung, daß die Identifikation mit der Rolle in der Regel im Ich stattfindet, verspricht, ein Licht auf das Phänomen des »falschen Bewußtseins« zu werfen; die in den Rollenstereotypen enthaltenen gesellschaftlichen Konflikte können mit der psychoanalytischen Methode studiert werden.

Der innerpsychische Konflikt stellt sich mir folgendermaßen dar: Das Ich steht, wie bisher, dem Überich gegenüber, und seine Aufgabe der Triebmodifikation und -abwehr, der Realitätsbewältigung und -anpassung hat sich nicht verändert. Dadurch, daß aber ein Teil des Ich sich selber mit der Rolle identifiziert hat, sind nun die Konflikte zwischen Ich und Außenwelt und zwischen Ich und Überich durch einen weiteren vermehrt: durch den Konflikt, den die Rollenrepräsentanz ins Ich eingebracht hat. Neben dem Widerspruch zwischen Individuum und Außenwelt und jenem zwischen Ich und Überich (als Vertreter der Außenwelt) hat die Analyse mit einem Konflikt zu tun, der mit der Rollenidentifikation seinen Eingang ins Ich gefunden hat.

[3] Es soll hier nicht diskutiert werden, wie sich der gebräuchliche Ausdruck und Begriff »falsches Bewußtsein« zum »gesellschaftlichen Bewußtsein« des Marxismus verhält.

Dieser enthält nun alle gesellschaftlichen Konflikte und Widersprüche, die je zur Bildung eines Rollenstereotyps oder, wie ich es nenne, zur Bildung der Ideologie einer Rolle Anlaß gegeben haben. Ein »Schüler« ist gleichzeitig ein braver Empfänger, der sich autoritär übermitteltes Wissen einverleibt, *und* ein kühner Beauftragter seiner unwissenden Eltern, der die höhere Welt der Gebildeten zu erobern hat; eine »Gattin« ist nun eine hochverehrte Mutter und Garantin der Reproduktion *und* eine Frau, die ihre sexuellen Ansprüche gegenüber denen ihres Gatten, dem sie dienen muß, nicht anmelden darf.

Neben den Konflikten zwischen dem Subjekt und seiner Umwelt werden im Ich weitere Widersprüche auffindbar, die aus den gesellschaftlichen Verhältnissen in die Rollen-Ideologien eingegangen sind. Der Ort ist gefunden, an dem es sich erweisen muß, daß nicht nur das Individuum am Unbehagen in der Kultur, letzten Endes an der Triebeinschränkung zu leiden hat, sondern daß die Widersprüche und Konflikte, die unsere Kultur kennzeichnen, das Subjekt selbst verändert haben.

In der Analyse ist die Kritik der verinnerlichten gesellschaftlichen Widersprüche, denen sich das Ich identifikatorisch angeglichen hat, oft notwendig, um seine Autonomie gesellschaftlichen Wirkungen gegenüber zu ermöglichen (vgl. Kap. 2).

Das »falsche Bewußtsein« erweist sich nicht als Folge eines »unreifen« oder schwachen Ich, auch nicht als kognitive Schwäche, Dummheit oder Mangel an Aufklärung. Zum Ich-Anteil geworden, hindert es das Subjekt, seine Bedürfnisse der Umwelt gegenüber durchzusetzen, weil es sie verschleiert: zum Teil wird das falsche Bewußtsein Interessen vertreten, die nicht die des Subjekts, sondern die seiner gesellschaftlichen Gegner sind.

Der Widerspruch in der Gesellschaft ist zum Widerspruch im Subjekt geworden. Das Ich erscheint nun nicht mehr allein als Widerpart der gesellschaftlichen Umwelt; es trägt auch die gesellschaftlichen Widersprüche als Rollen-Identifikationen in sich. Die Aufklärung der Subjektivität kann die gesellschaftlichen Verhältnisse enthüllen; erst das von seinen inneren Widersprüchen befreite Ich gewinnt jene Stärke und Autonomie, die es braucht, um seine Bedürfnisse wahrzunehmen.

Zur Diskussion der Identifikation mit der Rolle

Seitdem ich vor einem Jahr meine Auffassung der Anpassungsmechanismen publizierte (Kap. 4) oder vielmehr zusammengestellt habe, wie ich diese ableite, bestimme und ihre Funktionen psychoanalytisch verfolge, konnte ich mit Kolleginnen und Kollegen über dieses Konzept diskutieren, insbesondere über den Mechanismus der Identifikation mit der Ideologie der sozialen Rolle.[4] Ich hoffe, daß ich aus den einzelnen Aspekten dieser Diskussion ein einigermaßen übersichtliches, wenn auch natürlich nicht abgerundetes Bild herstellen kann. Während sich meine erste Darstellung vor allem am Klinischen orientiert hat, soll diesmal versucht werden, das Konzept für das Studium gesellschaftlicher Prozesse verwendbar zu machen.

Zunächst ist zu betonen, daß sich das Ich nicht mit der »Rolle« an sich identifiziert, sondern mit dem, was ich die »Ideologie« der Rolle nenne. Die Soziologie definiert »Rolle« sehr verschieden, je nach Gebrauch. Oft ist der Ausdruck nur auf das Verhalten homogener Gruppen bezogen und deskriptiv oder funktionell gemeint. Auch das »Rollen-Stereotyp« (Mitscherlich, 1963; 331) läßt nicht klar erkennen, ob das Verhalten allein oder auch die Erwartungen, Zuschreibungen und die zugehörigen emotionalen Haltungen (der zuschreibenden Personen und der Rollenträger) gemeint sind. Ich habe festgestellt, daß – über das lediglich geforderte Verhalten gemäß einer übernommenen Rolle hinaus – Ich-Identifikationen immer nur dann eintreten, wenn der Rolle in der Vorstellung der Umwelt und des Rollenträgers ein emotionaler Wert zukommt. Ein zusammengehöriges Ganzes, ein »cluster« oder »ensemble« von Vorstellungen, das eine emotionale Bewertung erfährt, nenne ich »Ideologie«. Über die der Rolle zugehörigen Haltungen und von ihr geforderten Verhaltensweisen hinaus sind immer Wertvorstellungen – mitunter sehr widersprüchliche – im Spiel. Diese wieder sind nicht unabhängig von den Frustrationen und den Befriedigungen, die die Übernahme einer Rolle mit sich bringt; an der Bewertung ist aber oft zu sehen, daß sie sich nicht nach der platten Bilanz derselben richtet (z. B. der Soldat im Krieg kann eine hohe emotionale Bewertung erfahren, obzwar die Rollen-Übernahme schwere Beeinträchtigungen mit sich bringt). Die meisten (aber nicht alle) Rollen, die überhaupt emotional bedeutsam werden können, sind in Institutionen vordefiniert. Darum entspricht der faktische und emotionale Inhalt jeder Rolle, die dem Individuum vermittelt wird, den Zuschreibungen, die in der Institution gelten. Doch wie es mit emotionalen Bedeutungen so geht, differieren sie stark, je nach dem sozialen Standpunkt des Beobachters innerhalb der betref-

[4] Ihnen allen, insbesondere den Teilnehmern am DPV-Arbeitskreis Rhein–Main–Neckar, am Psychoanalytischen Kolloquium in Bologna »Psicoterapia e Scienze Umane« (Dr. Galli und Dr. Bolko) und an den Psychoanalytischen Seminaren in Zürich und Basel, glaube ich am besten danken zu können, wenn ich hier einige Ergebnisse ihrer Kritiken und Beiträge zusammenfasse.

fenden Institution. Die Institutionen darf man sich nicht allzu abstrakt und unabhängig vorstellen. Sie sind von übergreifenden Institutionen (z. B. dem Staat) und benachbarten abhängig, die einen Einfluß auf die emotionale Bedeutung der institutionellen Rollen haben.

Sobald wir uns fragen, was die Rolle des Schülers, des Fabrikarbeiters, des Managers ist, wissen wir es. Doch wenn wir uns überlegen, wie der Schüler selber, seine Eltern, seine Lehrer, seine älteren Geschwister, der Kulturminister die Schüler-Rolle sehen, scheint das viel komplizierter zu sein. Das gedankliche Experiment läßt sich weitertreiben, wenn wir die Fabrik bald in eine Volksrepublik, bald in einen westlichen Industriestaat verlegen, den Arbeiter und Manager – immer noch als Rollenrepräsentanten – mit jeweils den eigenen Augen oder mit denen seiner engeren oder weiteren Umwelt betrachten. Dabei wird klar, daß alle möglichen Widersprüche und Konflikte zwischen Menschen, Menschen-Gruppen und Klassen in ein und derselben Rolle zusammentreffen oder aufgehen können.

Ist die Person gezwungen, ein Rollenverhalten zu übernehmen, so kann das einem Bedürfnis, einer Bilanz von Vor- und Nachteilen entsprechen oder das Ergebnis unmittelbaren Zwangs sein. Ohne Unterschied aber entwickelt das Ich darauf oft die überraschende Fähigkeit, das zusammengehörige Ganze der Rolle für kürzere oder längere Zeit in seine Struktur einzubauen. Überraschend nenne ich diese Fähigkeit, weil wir festgestellt haben, welch widersprüchliche Inhalte und Tendenzen jede Rolle mit sich bringt. Auch ohne eine tiefere psychologische Untersuchung ist zu merken, daß die »Rolle« für den Träger eine Einheit darstellt, daß ihr der psychologische Charakter einer »Gestalt« (Wertheimer, 1925) zukommt. Meiner Vermutung nach ist es die emotionale Besetzung, die zu einer solchen individuellen Reorganisation der Rolle verhilft.[5] Mit einer Rolle, der keine »Ideologie« zukommt, ist eine Ich-Identifikation nicht möglich.

Natürlich wird die durch Identifikation verinnerlichte »Gestalt« Rolle nicht genau mit den von der Umgebung angebotenen Rollen übereinstimmen. Sie ist immer eine idiosynkratische Variante; wenn wir sie als Bestandteil des Ich betrachten, sprechen wir von einer »Rollenrepräsentanz«. Als Teil des Selbst ist die Rollenrepräsentanz immer mit narzißtischer Libido besetzt. Die Übung des geforderten Rollen-

[5] Man hat annehmen müssen, daß Identifikationen nicht nur mit einer Person, sondern auch mit einzelnen Attributen oder Einstellungen einer Person vorkommen. Das Kind kann sich z. B. mit dem Angreifer identifizieren oder auch nur mit der Aggression (A. Freud, 1936). Verhaltensweisen oder Tätigkeiten, die nicht so wie ein Objekt besetzt werden können, können mittels anderer, primitiverer Mechanismen ins Ich aufgenommen werden (z. B. Imitation).

verhaltens an sich vermehrt die narzißtische Befriedigung und erhöht das Selbstgefühl. Diese Befriedigung ist nicht identisch mit jener, die das Übernehmen der Rolle in der Realität mit sich bringt, insofern die Umwelt für den Rollenträger bestimmte Befriedigungen (aber auch Frustrationen) bereithält.

Wir sind damit bei den dynamischen und ökonomischen Verhältnissen der Rollenidentifikation angelangt. Um diese zu diskutieren, müssen wir weiter ausholen.

Das Verhältnis der Entwicklung des Ich und des Selbst in der Kindheit zum Mechanismus der Rollenidentifikation ist noch nicht explizit untersucht worden. Sicherlich kann das Ich solche Identifikationen erst eingehen, wenn es bereits die Fähigkeit erworben hat, Konflikte zu verinnerlichen; also erst nachdem es Gegenbesetzungen (gegen Triebwünsche) etabliert hat. Entwicklungspsychologisch entstehen zuerst Abwehrmechanismen, und erst danach können Anpassungsmechanismen folgen.[6]

Die Annahme, daß Anpassungsmechanismen keine eigene Energie, insbesondere keine Gegenbesetzung erfordern, läßt sich am besten verstehen, wenn man davon ausgeht, wie Gegenbesetzungen in der Kindheit entstehen. Triebwünsche werden wach oder werden von der Umwelt angeregt. Ein Teil der Wünsche wird von der Mutter befriedigt. Ein anderer Teil führt zu Frustrationserlebnissen und wird hinfort mittels Gegenbesetzungen abgewehrt. Wenn wir uns vorstellen, daß die Gesellschaft dem Erwachsenen (analog der Mutter) »Verführungen« in Form der Rollen anbietet, die Befriedigung versprechen, insofern sich das Individuum mit ihnen identifiziert, wird deutlich, daß keine Gegenbesetzung notwendig ist, um eine solche Befriedigung zu erlangen. Ist die Identifikation erfolgt, befriedigt die »Mutter-Gesellschaft« Wünsche.

Man kann die Dynamik der Abwehr- und die der Anpassungsmechanismen in einem einfachen Schema verdeutlichen, das die jeweilige Ich-Orientierung darstellt. Dem Erwachsenen muß man natürlich ein Ich zuschreiben, das beiden Orientierungen folgen kann:

[6] Aus einer ersten Konfrontation mit der Kinderanalyse ergeben sich zwei komplementäre Verhältnisse, die näher untersucht werden sollten. Eine mangelhafte oder gestörte Entwicklung des Selbst beschleunigt oder verstärkt die Tendenz, Identifikationen mit der Rolle einzugehen. Es ist noch nicht abzusehen, ob und wann diese mehr kompensatorisch einspringen oder ob sie die Individuation eher behindern. Eine zweite Vermutung sagt, daß ein in der Entwicklung harmonisches Ich auch im Umgang mit Rollenangeboten flexibel bleibt, während manche Störungen der Ichentwicklung Rollenidentifikationen zu beschleunigen und geradezu zu erfordern scheinen.

Abwehr-
Mechanismen:

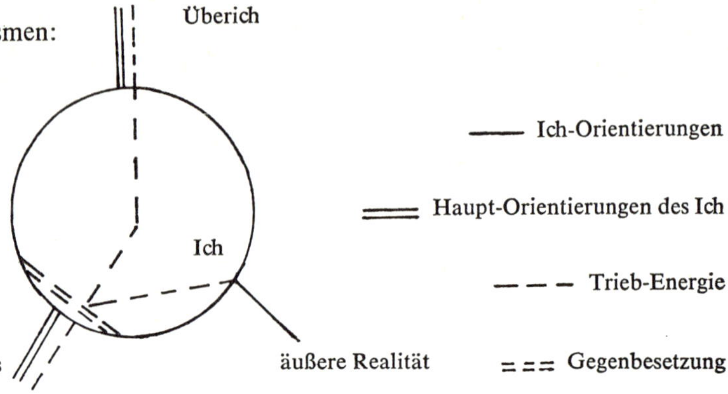

Anpassungs-
Mechanismen:

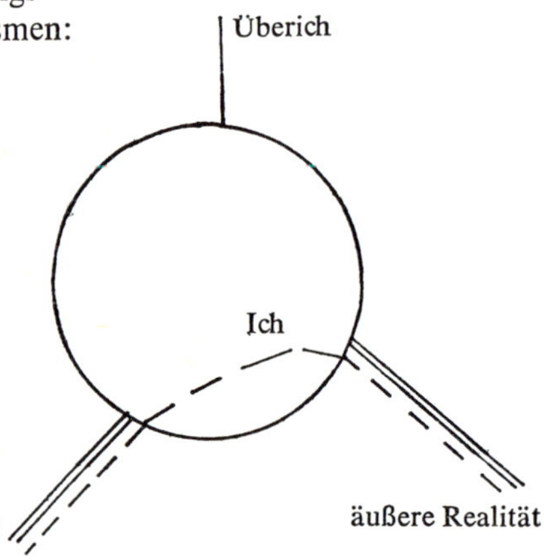

Bei der *Abwehr* ist das Ich vor allem bestrebt, die Ansprüche des Überich und des Es so weit in Einklang zu bringen, daß reale Befriedigungen ermöglicht werden (Realitätsprinzip). Dazu ist die Aufrichtung einer Barriere gegen Es-Wünsche (Gegenbesetzung, Verdrängungsschranke etc.) nötig.

Bei den *Anpassungsmechanismen* ist das Ich bestrebt, die Ansprüche des Es und die der Außenwelt in Einklang zu bringen; gelingt dies, z. B. mittels der Rollenidentifikation im Ich, ist eine direkte Befriedigung von Es-Wünschen möglich.

Eine enge Beziehung zwischen Rolle und Triebbefriedigung ist nicht zu bestreiten. »Rollen sind ... vorgegebene Techniken der Triebmeisterung für ein Leben in der Gesellschaft, aber sie haben eine gleichsam augenzwinkernde Lebenserfahrung auf ihrer Seite, die davon weiß, daß auch unter moralischer Prämisse eine Menge unverfeinerter, egoistischer Triebwünsche unterzubringen sind« (Mitscherlich, 1963: 358). Das Übernehmen einer Rolle bringt stets diese oder jene Triebverzichte mit sich, solange man sich der Rolle konform verhält. Deskriptiv kann man durchaus von Ich-Einschränkung sprechen, während der Ausdruck »Triebmeisterung« genauer auf innerpsychische Abwehrprozesse paßt. Mit der Identifikation aber wird, so habe ich oben angenommen, der geforderte Verzicht durch den Gewinn an narzißtischer Befriedigung (an der Rollenrepräsentanz) kompensiert.

Der Vorgang der Identifikation mit der Rolle sichert Befriedigungen, die in der Gesellschaft bereitstehen. Dafür wird ein Stück Unabhängigkeit aufgegeben. Die Abwehrorganisation des Ich wird jedoch entlastet und dadurch das Ich stabilisiert, gestärkt. Verlassenheits- und Trennungsängste werden beruhigt: man gehört dazu. Kindlich abhängige Strebungen, die von der Institution gestillt werden, können das »erwachsene« Verhalten weniger stören. Das Streben nach dem Ichideal wird ersetzt durch das nach einem oft leichter erreichbaren Rollen-Ideal; sogar die Forderungen und Verbote des Überich lassen sich zum Teil durch Rollenanforderungen ersetzen, die von der Außenwelt Bestätigung erfahren. Diese Bereitschaft zur Anerkennung in der Institution läßt auch phallisch-exhibitorische Haltungen, die als Geltungssucht und Eitelkeit in unserer Gesellschaft verpönt sind, zu, ohne Abwehr oder Angst auszulösen.

Der Preis für diese Vorteile ist nicht nur die erhöhte Abhängigkeit von der Umwelt, sondern teilweise auch Erstarrung. Triebansprüche, die der Rollenrepräsentanz nicht entsprechen, müssen abgewehrt werden; auch die Beziehung zu den Objekten von Liebe und Haß muß sich in das geforderte Verhalten fügen. Man funktioniert in der jeweiligen Institution reibungsloser, hat aber nicht nur ein Stück »geistiger Selbständigkeit«, sondern auch Gefühls- und oft Gewissensfreiheit eingebüßt.

Ein Vergleich mit dem sogenannten »sekundären Krankheitsgewinn« drängt sich auf. Der »Gewinn« aus der Rolle des Kranken erscheint so selbstverständlich, daß er nie weiter untersucht wurde. Es sind Zuwendungen aller Art, die Befriedigung regressiver Bedürfnisse, Selbstmitleid, kurz, eine Menge unmittelbarer Wunscherfüllungen, überwiegend solche egoistisch-narzißtischer Art. Analoge Befriedigungen werden mit der Rollenidentifikation erreicht, vermehrt um den Genuß von Macht, Prestige und der verschiedensten aktiven und passiven Strebungen. Der Vergleich führt noch weiter. Was den sekundären Krankheitsgewinn zum Hindernis der Therapie macht, ist, daß alle seine Befriedigungen die Bedingung der Krankheit, das Festhalten am Symptom zur Voraussetzung haben. Dem Symptom entsprechend hat sich die Rollenidentifikation wie ein Fremdkörper im Ich eingenistet und stellt die Bedingung für seine Stabilisierung und für bestimmte innere und äußere Gratifikationen dar. Wenn man sie aufgeben soll, droht allgemeine Unsicherheit; man müßte auf gesicherte Befriedigungen verzichten, das Ich müßte sich neu orientieren.

Ein Anpassungsmechanismus ist jedoch für den Umgang mit der Außenwelt vorerst zweckmäßig und wird auch, anders als das Symptom, zumeist als ich-synton erlebt. Es ist eine für die Psychoanalyse zumindest ungewohnte Aussage, daß ein ganzes Bündel von Ichfunktionen oder, anders ausgedrückt, ein Teil der Ichstruktur nicht entwicklungsmäßig im Ich entstanden sein und dort wirken soll, ohne daß wir es merken. Wir müssen zwar annehmen, daß so manche Rollenidentifikationen, besonders solche, die in der Kindheit und Adoleszenz stattgefunden haben, in die Ich-Identität eingehen und zum bleibenden Anteil des Ich geworden sind. Und doch bleiben andere übrig, die sich deutlich von der seit der frühesten Kindheit entwickelten Ichstruktur abheben, die wieder hervortritt, wenn die Identifikation rückgängig gemacht wird.[7] Wenn wir uns fragen, woher die Struktur dieses zweiten, gesellschaftlich gewählten, dem Subjekt gleichsam eingesetzten Ich, das sein Handeln bestimmen oder mitbestimmen soll, stammt, haben wir keine andere Antwort als die: Es sind die gesellschaftlichen Strukturen selbst, die sich in Ideologien übermitteln und im Ich, zur psychischen Struktur geworden, (zeitweise) unser Fühlen, Denken und Handeln bestimmen. Unser Ich handelt als Agent der Gesellschaft, deren Einrichtungen eine neue Qualität, die psychische, angenommen haben. Diese Aussage tönt nicht neu. Soziologen haben das immer schon gesagt. Nur hatten wir Psychoanalytiker gute Argumente gegen die Kränkung, die darin liegt, daß wir nun auch der sonst so feindlich entgegenstehenden Gesellschaft, der wir andererseits durch den Eros verbunden sind, im Inneren unseres seelischen Haushalts begegnen und ihr oft gar bewußtlos gehorchen sollen. Wir haben drei Tröstungen anzubieten. Erstens sind solche Ichidentifikationen im Prinzip reversibel. Zweitens unterliegt die Rollenrepräsentanz den inneren Gesetzmäßigkeiten der Metapsychologie. Drittens ergibt sich aus ihrem Studium ein Ansatz zu einer psychoanalytischen Theorie des sozialen Handelns, von der Hartmann (1947) schrieb, daß wir sie nicht haben.

[7] Dafür gibt Grosz (1978) eindrückliche klinische Beispiele.

Über das komplexe Verhältnis der Rollenidentifikation zum Ichideal bzw. zum Überich wäre viel zu sagen. Da jede Rollenideologie emotional besetzbare Vorstellungen mit sich bringt, war es naheliegend anzunehmen, daß jede solche Identifikation immer zuerst eine Überich-Identifikation ist. Dann muß, entsprechend den Idealforderungen, das übrige Rollenverhalten mit übernommen werden, um dem so transformierten Überich gerecht zu werden, um die Konfliktspannung zwischen Ich und Überich zu verringern. Wir zweifeln nicht daran, daß dieser Vorgang stattfinden kann. An vielen Beispielen religiöser und politischer Bekehrung und Anhängerschaft ist er nachweisbar. Man kann sogar noch weiter gehen und sagen, daß jeder Mensch in früher Kindheit Idealvorstellungen oder das Bedürfnis, Werte zu besetzen, aus der Phase der »idealisierten Elternimagines« mitbringt: Wenn er sich dann mit einer Rolle identifizierte, kämen diese unbewußten Erwartungen zur Geltung, die Idealvorstellung werde auf das angebotene Rollenideal übertragen. Wenn keine solche Übereinstimmung vorliege, finde eben keine Identifikation statt, auch wenn man die gebotene Rolle ausführen müsse.

Vielleicht entspricht dieser Vorgang einem besonderen Anpassungsmechanismus, den wir von anderen unterscheiden sollten. Dr. N. Roth (persönliche Mitteilung) hat mich darauf aufmerksam gemacht, daß im Verlauf einer Analyse neu besetzte Werte (im Ichideal) zur Suche nach entsprechenden neuen Rollen führen können.

In der Regel besteht keine Freiheit der Wahl, das Ich muß sich an die Gesellschaft anpassen und kann gar nicht auf die Suche nach Rollen gehen, die seinen im Lauf der Entwicklung konstellierten Idealen entsprechen. Am deutlichsten wird dies an der Geschlechtsrolle, den altersgebundenen Rollen (Schüler, Erwachsener, Greis etc.) und der unausweichlichen Teilnahme an institutionalisierten Rollen (Beruf, soziale Schicht, Kaste, Klasse). Manche von Rollen vermittelte Wertvorstellungen werden in die Ich-Identität aufgenommen und vermitteln schon damit entsprechende Ideale. In der Jugend und Adoleszenz scheinen aus der Identifikation mit einer Berufsrolle dem Überich dauerhafte Strukturen oder, zumindest inhaltlich, Werte zuzufließen. Darauf vor allem hofft eine Erziehung verwahrloster Jugendlicher, die ihnen anbietet, institutionell abgesicherte Berufe zu erlernen und auszuüben. Schließlich können Wertsysteme, die für einen Beruf typisch sind, zur dauernden Veränderung des Überich beitragen. Das spiegelt sich in den Sprichworten: Das Metier verdirbt den Charakter, oder: Mit dem Amt kommt der Verstand. Wenige Menschen entgehen dieser Transformation, wenn sie eine Rolle nur lange genug ausüben. Wie bei anderen Aspekten der Rollenidentifikation fällt dem Beobachter auf, daß mitunter objektiv einschränkende oder unzweck-

mäßige Ideale aus der Rollenzuschreibung in das Überich eingebaut werden. Das Ich muß auf emotionalen Ausgleich bedacht sein; wenn die äußere Welt nichts anderes zu bieten hat, muß sich sogar das sonst so schwer beeinflußbare Überich anpassen. Wir wissen nicht, wieviel von den bekannten Neuauflagen der Idealbildungen in der Adoleszenz mittels dieses Mechanismus zustande kommt.
In der Diskussion wurde immer wieder gefragt, ob es überhaupt nötig sei, Anpassungsmechanismen anzunehmen; für ihre »Überflüssigkeit« gab es die verschiedensten Argumente. Einige Einwände stammten aus der modernen Psychiatrie: Das »coping«, das Fertig-werden-mit oder Umgehen-können-mit, umfaßt sicherlich auch diese Mechanismen; doch kann zum »coping« einmal gehören, sich mit Rollen zu identifizieren, um damit das Ich zu stabilisieren; ein andermal, diese Identifikation abzulehnen, um mehr Selbständigkeit und angemessenere Befriedigungen zu erlangen. Als eine Abwehrstrategie, im erweiterten Sinn, kann man die Rollenidentifikation wohl bezeichnen, doch nur wenn man am Konzept Individuum gegen die Umwelt und Ich gegen die Triebwelt festhält.
Die Einwände von Psychoanalytikern können sich darauf berufen, daß es bisher möglich war, Psychoanalysen durchzuführen, ohne auf Anpassungsmechanismen einzugehen. Es muß einer klinischen Diskussion vorbehalten bleiben zu untersuchen, ob sich durch die Einführung der Anpassungsmechanismen das technische Instrument der Psychoanalyse verbessert. Wir glauben, daß die Einleitung von Analysen mit stark rollenidentifizierten Personen erleichtert wird; im Verlauf und am Abschluß der therapeutischen Analyse können haltbare Rollenidentifikationen, die nicht als solche erkannt werden, ernsthafte Hindernisse gegen unerläßliche Einsichten und ein bleibendes Hindernis für die Entfaltung der »unendlichen Analyse« darstellen. Dem theoretischen Einwand, daß es sich bei der Anpassung um einen Reizschutz des Selbst gegen Ansprüche der Außenwelt handelt, oder um einen Anteil der »nutrition« (Rapaport, 1951; 1957), der Zufuhr an Pflege und Nahrung, die das Ich benötigt, um funktionstüchtig zu bleiben, ist nicht zu widersprechen. Doch werden diese Anschauungen eher allgemeinen Theorien über den psychischen Apparat gerecht, als daß sie viel zur Aufklärung spezifischer psychischer Konstellationen oder einer konkreten Lebenspraxis beitragen würden; sie liegen auf einer höheren Abstraktionsebene. Schließlich läßt sich jede Rollenidentifikation in zahlreiche Einzelmechanismen zerlegen: Mechanismen zur Angstabwehr oder -vermeidung, Abwehr von ohnmächtigen Gefühlen oraler Bedürftigkeit, von Trennung und Verlassenheit, Verschiebungen der Triebziele, Sublimierungen usf., besonders aber einzelne identifikatorische, projektive und projektiv-identifikatorische

Mechanismen, die, früh im Ich etabliert, z. T. zum Abwehrsystem zu rechnen waren, bis sie in den Prozeß einer Rollen-Identifikation integriert werden. Eine solche genetische Analyse ist theoretisch möglich. Das Vorgehen entspricht etwa dem, wenn wir den ödipalen Konflikt mit den Mechanismen der Verdrängung, Triebumkehr, Projektion usw. und als Ausdruck präödipaler Triebwünsche beschreiben. Um dem ödipalen Geschehen gerecht zu werden, müssen wir aber von der Organisation der Abwehr und von den neuen Triebzielen ausgehen, die allem Früheren einen neuen Stellenwert zuweisen. Ebenso schaffen die äußeren und die verinnerlichten Konflikte mit der Umwelt und die konflikthafte Umwelt selbst im Ich Verhältnisse, die seine Struktur so verändern, daß – im Bereich der erfolgten Identifikation – eine »Neuauflage« entsteht, die nach einer eigenen Analyse ruft. Diese Neuauflage bestimmt vieles im sozialen Verhalten.
Wenn man annimmt, daß der »objektive Faktor« sich in der Subjektivität auswirkt, ist die Analyse der Identifikation mit der Rolle eine der Möglichkeiten, diese Wirkung aufzuklären.

Verschiedene Rollen

Es gibt soziale Einrichtungen, die eine Identifikation mit der zugeschriebenen Rolle außerordentlich befördern. Unabhängig von der Aufgabe, die sie zu erfüllen haben, sind solche Institutionen wie ein Experiment angelegt, um den Mechanismus in Gang zu setzen. Psychiatrische Spitäler vom herkömmlichen Typus weisen dem Patienten sehr eindeutig die Rolle des psychisch Kranken zu, der sich in eine personell und dem Verhalten nach geregelte und eingeteilte Sozialordnung zu fügen hat. Es ist zu beobachten, daß Patienten, die sich längere Zeit in einer solchen Anstalt aufhalten, dazu neigen, dauernd zu Anstaltspatienten zu werden. Sie weisen psychische Veränderungen auf, die man, ziemlich unabhängig von den Störungen, unter denen sie zu Beginn der Hospitalisierung gelitten haben, als eine zusätzliche psychische Veränderung diagnostiziert. Man spricht von Hospitalismus. Bisher lautete die Erklärung, daß ein schützendes, pflegendes und verwöhnendes Anstaltsmilieu zu einer allgemeinen Regression führt, die den Patienten unfähig macht, außerhalb einer psychiatrischen Anstalt zu leben. Verfolgt man genauer, wie es zum Hospitalismus kommt, insbesondere in Spitälern, die eine strikte Stufenordnung von Krankenabteilungen aufweisen, von denen jede wieder ein genaues Reglement und eine »Ideologie« dafür besitzt, wie der für diese Abteilung richtige Patient zu sein hat, was er zu tun und zu lassen hat, kann man beobachten, daß Patienten, deren Ich durch ihr

Grundleiden ohnehin zumeist nicht sehr funktionstüchtig ist, sich dem äußeren Zwang entsprechend einschränken und sich dafür mit der jeweils richtigen Patientenrolle identifizieren. Erhalten sie genügend Gratifikationen, bleibt es dabei. Ist dies nicht der Fall, haben sie Konflikte mit der Abteilungsumwelt, so kommen sie in eine andere Abteilung, die durch weitere äußere Einschränkungen ausgezeichnet ist. Der Anstaltsinsasse »probiert« neue Rollen aus, bis er sich mit einer Insassenrolle identifizieren kann, die ihm ein relatives Wohlbefinden ermöglicht. Die nun gebotenen Gratifikationen sind in der Tat regressiver und narzißtischer Art. Ich meine jedoch, entgegen der bisherigen Erklärung, daß die Regression nicht Ursache, sondern Folge einer Ichveränderung ist. Das Ich wird gezwungen, ein restriktiv konzipiertes Rollenverhalten einzunehmen. Die darauffolgende Identifikation mit der Rolle bringt regressive Gratifikationen, die als Kompensation wirken. Behandelnde Ärzte, die psychotherapeutisch der Entwicklung des Hospitalismus-Syndroms entgegenwirken wollen, machen regelmäßig die Erfahrung, daß sie an zwei Fronten ansetzen müssen: das reglementierte und ideologisch »besetzte« Verhalten der Krankenabteilung stellt sich einer größeren Autonomie des Patienten ebenso entgegen wie die Rollen-Repräsentanz in ihm.

Über die komplementären Rollen Arzt und Patient gibt es – vom Standpunkt einer modernen Kritik an der Medizin aus – eine umfangreiche Literatur. Psychotherapeuten haben die beste Gelegenheit zu beobachten, wie schwer es einem Patienten wird, der sich mit seiner Rolle identifiziert, noch so brennende Anliegen und Klagen überhaupt vorzubringen, wenn sie nicht zum Rollenmuster passen. Der Patient kann etwa nur über körperliche Beschwerden klagen, denn der Arzt wolle nur das hören, und er kann einen noch so vernünftigen Einwand gegen ärztliche Anordnungen nicht vorbringen, wenn das der Ideologie der Autorität des Arztes widerspricht.

Die Rolle des Psychoanalytikers bringt von Anfang an, wenn die Ausbildung nicht fehlgeht, eine Besonderheit mit sich. Das Ich soll gleichzeitig mit der Übernahme der Rolle die Fähigkeit erwerben, die Identifikation wieder abzulegen, und ebenso wird verlangt, daß die einfühlende Identifikation mit dem Analysanden immer wieder zurückgenommen wird, bis die nächste Äußerung eine neue identifikatorische Besetzung erfordert. Der Anlysand hingegen kann und darf sich voll mit der Rolle identifizieren. Der Prozeß der Deutung und das sogenannte Durcharbeiten sind darauf angelegt, mit der Bearbeitung von Widerstand und Übertragung immer auch ein Stück der Rollenidentifikation als Analysand bewußt und einer Rücknahme zugänglich zu machen.

Die Aufzählung einiger relativ einfach durchschaubarer Rollenmuster sollte auf komplexere, aber ungleich wichtigere hinweisen, die dem gleichen Mechanismus unterliegen. Die Zugehörigkeit zu einer Klasse wird nicht unmittelbar durch einen rationalen Entschluß oder auch nur direkt von der Interessenlage bestimmt. Begreift man den Menschen, mit Marx, als Ensemble der gesellschaftlichen Verhältnisse, so ist die Vermittlung der Klassenideologie ein Faktor, der nie fehlt. Er hebt die subjektive Interessenlage von der objektiven mitunter gewaltig ab, läßt sogar die eine als Gegensatz der anderen erscheinen. Die Wahl der vorgegebenen Klassen-Rollen ist nicht fakultativ. Rollenzuschreibungen sind eines der wichtigsten, vielleicht das wichtigste Instrument, mit dem die gesellschaftlichen Verhältnisse operieren, mit dem sie konservieren oder verändern, mit dem sie, wie es heißt, den Menschen »manipulieren«. Sollte es möglich werden, die Einsichten über die Identifikation des Ich mit Rollen-Ideologien auf die Analyse sozialer Verhältnisse anzuwenden, würden sich neue fruchtbare Fragestellungen ergeben. Eine banale Aussage mag lauten: Dem Arbeiter, der sich als Sohn mit dem Chef als »gutem Vater« identifiziert, verschleiert sich die Ausbeutung. Die genetische Analyse und das Phänomen der Übertragung erklären den Vorgang psychologisch. Nimmt man die Rollenidentifikation als Ich-psychologischen Prozeß hinzu, eröffnet sich die Möglichkeit, die aktuellen gesellschaftlichen Verhältnisse mit der Transformation des Ich in Beziehung zu setzen, das Verhalten des Arbeiters in seiner Dynamik und Ökonomie weiter aufzuklären.

Die Geschlechtsrollen, männliche und weibliche, in der jeweiligen Sozietät, Klasse, Schicht und Zeit werden wahrscheinlich zuerst als Ichveränderungen fixiert. Es würde den Rahmen dieser Arbeit durchaus sprengen, auch nur auf das Verhältnis der Geschlechtsidentität zur Geschlechtsrollen-Ideologie einzugehen. Eine Besonderheit sehe ich darin, daß diese Rollenzuschreibungen sehr früh beginnen, die zuschreibende Umwelt vorerst mit den Liebesobjekten des Kindes zusammenfällt. Man wäre versucht, einfach zu sagen, daß die Identifikation mit der Ideologie der Geschlechtsrolle unmittelbar in der geschlechtlichen Identität aufgeht, und so zu einem zentralen Teil des Ich einschließlich des Körperbildes wird. Dem widersprechen Einsichten, die im letzten Jahrzehnt über die »Psychologie der Weiblichkeit« gewonnen wurden. Dem widerspricht vor allem auch ein Vergleich der Verhältnisse in verschiedenen Klassen der gleichen Sozietät oder in verschiedenen Kulturen. Eine weibliche Identität läßt sich z. B. mit den verschiedensten Rollenidentifikationen vereinen; umgekehrt schließt eine noch nicht etablierte Geschlechtsidentität (z. B. bei Jungen und Mädchen der Agni) nicht aus, daß Identifikationen des Ich mit den entsprechenden Geschlechtsrollen eingegangen werden. Kurz:

die Untersuchung des männlichen und weiblichen Ich verspricht einen Beitrag zu den aktuellsten Problemen der geschlechtspezifischen Psychologie.

Historische Schlußbemerkung

Wir haben den Eindruck, daß in vorkapitalistischen Sozietäten relativ wenige Rollenzuschreibungen vorhanden sind, daß diesen aber ein sehr genau definiertes Verhalten und eine umschriebene Ideologie zukommt. Die volle Identifikation mit der Rolle garantiert dort ein richtiges soziales Verhalten. Alle übrigen sozialen Beziehungen werden, insbesondere in kleinen, familienähnlich organisierten Einheiten, durch objektbezogene Gefühle, durch Frustration und Versagung reguliert. Bei den kanadischen Eskimos sind extrem wenige Rollen überhaupt sozial definiert, und das Gesellschaftsgefüge entspricht ihnen ganz, so daß Rollenidentifikation und Gefühlsregulation gegenüber der Gruppe und den Mitgliedern der Gruppe ineinander übergehen. Bei den Dogon sind genaue Rollenzuschreibungen (z. B. Priesterrichter-Hogon, Handwerker-›forgeron‹, Mann, Frau, Maske usw.) als gesellschaftliche Regulationen sehr wirksam, und die Identifikation mit diesen Rollen ist beinahe unausweichlich. Andere soziale Verhaltensweisen, die bei uns in den Bereich gesellschaftlicher Manipulation fallen, sind ganz der individuellen Gefühls- und Interessenregulation überlassen.

In der frühkapitalistischen Gesellschaft scheinen die äußeren Machtverhältnisse, die sich vor allem direkt als wirtschaftliche Macht übermittelten, zu einer Einschmelzung von Rollen, zu einer Verminderung und Auflockerung vieler Rollenmuster geführt zu haben. In den bereits hochdifferenzierten und z. T. urbanisierten Sozietäten in Europa und Nordamerika, in einer Gesellschaft, die durch ganz bestimmte Alters-, Geschlechts-, Standes- und Berufsrollen ausgezeichnet war, kam es zur Etablierung viel diffuserer Rollen, die eine Zugehörigkeit zur Klasse, zur Nation zum Inhalt hatten. Die Ideologie der einzelnen Rollen (z. B. der Frau, des Gelehrten, des Unternehmers etc.) nahm neue Elemente der sich polarisierenden gesellschaftlichen Verhältnisse in sich auf und wurde desto bedeutsamer, je verschwommener und offener das geforderte Rollenverhalten im erweiterten Sozialgefüge sein konnte.

Die Entwicklung zum Spätkapitalismus brachte mit den übergreifenden und sich ins Unübersehbare ausdehnenden Produktionsverhältnissen neue Organisationsformen mit sich. Eine direkte Regelung sozialer Verhältnisse durch eine zentral organisierte polizeilich-militärische Macht wurde immer schwieriger. Der totale Staat stellt einen der möglichen Versuche dar, die Interessen jedes Einzelnen den Interessen von wenigen dienstbar zu machen. In den westlichen Industriegesellschaften glaube ich ein anderes soziales Phänomen wahrzunehmen, das den gleichen Zweck verfolgt. Die Institutionen, an denen jeder teilnimmt, vermehren und differenzieren sich, und mit ihnen nimmt die Zahl und die ideologische Ausstattung der Rollen, die jedermann zu übernehmen hat, um in dieser Gesellschaft überleben zu können, in bisher nicht gekanntem Ausmaß zu. Bei einem solchen Rollen-Angebot ist die Identifikation im Ich eine naheliegende und die für das Ich vorerst am meisten entlastende Möglichkeit, so zahlreiche und so widersprüchliche Rollen gleichzeitig und wechselweise auszuführen. Die Automatisierung erspart den Aufwand einer nicht mehr zu leistenden Autonomie und bringt das Ich auf die Stufe, sekundäre Ersatzbefriedigungen anzunehmen. Ich habe oben abgeleitet, daß Rollenidentifikationen jedenfalls narzißtische Gratifikationen mit sich bringen. Wenn man diesen Überlegungen folgt, lassen sich zumindest zwei Zeiterscheinungen erklären: Einmal die Zunahme regressiv-narzißtischer Einstellungen bei zahlreichen Personen, deren psychische Entwicklung eine solche »Pathologie« nicht erwarten ließe. Das andere Merkmal unserer Zeit, das nicht nur dem Psychoanalytiker auffällt, ist der zunehmende Verlust von Autonomie des Einzelnen in seiner sozialen Umwelt. Wer immer sich normal, d. h. sozial angepaßt verhält, muß feststellen, daß er von sozialen Kräften gegen seinen Willen und gegen seine eigenen Interessen manipuliert wird. Vom wirtschaftlichen und polizeilichen Druck allein kann das nicht kommen. Den nimmt der Normalbürger in ruhigen Zeiten bei uns kaum bewußt wahr. Die gesellschaftlichen Verhältnisse haben sich mittels identifikatorischer Anpassungsmechanismen in seinem eigenen Ich installiert und manipulieren ihn von innen her. Wer nach mehr Unabhängigkeit strebt, beraubt sich selbst der narzißtischen Ersatzbefriedigungen und stellt sich – ob er das beabsichtigt oder nicht – gegen seine Gesellschaft, die ihn, der sie in sich getragen und verteidigt hatte, nun zum Gegner erklärt.

6. Eine scheinbare »Schamkultur«

Um ein Gesellschaftsgefüge, eine »culture« (Bondi, 1955), im Dienste der Anthropologie, der Wissenschaft von den menschlichen Ähnlichkeiten und Unterschieden (Kluckhohn, 1951), zu beschreiben und um die Eigenart seiner Einrichtungen und die seiner Angehörigen zu verstehen, hat es sich als nützlich erwiesen, die vorherrschenden Verhaltensregulatoren ins Auge zu fassen. Soziologen und Anthropologen haben ihr besonderes Augenmerk darauf gerichtet zu erfassen, ob das Verhalten des Einzelnen von Scham und Stolz so geregelt wird, daß es den Erwartungen der Umwelt – und den Erfordernissen und Werten seines Gesellschaftsgefüges – entspricht, oder ob der Einzelne von einem verinnerlichten Gewissen geleitet wird. Ist das letztere der Fall, sind Schuldgefühle die Regulatoren, die den Menschen hindern, den Idealen zu widersprechen, welche die Erfordernisse und Werte seiner Umwelt ausmachen. Margaret Mead hat schon 1942 die Meinung ausgesprochen, daß die amerikanische Gesellschaft im Begriff sei, sich von einer »Schuldkultur« in eine »Schamkultur« zu verwandeln. Diese Betrachtungsweise hat seither viele Anhänger gefunden.

Verhaltensregulatoren wie »Scham« oder »Schuld« sind meist leicht zu erkennen, für ein bestimmtes Gesellschaftsgefüge höchst charakteristisch und recht konstant; als Organisationsprinzipien, die zwischen den (bewußt und unbewußt) gültigen Werten und Einrichtungen einer Gesellschaft und dem wirklichen Verhalten ihrer Angehörigen stehen, gehören sie sowohl der Sozietät als auch dem individuellen Nationalcharakter an. Sie sind darum geeignet, einen Zugang zum Verständnis der sozialen Einrichtungen zu geben und gleichzeitig die gemeinsamen Charakterzüge der Träger dieser Einrichtungen zu erfassen.

Natürlich kann die noch so genaue Beschreibung von Verhaltensregulatoren die Beachtung anderer Organisationsprinzipien nicht ersetzen: Die ökonomische Grundlage, die familiäre, klassen- oder kastenmäßige Organisation, die politische Struktur und die religiösen Einrichtungen, kurz die Erfassung der ganzen »culture« behält ihren Platz. Für die Erforschung der Beziehungen zwischen einer besonderen Lebensweise und einer charakteristischen Psychologie bieten die Verhaltensregulatoren aber einen Vorteil, welcher nicht einmal der Erforschung der erzieherischen Formung der Persönlichkeit in der Kindheit zukommt: Die Resultate der Formung des Charakters, der in einem Gesellschaftsgefüge erwünscht ist, treten in den Regulatoren unmittelbar hervor. Bei der Ableitung des Charakters aus den Einflüssen der Kindheit, wie sie Kardiner und Linton (1945) und andere Autoren

anstreben, bleibt auch bei noch so genauem Studium immer ein großes Maß von Unsicherheit übrig. Die lange Dauer und die Komplexität der seelischen Entwicklung vom Neugeborenen zum Erwachsenen gestatten es nur ausnahmsweise, einen mehr als hypothetischen Zusammenhang zwischen gesellschaftlichen Einrichtungen und Nationalcharakter aufzuzeigen. Die psychoanalytische Entwicklungslehre ist bei der Erforschung dieser Zusammenhänge unentbehrlich. Sie kann aber, allein schon wegen der Unmöglichkeit, genügend viele und genaue Untersuchungen anzustellen, zumeist nicht das leisten, was der Soziologe von ihr erwartet.
Ich will versuchen, Verhaltensregulatoren der Dogon psychologisch zu bestimmen. Dieser Versuch basiert auf Untersuchungen, die bereits ausführlich dargestellt sind (Parin et al., 1963). Die angewandte Methode der Exploration einer kleinen Anzahl von Personen mit der Technik der klassischen Freudschen Psychoanalyse begegnet dem Einwand, ob es zulässig sei, aus »Informationen« über so wenige Personen Schlüsse auf die Verhaltensregulatoren des ganzen Volkes zu ziehen. René König (1956: 26) hat darauf hingewiesen, daß »die quantitative Behandlung irgendwelcher Gegebenheiten niemals ein eigentliches ›Mehr‹ an ... sachlicher Erkenntnis« gebe. Wir glauben, daß der Beitrag des Psychologen zur Anthropologie darin bestehen sollte, ein psychologisches Phänomen innerhalb der Person möglichst genau und in seinen Zusammenhängen und Auswirkungen zu erfassen, und nicht darin, seine Verbreitung festzustellen. Die Qualität einer intensiven psychoanalytischen Untersuchung ist quantitativ ausreichend unterbaut, wenn zwischen dem Untersucher und dem Untersuchten an den Faktoren »Übertragung–Widerstand–Deutung–Veränderung der Übertragung« ein dynamischer Ablauf zustande gekommen ist und genügend sicher beobachtet werden konnte, um Strukturen und Dynamik des bewußten und des unbewußten Seelenlebens des Untersuchten zu verstehen und nachzuzeichnen. Bei diesem Vorgang wird eine ungewöhnlich große Zahl von einzelnen Informationen verarbeitet.[1]

Die Dogon sind ein westafrikanisches Volk, das als Pflanzer in einem recht geschlossenen Siedlungsgebiet im Bergland von Bandiagara (Mali) lebt, in patrilinearen, patrilokalen Großfamilien organisiert ist und die überlieferte heidnische Religion und die politischen Formen

[1] In unserem Falle sind es die Protokolle von rund 350 Stunden (mit 13 erwachsenen Personen), welche die »freien Assoziationen« (im Sinne der psychoanalytischen Technik) der Exploranden wiedergeben. Um die Assoziationen richtig zu ordnen und zu verstehen, sind alle zugänglichen Kenntnisse über die »culture« verwendet worden, die Ergebnisse von 100 Rorschachuntersuchungen und etwa 25 psychiatrischen Untersuchungen nach der üblichen Befragungstechnik.

einer liberalen Dorf-Gerontokratie bis in die heutige Zeit beibehalten hat. Marcel Griaule, seine Mitarbeiter und Nachfolger (Palau-Marti, 1957) haben die Einrichtungen der Dogon ausführlich studiert.

Eine oberflächliche Betrachtung ergibt das Bild, daß die Dogon eine reine »Schamkultur« hätten, daß die Regulatoren ihres Verhaltens Beschämung und Stolz seien; die Verhaltensregulation durch Schuldgefühle scheint keine Rolle zu spielen. (Psychologisch sind »Schuld« und »Scham« sehr wohl zu unterscheiden, vgl. Piers / Singer, 1953).

Als Beleg dafür greife ich aus einer beliebig zu vermehrenden Fülle eine Anzahl von Meinungen heraus, welche die Dogon allgemein, in stereotyper Weise, äußern.

1. Die jungen Männer arbeiten fleißig, damit sie nicht ins Gerede kommen. Wären sie faul, würde jeder das sehen. Kein Mädchen würde den Faulpelz anschauen. Er könnte nicht heiraten.

2. Die jungen Mädchen sprechen nicht mit Fremden. Sie müßten sich schämen. Jeder würde denken, sie wollten mit den Fremden Geschlechtsverkehr haben.

3. Die Mädchen gehen nicht allzu oft und allzu leicht nachts zu ihrem Liebhaber und bleiben nicht zu lange bei ihm. Täten sie das, müßten sie sich vor ihren Kameradinnen schämen, weil diese sagen würden, es komme ihnen nur auf das Vergnügen an.

4. Beim Maskentanz halten sich die Frauen von den Masken fern. Die Masken sind gefährlich für die Frauen. Die Frauen aber sagen (und zeigen auch durch ihr Verhalten), daß sie keine Angst vor den Masken haben, und auch keine Angst davor, das Tabu zu verletzen, das ihnen die Annäherung an die Masken verbietet. Sie würden sich vor den anderen Frauen und vor den Männern schämen, wenn man sie nahe bei einer Maske sehen würde. Es hieße, daß eine solche Frau nicht weiß, was sich schickt.

5. Die Religion, die man praktiziert, hängt davon ab, was im Dorf, in dem man lebt, üblich ist. Auch ein alter Mann, der der heidnischen Religion und der Überlieferung zeitlebens treu war, würde sich schämen, in einem islamisierten Dorf seinen angestammten Göttern zu opfern; er würde mit den anderen muselmanisch beten. Umgekehrt sollte ein Dogon sich schämen, in einem heidnischen Dorf öffentlich »Salaam zu machen«. Wenn er in seiner Hütte muselmanisch betet, macht das nichts.

6. Für die schwersten Verbrechen kann der Hogon, der oberste Priesterrichter der Dogon, nicht nur die Wiedergutmachung des Schadens durch die Familie des Rechtsbrechers verlangen. Der Hogon kann auch eine große Buße auferlegen, die dazu verwendet wird, Bier für ein großes Fest zu beschaffen, bei dem der Missetäter öffentlich beredet und angeprangert wird. Dadurch wird er auf Lebenszeit unmög-

lich gemacht. Er wird nie mehr für voll genommen, seine Frauen verlassen ihn, oder er findet keine Frau. Dies ist die schlimmste Strafe, die es gibt.

Schuldgefühle hingegen, als Ausdruck eines verinnerlichten Gewissens, werden von den Dogon niemals als Grund für ein Verhalten angeführt. Man kann einem Dogon kaum begreiflich machen, was »ein schlechtes Gewissen« überhaupt ist. Die sonst sehr reiche Sprache der Dogon enthält keine Ausdrücke für Gewissen, Schuld oder schuldig sein. In der Gesellschaft sind zahlreiche Einrichtungen vorhanden, die darauf abzielen, die Spannung zu vermeiden, die aufträte, wenn eine innere Forderung mit einem Wunsch in Konflikt treten würde. Der alte Weise *Ogotemmêli* (Griaule, 1948) kommt bei der Schilderung des Sinnes der »Spottverwandtschaft«, eines überlieferten und lebendigen Brauches, zu der Formulierung: Das größte Unglück würde entstehen, wenn ein Teil der Lebenskraft einer Person mit einem anderen Teil ihrer Kraft in Widerstreit geriete. – Aus der psychoanalytischen Untersuchung konnte zwar in jedem einzelnen Fall darauf geschlossen werden, daß in früher Kindheit bestimmte innere Forderungen aufgerichtet werden, deren Verletzung das Gefühl der Schuld entstehen ließe. Die weitere Entwicklung weiß aber die Auslösung von Schuldgefühlen durch einen besonderen Umgang mit den eigenen Wünschen und eine besondere Gestaltung der Beziehungen zu den Mitmenschen zu vermeiden. Darum können Gewissensinstanzen nicht weiter als Regulatoren wirken.

Die Aussage, daß die Dogon in einer »Schamkultur« leben, daß das Verhalten der erwachsenen Dogon von der öffentlichen Meinung der Mitmenschen mittels der Auslösung von Scham oder der Bestätigung des Selbstgefühls im Sinne des Stolzes geleitet und reguliert werde, muß durch zwei bedeutsame Einschränkungen modifiziert werden. Die erste Einschränkung ergibt sich aus der Betrachtung der Gesamtheit ihres Gesellschaftsgefüges, die zweite aus der psychologischen Untersuchung.

Bereits den ethnologischen Forschern ist es klar geworden, daß in der Welt der Dogon materielle Gegebenheiten und geistige Einstellung, überlieferte Bräuche, die verschiedensten organisatorischen und religiösen Einrichtungen und das Verhalten der Einzelpersonen einander in hohem Maße entsprechen (Griaule, 1938; Calame-Griaule, 1958). Dieser Feststellung folgend haben wir das Gesellschaftsgefüge der Dogon als ein System von Entsprechungen geschildert (Parin et al., 1963). Die Regelungen, von denen die Dogon selbst sagen, daß sie durch die Rücksicht auf die öffentliche Meinung erzwungen werden, betreffen ungewöhnliche Situationen oder ein Verhalten, das sich vom »entsprechenden« Normalverhalten unterscheidet.

Die erste Einschränkung besagt, daß die Regelung durch die öffentliche Meinung nur dann eintritt, wenn eine Lücke in der überlieferten Organisation besteht oder wenn der Einzelne sich in ihr nicht so verhält, wie es »normal« ist. Darüber, wie das Normalverhalten geregelt ist, ist damit noch nichts ausgesagt. Die angeführten Beispiele sind insofern typisch, als sie zeigen, daß die Schande als ein ergänzender Regulator für Ausnahmesituationen in einem – vorerst in seiner Steuerung nicht beschriebenen – Gesellschaftsgefüge zu wirken scheint. Demnach finden wir bei den Dogon ein traditionsgeleitetes Gesellschaftsgefüge, das bei Versagen der traditionellen Leitung als Schamkultur imponiert.

Mit der zweiten Einschränkung verlasse ich den Bereich der Soziologie und wende mich den Ergebnissen der psychoanalytischen Untersuchung von Einzelpersonen aus dem Volke der Dogon zu.

Bereits die Betrachtung der üblichen Erziehung des Dogonkindes läßt nicht erwarten, daß Stolz und Beschämung Gefühle wären, die in seinem späteren Leben eine zentrale regulierende Gewalt über das Verhalten ausüben würden. Das Kind wird zwar früh einer Vielzahl von Sozialbezügen überlassen; schon vom dritten Lebensjahr an ist es viel mehr ein Mitglied der Großfamilie einerseits, seiner Geschlechts- und Altersgruppe andererseits als das Kind seiner Mutter oder seiner Eltern oder das Geschwister seiner leiblichen Brüder und Schwestern. Aber das Kind wird weder auf seinen Stolz hin angesprochen noch auch jemals durch die Eltern oder andere Personen beschämt. Im übrigen ist die Erziehung in ihrer Behandlung der nacheinander reifenden und sich entwickelnden Phasen der Triebwünsche sehr gewährend. Weder fördern die Eltern durch wechselnde Liebeszuwendungen und Entzug ihrer Liebe die Verinnerlichung ihrer Forderungen, noch wirkt die Außenwelt mit Erhöhung oder Spott auf das Kind ein. Das Kind ist jedoch mit seinen Bedürfnissen sehr unmittelbar an die Personen seiner Familie und seines Dorfes verwiesen, die auch Leistungen von ihm erwarten.

Bei der unmittelbaren Beobachtung des Gefühlslebens während der psychoanalytischen Untersuchung ließ sich – überraschend genug – keinerlei Bereitschaft feststellen, Gefühle der Beschämung zu erleben. Weder wenn die Untersuchungspersonen uns gegenüber in eine Lage geraten waren, von der sie sagten, daß sie einen beschäme, noch auch wenn sie von sich oder anderen berichteten, daß sie in Schande geraten waren, spielten Gefühle der Beschämung eine Rolle. Das Selbstgefühl der Untersuchten schien vom Urteil ihrer Umgebung nicht unabhängig zu sein. Und doch war auch Stolz, insbesondere der leicht einer Beschämung Platz machende, verletzliche Stolz, der die Angehörigen anderer Schamkulturen auszeichnet, in keinem Fall vorhanden. Die Untersuchten fürchteten wohl, die Billigung ihrer Umwelt zu verlieren. Dies löste aber keine Beschämung aus. Die äußere Isolierung von der gewohnten Umgebung, oder auch bloß das Erlebnis einer inneren Isolierung, des Verlustes der Gefühlsbindungen an die Personen der familiären und dörflichen Umwelt, führte zu Hilflosigkeit und Trauer, in schwereren Fällen zu Desorientierung und Depression. Innerlich vereinsamte Menschen verhielten sich als asoziale Außenseiter, wurden von ihrer Umwelt abgelehnt, fühlten sich aber nicht beschämt, sondern versuchten ohne irgendwelche Hemmungen, sich ihren ablehnenden Mitmenschen oder den Fremden, die ins Dorf kamen, anzunähern oder aufzudrängen.

Aus der psychologischen Untersuchung ergibt sich eine zweite Einschränkung unserer Aussage: Das Gesellschaftsgefüge der Dogon, das bei Versagen der traditionellen Leitung des Verhaltens als »Schamkultur« imponiert, bedient sich als Verhaltensregulatoren nicht der Gefühle von Scham und Stolz. So sehr auch alle untersuchten Personen mit ihrer Umwelt und der überlieferten Lebensform verbunden waren und so groß ihre äußere Abhängigkeit zu sein schien, waren sie dem Gefühl der Beschämung doch ebensowenig unterworfen wie dem Gefühl von Schuld. Darum spreche ich von einer »scheinbaren Schamkultur«.

Es ist zu sehen, daß das Gegensatzpaar »Scham oder Schuld« nicht geeignet ist, die Verhaltensregulatoren der Dogon zu beschreiben. Ich möchte zu den aufgezählten Beispielen hinzufügen, wie einzelne Personen diese typischen Situationen seelisch verarbeitet haben, um die Verhaltensregulatoren im Einklang mit den psychologischen Tatbeständen genauer zu bestimmen.

ad 1. Der junge Mann fühlt sich bei der Verarbeitung der Zwiebelernte in der Gesellschaft seiner Altersklasse überaus wohl, besonders wenn beim Zerstampfen der Zwiebeln noch ein rhythmisches Moment hinzukommt, wie bei einem rituellen Tanz. Muß er der Arbeit fernbleiben, z. B. um mit mir zu sprechen, ist ihm nicht so wohl. Die Kameraden sehen es gerne, wenn er nach getaner Arbeit kommt, um wie üblich Hirsebier mit ihnen zu trinken, auch wenn er nicht mitgearbeitet hat. Nicht nur Arbeiten, die nach der Überlieferung die Gruppe zusammen ausführt, auch solche im Interesse des Einzelnen oder der Kleinfamilie macht man nach Möglichkeit mit der Gruppe; allein ausgeführt, wird die sonst fröhliche Arbeit als mühevoll und leer empfunden. Arbeitet einer nicht mit, wird er bedauert, aber nicht verspottet. Er schämt sich auch nicht, wenn er nicht mitarbeiten kann, sondern er fühlt sich unruhig und vereinsamt. Das selbstverständliche Zusammenhalten der Alterskameraden in einem Dorf dient zwar dem Austausch von Leistungen zu gemeinsamem Nutzen. An der gemeinsamen Arbeit nimmt man aber auch dann weiter teil, wenn längst kein materieller Nutzen mehr zu erwarten ist. – Die Werbung um ein Mädchen wird durch den Umstand, daß man nicht arbeitet, nicht unmittelbar behindert. Da aber die zur Werbung nötige Aktivität aus überlieferter Sitte und wegen einer seelischen Hemmung der jungen Männer, allein auf die Brautschau zu gehen, nicht vom Bewerber selbst geübt wird, sondern von seinen Alterskameraden, die mit ihm arbeiten, stimmt der Satz dennoch – daß einer, der »nicht arbeitet«, das heißt, der keine Arbeitskameraden hat, keine Braut finden kann.

ad 2. Niemand würde Anstoß nehmen, wenn ein junges Mädchen mit einem fremden Mann in der Sprache ihrer Kameraden sprechen würde. Alle würden verstehen, was sie sprechen. Die Billigung der Gruppe der anderen jungen Mädchen ist gleichermaßen notwendig, ob es sich um den Verkauf einiger Tomaten oder wirklich um eine Vereinbarung zum Geschlechtsverkehr handelt. Erst der Umstand, daß niemand versteht, was das Mädchen redet, hebt das Geschehen aus der Gruppe heraus. Die Gruppe wendet sich gegen ein Vorgehen, das die Einzelne von ihr isoliert. Diese empfindet nicht Scham, sondern sie wird unsicher und wendet sich an ihre Kameradinnen um Hilfe. Das Unzugängliche, Geheime eines Gesprächs in einer Fremdsprache gilt als verpönt und unanständig. Die Einzelne würde sich nicht schämen, mit dem Fremden ein Liebesverhältnis anzufangen, wenn er ihr gefällt und wenn die Gruppe einverstanden ist – worauf sie rechnen kann, wenn sie ihre Absicht nicht vor der Gruppe geheim hält.

ad 3. Durch die nächtlichen Besuche beim Liebhaber löst sich das Mädchen allmählich aus der Gemeinschaft ihrer Kameradinnen, um schließlich, nach der Tradition während der dritten Schwangerschaft, in jüngster Zeit oft schon nach der Geburt des ersten Kindes, ganz in die Hütte, in die Familie und in das Dorf ihres Mannes zu ziehen. Die Gruppe unterstützt diesen Vorgang, indem sie bei einer sich festigenden Verbindung einverstanden ist, daß die Braut auch tagelang im Hause ihres Liebhabers bleibt, bevor sie wieder in ihr Dorf zurückkommt. Das Mädchen aber, das ihrer Wahl noch nicht sicher ist, kann ihren stürmischen Liebhaber durch den Hinweis auf ihre Kameradinnen in Schranken halten. Sie selbst möchte wohl gerne mit ihm schlafen. Es wird ihr aber unheimlich, wenn sie zu oft oder zu lange in der fremden Hütte, mit einem fremden Mann zusammen ist. Das verständnisvolle Scherzen über ihre Liebeserlebnisse im Kreise der Freundinnen wird gerne in Kauf genommen, wenn ein Mädchen gerne länger bei ihrem Geliebten bleibt. Ihr Ansehen und ihr Selbstgefühl werden dadurch bestätigt. Wenn sie zu schüchtern oder zu ängstlich ist, um dem Liebhaber mitten in der Nacht davonzulaufen, helfen ihr die Kameradinnen durch Gerede, sich loszumachen – und dadurch, daß sie die Schüchterne abholen und durch den dunklen Busch heimbegleiten.

ad 4. Das Maskentreiben, faszinierend und etwas unheimlich für alle Zuschauer, trennt die Geschlechter wie kein anderes Geschehen im Dogondorf. Die turbulenten Tage der Maskenfeste, an denen alle Männer, gleichgültig ob jung oder alt, für nichts anderes zu haben sind als für die (aktive oder passive) Teilnahme am Treiben der Maskengesellschaft, führen zu einer temporären Auflösung der Familie. Die Frauen sind auf ihresgleichen angewiesen.

Eine Frau schilderte uns ihr Erlebnis während eines großen Maskenfestes: Das Tabu hält sie für »veraltet«, und die Meinung, daß die Masken den Frauen gefährlich werden könnten, hält sie für ein Ammenmärchen. Die Masken gefallen ihr, erregen aber keine Angst. Daß sie aber, während des priapischen Festes, den Halt verlieren und sich einem Geschehen hingeben könnte, das ihre Ruhe oder auch ihr Familienleben stört, wäre nicht so unmöglich. Darum ist sie froh, daß die Anstandsregeln es ihr erlauben, sich ganz auf ihresgleichen zurückzuziehen, daß es für sie als richtig gilt, sich den anderen Frauen anzuschließen. Eine Frau, die das nicht tut, wird etwa so angesehen wie eine Europäerin, die bei einem Fest mit einem »gewagten« Kleid erscheint. Nicht jeder Dame wäre es wohl darin; die Frau, die es trägt, schämt sich nicht. Sie wird von Frauen und Männern bewundert. – Wenn eine Frau der Dogon sich sicher genug fühlt, kann sie an die Masken herangehen. Die Gruppe der Frauen ist stolz darauf, daß einige sogenannte »Maskenfrauen« der Überlieferung gemäß sogar in die Maskengesellschaft aufgenommen werden, in der sie eine hervorragende Rolle spielen und allgemeine Achtung genießen.

ad 5. Das Gefühl des Unbehagens, das man empfindet, wenn man eine andere Religion praktiziert als die im Dorf übliche, wird ganz allgemein darauf zurückgeführt, daß die Dorfältesten traurig oder verstimmt wären, wenn sie erfahren würden, daß man ihnen in Sachen der Religion und der Überlieferung nicht nachfolgt. Diese Vorstellung erregt kein Schuldgefühl, sondern ein ängstliches Mißbehagen. Wer das Gefühl aushält, anders zu sein als seine Mitbürger und als die Ältesten, dem zürnen diese nicht, und die Mitbürger bewundern ihn sogar. Die meisten handeln jedoch nach der Maxime, ihre Religionsübung der Umgebung anzupassen. Niemand sieht einen als wankelmütig an, wenn man das tut. Jeder versteht, wie schwer es ist, anders zu sein als die, nach deren Vorbild das Dorf lebt und glaubt.

ad 6. Die Anprangerung eines Verbrechens durch den Hogon wird als eine schreckliche, kaum erträgliche Maßnahme empfunden. Wer stiehlt, braucht bloß den Schaden gut zu machen. Hat seine Familie oder er selber bezahlt, schämt er sich nicht mehr, und es wäre für jedermann und besonders für den Geschädigten äußerst unanständig, ja undenkbar, auf die Sache zurückzukommen. Üble Nachrede, gar erst die offizielle Anprangerung durch das Fest des Hogon, lassen darauf schließen, daß der Rechtsbrecher keine der Regelungen der Gemeinschaft eingehalten hat. Seine Mitmenschen, mit Ausnahme seiner Familie, die keine Möglichkeit hat, den Tunichtgut loszuwerden, sind durch die Schandreden gehalten, sich von ihm zurückzuziehen. Isolierung ist die Strafe, die den Rechtsbrüchigen trifft. Es soll vorkommen, daß derart »Beschämte« in die Verbannung gehen, um in der Fremde Anschluß zu finden. Die Dogon selbst können keinen der ihren in die Verbannung schicken. Die patrilineare Familie ist an und für sich eine Einheit, die keines ihrer noch so unbeliebten Mitglieder ausscheiden kann. Dies beruht wieder auf dem Prinzip, daß soziale Einheiten zwar Erwartungen an die Einzelperson stellen und sich von ihr abwenden können, daß aber darüber hinaus kein Recht und vor allem kein Machtmittel besteht, irgend jemand zu etwas zu zwingen.

Wir haben natürlich keinen der wenigen berühmten Delinquenten untersucht, die das »Fest des Hogon« über sich ergehen lassen mußten, und können darum auch nicht sagen, wie sie auf diese äußerste Schande reagieren. Einige ältere Männer beschäftigten sich im Gespräch mit uns mit diesem Problem: Die Verurteilten erregten ihr amüsiertes Mitleid. Mitleid, weil sie sich vorstellten, wie schrecklich es sein muß, eine solche Vereinsamung zu erleben, welche die Folge der größten denkbaren Schande ist. Belustigt waren sie bei dem Gedanken an die Frechheit des Rechtsbrechers, der es so weit kommen ließ, und an die kopfschüttelnde Empörung der Ältesten.

Wir konnten während der Untersuchungen immer wieder sehen, was in einem Dogon vorgeht, welcher der Billigung seiner Umwelt nicht mehr ganz gewiß ist. Die Einordnung auch des angesehensten Dorfbewohners ist nie vollkommen. Die täglich wiederholten psychoanalytischen Gespräche mit den weißen Doktoren, die erst seit kurzem in einem der Dörfer wohnten, wirkten isolierend. Die Untersuchten hatten Angst, den Erwartungen und Idealen der Umwelt nicht mehr zu entsprechen. Um dieser Angst zu begegnen, waren ihre Wünsche und Regungen einem ständigen Prozeß der Regulation und Neuanpassung unterworfen.

Bestimmte ungewohnte Impulse wurden bei verschiedenen Personen in ganz gleicher Art und Weise verarbeitet. Der Wunsch, dem Weißen als Einzelperson mit Gefühlen der Zuneigung zu begegnen, ihn »ganz für sich zu haben«, konnte heftige Angst auslösen, die sich durch eine paranoide Projektion ankündigte. Das heißt, daß unser Partner phantasierte, das ganze Dorf sei gegen ihn, verdächtige und verfolge ihn, Zauberer seien unterwegs, ihm zu schaden, während dies offensichtlich nicht der Fall war. Diese Angst wurde ausnahmslos in kürzester Zeit und meist ohne irgendeine psychologische oder materielle Hilfe überwunden. Die Überwindung gelang fast immer in der Form, daß eine schon vorhandene »identifikatorische Beziehung« neu und stärker besetzt wurde: Die Bindung an eine der zahlreichen Gruppen und das sich gleich und identisch Fühlen mit ihr verstärkte sich. Es sind dies Gruppen, denen jeder von Kindheit an zugehört und in denen er sich geliebt und wohl aufgehoben weiß. Die Bindung an eine der Gruppen verstärkte sich auch dann, wenn die Isolierung von einer der anderen Gruppen drohte. Wir konnten zwar keine weitgehende Ausstoßung einer Person aus einer Gruppe beobachten. Aber bereits ein leichter Konflikt innerhalb der hierarchischen Väter-Brüder-Reihe verstärkte (sogleich oder nach einer kurzen Zeit projektiver Ängstlichkeit) die Bindung und Identifikation mit der Gruppe der Alterskameraden (der gleichzeitig Initiierten). Oder ein Konflikt mit der Kleinfamilie bestärkte die Bindung an die Großfamilie und an die dort vorhandenen Personen und Einrichtungen. Die isolierende Fremdheit vor dem Weißen wurde manchmal so überwunden, daß er symbolisch bald in die eine, bald in die andere Gruppe eingeordnet wurde, der man selber angehörte, wie Dorf, Familie, Reihe der Väter und Brüder, Alterskameraden, Maskengesellschaft, Geschlechtsgenossen (gegenüber dem anderen Geschlecht).

Die außerordentliche Entspannung, die innere Genugtuung und Befriedigung, die vom Gefühl der Zusammengehörigkeit in diesen identifikatorischen Beziehungen ausgeht, ist als Prämie viel höher einzuschätzen als die materiellen Vorteile, welche die Gruppe dem Einzelnen bietet. Man kann mit einiger Übertreibung sagen, daß jeder Lebensgenuß von diesem Gefühl des identifikatorischen Austausches ausgeht. Dabei ist zu beachten, daß alle wirksamen und lebendigen Gruppenbeziehungen des Erwachsenen in seiner Kindheit und Jugend angelegt wurden und mit seiner psychischen Entwicklung innig verknüpft sind.

Beinahe jede mögliche Befriedigung geht von der Zugehörigkeit zu den Gruppen aus, die der überlieferten Ordnung entsprechen und in die sich das Individuum hineinentwickelt hat. Es ist hinzuzufügen, daß sowohl das Selbstgefühl als auch das befriedigende Gefühl, geliebt zu werden, weitgehend vom Funktionieren der identifikatorischen Fähigkeiten des Einzelnen abhängen.

Diese Feststellungen wären leicht durch viele Einzelbefunde zu belegen. Nicht als Beweis oder als eine gültige Theorie über die Entstehung der psychologischen Eigenart der Dogon, sondern um anschaulicher zu machen, was ich meine, beschreiben wir, wie man sich die Entstehung der identifikatorischen Beziehungen vorstellen könnte; dabei folge ich Gedankengängen von Fenichel (1945).

Jedes Kind erlebt sich, so kann man annehmen, zuerst als einen Teil der Umwelt und erfaßt eine außenliegende Welt erst allmählich, wenn es die von ihr ausgehenden, Unlust bringenden Reize wahrnimmt. Die Befriedigung der triebhaften Bedürfnisse, mag sie auch »von außen« kommen, schreibt das Kind, wegen seines Gefühls der Einheit mit der Umgebung und besonders mit den Pflegepersonen, zuerst sich selber zu. Daraus entsteht ein Gefühl der Beherrschung der Welt, das hinfort für das seelische Gleichgewicht und Wohlbefinden unentbehrlich bleibt. Bald lernt das Kind, die Stillung – oder die Versagung – seiner Bedürfnisse, die Befreiung von unlustvoller Spannung oder von anderer Unlust von der Mutter zu erwarten. In unserer Gesellschaft schreibt das Kind von da an die Macht, die es vorher als die eigene empfand, der Mutter zu. Durch diese Veränderung wird es erst erziehbar. Zeigt die Mutter dem Kind ihre Liebe, erlebt es eine Restitution seiner Beherrschung der Welt und der inneren Bedürfnisse; zieht sie ihre Liebe ab, erlebt es seine Ohnmacht – abgesehen von der Unlust, die ihm zustößt, wenn die pflegerische Zuwendung der Mutter vorübergehend aufhört. Aus dem Gefühl der Beherrschung der Außenwelt und der Triebwelt geht der wichtigste Kern des Selbstgefühls des Erwachsenen hervor. Die verinnerlichten, als allmächtig empfundenen Bilder der Eltern, besonders das einer liebenden Mutter, sind es, die uns empfinden lassen, daß wir geliebt werden, wenn wir im Einklang mit ihnen stehen, daß wir uns also selbst gerne haben und daß wir imstande sind, auch mit den Bedrohungen der Welt fertig zu werden.
Bei den Dogon bleibt das Gefühl des Einsseins mit der Mutter durch ihre lange fortgesetzte und gewährende Zuwendung viel länger erhalten als bei uns. Die kindliche Allmacht wird nie ganz an die Erziehungspersonen abgegeben, sondern mit ihnen geteilt. Die Erziehung geschieht auch nicht durch Zuwendung oder Rückzug von Liebe, sondern sie beginnt sozusagen erst im Verlauf des dritten Lebensjahres, wenn die Mutter sich plötzlich physisch ganz vom Kind trennt, es auch nicht mehr stillt, sondern es der Fürsorge der aufsteigenden Reihe von Geschwistern, Gespielen und Verwandten (einschließlich der eigenen Eltern) überläßt. Das hat zur Folge, daß das Kind sein Allmachtsgefühl nie ganz aufgibt, sondern es auf die Gruppe verteilt. Das Gefühl, geliebt zu werden und mit der Welt fertig zu werden, hängt von der Zugehörigkeit zur Gruppe ab, die sich während der Kindheit und Adoleszenz zu verschiedenen Gruppen ausdifferenziert. Die Erziehung bleibt dem Vorbild der Gruppe überlassen. Darum sind die Prinzipien, nach denen man sich verhält, auch viel veränderlicher, den jeweiligen Anforderungen und Leistungen der Gruppe angepaßt. In der Kindheit muß das Lustprinzip nicht wie bei uns aufgegeben und durch eine Moral (die verinnerlichten Bilder und Forde-

rungen der Eltern) und ein Realitätsprinzip ersetzt werden. Die Realität wird viel eher nach dem Lust-Unlust-Prinzip eingeschätzt; das heißt, es wird geprüft, ob ein Verhalten zu Befriedigung oder Versagung führt. Das Gefühl, geliebt zu werden, geht von der Gruppe aus. Das Gefühl der Allmacht, der Beherrschung der Welt, wird durch das Einssein mit der Gruppe aufrechterhalten. Das Selbstgefühl der Dogon wird durch die identifikatorischen Beziehungen gesichert.
Scham, als inneres Signal für die Mißbilligung durch die Gruppe, und Stolz, als Zeichen der Einigkeit mit ihr, treten kaum in Erscheinung. Eine äußere oder innere Isolierung von der Gruppe bewirkt eine Minderung des Selbstgefühls und ein Gefühl von Isolierung und Verlassenheit. Die weiteren Regulatoren des Verhaltens sind Erlebnisse von Lust und Unlust und die daraus resultierenden Erfahrungen. Das geringe Ausmaß von Verinnerlichung, welches die Ideale und Erfordernisse des Gesellschaftsgefüges während der seelischen Entwicklung erfahren, ermöglicht ein Verhalten, das den Erfordernissen der Außenwelt und denen der Triebwelt Rechnung trägt, eine Art empirischen Kompromisses.

Ich habe diese psychologischen Tatbestände absichtlich so geschildert, daß ich bedeutsame Einschränkungen und Relativierungen weggelassen habe, um das besonders deutlich hervorzuheben, was für die Leitung des Verhaltens am wichtigsten ist.
Es ist bereits klar geworden, daß ich den Dogon traditionsgeleitete Lebensformen, nach dem Ausdruck von Riesman (1958), zuschreibe. Dieser beschreibende Ausdruck schließt nicht aus, daß eine genauere Betrachtung auch Elemente anderer Verhaltensweisen (innen-geleiteter, außen-geleiteter und autonomer) aufzeigt. Die Traditionsleitung umschreibt nur den Rahmen, in dem die erörterten Verhaltensregulatoren wirksam sind.
Kürzlich hat McCord (Bychowsky-Holmes, 1960: 98-185) vier Gewissens-Modi (»modal conscience«) als grundsätzlich verschiedene Verhaltensregulatoren beschrieben: den autoritären, den integralen, den außengeleiteten und den hedonistischen Modus des Gewissens. McCords »Gewissens-Modus« steht als Begriff an der gleichen Stelle wie das Regulatorenpaar Scham-Schuld. Die Gewissens-Modi sind nicht gleichbedeutend mit psychologisch zu beschreibenden Instanzen (wie Gewissen – oder besser Überich, nach Freud); sie lassen sowohl eine globale Zuordnung zu soziologisch erfaßbaren Prinzipien, wie denen von Riesman, als auch eine solche zu psychologisch erfaßbaren Funktionssystemen der Persönlichkeiten, die in jener Gesellschaft oder Gesellschaftsschicht leben, zu. Sie geben einen leicht faßbaren Zugang zu den Werten und Normen eines Gesellschaftsgefüges

und auch zu der Art, wie diese Werte und Normen sich in der Lebensweise des Menschen verankern und durchsetzen.

Der autoritäre Gewissens-Modus entspricht etwa dem innengeleiteten Menschen bei Riesman, der integrale Modus dem autonomen Typus. Dem ersten würde der Psychologe ein auf der Höhe des ödipalen Konflikts introjiziertes, gebietendes und verbietendes Überich zuschreiben; dem zweiten ein ebenso verinnerlichtes Gewissen, das aber seine Starrheit und Strenge verloren und die in der Kindheit erworbenen Normen weitgehend durch empirisch-vernünftige ersetzt hat, also durch innere Normen, die aus der eigenen Erfahrung mit der Umwelt und nicht aus den Vorschriften der Autoritäten stammen.

Der außengeleitete Modus des Gewissens – entsprechend dem außengeleiteten Menschen von Riesman – entbehrt einer inneren Instanz, die den beiden anderen als »Kreiselkompaß« zukommt. Die Leitung durch Scham und Stolz beweist, daß es dem Menschen mit einem außengeleiteten Gewissens-Modus auf die Billigung (und Mißbilligung) seiner Mitmenschen ankommt, die – zumeist – nur die Erben der Einstellung sind, die sich in früher Kindheit an den Eltern geformt hat.

Es ist kein Zweifel, daß die Verhaltensregulatoren der Dogon, die ich beschrieben habe, viel genauer mit dem hedonistischen Gewissens-Modus McCords übereinstimmen. Ihm zufolge sind eine gewährende Erziehung, das Zusammenleben der Menschen in kleinen Gruppen, deren Individuen sozial und ökonomisch voneinander abhängen, und weitere Faktoren verantwortlich dafür, daß Selbstgefühl und Befriedigung weder von verinnerlichten Instanzen noch von der Billigung durch die Mitmenschen abhängig sind oder durch diese Faktoren bestimmt werden. Als gut wird empfunden, was Lust, als schlecht, was Unlust bringt. Selbstverständlich könnte eine Sozietät von Menschen mit hedonistischem Gewissens-Modus nicht fortbestehen, wenn nicht eine sehr spezifische Leitung durch die Gesellschaft vorhanden ist: »... die vorherrschende Weise der Leitung durch die Gesellschaft ist die lebendige Gegenwart der Gruppe der Klein- oder Großfamilie« (S. 104).

Wir haben festgestellt, daß die »lebendige Gegenwart« der organisierten Gruppen, zu denen ein Dogon gehört, auf ihn bestimmend einwirkt, ohne die Regulation von Scham oder Schuld zu benötigen. Vom sozialen Gefüge her gesehen erfolgt die Regelung des Verhaltens »automatisch«. Abweichungen vom erwünschten Verhalten sind Angelegenheit der Sozietät, die bestimmte Maßnahmen anbietet, um eine bessere Anpassung des Einzelnen zu bewirken. Die angebotenen Gruppenaktivitäten, wie die Arbeit mit den Alterskameraden und die zahlreichen Feste mit gemeinsamem Trinken, Singen und Tanzen, haben eine größere Bedeutung als die öffentliche Meinung. Die letztere wirkt in dem Sinne auf den Einzelnen ein, daß sie ihm zeigt, ob er mit seinem Verhalten den Mitmenschen, die er so nötig hat, näher kommt, oder ob er sich von ihnen entfernt, beziehungsweise ob sie sich von ihm zurückziehen. Jedoch sind auch innerhalb der traditionsgeleiteten Dogongesellschaft die Möglichkeiten recht begrenzt, in denen die Regulierung durch den hedonistischen Gewissens-Modus ausreicht. Ändert sich auch nur *ein* wichtiger Faktor im Dorf (die Religion, die übliche Art, die Pflanzungen zu bestellen, u. ä.), müssen andere Regulatoren einspringen. Wenn ein Dogon aus dem Dorf für einen Tag in die Stadt geht, muß er ein relatives soziales Versagen in Kauf nehmen.

Zur Betrachtung der Psychologie des Einzelnen gibt der »hedonistische Gewissens-Modus« einen guten Zugang. Die Dogon folgen mit ihrem Verhalten dem Lust-Unlust-Prinzip in einer »empirischen«, der Realität recht elastisch angepaßten Weise. Die Erforschung ihres Geisteslebens durch Griaule und seine Mitarbeiter und mehr noch unsere psychoanalytischen Untersuchungen vermitteln den Eindruck, daß die Dogon nicht nur andere Lebensformen haben als wir; sie weisen, entsprechend der engen Strukturierung und der hochspezifischen Organisation des Gesellschaftsgefüges, ein hohes Maß von Differenzierung der Persönlichkeit auf. Manche Anlagen, die sich bei uns wenig entwickeln, kommen bei ihnen der Reifung der Gesamtperson zugute. Obwohl der hedonistische Gewissens-Modus ein einfacheres Prinzip zu sein scheint als der autoritäre oder der integrale, ist ihre Psychologie nicht einfacher als die unsere.

7. Das Ich und das Orale

Eines der wichtigsten Ziele der Untersuchungen, die wir im Jahre 1960 bei den Dogon in der Mali-Republik unternommen haben (Parin et al., 1963), war es, die dynamischen und strukturellen Eigenschaften der Analysanden aufzuzeigen. Unter »Ich« verstehen wir das, was Freud als Ich bezeichnet hat, ein Konzept, das von Anna Freud (1936) und von Hartmann, Kris und Loewenstein (1949) weiterentwickelt wurde. Dabei traten strukturelle Aspekte, die eng mit der Oralität verbunden waren, besonders hervor.

Das Dogonkind (wie auch die Kinder anderer afrikanischer Völker) hat bis zum Alter von 3 oder 4 Jahren einen intensiven und meist ununterbrochenen Kontakt zu seiner Mutter. Es wird bis zu diesem Zeitpunkt gestillt. Erst dann kommt es zur Abstillung. Diese Gegebenheiten müssen als grundlegende Elemente der Ichentwicklung angesehen werden. Es sei jedoch betont, daß es nicht einzelne Tatsachen wie die langdauernde Stillzeit sind, die die eine oder die andere Ichstruktur bestimmen, obzwar die entsprechenden Erlebnisse für die weitere psychische Entwicklung von grundlegender Bedeutung sind. Aus den psychoanalytischen Gesprächen konnten wir ableiten, daß die unbewußte Einstellung der Mutter, die sich von ihrem Kind nicht trennen kann und alle seine Bedürfnisse stillen muß, zur Folge hat, daß sie als Instrument der Befriedigung erlebt wird. Daß sie auf diese, überaus wichtige, Funktion reduziert wird, wirft ein Licht auf den strukturierenden Einfluß der Mutter für die Ichentwicklung des Kindes.

Die frühesten Erlebnisse des Dogonkindes müssen in enger Verbindung mit der Art ihrer Wahrnehmungen gesehen werden. Eine reichhaltige Ausdifferenzierung der Wahrnehmungsweisen gestattet früh die Entwicklung autonomer Funktionen und sichert die Stillung triebhafter Bedürfnisse; sie werden später beibehalten und beteiligen sich an der endgültigen Strukturierung des Ich.

Auch wir Europäer bewahren, wie sie, bestimmte, im engeren Sinn orale Triebregungen, wie die Lust am Essen, und auch bestimmte »sekundäre autonome« Funktionen, die mit den Erfahrungen der ersten Lebensmonate verknüpft sind. Bei den Dogon scheint jedoch die Wahrnehmung und Innervation des Körpers mit viel größeren integrativen Fähigkeiten einherzugehen. Es ist dies auf die viel längere Zeit zurückzuführen, in der das Kind andauernd im Hautkontakt auf dem Rücken der Mutter getragen wird und in der diese Wahrnehmungsweisen im Dialog mit der Mutter vorherrschen. Das Ich hat

Zeit, die empathische Einfühlung durch die Einbeziehung vestibulärer und kinästhetischer Funktionen zu erweitern und so seine empathische Wahrnehmung außerordentlich früh auszudifferenzieren. Während der analytischen Gespräche konnten wir feststellen, daß diese Wahrnehmungsmodalitäten so stabil sind, daß sie nicht gestört werden, selbst wenn ein Konflikt auftritt, der andere Ichfunktionen stark behindert.

Diese dauerhaften Ichfunktionen, die sich in der oralen Phase entwickelt haben, werden im Verlauf der weiteren Ichentwicklung desexualisiert. Sie werden zu bleibenden und wichtigen Strukturelementen des Ich, die sich lebenslänglich bemerkbar machen.

Wegen der Wichtigkeit dieser Faktoren für die individuelle Reaktionsweise und den Charakter kann man sagen, daß die Strukturierung des Ich bei den Dogon anders erfolgt als bei Europäern. Das Dogon-Ich scheint von einer oralen Ausformung bestimmt zu sein, die seinen spezifischen Charakter prägt. Die Triebregungen und Wahrnehmungsweisen, die von der Körperwahrnehmung ausgehen, münden in die orale Ichausbildung ein. Eine solche Auffassung von der Ichstruktur führt unmittelbar zu erheblichen theoretischen und praktischen Folgerungen.

Welche Rolle kann zum Beispiel die Analität bei einer Ichbildung spielen, die sich überwiegend in der Oralität strukturiert? Bekanntlich gibt es, im Gegensatz zu unseren Gewohnheiten, weder bei den Dogon noch bei vielen anderen afrikanischen Völkern eine Erziehung zur Sauberkeit während der analen Phase. Wiederum weise ich – wie schon anläßlich der langen Stillzeit – darauf hin, daß der Einzeltatsache, daß es keine Sauberkeitserziehung gibt, kein strukturierender Einfluß auf die Ichbildung zugeschrieben werden kann. Wichtig für die Ichstruktur ist vielmehr, daß die Trennung von der Mutter ohne irgendeine polemische Auseinandersetzung erfolgt. Darum kommt es nicht zu einer sado-analen Strukturierung des Ich.

Bei den Dogon behalten die Modalität des sich Einverleibens, etwas zu bekommen, etwas zu integrieren, und die des Ausstoßens, sich zu sondern und sich von etwas zu trennen, ihre auf Austausch und Gegenseitigkeit beruhende orale Flexibilität. In den analytischen Beziehungen traten sado-anal gefärbte Gefühlsregungen äußerst selten in Erscheinung. Eine besitzergreifende Bindung an geschätzte Objekte, ein Ressentiment oder eine affektive Zurückhaltung gelten bei den Dogon als krankhaft.

So war festzustellen, daß das Durchlaufen der sado-analen Entwicklungsphase, in der sich wichtige Elemente der Willensfunktion auszubilden pflegen, nur unbedeutende Spuren in der Ichstruktur hinterläßt, während manche unmittelbare Reaktionen der Analysanden das Konzept einer oralen Strukturierung zu beweisen schienen. An drei Beispielen soll gezeigt werden, wie eine Konfliktneigung in der Objektbeziehung durch den überraschenden Rückgriff auf die sogenannten oralen Ichfunktionen überwunden werden kann. Ich will kurz auf drei typische Situationen eingehen: auf den Besitz eines Liebesobjekts (1), auf die Konstanz und Dauer in der Objektbeziehung (2), auf den Objektverlust (3).

1. Wenn der Wunsch wach wird, ein Liebesobjekt zu besitzen, sich etwas anzueignen, taucht fast immer gleichzeitig ein Wunsch auf, das gleiche mit jemand anderem zu teilen. Gerade diese Gleichzeitigkeit muß als orale Ichfunktion gelten.

2. Der Wunsch, eine Objektbeziehung ununterbrochen fortdauern zu lassen, wandelt sich in ganz spezifischer Weise, wenn die realen Verhältnisse seiner direkten Erfüllung im Wege stehen. Zuerst versucht die Person jede Entwicklung, die ihrem Ende entgegengeht, zu bremsen; gleichzeitig fügt sie zu dieser Entwicklung etwas Materielles oder Psychisches hinzu, sei es als Gefühl, als Phantasie oder als mythisches Geschehen, offensichtlich mit der Absicht, eine Fortdauer ohne Abbruch zu gewährleisten. Diese Beobachtungen bestätigen sich am Umgang mit dem Tod. Der Tod kann, für die Dogon, nicht plötzlich eintreten. Darum sagen sie auch, daß jemand daran ist zu sterben, oft schon seit Jahren, und dieses Sterben geht nach dem physischen Tod weiter und vertieft sich allmählich. Die mythische Philosophie der Dogon, die Griaule und seine Nachfolger so schön beschrieben haben, nimmt ihren Ursprung von dieser Form des Erlebens.

Bei diesen Verhältnissen ist es leicht einzusehen, daß die Triebregung selber, der Wunsch, wichtiger ist als die Qualität des Objekts. Dies entspricht genau einem Element, das aus der oralen Phase der Libidoentwicklung herstammt.

3. Die Trauer nach einem Objektverlust wird durch die Mobilisierung jener Fähigkeit überwunden, eine oder mehrere Eigenschaften des Objekts durch andere Eigenschaften, die anderen Objekten angehören, zu ersetzen. Jeder Art von Verlust wird so begegnet: dem Objektverlust, dem Verlust der Liebe für eine Person, dem Verlust eines Ideals, das aus einer befriedigenden Phantasie hervorgegangen ist. Danach kann der Verlust in der Realität ungeschehen gemacht werden; ein Ersatz für das Verlorene ist ohne innere Hinderung zu finden.

Die Dogon scheinen nach einem Todesfall eine ganz besondere Art der Trauerarbeit zu vollziehen. Ihre Trauer ist äußerst intensiv, und sie geht eigenartig rasch vorüber. Alle, die mit uns gearbeitet haben, hatten eine bemerkenswerte Fähigkeit, sich einfach umzustellen, wenn eine Entfremdung, ein Verlust oder ein Schaden eingetreten war.

Diese Beispiele lassen erraten, daß das Ich der Dogon sich den äußeren und inneren Verhältnissen ihres täglichen Lebens sehr flexibel anzupassen vermag.

Doch kann die Dynamik ihrer Objektbeziehungen aus solchen Beobachtungen allein nur teilweise erklärt werden. Die ökonomischen Verhältnisse des Triebhaushalts kommen darin nicht zur Geltung, und doch sind es gerade sie, die uns das Konzept eines »oral« funktionierenden Ich vor allem nahegelegt haben.

Die Gemeinschaft der Dogon ist darauf angelegt, daß das Individuum seine Triebbedürfnisse mit möglichst wenig Aufschub befriedigen kann und daß Frustrationen, soweit es geht, vermieden werden. Man könnte von einer Art oralem Zwang zur Befriedigung sprechen. Da das Kind im Verlauf der symbiotischen Einheit mit seiner Mutter in der Befriedigung seiner Triebbedürfnisse durch keine mütterliche Ambivalenz gestört wird, erlebt es vorerst noch keinen Konflikt, der vom Gefühl der Frustration gefolgt wäre und den es selbst verursacht hätte. Deshalb wird, wenn sich das Objekt von dem noch unfertigen Ich ablöst, dieses Objekt immer als ein befriedigendes erlebt. Das heißt, daß das Subjekt sein Objekt auf orale Art wahrnimmt; es wird nicht zum Hindernis für eine Befriedigung. Der Drang, ein Triebbedürfnis zu befriedigen, behält den Charakter einer (oralen) Dringlichkeit und wird nicht zu einem (analen) Zwang. Dieser ökonomische Aspekt gilt für Junge und Alte, für Männer und Frauen. So kann die Triebspannung in der Beziehung zu einem Liebesobjekt nicht anwachsen; sie wird fortlaufend und unmittelbar »oral« entladen.

Man könnte versucht sein anzunehmen, daß das Ich der Dogon keine Autonomie gegenüber Triebansprüchen aufweist. Es bleibt wohl auch zeitlebens ein relativ dringliches Bedürfnis erhalten, Triebspannungen in kleinen Dosen zu entladen. Ein Anwachsen der Spannung bei einer Triebstauung wäre unerträglich und würde allzu heftige Affekte auslösen. Dennoch kann man nicht von einer mangelhaften Ich-Autonomie sprechen. Denn die oralen Triebäußerungen sind von einer solchen Vielfältigkeit und derart ausdifferenziert, daß sie sich fast ausnahmslos den verschiedensten Ichaktivitäten anpassen. Da das Ich außerordentlich flexibel ist und seine Spannungsfreiheit sogleich wieder erreicht (was wir »elastisch« nennen), kann es konflikthafte Entwicklungen zumeist vermeiden. Das läuft auf eine Autonomie hinaus, die wir als eine »orale« der europäischen, überwiegend »anal« konstituierten gegenüberstellen können.

Die Flexibilität des Ich und die fortbestehenden Bedürfnisse nach Triebabfuhr bestimmen die Art der Beziehung, die die Dogon zu ihren Liebesobjekten und ganz allgemein zu ihren Mitmenschen haben. Ihre sozialen Beziehungen sind in eigenartiger Weise von diesem Zug ihrer Persönlichkeit geprägt. Um ihren Besonderheiten gerecht zu werden, haben wir den Dogon eine besondere Form des Ich, ein »Gruppen-Ich« zugeschrieben. Dieses beruht vor allem auf zwei Faktoren, die ich hier hervorheben will:

a) Die Flexibilität und Elastizität des individuellen Ich ermöglicht eine reiche Auswahl identifikatorischer Beziehungsformen, die den verschiedenen persönlichen und sozialen Beziehungen ihre besondere Gestalt geben.

b) Das Gruppen-Ich ist durch den oralen Typus der Ich-Autonomie charakterisiert, die auf der Fähigkeit und dem Bedürfnis beruht, eine affektive Entspannung herbeizuführen.[1]

[1] In seiner ursprünglichen französischen Fassung geht der Aufsatz des weiteren auf Themen ein, die in diesem Band an anderen Stellen behandelt werden; siehe Kap. 4, 8, 9 und 11.

8. Aspekte des Gruppen-Ich

Psychiatrische und ethnopsychologische Katamnese

In der Psychiatrie kann durch eine katamnestische Untersuchung der Verlauf einer Erkrankung, der Erfolg einer Behandlung und die Richtigkeit prognostischer Voraussagen nachgeprüft werden. Daneben kann eine Diagnose und die frühere Erfassung des Krankheitsbildes revidiert werden, wie etwa wenn sich eine im Prinzip dauerhafte Störung als geheilt herausstellt.

Die Ethnospychologie erwartet von einer katamnestischen Untersuchung nur ausnahmsweise die Verifizierung einer Voraussage. Ihr geht es um die Nachprüfung der Richtigkeit von Formulierungen über die Dynamik und Struktur von Personen in einer »culture« und über das Zusammenspiel gesellschaftlicher, individual- und gruppenpsychologischer Faktoren. Der spätere Zeitpunkt bringt den Vorteil einer erneuerten Distanz des Beobachters, der sich zur Zeit der ersten Untersuchung tief mit den von ihm Untersuchten hatte einlassen müssen, und den Vorteil, die beschriebenen psychischen Eigenheiten nun unter veränderten Umständen der Person (z. B. anderes Lebensalter) und eventuell der Sozietät (z. B. fortschreitende Europäisierung, neue politische und ökonomische Gegebenheiten) zu beobachten.

Doch können nicht nur psychologische Aussagen über sogenannte psychische Strukturen (dauerhafte Funktionen und Funktionsbündel) nachgeprüft werden. Bei unserer Untersuchungstechnik, die jener der klassischen Psychoanalyse sehr nahe steht, hatten sich besondere Beziehungen der Untersuchten zum Untersucher entwickelt. Diese Beziehungen, die man als Übertragung und Übertragungswiderstand beschreiben kann, konnten mit einer durch die Zeit bestimmten Modifikation neuerlich beobachtet werden, was Schlüsse auf die Richtigkeit der ersten Beobachtung zuläßt.

Bei der im Jahre 1960 in Sanga durchgeführten Untersuchung (Parin et al., 1963) haben wir versucht, einige gesunde Personen aus dem Volk der Dogon möglichst gut kennenzulernen und möglichst viel von der Dynamik und Struktur ihrer Persönlichkeit zu verstehen. Unsere Frage lautete: Was für Persönlichkeiten kommen bei den Dogon vor? und nicht: Wie ist die »normale« Persönlichkeit der Dogon beschaffen?

Seit 1960 hatten wir das Dogonland nicht besucht. Im April 1966 kamen wir, nach fast sechs Jahren, für einen Besuch, der vier Tage dauerte, wieder nach Sanga.

Die Rolle der Dogon in der Republik Mali

In Mali hat sich seit 1960 vieles geändert. Die Staatsgewalt hat tief in das Leben der Völkerschaften der Republik und in das jedes einzelnen Bürgers eingegriffen. Neben Fortschritten (z. B. Straßenbau) brachte die Umstellung Mangel und Teuerung, so daß ganze Landstriche auf traditionelle Produktionsweisen zurückgegriffen haben. Die Rückkehr zur autarken Wirtschaft des Dorfes ermöglicht eine größere Unabhängigkeit von der ungünstigen Wirtschaftslage des Gesamtstaates. Die Veränderung des kulturellen Lebens ist vor allem durch die energische Förderung des Islams, der Religion der herrschenden Schichten, charakterisiert.

Die Dogon sind als Träger einer altehrwürdigen afrikanischen Kultur bekannt. Ihre Nachbarn kennen sie als friedliche, arbeitsame Leute, der innerafrikanische Handel als Produzenten der getrockneten Kugeln aus gestampften Zwiebeln, die Plantagenbesitzer im Süden als tüchtige Fremdarbeiter. Obzwar sie wirtschaftlich schwach sind und ethnisch von den tragenden Schichten des Staates unterschieden, sind sie zu Trägern einer Idealfunktion gemacht worden. Überall ist das Plakat mit der Kanaga-Maske und der Inschrift »Pays Dogon« zu sehen, mit dem die Touristen auf diesen Urquell der afrikanischen Kraft und Seele, der »négritude«, aufmerksam gemacht werden.

Ein junger Mann, den wir unterwegs ins Dogonland trafen, sagte: »Sie gehen nach Sanga ... Dort finden Sie die stärksten Schwarzen, die es in Afrika gibt ... Sie sind stärker als die Weißen. Sie sind große Zauberer ... Ganz Afrika hat seine Kraft aus dem Land dort bezogen ... Sie versammeln sich in ihren Felshöhlen, dort schnitzen sie die Masken und lernen tanzen ... Weil sie so rote Masken haben und weil sie tanzen können ... sind sie stärker als alle anderen Schwarzen ...«

Von den Dogon erwartet die junge Nation, die viel Unbill ertragen und ihre Unabhängigkeit durchsetzen muß, den Kern ihres noch zu schaffenden Gefühls einer eigenen Identität. Wir haben uns gefragt: Wie sind die Dogon selber dem neuen Staat, der wirtschaftlichen Not, dem Druck der Islamisierung begegnet? Wie kann eine kleine Nation, die zum Symbol einer neuen Identität oder zum völkerkundlich-historischen Relikt erklärt worden ist, die eigene Identität vor einer Diffusion bewahren?

Eine Veränderung der Ökonomie

Wie die Dörfer von Sanga und Umgebung auf die wirtschaftliche Notlage des Landes reagiert haben, war sofort zu sehen. In den meisten Zwiebelgärten wuchsen jetzt tiefgrüne, dichtstehende Tabakpflanzen. Anfang April sollten die Zwiebeln geerntet sein und die Pflanzgärten bis zum Beginn der Regenzeit im Juni trocken und brach daliegen.[1] Tabak war stellenweise schon früher neben oder nach den Zwiebeln für den Eigenbedarf gepflanzt worden.

Der Preis für die Zwiebelkugeln ist trotz der allgemeinen Teuerung seit sechs Jahren gleich geblieben. Um den Bargeldbedarf für den Import unentbehrlicher Artikel zu decken, mußte Tabak angebaut, getrocknet und zum Export auf die Märkte gebracht werden. Da eine Vergrößerung der Anbaufläche nicht möglich war, müssen die Dogon etwa acht Wochen länger auf den Pflanzungen arbeiten. Die »stille Zeit« der Landwirtschaft, die von Ende Februar bis zum Juni gedauert hatte, mußte verkürzt werden. Diese Zeit ist in Sanga der Ausbesserung der Wohnstätten und vor allem den Festlichkeiten gewidmet, deren Ritual im gemeinsamen Tanz, mit der Neuverteilung materieller Leistungen und Güter eine Erneuerung des Zusammenschlusses der Gesellschaft (Großfamilie, Dorf-, Stammesgemeinschaft) mit sich bringt. Die Zahl und Dauer der traditionellen Feste muß jetzt aus Zeitmangel eingeschränkt werden.

Es wäre anzunehmen, daß der Tabakbau, der nicht kollektiv wie der Getreidebau, sondern individuell wie die Zwiebelproduktion erfolgt, zur Erweiterung des nichtkollektiven Anteils der Wirtschaft und zur größeren ökonomischen Unabhängigkeit des Individuums von der Gemeinschaft führt. Dies umso mehr, als dabei das Stampfen der Zwiebeln, das Formen und Trocknen der Kugeln wegfällt, eine Arbeit, die aus technischen Gründen kollektiv vor sich gehen muß. Die wirtschaftliche Notlage, also die gebotene Anpassung an die Realität, scheint auf eine Lockerung der Gruppe oder zumindest auf eine Verminderung der vereinenden Gruppenaktivitäten und damit auf eine Vereinzelung des Individuums hinzuzielen. Gegen diese Entwicklung wirken jedoch weitere Gegebenheiten.

Das Wasser spielt im Mythos der Dogon als der Same Gottes eine große Rolle. Es ist ein Stoff, der mit dem Schöpfer verbindet, Fruchtbarkeit und Leben bringt. Das Wasser gehört jedermann, es wird bei rituellen Anlässen (Gründung der Familie) verteilt und getrunken.

Bereits für den Anbau von Zwiebeln, die wie der Tabak täglich begos-

[1] Die traditionellen Getreidearten (mil u. a.) werden in der Regenzeit gepflanzt und bald nach ihrem Ende geerntet.

sen werden müssen, reichten die natürlichen Wasservorräte nicht aus. Die koloniale Verwaltung hatte seinerzeit Staudämme errichten lassen. Als man die Tabakpflanzungen anlegte, übernahmen die Dörfer selber die Wartung der alten und den Bau neuer Stauwerke. Dies machte ein neuartiges gemeinsames Planen und Arbeiten nötig, das nach dem alten Muster der kollektiven Arbeit organisiert wurde und – trotz der »europäischen« Technik – wegen der mythischen Bedeutung des Wassers die Funktion eines einigenden Rituals erhielt.
Die Ausbesserung oder die gründliche Erneuerung der Wohnstätten zur Gründung eines Haushaltes war ursprünglich eine Angelegenheit der Großfamilie gewesen, bei der alle Generationen, Männer, Frauen und Kinder, praktisch und rituell ihre bestimmte Rolle hatten. Vor sechs Jahren wurde diese Arbeit fast immer von kleineren Gruppen (das junge Paar, einige Freunde aus der gleichen Altersgruppe [tumo]) ausgeführt. Die Verkürzung der Zeit, in der keine dringenden landwirtschaftlichen Arbeiten zu leisten sind, führt dazu, daß die kollektive Bauarbeit mit der nachfolgenden Verteilung von Hirsebier allgemeiner wird, daß sich auch dieses einigende Ritual verstärkt.
Psychologische Bedürfnisse dürften mitbestimmend dafür gewesen sein, daß gerade der Anbau von Tabak als Ausweg aus der materiellen Notlage gewählt worden ist. In vieler Hinsicht müheloser wäre es gewesen, wenn mehr junge Dogon als Fremdarbeiter ausgewandert wären und ihren in den Plantagen und Industrien der Küstenländer erworbenen Lohn in die Dörfer geschickt hätten. Dies ist ein alter Brauch im Dogonland, der sich in ruhigen Zeiten ausweitet, in schweren Zeiten seltener wird.
Die wirtschaftliche Bedrohung, bzw. die von ihr ausgelöste Angst, verstärkt die identifikatorischen Bedürfnisse des Individuums, ruft nach einem besseren Zusammenhalt der Gruppe. Die scheinbar anachronistische Wiederbelebung der kollektiven Ritualisierung, auch und gerade bei einer von der Tradition nicht vorgesehenen Aktivität, erleichtert Identifikationen und vermindert die Angst. Das Gruppen-Ich leistet, gestützt auf die Identifikation mit Angehörigen der Gruppe, eine Anpassung an die Realität; es zeigt dadurch seine Autonomie.

Gruppen-Ich, Clangewissen und Identität

Mit *Gruppen-Ich* meinen wir eine Modifikation des »Ich« der Freudschen Metapsychologie. Die ausgebildete Ich-Struktur, die auch als ein Bündel dauerhaft etablierter Funktionen beschrieben werden kann, die gegenüber den anderen Strukturen (Es, Überich) relativ autonom sind, scheint bei den Dogon typische Unterschiede gegenüber den

Menschen der westlichen Welt aufzuweisen. Die Besonderheit des Gruppen-Ich besteht darin, daß seine Autonomie nur in einer ganz bestimmten Umwelt gewährleistet ist.

Der Begriff der Autonomie bezieht sich auf Funktionen des Ich.[2] Autonomen Ichfunktionen steht neutralisierte (sublimierte) Triebenergie (Libido oder Aggression) zur Verfügung, insofern diese Energie nicht in Konflikten investiert ist, sondern ins Ich Einlaß findet und dort zur Befriedigung führen kann. Verdrängte oder anders vom Ich abgewehrte Triebregungen können nicht neutralisiert werden.

Ein Beispiel: Aggressive Triebregungen können durch das Kollektiv, die Gruppe gebunden werden. Diese Beobachtung ist so beschreibbar, daß die Einzelperson ihren aggressiven Wunsch nicht befriedigt, sondern die aggressive Energie (Destrudo) neutralisiert, was durch die Teilnahme an einem Ritual geschehen kann, bei dem die Person sich mit dem Kollektiv (oder einzelnen Teilnehmern) identifiziert. Das heißt, die Aggression wird dem Konflikt entzogen und anderen Zwekken (z. B. der zielgehemmten Befriedigung, der Verwerfung) zugänglich gemacht. In diesem Fall hat die Person ein gegenüber dieser aggressiven Regung autonom funktionierendes Gruppen-Ich.

Man könnte diese Verhältnisse auch so formulieren, daß die Person ein nicht-autonomes Ich hat, das mit dieser Aggression nicht fertig wird und das nur dann »neutralisieren kann«, also wie ein autonomes Ich funktioniert, wenn eine andere Ich-Funktion (die Identifikation mit dem Kollektiv im Ritual) abgelaufen ist.

Wir halten uns an die erste der beiden Formulierungen, bei der Vorgänge zwischen psychischen Strukturen (Gruppen-Ich, Es) und Repräsentanzen (Objekte, Außenwelt) beschrieben werden. Die zweite Version würde die Schilderung intrastruktureller Vorgänge, innerhalb des Ich (der Einfluß einer Ich-Funktion auf eine andere) nötig machen.

Ein zum Teil an andere Personen (an die Gesellschaft) delegiertes Überich von Afrikanern haben wir, in Anlehnung an Freuds Ausdruck »Tabu-Gewissen«, *Clan-Gewissen* genannt (Parin/Morgenthaler 1956/57; Parin 1958; 1961).[3] Wo es zu beobachten ist, hat sich das In-

[2] Hartmann unterscheidet primär-autonome Ich-Funktionen, die dem Ich nach einer Zeit der Reifung zukommen, und sekundär-autonome, die dem Ich erst nach einem Prozeß der Umformung (Neutralisierung) ihrer Energie zur Verfügung stehen. Nach ihrer Herkunft primär oder sekundär autonome Ich-Funktionen sind beim Erwachsenen kaum sicher unterscheidbar; eine getrennte Betrachtung der beiden ist für unsere Überlegungen jedenfalls nicht relevant.

[3] Clan ist in seiner allgemeinen, nicht in der engeren ethnologischen Bedeutung gemeint, und anstatt Gewissen hieße es besser Überich, da das Clangewissen wie dieses Bewußtes und Unbewußtes erfaßt. Doch hat sich der Ausdruck inzwischen eingebürgert.

dividuum in den für die Ausbildung des Überich entscheidenden Lebensjahren und Objektbeziehungen als Mitglied einer organisierten Gruppe entwickelt, die größer ist als die Elementarfamilie. Ideale, Regeln und Verbote, die bei uns verinnerlicht sind, sind bei Trägern des Clangewissens nur innerhalb einer Gemeinschaft wirksam. Die Leitung des Verhaltens geschieht dabei durch Angst, Scham, durch Identifikation oder verschiedene Formen der Abhängigkeit, weniger durch Straferwartung oder Schuldgefühle.

Den Begriff der *Identität* haben wir in früheren Arbeiten nicht verwendet. Ich verwende ihn etwa so, wie Erikson (1959) ihn eingeführt hat. Das individuelle Identitätsgefühl bezieht seine Stärke – so meinen wir – aus der Wahrnehmung, daß die Person dem Ideal-Selbst (Jacobson, 1964) entspricht, daß ihr Ich mit den gestellten Ansprüchen fertig wird und daß die Inhalte der Ideale und die Leistungen des Ich dem in der Sozietät geübten und erwünschten in bestimmter Weise entsprechen.

Ich fasse aus unseren früheren Schriften zusammen:

Das Körper-Ich der Dogon, das zeitlebens die in der oralen Phase ausgebildete und später hoch ausdifferenzierte Fähigkeit zur empathischen Wahrnehmung beibehält, bildet die Grundlage der großen sekundären Autonomie ihres Ich, sofern dieses in der gemeinsamen Ausübung bestimmter Aktivitäten mittels einer Identifikation mit anderen ähnlich konstituierten Personen kommunizieren kann. Der Tanz und die gemeinsame, rhythmisch ausgeführte Arbeit verstärken nicht nur den Zusammenhalt der Gemeinschaft, sondern gewährleisten auch ein besseres Funktionieren der Einzelperson. Das Verteilen materieller Güter, z. B. das gemeinsame Trinken von Bier nach einer Gemeinschaftsarbeit oder bei einem Fest, hat analoge Bedeutung für reife »orale« Ichfunktionen. Die Wahrnehmung der vom Mythos, von der Geschichte und vom profanen Leben der Dogon mitgestalteten Landschaft, die Gestalt und die ungestörte Funktion des vom gründenden Vorfahren gegründeten Dorfes, das von den vergangenen Generationen erbaut und von den heutigen jährlich ausgebessert wird, verstärkt das Identitätsgefühl der Einzelperson, wobei wieder die Einhaltung bestimmter vom Mythos abgeleiteter Regeln unerläßlich ist.

Wenn z. B. eine menstruierende Frau ins Dorf kommt, wird dieses unrein, einer Purifikation bedürftig, und diese Verletzung einer Regel widerspricht den Erwartungen der Alten, die sich für die Einhaltung der Regel einsetzen. Die Identifikation mit den Alten ist bei der Beachtung der Regel wichtiger und wirksamer als der aus dem Inhalt des Mythos zu erratende Schrecken des Mannes vor der Menstruation der Frau.[4]

[4] Die »Kastrationsangst« der heutigen Dogon wird in der Regel durch andere Sym-

Das Identitätsgefühl, das also durch die ungestörte Wahrnehmung des »gut gebauten und gut funktionierenden« Dorfes verstärkt wird und das sich durch die ritualisierte Aktivität der gemeinsamen Arbeit an den Häusern bestätigt, gewährleistet ein stabiles Selbstgefühl des Einzelnen und der Gemeinschaft.
Das Gruppen-Ich ist durch seine Bereitschaft charakterisiert, ganz bestimmte identifikatorische Beziehungen herzustellen, unter denen die Identifikation mit der hierarchisch organisierten Väter-Brüder-Reihe und die »horizontale« mit der Altersklasse *(tumo)* die wichtigsten sind. Personen der Umwelt, die diese Identifikationen zulassen, und Gelegenheiten, solche immer neu herzustellen und die eine Identifikationsform gegen die andere auszutauschen, sind die wichtigsten Vorbedingungen für das autonome Funktionieren des Einzelnen und für das Zusammenspiel der Gesellschaft. Soweit bei den Identifikationen nicht Personen, sondern überlieferte Wertsysteme eine Rolle spielen, wird das Clangewissen angesprochen. Gerade der Einklang mit den Alten, welche die Träger der Tradition sind, hat eine Überich-Bedeutung. Als Folgen eines Konfliktes mit den Alten treten depressive Gefühle der Vereinsamung und Angst auf (analog zum Schuldgefühl der Europäer).

Die Islamisierung

Wie hat sich die fortschreitende Islamisierung in Sanga ausgewirkt? Muß die Islamisierung, welche der Tradition in vieler Hinsicht entgegenwirkt, nicht zu einem teilweisen Versagen der Einzelpersonen[5] und der Sozietät führen?
Das Aussehen des Dorfes Sanga hat sich durch den Einfluß des Islams verändert. In der Talsenke zwischen den beiden Ogol steht heute eine große, im Stil und mit der Bautechnik der Dogon errichtete Moschee, die sich harmonisch in die menschengestaltete Landschaft einfügt. 1960 gab es keine Moschee und keinen muselmanischen Betplatz in Sanga. Die Moschee schließt sich direkt an das überbaute Areal des Dorfes Ogolna an. Sie setzt das Südende des Dorfes in das früher nicht überbaute Terrain fort und ist vom Rand des Dorfes nur wenige Meter entfernt.
Die Moschee steht neben dem Haus des islamisierten Dorfchefs *Ogo-*

bole ausgedrückt und nimmt die Form einer Angst an, »daß die Frau einen verlassen wird«.

[5] Die Rolle, die der Islam in den Lebensschicksalen einzelner Personen gespielt hat, wurde in mehreren psychoanalytischen Gesprächen deutlich *(Jamalu, Apurali, Duro, Diamagundo, Ogobara)*. (Parin et al., 1963)

bara, der schon früher gelegentlich reisende Marabus beherbergte. Wichtigen Besuchern aus der Stadt bietet sie einen vertrauten Anblick; sie würden sich, zum Vorteil der Dorfbewohner, im Dorf wohl fühlen. Die Dogon, Muselmanen wie Heiden, sind stolz auf den Bau: Einer sagte: »Das Pferd dort gehört dem Marabu. Es grast immer zwischen den beiden Dorfteilen. Es ist wie in alter Zeit, als die Chefs zum Zeichen für die Macht und Unabhängigkeit von Sanga stets ein Roß vor ihrem Haus grasen ließen.«

Die Alten hatten den Fortschrittlern den Bauplatz für die Moschee zugewiesen, der Binupriester hatte zugestimmt. Nach einiger Zeit mußten oder durften sich die jungen Leute wieder an den Rat der Alten wenden. Zuerst war geplant gewesen, die Moschee »en dur« zu bauen. Dazu wäre die finanzielle Unterstützung der Verwaltung, die Zuziehung eines fremden Baumeisters und die Leistung einer Arbeit (Behauen der Bausteine) nötig gewesen, die als »investissement de l'effort humain« dem Muster der unbezahlten kolonialen Zwangsarbeit folgt und auch ohne das gemeinsame Trinken von Hirsebier zu Ende geht. Die Verwaltung ließ mit ihrer Unterstützung auf sich warten. Die Islamisierten begannen ihre hilflose Abhängigkeit zu spüren, gerade dort wo sie aktiv und fortschrittlich sein wollten. In dieser belastenden Situation wußten die Alten Rat. Sie empfahlen, den Bau, unabhängig von der Administration, in der herkömmlichen Bauweise und nach dem Brauch der Dogon zu errichten. Die Zuziehung eines fremden Baumeisters und das Behauen der Steine wurden unnötig, die Kosten reduzierten sich auf die Spende des Hirsebiers. Alle jungen Leute aus dem Dorf, nicht bloß die wenigen Muselmanen, nahmen an der Arbeit teil, denn niemand wollte sich aus dem kommunikativen Ritual ausschließen. Die Frauen und Mädchen brachten das Wasser für die Befeuchtung der Lehmziegel. Die tatenlose Abhängigkeit machte dem Gefühl einer aktiven Unabhängigkeit Platz.

Es braucht eine Erklärung, warum sich der Rat der Alten, als Hüter der Tradition, dem Bau der Moschee nicht widersetzte, also scheinbar gegen die eigenen Interessen handelte. Für Würdenträger mit einer anal organisierten Ichstruktur wäre ein hartnäckiges Festhalten an den eigenen Vorstellungen und ein Durchsetzen der eigenen Meinung das gegebene Verhalten gewesen. Die orale Organisation des Gruppen-Ich ist auf wechselseitige Identifikationen angewiesen. Den Alten ist es wichtig, gefragt zu werden. Das Trinken nach der Arbeit, die gemeinsame Arbeit der Dorfbewohner und nicht zuletzt die Erweiterung, das vermehrte Ansehen und verschönerte Aussehen ihres Dorfes geben ihnen ein gutes Selbstgefühl, sind für ihr inneres Gleichgewicht vonnöten. Ein älterer Mann sagte dazu: »Weil sie uns gefragt haben, konnten wir sie nicht zurückweisen. Einige Leute im Dorf machen den Salaam und brauchen eine Moschee. Es sind mehr als zur Zeit der Franzosen, aber nicht sehr viele. Die Verwaltung hat nichts unternommen. Sie wollte unser Dorf nicht fördern. Die jungen Leute hätten fortgehen müssen, um woanders zu beten. Unsere Vorfahren wollen aber, daß die Dörfer dort bleiben, wo der Altar des Lébé steht. Die jungen Leute sind nötig, um Kinder zu zeugen und um die Pflanzungen zu besorgen. Jetzt können sie dableiben, denn es ist eine schöne Moschee. Auch der Marabu bleibt. Er ist ein weiser Mann.«

Auf dem Platz von Ogolna tanzten zum muselmanischen Opferfest junge Burschen und eine Gruppe von Mädchen und Frauen, in festlicher Kleidung, viele mit einem oder dem anderen muselmanischen Kleidungsstück angetan. Die Musik glich den Tanztrommeln der Dogon, hielt aber keine gute Disziplin. Ringsum und auf den erhöhten Plätzen und Felsen standen heidnische Dorfbewohner, die gekommen waren, um zuzusehen. Die Stimmung war fröhlich, aber nicht feierlich. Doch der Tanz kam nicht in Gang. Ein Gehilfe des Marabu versuchte aneifernde Sprüche, frei nach dem Koran, mit der Musik zu intonieren und dazwischen die Feiernden zum Tanz anzuspornen. Kaum hatte sich eine Reihe von Mädchen in den Rhythmus eingefügt, fiel sie, durch irgendeine leichte Störung, eine Ungeschicklichkeit der Trommler, einen Scherz, den jemand herüberrief, aus dem Tanz. Man blieb verlegen stehen und löste die Reihe auf, als ob man nie die Absicht gehabt hätte mitzumachen. »Ja«, sagte eine Alte, »sie haben schöne Tüchlein an, aber sie tanzen schlecht. Das Tamtam kann sie nicht in Bewegung bringen.«

Viele Momente mögen mitgewirkt haben, daß der Tanz mißglückte. Sicher ist, daß das verbale Anfeuern als Mittler zwischen Musik und Tanzenden nicht die gleiche Wirkung ausübt, wie es die »Vortänzer« bei den Maskentänzen tun. Diese, oft ältere Männer, übernehmen den Rhythmus als erste; die anderen tanzenden Männer identifizieren sich im Sinne der empathischen Wahrnehmung mit ihrer Geste und wiederholen sie modifiziert, als Gruppenphänomen. Die Gruppe der Frauen und Mädchen folgt dem motorisch gedämpften Tanz der alten Frauen und bildet die retardierte Gegenbewegung zum Tanz der Masken.

Die Tänze der Dogon stehen unter dem Zeichen der Umsetzung: »Tamtam – Tanzrhythmus des Vortänzers – empathische Identifikation der tanzenden Gruppen«. Ein Vorgang nach der Formel: »Tamtam – Verbalisierung – rhythmische Belebung der Bewegung« führt nicht zum Tanz.

Das Dogonkind, das bis ins dritte Lebensjahr von der Mutter getragen wird, bei der Arbeit oder auch beim Tanz, übernimmt die Bewegung, die zur verbindenden kinästhetischen Befriedigung führt, von ihr. Später ersetzt der Vortänzer als Mittler zwischen Rhythmus der Musik und Eigenbewegung die Mutter. Er hat mit seinen Kameraden der Maskengesellschaft gelernt, Rhythmus in Bewegung umzusetzen. Für diesen Lernvorgang sind Verbalisierungen der mythischen und rituellen Bedeutung des Tanzes nötig. Erst durch die Verinnerlichung der Lehre erwirbt der Vortänzer die Fähigkeit, den Tanz in Gang zu bringen.

Die einfachen Leute können ihre kinästhetisch-kommunikativen und identifikatorischen Bedürfnisse durch die aus der oralen Entwicklungsphase ins reife Ich aufgenommene Mitbewegung erfüllen; ihr großes und allgemeines Tanztalent gehört mit zu den reifen, »oral« organisierten Ich-Qualitäten. Die Umsetzung akustischer Reize in Bewegung entspricht einer anderen, bei den Dogon viel weniger ausgebildeten Entwicklungsphase des Ich. Der Umstand, daß die verbale Aneiferung zum Tanz störend wirkt, könnte mit der Tatsache in Verbindung gebracht werden, daß das Dogonkind in der Zeit, in der es auf dem Rücken der Mutter getragen und gewiegt wird, nie mit Worten angesprochen oder gar angeeifert wird.

Die Verbeugungen des muselmanischen Gebetszeremoniells haben für die Dogon immerhin etwas von der Gemeinsamkeit des Tanzes; ihr Sprachgebrauch bezeichnet die neue Konfession als »Salaam-Machen«.

Der Islam hat als »re-ligio« eine sozial verbindende Funktion, wenn ein Dogon in die islamische Fremde zieht oder wenn der Islam in seinem Dorf um sich greift. Das muselmanische Fest, bei dem Ort und Musik der Dogontradition folgten, der Vortänzer als Mittler aber fehlte, eignete sich nicht für bestimmte Leistungen des Gruppen-Ich, die für die sublimierte Befriedigung bestimmter Wünsche aus der oralen Entwicklungsphase der Libido unerläßlich sind.

Ob es zu einer weiteren Islamisierung der Dogon im Sinne der »acculturation« kommen wird, wissen wir nicht. Aus den psychologischen Überlegungen geht hervor, daß die Islamisierung bei zahlreichen Personen aus dem Dogonvolk entweder zu einer Verarmung an bestimmten Befriedigungen und zu bestimmten Minderungen der Leistungsfähigkeit des Ich führen würde, oder daß der Islam noch weitere Modifikationen durchmachen müßte, wenn er von den Dogon ohne diese Nachteile übernommen werden sollte. Eine 1960 gemachte Beobachtung in einem Dogondorf, in dem die traditionellen Tänze seit Jahren aufgehört hatten (Parin et al., 1963: 419), und die eben mitgeteilte Beobachtung in Sanga lassen uns vermuten, daß die Dogon trotz ihrer praktischen und theoretischen Toleranz dem Islam gegenüber eine Islamisierung nicht ohne Beeinträchtigung ihrer differenzierten erworbenen psychischen Strukturen ertragen würden.

Mit der teilweisen Veränderung der wirtschaftlichen Produktion und der fortschreitenden Islamisierung haben wir zwei von den zahlreichen Phänomenen beschrieben, deren Gesamtheit man »acculturation« nennt. Die Einstellung der Dogon zum neuen Staat ist nicht anders als seinerzeit zur Kolonialmacht: Als Volk wirtschaftlich recht unabhängig und nur sich selbst verantwortlich, anerkennen sie, daß sie nach außen hin der Verwaltung, die allein sie als Ausdruck der Staatsmacht ansehen, manches verdanken und manches schulden. Sie urteilen über den Staat wie über eine nicht unbeliebte und jedenfalls unvermeidliche Besatzungsmacht; sie vergleichen seine Politik und seine Leistungen nicht mit den eigenen Meinungen und Leistungen, sondern mit denen seiner Vorgänger.

Die Einzelperson bezieht das Gefühl der Identität aus der Wahrnehmung, daß zwei Funktionskreise nicht gestört sind: das Funktionieren als Gesamtperson in der menschlichen und materiellen Umwelt und das Funktionieren des Ich, dessen Autonomie zureichen muß, um ein genügendes Maß an Triebbefriedigungen, einen gewissen Einklang mit den Idealen und inneren Forderungen (Überich) und eine konstante und sichere Bewältigung der aus der Außenwelt kommenden Reize und Ansprüche (Realitätsprinzip) zu gewährleisten. Mit anderen Worten, die Selbstbesetzungen müssen mit den sozialen Rollen übereinstimmen, und die konfliktfreien Aktivitäten des Ich müssen einen Ausgleich zwischen der Besetzung der Objektrepräsentanzen und jener der Selbstrepräsentanzen herstellen. Die Identität eines Volkes oder einer anderen Gruppe ist nicht einfach eine Summierung der Identität gleichen Inhalts der Mitglieder dieser Gruppe, sondern sie verstärkt sich vor allem dann, wenn die Einzelpersonen eine gute Fähigkeit haben, sich mit anderen Mitgliedern der Gruppe zu identifizieren, wobei allerdings nicht die Identifikation mit der Gesamtperson gemeint ist, sondern die Identifikation mit sozial relevanten Tendenzen und Aktivitäten genügt. Die Dogongesellschaft hat eine so starke Identität, daß Änderungen ihrer Lebensbedingungen und neue Formen wichtiger sozialer Aktivitäten (Wirtschaft, Religion) am Gefühl der Identität nichts ändern. Mit andern Worten, die »acculturation« hat bei den Dogon von Sanga als Gruppe bisher zu keiner Identitätskrise geführt.

Unsere ehemaligen Exploranden in Sanga begrüßten uns wie Freunde, die lange, wenn auch nicht allzu lange, in der Fremde gewesen waren. Ein jeder begann zu erzählen, was er inzwischen erlebt hatte. Wenn die erste Unterredung nicht ausreichte, wurde ein weiterer Besuch, in ihrem Haus oder im Gästehaus, vorgeschlagen, ohne daß wir darauf drängen mußten. So war die Katamnese leicht zu erheben. Natürlich mußten wir auch von uns erzählen. Keiner der Dogon unterließ es, an eine Erfahrung anzuknüpfen, die wir gemeinsam gemacht hatten und deren Erwähnung uns angenehm sein mußte. Etwas sonderbar mutete es uns an, daß den Dogon die verflossene Zeit viel kürzer erschien als uns. Sie wollten kaum glauben, daß unsere Abreise wirklich schon sechs Jahre zurücklag. Nur der älteste unserer Partner, *Diamagundo,* sagte lächelnd, es sei gut, daß wir unseren Besuch nicht noch länger hinausgeschoben hätten; er komme jetzt allmählich in das Alter, in dem die Dogon zu sterben pflegen. Aber auch er hatte eine genauere und lebendigere Erinnerung an alles, was während unseres Aufenthaltes vorgegangen war, und an den Inhalt unserer Gespräche als wir.

Ein anderes Verhältnis zur Zeit und eine geringe Tendenz, Erlebnisse zu verdrängen, können als allgemeine Gründe für das auffallend gute Erinnerungsvermögen der Dogon-Exploranden angesehen werden. Sie hatten wohl noch weitere, besondere Gründe, sich an unseren ersten Aufenthalt zu erinnern. Erstens hatten wir den Gesprächspartnern ihre Übertragungswiderstände möglichst vollständig gedeutet, was eine überwiegend positiv getönte Erinnerung an unsere Beziehung begünstigte, und wir hatten getrachtet, den Dorfbewohnern gegenüber keine Taktfehler zu begehen, welche die Freundschaft hätten stören können. Zweitens mag ihr Leben im ganzen ärmer an Reizen und eindrücklichen Ereignissen gewesen sein als das unsere, die Überlastung des Gedächtnisses geringer. Schließlich ist ihr Bedürfnis und ihre Fähigkeit, sich mit uns zu identifizieren, sofort wieder in Aktion getreten, so daß die »gemeinsame Erinnerung« nicht nur einem Versuch des Wiederanknüpfens, sondern bereits einer Befriedigung entsprach.

Apurali besuche ich in seinem Hof. Er hat schon gehört, daß wir da sind, und hat auf den Besuch gewartet. Das entspricht seiner Gewohnheit, nicht ins Gästehaus zu gehen. Zu den Gesprächen war ich immer in seinen Hof gekommen. Nach einer freundlichen Begrüßung sagt er: »Ihre Meinung war die richtige. Meine Magenschmerzen sind nur vom Ärger gekommen, den ich hinunterschlucken mußte. Seit Sie mir das gesagt haben, habe ich immer gehandelt und nie geschwiegen, wenn ich zornig war, und habe nie mehr Schmerzen gehabt. Nur einmal konnte ich nichts sagen, weil ich Streit mit dem Dorfchef hatte. Da habe ich Schmerzen bekommen und zwei der Tabletten genommen, die Sie mir dagelassen haben. Dadurch war der Schmerz sofort geheilt. Die übrigen Tabletten habe ich noch; wenn ich wieder in diese Lage kommen sollte und Sie nicht da sind, um die Sache zu besprechen.«

Natürlich bin ich erfreut über diesen therapeutischen Erfolg und über sein Anknüpfen an einem wesentlichen Teil unserer Gespräche. Dann zeigt er mir die eine Tochter, die 1960 dreijährig war. Ich spüre, daß ich auf seine identifikatorisch-evozierende Geste eingehen, also wie ein Dogon reagieren muß. Ich zeige, wie groß die Tochter damals gewesen ist. Darauf erklärt er meiner Frau, wohl um sie in unsere frühere Beziehung, an der sie nicht teilhatte, einzubeziehen, wie die Kleine unsere Gespräche jeweils gestört hatte. Dann erzählt er von den Schicksalen seiner Familie. Als ob sie wüßte, wovon er spricht, kommt seine Frau aus der Hütte und begrüßt uns. Apurali erklärt: »Sie wird nicht fortgehen, sie denkt nicht daran. Ihren Kindern geht es ja gut hier. Ihr Dorf ist unten in Gondo. Ich begleite sie, wenn sie ihre Brüder besucht.« Als eine Pause in seinen Mitteilungen eintritt, fällt mir auf, daß er nichts von seinen materiellen Lebensumständen gesagt hat, die ihm seinerzeit sehr wichtig waren. Ich bemerke: »Damals haben Sie einen großen Schafbock gemästet, um ihn zu verkaufen. Dort hatte er seinen Freßplatz.« Darauf erzählt Apurali, wie sich seine Pflanzungen und Geschäfte entwickelt haben. Einen Kompagnon habe er nicht mehr. Hingegen bespreche er seine Geschäfte jetzt gewöhnlich mit einem Alten, der für ihn die Bedeutung eines großen Bruders hat.

Die Identifikation als positive Beziehungsform schließt die Bildung einer differenzierten Objektrepräsentanz nicht aus. Ich bin für Apurali nicht irgendeiner, sondern gleichzeitig sein Therapeut und einer, mit dem er gemeinsame Erinnerungen hat. Dies kann auch bei uns zu bleibender Freundschaft führen. Die »Objektkonstanz« Apuralis ist groß, wenn man nach seinem Lebenslauf und dem Schicksal seiner Beziehung zu mir urteilt. Das scheint auch bei den andern Gesprächspartnern der Fall zu sein. Präobjektale, identifikatorische Beziehungen sollen aber nach unseren psychologischen Erfahrungen in Europa nur zu einer geringen Konstanz der Objektbeziehungen führen.

Die Neutralisierung objektgerichteter Triebwünsche etabliert bei den Dogon konfliktfreie Ichfunktionen. Dies ermöglicht eine der Konstanz entsprechende Beziehung zu den Objekten. Ein Verlust des Objekts wird als wenig frustrierend empfunden; es kann durch ein anderes ersetzt werden. Dazu stimmt, daß Apurali (ebenso wie unsere anderen

Gesprächspartner) auf unsere damalige Abreise nicht zurückgekommen ist und daß er, wie die anderen, im Hinblick auf unsere bevorstehende neuerliche Trennung versuchte, uns (symbolisch) zu ersetzen, etwas von uns zu verlangen, wobei er seine Wünsche wenig heftig äußerte. Ein auf diese Weise besetztes Objekt möchte man mit anderen Personen teilen, was bei unserem Wiedersehen (seine und meine Frau) zum Ausdruck kam. Sobald der eine der identifikatorischen Partner etwas hinzufügt, kann auch der andere etwas hinzufügen.

Die orale Ausformung des Ich, seine Fähigkeit, Emotionen in kleinen Quanten zuzulassen und sofort zu äußern und sich so Befriedigungen zu holen, waren deutlich zu spüren. Solange mein Verhalten, als das für die Identifikationswünsche Apuralis »richtige«, unsere Beziehung spannungsarm erhielt, war sein Gruppen-Ich funktionstüchtig, die Objektkonstanz, kenntlich an der unmittelbaren Fortsetzung unserer Beziehung, groß, die Befriedigung am Wiedersehn nicht durch die Erfahrung oder die Erwartung einer Trennung gestört.

Natürlich könnten wir aus dieser Unterredung allein nie darauf schließen, wie wir es aus der Gesamtheit unserer Beobachtung getan haben, daß die Dogon oft eine erhebliche Objektkonstanz in ihren identifikatorischen, also präödipalen Beziehungsformen erreichen, solange die orale Ausformung eines sekundär autonomen Ich-Anteils nicht gestört wird. Eine allzu ausschließliche Objektzentrierung im ödipalen Konflikt beeinträchtigt die Möglichkeit, solche störungsfreie identifikatorische Beziehungen aufrechtzuerhalten. Eine den reifen oralen Ich-Qualitäten adäquate Umgebung kann das Gruppen-Ich des Erwachsenen funktionstüchtig erhalten, auch wenn es nicht für alle zwischenmenschlichen Möglichkeiten suffizient ist. Eine andere menschliche Umwelt, mit weniger identifikatorischen Möglichkeiten, allein schon die Fremdheit eines Partners, erzwingt regressive Identifikationsformen (wie die Patron-Beziehung) oder erregt Angst.

In den wichtigsten Zügen verlief das Wiedersehen mit *Abinu* und mit *Diamagundo* ähnlich: sofort war wieder die alte Freundschaft da, das Gespräch ging weiter, als ob wir nicht lange fort gewesen wären.

Abinu zieht bald, wie er es seinerzeit getan hat, andere Personen mit ins Gespräch, insbesondere den Dorfchef von Bongo, mit dem er noch immer eng befreundet ist und mit dem er die Mußestunden im Tunnel verplaudert. Er spricht zuerst von unserer Hilfe für das Dorf beim Brand von Bongo. Als ich sage, daß die armen Opfer dennoch gestorben sind, weist er darauf hin, wie ihre Angehörigen es den Leuten von Bongo gar nie übelgenommen hätten, daß sie hier verbrannten, weil man – eben nicht die Leute von Bongo, sondern der weiße Doktor – sie so aufopfernd gepflegt habe. Als ich darauf hinweise, daß die Dorfbewohner sich damals alle sehr aktiv an der Fürsorge für die Verletzten beteiligt hätten, kommt Abinu, wie seinerzeit, auf die Gendarmen zu sprechen. Er wiederholt seine vor sechs Jahren geäußerte projektive Befürchtung, daß die Leute von Bongo der absichtlichen Tötung jener harmlosen Festgäste bezichtigt worden wären, wenn nicht der weiße Doktor für das Dorf eingestanden wäre. An dieser Geschichte entspricht einiges nicht der äußeren Wirklichkeit: Weder hatten die Nachbarn von Yenima, noch die Gendarmen, noch irgendwer die Bongoleute und schon gar nicht Abinu bezichtigt, noch wurde ich von irgend jemandem außerhalb des Dorfes befragt, noch auch wurde meine bescheidene Hilfe von irgend jemandem außer den unmittelbar Beteiligten beachtet. Aber Abinu braucht den durch Projektion geschaffenen gemeinsamen Gegner, gegen den ich ihn wie ein großer Bruder verteidigt hatte, um seine identifikatorische Übertragung in allen Einzelheiten dem ehemaligen Muster folgend wiederherzustellen. Folgerichtig kommt er darauf zu sprechen, daß er einen älteren Bruder vermisse. Dann wendet er sich an den Chef, übersetzt ihm alles, und Abinu fühlt sich mit diesen beiden älteren Brüdern (dem Chef und mir) sehr wohl.

Die Vater-Bruder-Identifikation, bei der ich der ältere Bruder für ihn bin, hält bis zur Verteilung der Abschiedsgeschenke vor. Abinu dankt für das Zeltblatt und die Medikamente, ist zufrieden und ein wenig traurig. Es scheint, daß er sich vom wiedergefundenen weißen großen Bruder ohne Gefühle der Frustration oder des Hasses trennen wird. Als er am letzten Tag unseres Aufenthaltes im Gästehaus erscheint, bringt er plötzlich vor, der Chef von Bongo wünsche von mir ein Stück Zeltblatt, Medikamente: genau was Abinu von mir erhalten hat. Ich solle ihm die Sachen beim nächsten Besuch in Sanga mitbringen, er lasse mir sagen, ganz Bongo, das er vertrete, sei mir Freund. Der Chef steht recht unbeteiligt daneben und nickt mir zu, als ich erkläre, daß wir nur für unsere ehemaligen Gesprächspartner Geschenke mitgebracht hätten. Für uns seien eben diese die Vertreter ihres Dorfes.

Vier Wochen nach unserer Rückkehr erhalte ich einen Brief in Abinus Handschrift, der nochmals die gleichen Wünsche nach Geschenken vorbringt und keine Unterschrift trägt. Aus einer Einzelheit ist zu erraten, daß Abinu den Brief im Namen seines Freundes geschrieben hat.

Was war passiert? Die identifikatorische Beziehung, die schon während der Gespräche, wegen einer allzu großen Objektzentrierung auf mich und der damit auftauchenden Gefahr eines ödipal organisierten Rivalitätskonflikts mit mir, oft auf eine Gruppe verteilt und so zu einer Gruppenidentifikation innerhalb der hierarchischen Väter-Brüder-Ordnung erweitert werden mußte, wurde nun genau in gleicher Weise erweitert. Die Regression des Ich, die in einer Patronbeziehung liegt (gib mir, und nur mir allein, ich bin von dir abhängig), war durch die Emotion meines Wiederkommens, durch die von den Geschenken ausgelöste Gier und durch die Frustration der neuerlich drohenden Abreise in Gang gekommen. Das Ich hatte sich flexibel diesen archaischeren Wünschen zur Verfügung gestellt, dabei aber seine Gruppen-Ich-Qualitäten nicht verloren. Identifiziert mit dem Chef und für ihn konnte Abinu, statt mich behalten zu wollen, von mir gierig verlangen, mußte mir wegen einer etwaigen Versagung nicht böse sein, seine Triebwünsche aber auch nicht verdrängen. Der Austausch seiner freundschaftlichen Mitteilungen und der Abschied konnte ohne störende Enttäuschung und ohne Rückzug der positiven Besetzung von mir als »gutem« Objekt erfolgen. Nach meiner Abreise hat Abinu anscheinend seine Ich-Regression bis zur Patron-Beziehung nicht vollständig verhindern können, so daß er sich als Schreiber des Briefes mit der Tendenz des von ihm selber induzierten Briefinitianten identifizierte. Nicht er selber, und nicht der Chef, sondern die Gruppe erlebte mich als »Patron«.

Diamagundo hat zu mir die gleiche freundliche und brüderliche Einstellung wie ehemals. Er freut sich sehr über unser Kommen, erzählt von den Schicksalen der kleinen Großfamilie, der er vorsteht, erwähnt heitere und ernste Themen unserer ehemaligen Gespräche und berichtet über das geistige Leben im Dorf. Dabei achtet er sorgfältig darauf, mir zuerst über alle zu berichten, die ich selber gekannt hatte, hilft meiner Erinnerung nach, wo er glaubt, es müsse mir schwerfallen, wieder anzuknüpfen. Auf den Islam kommt er selber zu sprechen.

Als ich ihm und Abinu die Medikamente geben will, kommt er mit in das Haus seines Neffen. Aufmerksam und geschwind lernt er meine Anweisungen auswendig und veranlaßt mich, beim nächsten Besuch alles nochmals zu überprüfen. Mit sanfter Insistenz zwingt er Abinu, dem es mehr um den Besitz der Medikamente als um die Gebrauchsanweisung geht, gut aufzumerken.

Auch Diamagundo kommt zu einem Abschiedsbesuch ins Gästehaus. Er ist zufrieden, uns wiedergesehen zu haben, und äußert den Wunsch, wir möchten nicht allzu spät wiederkehren, damit er unseren nächsten Besuch noch erlebe. Er ist ausgeglichener Stimmung, jedenfalls nicht traurig. Beiläufig bemerkt er, gerade vor dem Abschied, ohne großen Affekt, etwa wie man eine pikante Geschichte über einen Bekannten erzählt, Abinu habe eines der Medikamente, das er mit Diamagundo hätte teilen sollen, verloren, wie er sage. Das sei nicht wahr. Abinu habe es für sich behalten, es versteckt, ihm, seinem Onkel, seinen Anteil gestohlen und auch noch gelogen. Das sei so seine Art. Ich wisse das ja.

Ich erinnere mich an die Geschichte, die Abinu seinerzeit erzählt hatte, daß sein älterer Bruder einst aus der Kasse der Dorfgemeinde, die Abinu damals zu verwalten hatte, heimlich Geld entnahm. Abinu war in den Verdacht der Veruntreuung geraten. Schon in der Schule war er einem ähnlichen Verdacht ausgesetzt gewesen. Jetzt ist es unklar, welchen Anlaß für die Verdächtigung er seinem Onkel Diamagundo gegeben hat. Sicher ist, daß dieser sich mit dem Aussprechen der Verdächtigung zwei Konflikte ersparen kann. Erstens gibt er seiner Rivalität mit Abinu in bezug auf meine Gunst Ausdruck. Zweitens kann er sein eigenes Gefühl, er wolle mir etwas rauben – um etwas von mir »zu haben«, jetzt, wo ich ihn verlasse –, projektiv abwehren. Ich biete ihm an, ihm seinen Anteil an den unterschlagenen Medikamenten zu ersetzen. Dieses Anerbieten weist er zurück. Es sei nicht nötig. Das sei ein Medikament für Kinder und er habe keine kleinen Kinder mehr (dabei hat Diamagundo kleine Enkel), er werde Abinu keine weiteren Vorwürfe machen. Jener sei eben etwas selbstsüchtig. Er, der Ältere, habe das längst eingesehen; das störe seine Beziehung zu Abinu keineswegs. Ich hätte für ihn und sein Dorf genug geleistet. Er wollc mir danken und es liege ihm fern, noch etwas von mir anzunehmen, das ich dem Dorf schon einmal gespendet hatte.

Als Onkel, in der Rolle eines älteren Bruders, muß und darf Diamagundo über Abinus Moral urteilen. Aber er muß ihm auch helfen, er darf ihn nicht verurteilen. Bloßstellen vor mir hat nicht die gleiche Bedeutung wie bei uns. Eine Unterschlagung wird, wie jedes Vergehen, bei den Dogon weniger schlimm, wenn sie offen besprochen worden ist. Durch die Zurückweisung meiner Offerte übernahm Diamagundo seine Rolle als verantwortlicher älterer Bruder. Die spannungsfrei mögliche, identifikatorische Tumobeziehung (wir sind Kameraden der gleichen Altersklasse) wäre gestört worden, wenn das Annehmen meiner zusätzlichen Gabe seine gierigen Abhängigkeitswünsche symbolisch bestätigt hätte. Dann wäre er auch in den Bereich seiner Rivalität mit Abinu geraten, während der materielle Verzicht ihm die moralische Überlegenheit des älteren Bruders verlieh, Abinu mit seiner Schwäche zu akzeptieren.

Die Elastizität von Diamagundos Ich ist uns vor sechs Jahren aufgefallen, als wir die täglichen Gespräche abbrechen mußten, da unsere Abreise bevorstand. Auch damals wurden gierige orale Wünsche wach, die so abgewehrt wurden, daß das Ich sich umorientierte und die Beziehung zum Objekt nicht aggressiviert werden mußte. Die auffallende Konstanz der Ich-Funktionen des weisen Diamagundo dient der Erhaltung konstanter befriedigender Objektbeziehungen. Dabei regrediert sein Ich flexibel so weit, primitive und gierige orale Wünsche

zuzulassen; elastisch stellt es sich sogleich wieder auf ein Niveau ein, wo das Identitätsgefühl (der Einklang zwischen Ideal-Selbst und sozialer Rolle) gut ist und die Abwehr der störenden Es-Wünsche ohne Verdrängung mittels Identifikation und Projektion möglich ist.
Man kann von Abwehrmechanismen sprechen, wenn Diamagundo seine Wünsche Abinu zuschreibt, ähnlich wie Abinu seine Wünsche dem Dorfchef zugeschrieben hatte, sie in ihn projiziert, und wenn er sich mit einem älteren Bruder Abinus identifiziert. Sobald die Abwehrfunktion ihren Zweck erfüllt hat, einen Konflikt zu vermeiden und die Aggression in einer Form zu befriedigen, die nicht zu Schädigung führt, tritt die Abwehrfunktion zurück. In seiner wieder hergestellten Identität als älterer Bruder und alter weiser Kamerad des weißen Doktors sind die identifikatorischen Funktionen konfliktfrei geworden und tragen zur sekundären Autonomie seines Gruppen-Ich bei.
Es war 1960 nicht sicher, ob sich der 16jährige *Dogolu,* der sich mitten in einer Identitätskrise befand, wieder in sein Dorf einordnen würde. Er neigte damals zu einer passiv-homosexuellen Einstellung, deren Herkunft aus seiner Beziehung zum Vater und älteren Bruder aufgeklärt wurde. Gegen eine spätere klaglose Einordnung in die Dorfgemeinschaft sprach, daß er schon in der Kindheit eine ungewöhnliche Isolierung von den Kameraden erlebt hatte, daß ihn sodann sein sonderlicher Vater für sich beanspruchte, daß er nach jahrelanger Abwesenheit in der städtischen Schule dem Leben im Dorf und seinen Kameraden entfremdet nach Bongo zurückgekehrt war. Für die Chance seiner Einordnung sprach, daß er während unserer Besprechungen und nach der Deutung seiner passiv-homosexuellen Übertragung eine phallische Haltung fand, sich den Kameraden im Dorf anschloß, mit dem Vater Frieden machte und die Behandlung abbrach.
Dogolu, der mit 16 Jahren noch recht kindlich ausgesehen hatte, ist nun ein stattlicher junger Mann von 22 Jahren, in europäischer Kleidung. Er stellt sich uns als Krankenpflegerlehrling der Poliklinik von Sanga vor. Er hatte, ohne die Unterstützung seines Vaters, den Beruf gefunden, der es ihm ermöglichte, im Dorf zu bleiben und sogar im Ansehen sehr zu steigen, seiner Europäisierung Rechnung zu tragen und – sich mit mir zu identifizieren.
Er kommt auf unsere Gespräche zurück. Er habe sich gesagt, er müsse Leute in Sanga behandeln wie der Weiße, dann gehöre er zum Dorf, auch wenn er lange fortgewesen sei und nie bei der Maskengesellschaft mitgemacht habe. Über seinen Vater spricht er liebevoll, aber nicht unterwürfig. In seinen Zukunftsplänen ist er optimistisch, unternehmend und vernünftig. Er will im nächsten Jahr mit der regulären

Schule für Krankenpfleger anfangen. Später will er nach Sanga zurückkehren oder wenigstens eine Frau von hier nehmen. Er fühlt sich jetzt eindeutig dem Dorf zugehörig, allerdings nicht dem Einzeldorf (Bongo), sondern der ganzen Dorfgruppe Sanga. Zu mir hat er eine freundliche und zuerst unabhängige Beziehung. Von seiner passiv-homosexuellen Einstellung ist nichts zu bemerken, bis wir auf seinen Religionswechsel zu sprechen kommen.

Er ist vor einem Jahr Muselmane geworden. Es ist klar, daß er dadurch seine Ausnahme-Identität im Dorf bestätigt. Es paßt für ihn. Als er vom Marabu spricht, der ihn bekehrt hat, bekennt er mit schwärmerischem Augenaufschlag und beseligter Stimme, daß dieser ihm sexuelle Enthaltsamkeit bis zu seiner Eheschließung aufgetragen habe. Dahin scheint nun die erotisierte passive Unterwerfung übertragen worden zu sein. Ich frage, ob er sich denn an dieses Gebot halte? Er habe sich doch schon mit 16 Jahren darauf vorbereitet, mit Mädchen zu schlafen. Er erinnert sich sofort an das Gespräch, in dem ich ihm gedeutet hatte, er wünsche von mir masturbiert zu werden. Dann lacht er und gesteht, daß er eine Geliebte habe. Der Marabu sei mit ihm trotzdem zufrieden, weil er es nicht wisse.

Nach diesem Geständnis weiß Dogolu nichts mehr zu erzählen und verlangt, ich solle ihm Medikamente schenken. Diese Bitte klingt sehr vernünftig; sie wird, weniger maßvoll, in einem Brief wiederholt, den er bald nach unserer Abreise schreibt. Offenbar hat meine Deutung seiner Unterwerfung unter den Willen des Marabu zu einer Erleichterung geführt: Die dadurch vertiefte Beziehung zu mir löste Gefühle, vielleicht solche passiv-homosexueller Art aus und rief nach einer Abwehr. Bis dahin hatte er zu mir wie zu einem älteren Berufskollegen gesprochen. Während er vor sechs Jahren eine Vertiefung der Beziehung und die Fortsetzung der Gespräche durch eine verstärkte Einordnung in die Gruppe seiner Alterskameraden vermieden hatte, identifizierte er sich nun mit seiner »europäischen« Rolle als Krankenpfleger und nahm dafür mich als Patron an. Der passiv-homosexuellen Übertragung auf phallischer Stufe wich er regressiv in eine orale Identifikation aus, die ihm aber ein halbwegs konfliktfreies Funktionieren seines Ich und die Befriedigung seiner rezeptiven Wünsche gewährleistete – solange ich mich der Rolle des Patrons gemäß verhielt, die er mir mit einer alloplastischen Identifikation zugeteilt hatte.

Dagi, der sogenannte Faulpelz, der junge Mann aus Banani, der, in seiner Familie entwurzelt, versucht hatte, sich uns anzuschließen, wirkt immer noch als »marginal man«; er ist Muselmane geworden. Bei seinen Mitbürgern hat er etwas mehr Ansehen gewonnen. Vor allem anerkennt man, daß es ihm gelungen ist, sich von einem Europäer die Reparatur seines defekten Gebisses bezahlen zu lassen. Da er seine Rolle als Faulpelz nicht aufgab, nämlich nichts für seine Familie tat, hat er noch immer keine Frau gefunden und wird im Grunde noch mit Herablassung behandelt. Man schiebt ihm wohlwollend Arbeiten zu, die er leisten kann, ohne seine passive Opposition aufzugeben.

Es scheint, daß die Dogon eine bestimmte Einstellung zu den traditionellen Wertsystemen und die Teilnahme an bestimmten Aktivitäten als Grundlage ihrer eigenen Identität ansehen. Zu den Wertsystemen gehört es, gegen Andersartige tolerant zu sein. Die Erhöhung des Ansehens, die Dagi aus anderen Gründen genoß, konnte seine aktive Teilnahme am Leben der Gesellschaft nicht ersetzen. Er ist ein Outsider geblieben. Wenn hingegen ein Dogon in der europäisierten Fremde gewesen ist, nach Jahren ins Dorf zurückkehrt und sich hier wie ein Dogon benimmt, ist er rascher in der Hierarchie des Ansehens gestiegen, als es seinen Jahren entspricht: daß er diese Erfahrung gemacht hat, wird ihm angerechnet, sobald er wieder aktiv am Leben seiner Familie und des Dorfes teilhat.

Einige unserer Partner waren nicht in Sanga. *Yasamayes* Mann *Ali* hat eine Niederlassung seines Handels mit Zwiebelkugeln in Bamako gegründet, dort ein Haus erworben und Yasamaye anvertraut, während er eine zweite Frau genommen hat, die sein Haus in Ogolna bewohnt. Die Bevorzugung, in der Hauptstadt zu leben und bei der Führung des Geschäfts mitzuwirken, stellt offenbar die Bedingung dar, die es Yasamaye ermöglichte, ihren Mann mit einer Rivalin zu teilen, statt ihn zu verlassen. Ali hat einen Kompromiß zwischen dem Wunsch seines älteren Bruders, er solle eine zweite Frau nehmen, und den Ansprüchen seiner überlegenen ersten Frau gefunden und seiner doppelten Identität als Dogon und reisender Händler Genüge getan.

Amegere soll eine Mittelschule in Ségou besuchen und auf dem Wege sein, Beamter zu werden. Dieser Beruf war in den Phantasien seiner Pubertätszeit als Ausweg aus dem Konflikt erschienen, seinem Vater, dem Dorfchef, treu nachzufolgen und ihn und seine Brüder zu übertreffen und zu besiegen.

Barobo, unser vorzüglicher Übersetzer, ist Lehrer geworden und lebt in einem anderen Dorf. Seine politisch orientierte Aktivität konnte sich zuhause nie gut entfalten. Der Berufswechsel dürfte ihm die Rolle gebracht haben, die seinen Fähigkeiten und Wünschen entspricht.

Ana ist noch immer Wirt im Gästehaus. Er sieht älter aus, ist aber in jeder Hinsicht der gleiche geblieben. Seine heranwachsenden Kinder helfen ihm bei der Arbeit. Während unseres Aufenthaltes sorgt er wie früher für uns. Er sieht der neuen Zeit klarer ins Gesicht als andere. In seinem Eisschrank, den er so gepflegt hat, daß er neu und sauber

aussieht wie vor sechs Jahren, hat er statt Bier nur filtriertes Wasser zum Ausschank. Fast ein Jahr lang konnte er nicht einmal Mehl erhalten, um zum Markttag Brot zu backen. Jetzt hat er wieder einen Sack Mehl, und am Morgen des Markttages verkauft er wie ehemals seine schmackhaften Brote. Die Zeiten sind nicht schlecht, meint er. Bald wird das Sigi-Fest stattfinden, das alle 60 Jahre die spirituellen Kräfte des Dogonvolkes erneuert und die Kraft der Ahnen unter die Lebenden verteilt. Das wird die Freude an der Arbeit und das Glück der Familien bestärken, und es werden viele Fremde ins Land kommen, um das Fest zu sehen, und Geld ins Land bringen.
Als unsere Gespräche mit ihm eine wehmütige Wendung nehmen, wir nahe daran sind, von der guten alten Zeit zu schwärmen, spricht er nicht weiter. Bald darauf erscheinen der Reihe nach die Kinder, die damals noch ganz klein waren. Er hilft uns, sie zu erkennen; das ist Anas Tochter, das der melancholische Kleine, der damals im Gästehaus geholfen hat, und der Kleine, der heute hilft, ist der Sohn des Jägers, der damals kaum drei Jahre alt war und immer den Weißen nachlief. So zeigt er uns: Die alte Zeit war die unsere; eine neue Generation wird eine neue Zeit haben. Gegen das Vergangene und das, was aufhört, steht das, was uns fortsetzt und in die Zukunft weist.
Ogobara ist nicht im Dorf. Als Leiter der Tanzgruppe von Sanga befindet er sich am »Premier festival mondial de l'art nègre« in Dakar. Dieser Mann, der befürchten mußte, wegen seiner politischen Vergangenheit im neuen Staat keine Rolle mehr zu spielen, hat nun wieder die schwierige Aufgabe übernommen, die dem Chef von Sanga von jeher zukam: Das Dorf bei den »fremden« Machthabern zu vertreten, mit der Macht und Würde der Chefferie; sich den Stärkeren anzupassen und doch die Interessen seiner Mitbürger nicht zu verraten. Die Kraft dazu schöpft er aus den Quellen der Tradition, im Einklang mit den Alten und den Vorfahren, und gestärkt vom Zauber der Maskentänze. Die Geschmeidigkeit, die für den Umgang mit den Fremden nötig ist, muß aus der Weltkenntnis und Anpassung des Chefs an die fremden Herren kommen.
Als Muselmane modern, den Traditionen seines Volkes tief verbunden, ein Maskentänzer und Geschäftsmann, ein Dorfchef alten Stils und ein kluger Regisseur des modernen politischen Tanzes, so ist uns Ogobara seinerzeit erschienen. Er hat früh erfaßt, auf welchem Gebiet die Zukunft seines Volkes und damit die eigene und die seiner Familie liegt: in der Bestätigung der Macht der alten Riten im Zentrum der neu zum Kraftquell des Staates erhobenen »négritude«. Tief identifiziert mit dem, was er als Volk vertritt, kann er als moderner Muselmane die Dogontradition fortsetzen. Sein Gruppen-Ich ist fähig, das Alte mit dem Neuen zu vereinen.

Folgerungen

Ich habe einiges berichtet, was uns bei einem der Katamnese nach einer ethnopsychologischen Forschung gewidmeten kurzen Besuch in Sanga und Umgebung auffiel. Die Art, wie die Gemeinschaft auf die fortschreitende »acculturation« reagierte, die Einstellung unserer ehemaligen Exploranden zu uns und die Lebensschicksale verschiedener Personen scheinen geeignet, psychologische Annahmen zu belegen, die wir 1960 gemacht haben.

Ein Ich, das für zahlreiche seiner Funktionen auf die »Gruppe« angewiesen ist und das wir deshalb Gruppen-Ich genannt haben, konnte in manchen seiner Funktionen beschrieben werden. Besonders deutlich schienen uns Besonderheiten des Gruppen-Ich auf zwei Gebieten hervorzutreten: bei der Wiederbelebung der Übertragung, die aus den psychoanalytisch orientierten Gesprächen mit uns herstammte, und bei der Bewältigung von Zeiterscheinungen (Teuerung, Islamisierung). Nach europäischem Muster wäre das erste ein individueller, das zweite eher ein kollektiver Vorgang. Die Dogon waren auf beiden Gebieten in ganz bestimmter Weise auf die Gruppe angewiesen.

Die Bedeutung des Clangewissens ist weniger hervorgetreten, vor allem weil sich während unseres kurzen Besuches Konflikte nicht so weit entfalten konnten, daß es möglich gewesen wäre, die dabei wirksamen Funktionen des Überich von Ich-Leistungen zu unterscheiden.

Dort wo es nötig schien, um das Schicksal der Dogon als Volk zu beleuchten, habe ich den Begriff der Identität (nach Erikson) angewandt. Das individuelle Identitätsgefühl bezieht seine Stärke – so meine ich – aus der Wahrnehmung, daß die Person dem Ideal-Selbst entspricht, daß ihr Ich mit den gestellten Ansprüchen fertig wird und daß die Inhalte der Ideale und die Leistungen des Ich dem in der Sozietät Geübten und Erwünschten in bestimmter Weise entsprechen.

Seit unserer Untersuchung vor sechs Jahren ist es trotz schwieriger Lebensumstände weder bei unseren Gesprächspartnern noch bei den Dogon von Sanga als Sozietät zu einer Identitätsdiffusion gekommen.

Das Studium von Konflikten, welche andere Seiten der Persönlichkeit beleuchten, war in der kurzen Zeit nicht möglich. Hypothesen über die psychische Entwicklung kann man aus der Katamnese nicht ableiten. Man kann jedoch sagen, daß wir beim neuen Kontakt mit den Dogon nichts beobachtet haben, was unserer Auffassung von der Verarbeitung ihrer wichtigsten inneren Konflikte und von der Entwicklung ihrer Persönlichkeit widersprochen hätte.

9. Persönlichkeitszüge unter dem Druck des Kulturwandels

Manchmal ist es für den Psychoanalytiker möglich, zu formulieren und sogar vorauszusagen, unter welchen Umständen und auf welche Weise wichtige Persönlichkeitszüge unter dem Druck des Kulturwandels entgleisen. Dies möchte ich an zwei Beispielen zeigen. Das erste bezieht sich auf die Dogon, in der Mali-Republik, das zweite handelt von den Agni, in der Elfenbeinküste.

Die Dogon haben eine patrilineare und patriarchale Familienorganisation und eine hochentwickelte heidnische Religion. Sie leben in einem unfruchtbaren gebirgigen Steppengebiet; es sind Getreidepflanzer mit den Traditionen eines fleißigen Bauernvolkes und einer nahezu autarken Wirtschaft.

Die Agni, ein Akan-Volk, die Vettern der berühmten Aschanti, im Regen-Urwald der Elfenbeinküste, sind matrilinear organisiert. In ihrer synkretistischen Religion mischen sich heidnische, vor allem animistische Elemente mit christlichen. Ehemals Jäger und Beutekrieger mit aggressiven Königreichen, produzieren sie heute als Plantagenbesitzer Kaffee für den Weltmarkt.

So verschieden die beiden Völker, im Rahmen des westafrikanischen Raumes, auch sind, man kann nicht behaupten, daß ihr Gesellschaftsgefüge durch die Europäisierung besonders geschädigt worden ist. Im Gegenteil: ihre Lebensformen haben sich bisher als besonders widerstandsfähig erwiesen; David Riesmann würde diese Völker »traditionsgeleitet« nennen.

Doch war der Druck von außen, dem die beiden Völker ausgesetzt waren, ein sehr verschiedener. Die Dogon boten der französischen Kolonialmacht keine wirtschaftlichen Vorteile. Ihre althergebrachte Hirseproduktion in Pflanzgärten wurde lediglich durch den Anbau von Zwiebeln ergänzt, die getrocknet und in die umliegenden Gebiete exportiert werden konnten. Dem politischen Druck der kommunistischen Partei und der neuen staatlichen Organisation der Mali-Republik (seit 1960) begegneten sie nicht anders als früher dem Druck der Kolonialmacht. Einerseits zahlten sie geduldig den Tribut, der von ihnen verlangt wurde, blieben arm und lebten weiter so wie freigelassene Bauern in alter Zeit. Andererseits gelang es ihnen, den Zusammenhalt zu bewahren und ihren Sitten und Bräuchen treu zu bleiben.

Die Agni, der Macht ihrer Königtümer beraubt und politisch zersplittert, wurden von der westlichen Welt als dekadent und dem Untergang geweiht angesehen, seitdem man sie kannte. Man kann sich kaum einen mächtigeren Impuls zu einem Kulturwandel vorstellen als die Verhältnisse, denen sie während der letzten 80 Jahre ausgesetzt waren; ein übers andere Mal mußten sie von einer Produktionsweise zu einer anderen, von einem Wirtschaftssystem zu einem anderen übergehen. Köbben und Dupire haben besonders ein Problem studiert, das sich von diesen Verhältnissen ableitet, das des Eindringens der »Djoulas«, der Fremdarbeiter aus dem Norden. Doch auch die Agni blieben, wenn man von zahlreichen Einzelheiten absieht, ihren Traditionen treu. Sie neigen eher dazu, das moderne Leben ihren eigenen Bräuchen anzugleichen, als ihre Traditionen einem grundsätzlichen Wandel zu unterziehen.

Es sind natürlich nicht vor allem psychologische Faktoren, die Konstanz oder Veränderung einer Gesellschaft bewirken. Am wichtigsten ist die Abhängigkeit eines Volkes von seinen materiellen Lebensumständen; diese wirken auf soziale Einrichtungen und Beziehungen; die psychologischen Veränderungen bei Gruppen und Individuen sind eher als Folge und nicht als Ursache anzusehen. Trotzdem ist die psychoanalytische Methode geeignet, auch den Kulturwandel zu studieren, weil seine Wirkung dort erfaßt wird, wo sie sich zuerst geltend macht, gleichsam als Psychopathologie. Im Mittelpunkt der Beschreibung steht das Individuum, das nicht mehr gleich funktioniert wie vor der Veränderung seiner Umwelt. Kollektive Erscheinungen werden dabei allerdings ebenso wie materielle zuerst als »äußere Einflüsse« beschrieben, obzwar auch sie, in einem zweiten Arbeitsgang, auf ihre psychologischen Faktoren hin untersucht werden müssen.

Ich habe für diese Darstellung Persönlichkeitszüge ausgewählt, die ein gutes Funktionieren in der Gesellschaft gewährleisten, dort häufig und normal sind und zum Wohlbefinden und Identitätsgefühl der Personen beitragen. Bei einigen Personen konnte ich ein partielles oder vollständiges, kurzfristiges oder anhaltendes Versagen jener psychischen Funktionen beobachten und beschreiben.

Die *Dogon* erwerben während der seelischen Entwicklung die Fähigkeit, zwei spezifische Formen stabiler identifikatorischer Beziehungen zu ihren Mitmenschen herzustellen. Diese sind beim Erwachsenen fest etablierte Ichfunktionen. Sie gewährleisten eine relative Autonomie des Ich, das heißt: solange eine Person diese identifikatorischen Beziehungen zu den Mitmenschen aufrechterhält, ist ihr seelisches Gleichgewicht ungestört. Die eine Form ist die simultane oder alternierende identifikatorische Beziehung wie zu einem älteren oder einem jüngeren Bruder. Ich nenne sie die Identifikation mit der vertikalen Väter-Brüder-Reihe. Die andere Form ist die Beziehung mit einer Anzahl gleichgestellter, gleichgeschlechtlicher, auswechselbarer Personen der gleichen Altersklasse (tumo), entsprechend der horizontalen

Sozialstruktur der Altersklasse, die in sich geschlossen, von einer übergeordneten Autorität abhängig ist.

Während der psychoanalytischen Gespräche kam mir in der Übertragung im raschen Wechsel die Rolle des älteren und jene des jüngeren Bruders zu; beide konnten durch die ganz andere Beziehungsform, wie zu einem Angehörigen der gleichen Altersklasse, abgelöst werden.

Wenn keine Personen vorhanden sind, die sich für solche identifikatorischen Beziehungen eignen, oder wenn bestimmte überlieferte Bräuche, wie das gemeinsame Arbeiten, Tanzen und Trinken, welche den Vorgang der Identifikation erleichtern, nicht mehr stattfinden, kommt es zu typischen, vorübergehenden oder anhaltenden Störungen der Ich-Autonomie und zu einem Versagen der Gesamtperson.

Die Betrachtung der frühen Kindheit gibt Anhaltspunkte dafür, wie diese Persönlichkeitszüge entstanden sein mögen. Die Dogonmütter tragen und stillen ihre Kinder, bis sie drei oder vier Jahre alt sind. Während dieser Zeit behalten die Kinder, im steten Haut- und Bewegungskontakt mit der Mutter, in hohem Maß die Fähigkeit zum kinästhetischen Mitmachen und anderen primären Identifikationsweisen, bis zu einer Zeit, in der diese von einem relativ reifen Ich mit der Sprache und den anderen Funktionen des Sekundärprozesses verknüpft werden. Bei *unseren* Kindern sind diese Fähigkeiten nur rudimentär erhalten. Im Gewähren und Versagen der Mutter, das schon in der Säuglingszeit anfängt, und in den Trennungskämpfen der Reinlichkeitserziehung (die es bei den Dogon nicht gibt) werden sie durch andere Wege der Ichentwicklung abgelöst. Bei der Abstillung, die bei den Dogon im vierten Lebensjahr erfolgt, wenden sich die Mütter plötzlich ab und überlassen das Kind der Gruppe seiner Kameraden – zuerst beiderlei Geschlechts –, einer aufsteigenden Reihe von schützenden, pflegenden und einschränkenden Gestalten, in der die eigenen Eltern nur *einen* Platz unter vielen einnehmen.

Das Wohlbefinden der Kinder in der Gruppe und ihre Einordnung ist erstaunlich. Das weitere Leben bietet Gelegenheit zur Ausdifferenzierung der Fähigkeit, identifikatorische Beziehungen mit den Mitgliedern einer Gruppe herzustellen. Immer wenn eine Lösung für wichtige Konflikte gefunden werden muß oder wenn bestimmte Aufgaben zu erledigen sind, findet sich eine soziale Institution, die den passenden Rahmen für das identifikatorische Bedürfnis hergibt. Diese verhilft dazu, die entsprechenden Emotionen zu erleben und Konfliktlösungen zu finden, die für die Gesamtperson passen. Als Beispiel solcher sozialer Einrichtungen führe ich an:

für die »horizontale« Reihe der Tumo: die Initiation und Beschneidung (in der Vorpubertät), den Eintritt in die Maskengesellschaft (zur

Adoleszenz), die Gemeinschaftsarbeit und die Brautwerbung (bei Gründung eines Hausstandes);
für die vertikale Identifikationsform: die Einordnung in die Geschwisterreihe, in die Großfamilie, in das Dorf.
Die verschiedenen mit diesen Schritten verbundenen praktischen und rituellen Funktionen bieten die Modalitäten gemeinsamer Bewegung, gemeinsamen Trinkens und ähnliche an, welche die Identifikation erleichtern.
Mit einigen Beispielen will ich andeuten, was passiert, wenn die Umwelt diesem kulturspezifischen Persönlichkeitszug nicht mehr entspricht.
Ein fröhlicher, tüchtiger und intelligenter Dogon von etwa 30 Jahren verhielt sich in der ihm fremden Stadt Mopti am Niger, wo er sich einen Tag lang aufhielt, derart verstört, daß er allein nicht einmal den Schatten aufsuchen oder seinen Durst mit dem Wasser des Niger stillen konnte. Automatenhaft tat er, was ich ihm sagte. Er wirkte wie ein katatoner Schizophrener, wurde aber sofort wieder normal, als er zurück in sein Dorf kam.
Dogon, die allein in der Fremde leben, sind oft in gedrückter, deprimierter Stimmung. Treffen sich zwei irgendwo im Ausland, stellen sie mit den traditionellen Grußformeln, einem rasch ablaufenden ausgedehnten Austausch von Fragen, Antworten und Gegenfragen den ersten Kontakt her. Wenn irgend möglich, gehen sie dann dazu über, einander Fabeln und humoristische Märchen (elume) zu erzählen. Dann haben sie nicht nur einen Freund gefunden; auch ihre Stimmung ist anders, sie sind aktiver geworden und besser imstande, ihre Arbeit auszuführen.
In einem Dorf, in dem man wegen der vor einigen Jahren freiwillig eingegangenen Islamisierung alle Rituale einschließlich der Maskentänze abgeschafft hatte, zeigten die Einwohner im Rorschachtest durchwegs viel eingeengtere Persönlichkeiten als in den anderen Dörfern.
Noch deutlicher war die Störung bei der psychoanalytischen Untersuchung von Einzelpersonen, bei denen die beschriebenen Identifikationsformen nicht mehr funktionierten. Sie verhielten sich wie Neurotiker, das heißt, sie wurden mit ihren inneren Konflikten nur schlecht fertig und waren an ihre Gesellschaft mangelhaft angepaßt. Da war ein junger Familienvater, der als jüngster Sohn einer Mutter, die ihn nicht loslassen wollte, praktisch in einer Kleinfamilie aufgewachsen war. Ein junger Mann, der sich als Kind nicht in eine Dogon-Geschwisterreihe einordnen konnte, weil seine Eltern damals fern vom Dogonland lebten. Ein Jüngling, der keiner tumo angehörte, weil sein etwas sonderlicher Vater ihn getrennt von den andern der Initiation

und Beschneidung zuführte und ihn dann aus dem Dorf in eine Schule fortgab. Sie alle waren aber nicht ganz unfähig zu identifikatorischen Beziehungsformen. Sobald einige Konflikte entspannt waren, konnten sie uns, die wir in diesen Fällen als Therapeuten wirkten, aufgeben und sich wieder einordnen.

Man kann abschätzen, was passieren würde, wenn sich die Lebensformen änderten, so daß die Umgebung für diese erworbenen Fähigkeiten ungeeignet würde. Für lange Zeit, das heißt, bis sich auch die entsprechenden Formen der Erziehung einschließlich der Gewohnheiten, Wertsysteme und Konfliktlösungen der erziehenden Eltern geändert hätten, müßten die Dogon auf den besten Teil ihres sozialen Charakterverhaltens verzichten. Dabei ist es beinahe gleichgültig, ob etwa eine Überbevölkerung sie zur Auswanderung zwingen würde, ob eine neue Produktionsweise die Einzel- statt der Gruppenarbeit begünstigen würde oder ob durch eine erzwungene Islamisierung oder irgendeinen anderen Einfluß auf ihre herkömmlichen Sitten die Modalitäten des sozialen Lebens andere würden: Sie hätten – als Einzelpersonen und als Volk – viel schlechtere Chancen, sich im Leben zurechtzufinden, und sie hätten wahrscheinlich eine Zunahme psychisch Kranker zu verzeichnen.

Bisher haben sich gerade das Bedürfnis und die Fähigkeit der Dogon, identifikatorische Beziehungen einzugehen, zusammen mit der Familien- und Sozialorganisation und den stark ritualisierten mythisch-religiös-politischen Institutionen als sehr stabil erwiesen. Die bei allen Völkern rundum tief eingreifende Islamisierung hat – ebenso wie die Christianisierung – kaum einen Einlaß gefunden. Die Veränderungen der neuen Zeit wurden eher in die Gesellschaft integriert, als daß sie zur Anomie und zu psychiatrischen Erkrankungen geführt hätten.

Bei der durchaus andersartigen Lebensform, Familien- und Sozialstruktur der *Agni* ist nicht zu erwarten, daß sie große psychologische Ähnlichkeiten mit den Dogon aufweisen würden. Bekanntlich ist die matrilineare Familienorganisation nicht einfach ein Spiegelbild der patrilinearen. Ich glaube sogar, daß es nicht angängig ist, von einer der unseren entsprechenden Familienstruktur zu sprechen. Die soziale Umwelt, in der das Agnikind aufwächst, ist vielmehr durch eine Vielzahl sich überschneidender, konkurrierender und sich ergänzender sozialer Funktionskreise charakterisiert. Jeder dieser Kreise, mehrere oder alle zusammen bilden, je nach der Gelegenheit, das, was wir als familiäres System bezeichnen können. Diese besondere soziale Umwelt bedingt einen grundlegend anderen Ausgang der frühkindlichen Konflikte.

Wie bei den Dogon werde ich auch bei den Agni einen Persönlichkeitszug hervorheben, der für ihr persönliches Wohlbefinden und für ein reibungsloses soziales Verhalten unerläßlich ist. Wenn ich im folgenden von Identifikation rede, meine ich das unbewußte Hereinnehmen eines ganz isolierten Merkmals, eines typischen Verhaltens einer bewunderten oder gefürchteten Person, ganz anders als bei der identifikatorischen Beziehung, wo man mit einem anderen Menschen in Beziehung tritt, indem man sich mit ihm gleichsetzt.

Die Agni sind darauf angewiesen, sich einem Chef oder einer anderen mächtigen Autorität, die einen Zwang auf sie ausübt, zu unterwerfen. Ist dies geschehen, können sie sich mit seinen aktiv-aggressiven Eigenschaften identifizieren und selber aktiv werden. Fehlen entsprechende Autoritäten, werden sie durch psychische Mechanismen hergestellt. Dazu dienen dauerhafte Projektionen, alloplastische Identifikationen und Übertragungen: in der Phantasie werden bestimmte Personen, denen geeignete soziale Rollen zukommen, mit den nötigen Eigenschaften ausgestattet, und sie werden entsprechend emotional »besetzt«. Die betreffenden Autoritäten werden neu kreiert oder von anderen Völkern übernommen. Messianische Bewegungen sind für diesen Ausgleich besonders geeignet. Fallen sie plötzlich aus, kommt es zu schweren Störungen in den verschiedensten Bereichen der Persönlichkeit.

Es wird nicht verwundern, daß die Agni die Toleranz des Analytikers schlecht vertragen konnten. Für sie waren wir, zumindest zu Beginn der Gespräche und oft auch später, aggressive, eingreifende und manipulierende Teilobjekte. Ihr eigenes Sprechen und sogar ihre Gedanken erlebten sie dann als Ausdruck eines unausweichlichen Zwanges, der vom Analytiker ausging. Doch benötigten sie einen solchen Zwang, um mit uns, ebenso wie mit ihren eigenen Leuten, überhaupt eine tiefere Beziehung herzustellen. Sobald der Zwang aufhörte, weil es die äußeren Verhältnisse nicht mehr gestatteten, uns in dieser Art wahrzunehmen, kam es zu Ich-Regressionen. Wenn andererseits die Furcht vor einer aggressiven Vergewaltigung allzu groß geworden war, kam es zu einer Abwehr, ebenfalls in Form einer Ich-Regression: Verfolgungsideen traten auf, die Wahrnehmungen wurden ungenau und verzerrt, das Denken verwirrt und die Sprache zerfiel zu einem »Wortsalat«, wie bei manchen Schizophrenen. Doch erholten sie sich jeweils rasch und ohne unsere Hilfe und hatten bald den Zustand eines milden äußeren Zwanges, der von außen kam, wiederhergestellt.

Ich versuche, die Entstehung dieses einen, wichtigen Persönlichkeitszuges nachzuzeichnen:

Die Agnimütter tragen und stillen ihre Kinder in einer scheinbar völlig bedürfnisbefriedigenden Weise. Sie erleben sich – bewußt – als ein Instrument, alle Bedürfnisse des Säuglings sofort und vollständig zu stillen. Sobald das Kind gehen kann, also zumeist in der ersten Hälfte des zweiten Lebensjahres, wird es plötzlich abgestillt, und die Mutter wendet sich emotionell von ihm ab. Die bewußte Begründung ist, daß Platz für das nächste Kind geschaffen werden muß. Emotionell ist es für die Agnimutter unerträglich, daß der Säugling, den sie als Teil ihrer selbst erlebt, unabhängig wird. In den kommenden Jahren, dem Kleinkindesalter, ist die Verbindung zwischen Erwachsenen und Kindern sonderbar. Die Pflege und Fütterung erfolgt lieblos und rücksichtslos. Es gibt strenge, oft höhnische Befehle und beinahe keinen dialogischen Austausch. Der intensivste Kontakt besteht darin, daß die Mutter dem Kind ein- bis zweimal täglich einen Einlauf mit einer scharfen Pfefferaufschwemmung verabfolgt. Dieses Verfahren, das von den Säuglingen zwar mit körperlichen Schmerzen, aber emotionell gut vertragen wird, gewinnt nun den Charakter einer unausweichbaren Vergewaltigung. In diesen Jahren sind die Kinder unglücklich, zeigen Adynamie, vokale und motorische Stereotypien und ähnliche Symptome schwerster Frustration, unterbrochen von Anfällen kraftloser und oft zielloser Wut. Mit 5 bis 7 Jahren ändert sich das Bild. Die Mädchen beginnen bei den weiblichen Arbeiten aktiv mitzumachen, die sie durch Imitation und befehlsartige Anweisungen erlernen. Die Knaben schließen sich zu Gruppen zusammen, spielen miteinander, entfalten Intelligenz, Lernfähigkeit und sogar körperliche Fertigkeiten. Wenn man diese Gruppen näher beobachtet, zeigt es sich jedoch, daß sie immer wieder zerfallen; sie werden von unbeherrschbarem Neid und hilfloser Wut überschwemmt und aufgespalten. Jetzt sind fast alle Kinder auf Einläufe süchtig geworden und bleiben es – im Rahmen hypochondrischer Ängste um das Funktionieren des Körpers – zeitlebens.

Die Pubertät und die Zeit der Berufswahl und Partnerwahl in der Adoleszenz bringen bei allen Burschen, und in etwas geringerem Maße bei den Mädchen, Erscheinungen mit sich, die wir in unserer Gesellschaft als Zeichen einer Lebenskrise oder sogar einer schweren Psychopathologie ansehen würden: depressive Stimmung, völlige Tatenlosigkeit, Trunksucht, sexuelle Promiskuität, unstetes Leben und leichtere delinquente Akte. Das Interesse am Lernen hört auf.

Trotz dieser schwierigen Entwicklung werden diese Personen zu aktiven Mitgliedern einer Gemeinschaft, die allerdings nach den Anforderungen der mütterlichen Familie strukturiert ist. Wenn die matrilineare Struktur brüchig wird, kommt es zu Streitigkeiten, die wieder durch Anrufung von Schiedsgerichten geschlichtet werden, deren Forderungen man ausführen muß. Ist schließlich das persönliche Unglück zu groß geworden, fühlt man sich von Hexen verfolgt (die übrigens mit seltenen Ausnahmen der mütterlichen Sippe angehören) und sucht eine Magierin oder einen fremden Messias auf. Strenge Forderungen und Verhaltensregeln werden von diesen Instanzen auferlegt. Sie können sonderbarerweise eingehalten werden. Das Individuum hat für einige Zeit sein Wohlbefinden, sein Selbstgefühl und ein gewisses Aktivitätspotential wiedererlangt.

Es scheint, daß eine unerträgliche emotionelle Frustration, ein Verlust von Objektbeziehungen und unbeherrschbare Affekte das Agnikind gerade in einer Zeit treffen, in der es eine selbständige Aktivität erlernen sollte. Die in der phallischen Phase mögliche Zentrierung der Gefühle, die Festigung des Selbstgefühls, das Erlernen aktiver Problemlösungen und entsprechender Fertigkeiten bleiben unvollständig. Mit Ausnahme der körperlichen Fertigkeiten, die sich nie mehr ausbilden, liefert die Sozialordnung das, was für ein erfolgreiches soziales Verhalten nötig ist. Das Bedürfnis, gezwungen und vergewaltigt zu werden, hat sich im Kleinkindesalter in den prekären Beziehungen zur Mutter ausgebildet. Die matrilineare Familienordnung, die auch allen größeren sozialen Organismen ihre Gestalt gibt, ist dadurch charakterisiert, daß die Macht und Willensbildung bei den Frauen liegt, die Exekutive und die äußeren Zeichen der Machtentfaltung aber durchwegs bei männlichen Figuren. Erst die Identifikation mit den Merkmalen beider ergibt eine ideale Ergänzung der psychischen Ausstattung.

Bei diesen Verhältnissen kann es nicht verwundern, daß Agnidörfer, die einen Chef oder König haben, der eine starke Persönlichkeit ist, gut funktionieren, während ganz ähnliche Nachbardörfer sich im Zustand der Anomie und des Verfalls befinden. Die Kenner der Geschichte der Akankulturen wissen, wie viele »mütterliche« Züge den grausamen Königen zukamen, die über ihre Untertanen verfügten wie Agnimütter über ihre Kinder. Es ist ein wichtiger Aspekt des religiösen und sozialen Synkretismus der Agni, daß sie gezwungen sind, Autoritäten zu suchen oder zu schaffen, wenn solche in ihrer eigenen Gesellschaft nicht mehr vorkommen.

Die Umformung der Familien- und Sozialordnung droht heute zu einer Entgleisung der Persönlichkeit zu führen. Zu Tausenden strömen psychosomatisch erkrankte oder ratlose Agni dem Heiler Edjro zu. Seine Eingriffe helfen nicht für lange. Die Chefferie, seit siebzig Jahren ihrer materiellen und physischen Machtmittel entkleidet, findet immer seltener kompetente Repräsentanten. Damit sind die Agni einer der wichtigsten institutionellen Stützen beraubt, und zwar zu einer Zeit, in der besondere Anforderungen an sie gestellt sind. Eine industrielle Plantagenwirtschaft kann auf die Dauer nur Erfolg haben, wenn sie auf Jahre hinaus geplant und mit den nötigen technischen Fertigkeiten betrieben wird. Mit ihrer guten Intelligenz erfassen die Agni sehr rasch die Gegebenheiten der neuen Zeit. Der beschriebene Persönlichkeitszug aber zwingt sie, an den alten sozialen Organisationsformen festzuhalten.

Der Schluß läge nahe, daß der Kulturwandel bei den Agni nur dann ohne schwere Störungen vor sich gehen könnte, wenn die neue Gesellschaftsordnung autoritäre Instanzen oder Personen enthielte, die über Prestige und unbeschränkte Gewalt verfügen und gleichzeitig »mütterlich«-fürsorgerische Funktionen ausüben. Dies würde zur heute gegebenen psychosozialen Ausstattung der Agni passen.

Um zu zeigen, daß auch andere Lösungen denkbar sind, möchte ich einen relativ geringen psychohygienischen Eingriff skizzieren, der einer weiteren ungünstigen Entwicklung vorgreifen könnte. Man müßte die Kleinkinder nach der Abstillung bis zum Schulalter in Gruppen zusammenfassen und unter der Leitung entsprechend ausgebildeter junger Mädchen zu kollektiven Spielen und aktiven Lernprozessen anhalten. Durch diese einfache Maßnahme könnte der Objektverlust zum Teil vermieden werden, die emotionelle Frustration würde verringert, und vor allem würde die Ausbildung aktiver Leistungen und haltbarer Gesamtidentifikationen ermöglicht. Weder die Wertsysteme der Agni noch ihre Einstellung zu den Kindern stünden einem solchen Verfahren entgegen. Es könnte die Zeit, die zu einer Umstrukturierung der Familie und der Erziehungsbräuche nötig ist, überbrücken.

Gleichgültig, ob die zukünftige politische Lebensform und Produktionsweise eine mehr individuelle oder kollektive sein wird: Eine höher technisierte Produktion kann sich nicht entwickeln, wenn das Individuum nur dann selbständig zu handeln vermag, wenn es sich einer zwingenden Instanz unterwirft.

Ich habe versucht, Persönlichkeitszüge zu bestimmen, die unter dem Druck des Kulturwandels entgleisen können. Ganz allgemein läßt sich sagen, daß die Individuen, die am tiefsten in ihrer hergebrachten Lebensform verwurzelt sind und in ihr am besten funktionieren, auch am fähigsten sein werden, sich den veränderten Verhältnissen eines Kulturwandels anzupassen. Diejenigen hingegen, die seit Generationen ihre traditionellen Lebensformen Stück für Stück verlassen haben und die ihre erworbene Persönlichkeitsstruktur allmählich aufgeben mußten, sind für die neuen Aufgaben weniger gut ausgestattet. Es bleibt anderen Sozialwissenschaften überlassen festzustellen, ob diese Regel, die für einzelne Individuen gilt, auch für gesellschaftliche Gruppen Anwendung finden kann.

10. Triebschicksale der Aggression

Das weit verbreitete Unbehagen an der psychoanalytischen Aggressionstheorie hat rationale und irrationale Gründe; die ersten könnte man davon ableiten, daß es keine der Libidotheorie symmetrische Entwicklungstheorie der Aggression gibt.

»Kurz zusammengefaßt kann der Unterschied [zwischen der Entwicklung der Libido und der Aggression] so charakterisiert werden, daß man sagt, daß die libidinöse Befriedigung zum Teil zonen-spezifisch ist, während die aggressive Befriedigung nicht zonen-spezifisch ist.« (Hartmann, Kris und Loewenstein, 1949: 33)

Den wichtigsten irrationalen Grund für jenes Unbehagen sehen wir darin, daß die bestehende Theorie uns keine begründete Hoffnung gibt, die schrecklichen Auswirkungen destruktiver Aggression in der menschlichen Gemeinschaft einmal zu beherrschen. Dies legt nahe, eher neue Theorien zu suchen, als die bestehenden, die unsere Ohnmacht zu bestätigen scheinen, auszubauen.

Die metapsychologischen Ansichten über die Aggression, die bereits 1949 von Hartmann, Kris und Loewenstein umrissen wurden, haben sich jedoch durchaus bewährt, als wir sie bei der psychoanalytisch orientierten Untersuchung von Angehörigen zweier afrikanischer Kulturen anwandten.[1] Dabei ergab es sich, daß vor allem zwei Hypothesen eine grundlegende Bedeutung zukommt: Die erste Annahme ist, daß das Schicksal aggressiver Triebregungen von der Ausformung, insbesondere von der kulturspezifischen Ausformung des Ich bestimmt wird. Die zweite lautet, daß das soziale Verhalten des Menschen überwiegend von aggressiven Energien unterhalten wird. Die erste bezieht sich auf die Entwicklung der Aggression, insbesondere auf Ziel und Objekt aggressiver Strebungen, die zweite auf die Funktion der Aggression, sowohl innerhalb und zwischen den psychischen Strukturen als auch im Verhältnis zur Außenwelt. Beide Teile der Theorie haben bei der Konfrontation mit unseren Befunden einen gewissen Ausbau erfahren und mußten andererseits einigen Modifikationen unterworfen werden.

Um psychoanalytische Beobachtungen, die in einem Gesellschaftsgefüge gemacht wurden, z. B. bei den Dogon oder den Agni, mit solchen aus einer anderen Sozietät, z. B. aus dem abendländischen Kulturkreis, zu vergleichen, muß man zuerst eine Reduktion vornehmen:

[1] Unsere Anschauungen über die Aggression bei den Dogon haben wir in einem Artikel (Parin et al., 1969) dargelegt, jene über die Aggression bei den Agni in einem Kapitel des ihnen gewidmeten Buches (Parin et al., 1971: 526 ff.).

man muß die klinischen Befunde auf ihre Bedeutung im Sinne der psychoanalytischen Theorie zurückführen. Das hoch abstrahierte System der Metapsychologie dient als Handhabe, gleichsam als gemeinsamer Nenner für das vergleichende Vorgehen. Würde man hingegen versuchen, komplexere Phänomene (wie etwa Persönlichkeitsstrukturen oder Verhaltensmuster) aus verschiedenen Kulturen zu vergleichen, wären Fehlschlüsse unvermeidlich; allzu verschiedene Faktoren aus der natürlichen und sozialen Umwelt und aus der persönlichen Entwicklung würden eine Gegenüberstellung des psychologisch Relevanten unmöglich machen.

Bei den Angehörigen jener beiden Kulturen, bei denen sich die Erziehungspraktiken stark von den unseren unterscheiden, war es möglich, die Phasen der Libidoentwicklung mit ihren spezifischen Modalitäten, Zielen und Objekten der Libido zu rekonstruieren. Der Verlauf der oralen, analen und phallischen Phase war dem in der abendländischen Kultur durchaus vergleichbar. Der durch den Gang der Reifung bestimmte Einfluß der Libido auf die psychische Entwicklung trat als kulturunabhängiges gemeinsames Merkmal der Menschen aus allen drei Kulturen stark hervor. Die aggressiven Regungen hingegen schienen anderen Gesetzen zu gehorchen als bei uns.

Mit direkter Beobachtung, ihrer Interpretation und mit Rekonstruktionen hat man versucht, die Äußerungen der Aggression von der Geburt an zu erfassen und weiter zu verfolgen (Spitz, 1965). Für das Verständnis der späteren Entwicklung ist es gleichgültig, ob man, wie wir es tun, einen angeborenen Aggressionstrieb annimmt, der sich erst schrittweise entwickelt oder erst geübt und enthemmt werden muß (Spock, 1949), oder ob man die Hypothese vorzieht, daß die Aggression erst aus der Erfahrung von Frustrationen entsteht. Jedenfalls vergeht geraume Zeit, bis sich Aggression organisiert und in den Dienst des Ich gestellt hat. Spitz (1965) leitet aus der Symptomatologie der anaklitischen Depression die Deutung ab, daß die aggressive Erregung als »Trägerwelle« für die libidinösen Bedürfnisse dient. Andere betonen die allmähliche Entwicklung der Aggression aus dem Beißreflex oder dem Affekt der Wut. Die primäre Wut ist ein Affekt, dem als Ziel nur die Entladung zugeschrieben werden kann und der sein genaueres Ziel und sein Objekt erst finden muß, um zu einem Triebwunsch zu werden.

Die ersten Entwicklungsschritte der Aggression beim Kind zusammenfassend, kann man sagen: Zum Unterschied von der Libido, der von Anfang an ein Ziel (die Gewinnung von Lust) und ein Objekt (im primären Narzißmus das primitive Selbst) zukommt, ist die Aggression auf eine wenn auch noch so bescheidene Ichorganisation angewiesen, um ein Ziel und ein Objekt zu finden. Darum kann Aggression nie richtig als psychische Energie an sich beschrieben werden, mit der zum Beispiel eine Objektrepräsentanz besetzt, die neutralisiert, direkt oder zielgehemmt abgeführt wird, ohne daß man die besondere Struktur des Ich berücksichtigt, die allein der Aggression Ziel, Richtung und Objekt zu leihen vermag.

Dies widerspricht einer (z. B. von Karl Menninger, 1949, vertretenen) Auffassung, welche als Ziel der Aggression immer die Zerstörung des Objekts bezeichnet und »der Rigidität der Aggression die Plastizität der Libido entgegenstellt«. Unsere Formulierung entspricht der von Hartmann, Kris und Loewenstein (1949: 18), »... daß sich die Plastizität der Aggression in der Beherrschung des Körpers, im Umgang mit der Realität und bei der Bildung der psychischen Struktur manifestiert«.

Wollte man daran festhalten, daß die aggressive Energie das einzige Ziel habe, das Objekt zu zerstören, müßte man den Dogon, den Agni und den abendländischen Menschen je eine unterschiedliche Triebausstattung zuschreiben; denn die Aggression, die jedem von ihnen zur Verfügung steht, ist qualitativ und quantitativ durchaus verschieden. Daß es solche, für jedes Volk spezifische Triebanlagen[2] gibt, ist äußerst unwahrscheinlich. Hingegen ist nach der ethnopsychoanaly-

[2] Die ethnopsychoanalytischen Beobachtungen scheinen der Theorie von Lantos (1958), die von Spock (1965) und Lincke (1969) weiter ausgebaut worden ist, zu widersprechen. Diese Theorie besagt, daß es, entsprechend der Triebausstattung höherer Säugetiere, auch beim Menschen zweckmäßig wäre, zwischen »objektiver« und »subjektiver« Aggression zu unterscheiden. Die objektive Aggression, die in Freuds erster Triebtheorie als »Hunger« vorkommt, entspricht den von Lorenz beschriebenen Auseinandersetzungen zwischen Raubtier und Beute, die er von der Aggression, »dem gegen Artgenossen gerichteten Kampftrieb« abgrenzt (diese entspricht bei Lantos der »subjektiven« Aggression). Lincke spricht von der destruktiven Wirkung »der subjektiven, intraspezifischen Aggression«. »Sie zeigt die zerstörerische Gewalt von Haß, Neid und Eifersucht in den zwischenmenschlichen Beziehungen und die möglichen pathologischen Folgen verinnerlichter Frustrations- und Rivalitäts-Aggression. Die affektlose aggressive Komponente, die sich in den der Selbsterhaltung dienenden Aktivitäten findet, wurde hingegen von der Psychoanalyse vorübergehend vernachlässigt« (S. 48).
Wollte man die anlagemäßige Fixierung dieser Aufteilung in zwei verschiedene Arten von Aggression gelten lassen, müßte man annehmen, daß die Agni mit einem nur sehr geringen Maß objektiver Aggression ausgestattet sind, da sie fast alle Aufgaben der Lebenserhaltung mit Energien auszuführen scheinen, welche die Merkmale der subjektiven Aggression aufweisen, während man den Dogon eine harmonische Ausstattung, mit einem Überwiegen objektiver Aggression zubilligen müßte. Diese wären wieder, verglichen mit Europäern, mit viel weniger Triebenergie von beiderlei Art ausgestattet. Viel besser als durch Unterschiede der Triebanlage können diese Verschiedenheiten durch typische Besonderheiten des intrapsychischen und interpersonellen Triebschicksals erklärt werden. Die respektiven Ich-Eigenheiten und die gesellschaftlichen Einrichtungen und Gepflogenheiten lassen sowohl einen genetisch-dynamischen als auch einen zureichenden ökonomischen Vergleich der Verhältnisse bei Angehörigen der drei Ethnien zu, was bei der Annahme anlagemäßiger Unterschiede nicht möglich wäre.

tischen Konfrontation die Annahme von der Dualität der Triebe aufrechtzuerhalten. Die Funktion der Aggression muß jedoch relativ weit gefaßt werden.
Die Libido, dem Eros der Antike vergleichbar, ist jene Kraft, die den Menschen zu seinen Mitmenschen hinzieht, die das liebende Paar, die Familie, die Gemeinschaft, ja die ganze Menschheit bindet und zusammenhält. Was aber das Zusammenleben erst möglich und dauerhaft macht, den Beziehungen der Menschen eine Ordnung gibt, Lebenserhaltung und Selbstbehauptung garantiert, gesellschaftliche Strukturen erhält und diese verändert, ist nicht die Kraft der Liebe.[3] Abkömmlinge der Aggression, geformt vom Ich, im Dienste desselben und des Überich, sind es, die im Arbeitsprozeß das Überleben gewährleisten und die Kraft für jede wirksame soziale Ordnung hergeben. Die hierarchische Klassengesellschaft des Kapitalismus und die aus ihr entstandene Leistungswelt der Technik bedient sich der Aggression vor allem in ihrer analen Ausformung: sadistisch, nach außen gerichtet, oder retentiv, festhaltend und ordnend und in Gestalt mannigfacher Reaktionsbildungen. In der Dogongesellschaft zeigt sich Aggression vor allem als orale Einverleibung und als phallische Aktivität, an der man identifikatorisch teilhaben kann. Die Agni weisen zwei typische Integrationsstufen gesellschaftlich strukturierender Aggression auf: die erste oszilliert zwischen oraler Einverleibung und destruktiver Projektion, die zweite zwischen analer Unterwerfung und dem Versuch, phallisch-aggressive Machtansprüche unter der Herrschaft eines phallischen Introjekts zu agieren.
Damit schreibe ich der Aggression eine ähnliche Funktion zu, wie sie – in der ersten Triebtheorie – den Ich-Trieben im Dienste der Selbsterhaltung zukam, besonders wenn man bedenkt, daß der Mensch seine Selbsterhaltung mehr gegen seinesgleichen als gegen andere Lebewesen oder die Naturkräfte durchzusetzen hat. Gerade wegen dieser Ähnlichkeit ist es nötig, den Unterschied zur ersten Triebtheorie hervorzuheben: Ich betrachte das Es als die Quelle der aggressiven Energie, das Ich als die Stätte ihrer Ausformung.

Damit kann man auf die Annahme zahlreicher hochdifferenzierter Partialtriebe verzichten; keine noch so reichliche Ausstattung mit solchen könnte für die enorme soziale Anpassungsfähigkeit des Menschen ausreichen. Die Strukturen, die sich ontogenetisch im Austausch mit der Umwelt entwickeln, erlauben es viel besser, die Wandelbarkeit der Formen der Aggression während des Lebens, von einem Individuum zum anderen und von einer Kultur

[3] In dieser Arbeit betone ich die Rolle der Aggression auf Kosten jener der Libido. Insbesondere übergehe ich hier die Bedeutung der Objektbeziehungen und der Libidoentwicklung für die Ichbildung.

zur anderen zu erklären. Schließlich können so die zahlreichen der Selbsterhaltung zuwiderlaufenden Äußerungen der Aggression des Menschen (ob wir sie als pathologisch ansehen wie den Suizid oder als normal wie die Selbstzerstörung ganzer Völker in Kriegen) unschwer genetisch und dynamisch erklärt werden, ohne daß man Triebentartungen, -entmischungen oder primär autodestruktive Triebregungen supponieren muß.

Wenn ich von oraler, analer, phallischer Aggression spreche, meine ich weder, daß es verschiedene Arten von aggressiver Energie – je nach der Entwicklungsphase der Libido – gibt, noch daß es sich empfiehlt, die Aggression nach der Beimischung oder Verschränkung mit libidinösen Triebregungen zu benennen. Vielmehr sind mit diesen Bezeichnungen bestimmte Ausformungen des Ich und des Überich gemeint, die beim Erwachsenen besondere Eigenheiten und Merkmale aufweisen, die aus jener Entwicklungsphase herstammen.
Wir waren nämlich gezwungen anzunehmen, daß in verschiedenen Kulturen nicht nur der Inhalt seelischer Konflikte ein anderer ist als bei uns, sondern daß sich auch die seelischen Strukturen von den unseren wesentlich unterscheiden.[4]
Wenn wir das Schicksal der Aggression untersuchen, müssen wir uns, wie oben abgeleitet, vor allem mit dem Studium von Eigentümlichkeiten des Ich befassen. Ein großer Teil dessen, was als das »normale« oder natürliche Schicksal der Aggression beschrieben wurde, ist die Wirkung des kulturspezifischen Anteils des Ich. Eine Diskussion der Bedingungen, unter denen aggressive Energie in neutralisierter Form zur Wirkung kommt, würde den Rahmen dieser Arbeit überschreiten.
Ein erster Versuch, den Unterschieden der wichtigsten psychischen Strukturen bei Angehörigen jener beiden afrikanischen Völker gerecht zu werden, ist die Beschreibung des Gruppen-Ich und des Clangewissens.

Das sind Modifikationen des abendländischen Ich- und Überich-Begriffs. Verlangt man hingegen von der psychoanalytischen Theorie, daß sie auf Angehörige aller Kulturen gleichermaßen anwendbar sein sollte, müßte man die beiden von uns beschriebenen Gruppen-Ichs und die entsprechenden Clangewissen als Spezialformen menschlicher Möglichkeiten ansehen, ebenso wie die Strukturen »Ich« und »Überich«, die an Menschen des abendländischen Kulturkreises beschrieben worden sind.

»Gruppen-Ich« bedeutet, daß das Ich auf ganz bestimmte Eigenschaften und Reaktionsweisen der Objekte der Umwelt angewiesen ist, um in einer relativen Autonomie gegenüber Es, Überich und Realität funktionieren zu können.

[4] Nach einer persönlichen Mitteilung würde Frau Dr. E. Ludowyk-Gyomroi aufgrund von Untersuchungen in Ceylon die gleiche Formulierung richtigheißen.

Die männlichen *Dogon* sind darauf angewiesen, daß die Menschen der Umwelt sich entsprechend der im Ich angelegten Identifikationsbereitschaft nach dem Muster der Väter-Brüder-Reihe und/oder nach jenem der Brüdergemeinde gleichzeitig Initiierter verhalten. Tun sie das, kann das Individuum autonom funktionieren.

Rivalitätsaggression und anal-sadistische Regungen sprechen in Konfliktsituationen immer nur kurz an. Dann treten die im Ich dauerhaft angelegten wechselseitig identifikatorischen Beziehungsformen wieder in ihr Recht, und jede Aggressionsäußerung wird unnötig. Als Antwort auf schwere Kränkung kommt es auch gegenüber geliebten und geachteten Personen leicht zu einer unmittelbaren Aggressionsabfuhr, weil die Ambivalenzspannung, entsprechend den »oralen« Ichqualitäten, gering ist. Zur Bewahrung chronischer aggressiver Spannungen sind sie unfähig. In neutralisierter Form trägt die Aggression zur Ausformung des hoch differenzierten sozialen Verhaltens und zum Arbeits- und Leistungspotential der Persönlichkeit bei.

Für das Funktionieren des Gruppen-Ich der *Agni* ist es ausschlaggebend, daß die Mitmenschen zur Schlichtung von Streitigkeiten bereit sind, daß sie sich herbeilassen, projizierte Aggressionskonflikte – anstelle des Konfliktträgers – untereinander zu agieren, wobei dieser am Ergebnis partizipiert, und schließlich daß sie als Kollektiv die projektive Verarbeitung der Aggression (zum Beispiel im Hexenglauben) mitmachen und zur rituellen Verarbeitung geeignete Institutionen bereitstellen. Eine außerordentlich hohe Aggressionsbereitschaft erregt – verglichen mit der geringen Angstbereitschaft der Dogon – zwar heftigste Ängste. Aber die Ambivalenzspannung bleibt trotzdem gering. Die allzu bedrohlichen Objekte werden fallengelassen; es kommt zur Projektion, zur Verschiebung und schließlich zur Gruppenich-adäquaten Erledigung, zumeist ohne daß ein sozialer Schaden entsteht und ohne daß chronische Aggressionsverdrängungen eintreten.

Das Clangewissen besagt, daß das Überich nur innerhalb einer ganz bestimmten sozialen Struktur funktionstüchtig ist. Ich will ganz summarisch den wichtigsten Schritt zur Überich-Bildung am Ausgang des ödipalen Konflikts vergleichen. Eine Introjektion der Autorität des Vaters findet weder in der einen noch in der anderen Kultur statt.

Bei den *Dogon* kommt es überhaupt kaum zu einer Verinnerlichung der Aggression. Die Introjektion der versagenden Hauptperson wird leicht vermieden, da sich zwar eine Rivalität mit dem Vater ausbildet, in jener Zeit aber die Mutter das Kind nach einer dreijährigen intensiven unkonditionierten Stillzeit verläßt und das Kollektiv anstelle des Vaters die versagende Rolle übernimmt. Die Kastrationsangst hat hinfort die Form einer Angst, von der Frau verlassen zu werden oder von ihr keine Kinder zu bekommen. Anstelle des Schuldgefühls tritt eine gewisse Furcht auf, die Ältesten, die als »gute« Identifikationsfiguren in die Väter-Brüder-Reihe aufgenommen wurden, traurig zu stimmen, was ein depressives Gefühl zur Folge hätte.

Die Dogon sind ein Volk, dem eine Verarbeitung der Aggression ohne Verinnerlichung gelingt, ohne daß sozial unerwünschte Wirkungen der Aggression auftreten. Die harmonische orale Ausformung des Ich verleiht ihnen eine geringe Neigung zur Verdrängung und zur Ausbildung einer Ambivalenzspannung. Das Fehlen einer unterdrückenden Erziehung in der analen Phase und die geringe Objektzentrierung der Libido in der phallischen Phase – bei erhaltenen zielgehemmten und identifikatorischen Beziehungsformen – sind wohl die Gründe, warum die Rivalitätsaggression nie eine hohe Spannung erreicht.

Bei den *Agni* kommt es ebenfalls nicht zu einer Introjektion der Autorität des Vaters. Im zweiten Jahr einsetzende schwere Frustrationen und anale Vergewaltigungen (mittels Einläufen von scharfer Pfefferaufschwemmung) durch die Mutter haben destruktive Introjekte geschaffen, die reprojiziert werden müssen. Ihr Ich erwirbt kaum die Fähigkeit, Aggressionen zu verdrängen oder anal-retentiv zurückzuhalten. Jedoch erlauben es hinfort die Abwehrmechanismen der projektiven Identifikation und der partizipativen Projektion, Aggressionen zu externalisieren, sofern ihre direkte Abfuhr, wie zumeist, durch zu große Angst verhindert wird. Einer Introjektion der versagenden Hauptperson des ödipalen Konflikts wird ausgewichen, oder vielmehr: es kommt statt dessen zu einer regressiven Wiederholung des Konflikts mit der versagenden präödipalen Mutter.

Das Clangewissen der Agni funktioniert so, daß immer wieder die Unterwerfung unter anal-vergewaltigende Autoritäten gesucht wird, wenn ein Konflikt im Ich entstanden ist. Diese Autoritäten sind in der Außenwelt durch mächtige Chefs, Heiler und Magierinnen verkörpert, die mit tödlichen Strafen drohen. Vom so erneuerten Introjekt eines vergewaltigenden mütterlichen Phallus leiht sich die Person die Kraft, gemäß der Moral und den Erfordernissen der Gesellschaft zu handeln. Ohne solche Identifikations- und Herrschaftsfiguren, deren Gestalt manchmal vom Vater, deren Funktion aber immer von der Mutter der Frühkindheit abgeleitet ist, geht die Orientierung verloren.

Die Agni verinnerlichen zwar die Aggression, aber nicht dauerhaft. Ihr Ich hat in einer ungewöhnlichen Entwicklung, in welcher Regressionen auf die Phase narzißtischer Ohnmacht und Allmacht die größte Rolle spielen, eine erhebliche Flexibilität bewahrt. Diese gestattet es, enorme Aggressionsmengen so lange auf den verschiedensten Abwehrniveaus zu bearbeiten, bis sie wieder nach außen verlegt und die aggressiven Wünsche vermieden, verleugnet, mit magischen Mitteln bekämpft werden können, worauf sich das Ich mit einer bewunderns-werten Elastizität wieder anderen Aufgaben zuwenden kann. Ein nicht unerheblicher Teil der Aggression kehrt sich allerdings gegen die eigene Person, als Masochismus und in depressiven Verstimmungen und Phantasien. Anal-retentive Tendenzen sind ihnen, wenn auch aus anderen Gründen, so wenig möglich wie den Dogon. Sie können Objekte fallenlassen, indem sie nach dem Muster ihrer Mütter, die sie im zweiten Lebensjahr plötzlich fallengelassen haben, die Besetzung abziehen. Doch darf man wohl bei Persönlichkeiten, die eine Objekt-konstanz erfolgreich vermieden haben, dies kaum mehr als aggressiv bezeichnen.

Die Aggressionstheorie hat bisher vor allem auf das Schicksal und die Funktion der Aggression in unserer Kultur Rücksicht genommen. Abweichungen beim einzelnen wurden als pathologisch beschrieben; für die Funktion der Aggression in der menschlichen Gemeinschaft wurde oft eine moralische oder teleologische Einteilung versucht, zwischen »gekonnter und ungekonnter« Aggression (Mitscherlich, 1969), normalem Kampf und destruktivem Krieg unterschieden, u. ä. Die Gegenüberstellung mit der Psychologie anderer Kulturen erfordert keine Abänderung der Theorie, bringt aber neue Anregungen und verschiebt einige Akzente.

Vor allem empfiehlt es sich, das Schicksal der Aggression eng mit der Ausformung des Ich verbunden zu sehen, ohne die sie kein Ziel und keine Objekte haben kann. Das heißt nicht, daß Aggression immer unter der Herrschaft des Ich steht. Aggression ist einer Söldnertruppe vergleichbar, die vom Ich (aus dem Es) ins Land gerufen, ausgebildet und ausgerüstet wurde und so ganz seinen Stempel trägt, auch wenn sie dem Kriegsherrn ganz oder teilweise entglitten ist oder sich gar gegen ihn wendet.

Wenn man sich daran erinnert, wie groß der Anteil der prägenitalen Sexualität an der Bildung der sekundär autonomen Ichapparate ist, stellt sich die oft so schwierige Frage nach der Unterscheidung zwischen sexuellen und aggressiven Strebungen in den prägenitalen Phasen anders oder oft nicht mehr.

Unser Ich hat seine für das Schicksal der Aggression wichtigste Ausformung in der analen Phase erfahren. Orale und phallische Strebungen entbehren bei uns fast nie einer anal-sadistischen Ausformung. Die ödipale Formel, die Mutter zu besitzen und den Vater zu töten, ist bereits eine kulturspezifische Variante. Man könnte sich denken, daß es hieße, an der Mutter zu partizipieren, sie allein zu genießen, sich allein von ihr lieben zu lassen, sich sexuell von ihr befriedigen zu lassen oder sie zu befriedigen. Auch gegen den Vater, besser gesagt

gegen den Störfaktor der Mutter-Kind-Dyade, müssen sich nicht unbedingt sadistische Kastrations- und Tötungswünsche richten. Der väterliche Rivale wird bei den *Dogon* verteilt und durch wechselseitige Identifikationen (nicht durch eine Introjektion seiner versagenden Haltungen) erledigt. Bei den *Agni* löst der ödipale Vater zwar sehr heftige Kastrationsängste aus; die Unterwerfung unter ihn, im Sinne des negativen Ausgangs des ödipalen Konflikts, ist wie bei uns eine häufige Zwischenlösung. Die normale Erledigung ist aber die regressive Unterwerfung unter die anal vergewaltigende phallische Mutter, so daß wir – wenn das Bild erlaubt ist – sagen können, der Agniknabe wünscht nicht den Vater zu töten, sondern ihn durch die viel mächtigere Mutter der oral-analen Übergangszeit zu ersetzen. Die Ausformung der sexuellen Identität ist dadurch erschwert; soziale Einrichtungen müssen sie später – besonders durch verschiedene partielle Identifikationsvorgänge – reparieren helfen.
Bei uns führt die Ambivalenz, der Umstand, daß sich libidinöse und aggressive Regungen auf das gleiche Objekt richten, regelmäßig zu einem Konflikt. Dies ist eine Folge der analen Ausformung des Ich und zeigt sich als Ambivalenzspannung. Auch ist es eine Eigenheit der Aggression in einem anal geformten Ich, daß das Objekt der Aggression verletzt oder zerstört wird, Aggressionen gegen Liebesobjekte schon deshalb verdrängt werden müssen, um das Objekt zu bewahren. Richtigerweise hat man gefordert, ein reifer Mensch müsse seine Ambivalenz, das heißt eigentlich den Ambivalenzkonflikt, durchstehen oder überwinden. Das ist unnötig, wo es nicht zur Ausbildung einer Ambivalenzspannung gekommen ist, weil das Ich eine orale Ausformung erfahren hat. In unserer Kultur haben wir ein Beispiel hierfür bei ungestörten Kindern in der Zeit der Individuation (Mahler, 1969) vor Eintritt der analen Kämpfe um die Trennung von der Mutter. Solche Kinder können Mutter und Geschwister konfliktfrei gleichzeitig und abwechselnd lieben und hassen. Das oral ausgeformte Ich der Dogon läßt, wie es Freud den »Wilden« zugeschrieben hat (1913), eine große Ambivalenz zu, muß aber keine Aggression unterdrücken. Das Ich der Agni läßt ebenfalls eine hohe Ambivalenz zu; die Spannung wird in der Regel nicht überwunden oder durch Verdrängung der einen Komponente vorläufig erledigt, sondern durch (paranoide) Projektion vermieden. In beiden Fällen wird die Existenz des Liebesobjektes durch die Aggression nicht in Frage gestellt.
Unterdrückung und Verinnerlichung sind als das typische Triebschicksal der Aggression beschrieben worden. Demgegenüber glaube ich gezeigt zu haben, daß die Unterdrückung nicht stattfinden muß, wenn die anale Phase der Ichbildung unter anderen Voraussetzungen oder ohne Reinlichkeitszwänge vor sich geht. Die Dogongesellschaft sollte

als ein Beispiel dafür gelten, daß sich ein menschliches Zusammenleben ohne Verinnerlichung der Aggression organisieren kann.
Erst kürzlich hat Lincke (1970) gerade die Identifikation des Ich mit den aggressiv besetzten Forderungen des Überich für sozial höchst schädliche Ausformungen der Aggression in der abendländischen Kultur verantwortlich gemacht.
Das erste und sicherste Ergebnis der vergleichenden Forschung ist, daß jede Aggression, die beim Erwachsenen abgeführt wird, bereits den Stempel der kulturspezifischen Entwicklung des Ich und seiner Apparate trägt.

Lediglich schwer pathologische Aggressionsäußerungen, wie sie bei manchen Psychosen und bei toxischen Zuständen vorkommen, ähneln einander mitunter, unabhängig von der Kulturzugehörigkeit des Patienten. Bei diesen darf man annehmen, daß das Ich weitgehend außer Funktion gesetzt ist. Von hier eröffnet sich ein Weg zum Verständnis der in der transkulturellen Psychiatrie bekannten Erscheinung, daß psychiatrische Syndrome aus verschiedenen »cultures« desto verschiedener sind, je näher sie der Gesundheitsnorm stehen, und einander desto mehr zu ähneln pflegen, je schwerer die Pathologie ist.

Für das Triebschicksal der Aggression ergibt sich aus der Gegenüberstellung, daß der Ausformung des Ich und des Überich die entscheidende Rolle zufällt. Dies kann wohl auch von der Libido gesagt werden. Doch brauchen wir an der gültigen Libidotheorie kaum Änderungen anzubringen, während die abendländische Aggressionstheorie Elemente enthält (Bedeutung der Ambivalenz, der Verinnerlichung, die Rolle der Aggression im ödipalen Konflikt und bei der Überich-Bildung u. a.), die modifiziert werden mußten. Diese Notwendigkeit hat sich ergeben, weil die kulturspezifischen Unterschiede in der endgültigen Ichbildung unterschätzt worden sind und Phänomene des Triebschicksals als genuine Triebqualitäten beschrieben wurden, die nichts mit der biologischen Triebquelle zu tun haben.
Das zweite Ergebnis der Gegenüberstellung betont als eine wichtige Funktion der Aggression die Gestaltung der menschlichen Umwelt. Die Sozialsphäre muß nicht nur dazu dienen, schädliche Aggressionen der Einzelnen und der Gruppen unschädlich zu machen. Ihre Organisation beruht auf aggressiven Regungen ihrer Träger.
Es ist eine Eigenart unseres abendländischen Ich, daß vor allem die Verdrängung und die Internalisierung der Aggression nötig sind, um die sozialen Funktionen aggressiver Strebungen zu gewährleisten. Dies ist nicht das einzige und nicht einmal ein notwendiges normales Schicksal der Aggression. Ihre sozialen Auswirkungen können nicht ohne genaue Kenntnis der betreffenden Sozietät verfolgt werden. Sie sind in den verschiedenen »cultures« sehr verschieden.

Für Sozialpsychologen mag es ermutigend sein, daß die Dogon untereinander, im Sozialgefüge und gegen äußere Feinde sehr wenig schädigende Aggressionsäußerungen aufweisen; daß selbst die Agni, die individuell mit heftigen destruktiven Aggressionen, vor allem paranoider Art, umzugehen haben, keine kollektiven Projektionen auf Fremde (im Sinne des »outgroup-scapegoat«) entwickeln und daß ihnen anal-retentive Aggressionen, die zur wirtschaftlichen Ausbeutung Besitzloser führen, nicht zur Verfügung stehen. Leider kann ich mir nicht vorstellen, wie die Ausbildung von Ich-Qualitäten möglich wäre, wie sie unsere abendländische Zivilisation erfordert – ich meine besonders den Sinn für Ordnung, das Talent zu organisieren und technisch-wirtschaftliche Fertigkeiten –, ohne daß das Ich jene anale Ausformung erfahren müßte, die unseren Umgang mit der Aggression bestimmt.

11. Der Ausgang des ödipalen Konflikts in drei verschiedenen Kulturen

Die Psychoanalyse ist eine Konfliktpsychologie. Sie formuliert die seelische Entwicklung sowohl in inneren Konflikten wie in äußeren Konflikten (mit Personen und Einrichtungen der Umwelt), deren Ergebnisse, Lösungen oder Folgen in die Struktur der Individuen aufgenommen werden. Bei dieser Betrachtung ist eine konfliktfreie Gesellschaft ebenso undenkbar wie konfliktfreie Menschen.[1]

Ich möchte den Ausgang eines besonderen Kindheitskonfliktes, das typische Ergebnis des ödipalen Konflikts, in drei verschiedenen gesellschaftlichen Formationen beschreiben. Dabei gehe ich davon aus, daß jeder Mensch vom Beginn seines Lebens an ein soziales Wesen ist und daß er in seiner seelischen Struktur und in seinem Verhalten von der Sozietät, der Klasse oder der Gruppe, der er angehört, geformt worden ist. Wenn ich einen bestimmten Ausgang des ödipalen Konflikts bei den Dogon als »typisch« bezeichne, so heißt das nicht, daß ich bei einer statistisch relevanten Zahl männlicher Dogon den gleichen Konfliktausgang festgestellt habe. Typisch bedeutet vielmehr, daß das soziale Verhalten männlicher Dogon als sinnvoll zu verstehen ist, wenn wir einen solchen Konflikt, den wir aufgedeckt haben, zur Erklärung heranziehen, daß die Funktion sozialer Institutionen mit Hilfe dieser psychosozialen Rekonstruktion erkennbar wird und daß die Struktur der Gesellschaft, der spezifischen Produktions- und Machtverhältnisse dadurch klarer hervortritt.

Der ödipale Konflikt und sein Ausgang

Die Gegenüberstellung verschiedener Ausgänge eines analogen psychosozialen Konflikts bei Angehörigen dreier Kulturen sollte ein Licht auf das Verhältnis gesellschaftsspezifischer psychischer Prozesse zu den Produktionsverhältnissen und Organisationsformen der Sozietät werfen. Nun ist aber dieser Konflikt zuerst im Rahmen der abendländischen Welt formuliert worden. Er beschreibt jenen Entwicklungsschritt, bei dem das Kind die ausschließliche Beziehung zu einer

[1] Wenn man jedoch annehmen würde, daß alle sozialen (interpersonellen) Konflikte vom einzelnen Individuum übernommen und gelöst werden müßten, entstünde einerseits das Modell eines Menschen, der sich an die Erfordernisse der Gesellschaft vollkommen anpaßt, und andererseits das einer statischen, unveränderlichen Gesellschaftsordnung.

einzigen Pflegeperson (meist der Mutter) aufgeben und sich mit weiteren Personen der sozialen Umwelt auseinandersetzen muß. Bei uns lautet die einfachste Formel für diesen Übergang von der Mutter-Kind-»Dyade« zur »Triade«:

Der Knabe wünscht, seine Mutter sexuell zu besitzen, und er trachtet deshalb, seinen Vater zu töten. Er fürchtet jedoch, zur Vergeltung vom Vater kastriert oder getötet zu werden. Dieser Konflikt führt zum Untergang des Ödipuskomplexes. Der Knabe verinnerlicht die Autorität des Vaters und verzichtet hinfort auf den Besitz der Mutter. Damit ist das Überich aufgerichtet und das Inzestverbot etabliert.

Bei der Untersuchung von Menschen, die in Sozietäten aufgewachsen sind, deren Familienordnung und Erziehungspraktiken sich von den unseren wesentlich unterscheiden, hat sich eine allgemeinere Fassung als nötig erwiesen. Auch in unserer abendländischen Welt scheint die obige Formulierung nicht für Angehörige aller Klassen zu gelten, und sie scheint zeitlichen Veränderungen unterworfen zu sein. Die Praxis psychoanalytischer Untersuchungen hat auf die theoretische Formulierung des psychischen Konfliktes zurückgewirkt. Wir können den Konflikt, den Angehörige der drei in Betracht kommenden Sozietäten zwischen dem 4. und 6. Lebensjahr durchmachen, so umschreiben:

Knaben und Mädchen treten zwangsläufig in eine Entwicklungsphase (die sogenannte phallische Phase der Libidoentwicklung) ein, in der sich ihre libidinösen Wünsche ganz auf eine Person zentrieren, die sie bisher gepflegt hat (in der Regel die Mutter). Mit dieser bilden sie eine Dyade. Jetzt wird jede Person oder Gruppe von Personen, die Ansprüche auf die »Mutter« erhebt, als Störfaktor erlebt. Für das Kind ergibt sich ein Konflikt, der starke Affekte erregt. Diese zwingen es, sich in irgendeiner Weise mit der Einordnung in eine Triade abzufinden oder, anders gesagt, die objektbezogenen libidinösen zugunsten seiner egoistischen (narzißtischen) Interessen aufzugeben. Mit diesem Verzicht kommt die stürmische Triebentwicklung der Frühkindheit zu einem vorläufigen Abschluß, der sogenannten Latenz. Damit ist ein wichtiger, oft der entscheidende Schritt zur Sozialisation getan. Die Konflikte der frühen Kindheit haben einen Ausgang genommen, der für das soziale Verhalten in vieler Hinsicht bestimmend bleibt.

Unter den Ursachen, die den ödipalen Konflikt in Gang bringen und seinem Ausgang eine bestimmte Richtung geben, kann man biologische aussondern, die in allen vorhandenen und denkbaren Familien- und Gesellschaftsordnungen zu irgendeiner Wirkung gelangen werden. Die langewährende Abhängigkeit des Kindes von der Pflege und Fürsorge der Erwachsenen, als Retardation gegenüber der Tierreihe, ins-

besondere den Primaten beschrieben, kontrastiert mit einer viel rascheren Entwicklung der Triebanlagen, die etwa um das 5. Lebensjahr zu einem Abschluß kommt. Die voll entwickelten Liebeswünsche (libidinösen Strebungen) heften sich jeweils an eine Pflegeperson, von der die Abgrenzung eben erst möglich geworden ist, während die befriedigende Dyade der Frühkindheit noch nicht ganz aufgelöst ist. Diese Zentrierung tritt auch bei Kindern ein, die, wie viele Kinder der Dogon, von mehreren Ersatzmüttern gleich liebevoll gepflegt wurden. Daher ist der Übergang zur Triade, das Hinzutreten einer libidinös relevanten Drittperson, immer ein schwieriger Entwicklungsschritt. Am Ausgang dieses Prozesses ist Biologisches insofern beteiligt, als das Kind seine faktische Abhängigkeit und Schwäche gegenüber der Umwelt der Erwachsenen erlebt und sich sowohl seine körperliche Integrität als auch die ebenso notwendige emotionelle Zuwendung auf irgendeine Weise erhalten muß. Interessen der Selbstbewahrung, die man narzißtische nennt, tragen schließlich den Sieg über die Liebeswünsche davon. Das Kind wird am Ende des Prozesses ein sozialeres Wesen sein, als es zu Beginn desselben gewesen ist.
Die biologischen Ursachen sind bei weitem nicht die einzigen oder die wichtigsten, wenn wir unser Interesse dem Ausgang des Konfliktes zuwenden. Doch auch die Inzestscheu, die wir in der Form von Exogamieregeln, die jeweils Inzestverbote enthalten, in allen uns bekannten Sozietäten antreffen, rechne ich, entgegen der Ansicht Freuds, nicht zu den Ursachen (und nicht einmal sicher zur Biologie des Menschen), sondern zu einer Funktion oder Folge früher Sozialisationsprozesse, unter denen dem ödipalen Konflikt eine hervorragende Stellung zukommt. Die »Liebeswahl« des Kindes zu Beginn der phallischen Phase ist jedenfalls potentiell inzestuös. Doch ist die Umgebung des Kleinkindes, die meist als Familie strukturiert ist, ohnehin der Ort, an dem kollektive Interessen den triebhaft-individuellen übergeordnet sind. Die Gesellschaft, von der das Kind abhängt, gibt seinen »egoistischen« Wünschen eine Richtung, die das physische und emotionelle Fortbestehen des Einzelnen *und* der Gruppe ermöglicht. Sie nimmt dabei Konflikte, wie den ödipalen Konflikt, als unvermeidlich in Kauf und steuert zu seinem Ergebnis unter anderem Exogamieregeln bei. Der Träger des ödipalen Konflikts, das Kind, welches die Dyade aufgeben und sich mit einer »triadischen« Sozietät abfinden muß, erlebt starke Affekte. Diese Affekte sind es, welche später im Leben den betreffenden sozialen Regeln (Inzesttabu, Exogamieregeln) eine große emotionelle Bedeutung verleihen, die als genuine Inzestscheu beschrieben worden ist. Ich meine jedoch, daß die Inzestscheu nicht genuin ist, sondern vom Ausgang des unvermeidlichen psychosozialen Konflikts in der ödipalen Phase abgeleitet werden muß. Jedenfalls ist das Inzest-

verbot unter vielen verschiedenen Faktoren ein nie fehlendes strukturierendes Element der Gesellschaft.

Der Ausgang des Konflikts bei den Dogon: Kommunikation, Verteilung und kollektives Leben

Die Dogon leben in einem überaus kargen und steinigen Bergland. Ihre großen, eng zusammengebauten und oft sehr schwer zugänglichen Dörfer bilden jedes für sich, und dann wieder einige benachbarte zusammen, wohlorganisierte politische, soziale und traditionell-religiöse Einheiten. Im Innern ist die Gesellschaft in patriarchalen Großfamilien organisiert, denen mehrere bis viele Kernfamilien zugehören. Die politische und soziale Herrschaft oder vielmehr Leitung fällt auf jeder Stufe jedoch nicht *einem* Oberhaupt, sondern einem Rat der Ältesten zu, der sich je nach der Wichtigkeit der behandelten Angelegenheit durch die Teilnahme jüngerer Männer erweitert. Das wichtigste Subsistenzmittel ist, neben der Haltung von Kleintieren und gelegentlicher Jagdbeute, der Anbau von Hirse. Hitze, Trockenheit und der Mangel an fruchtbarem Boden erzwingen eine sorgfältige Gärtnerarbeit, um knapp das nötige Getreide zu produzieren. Über den Boden verfügt die Großfamilie. Die Zuteilung an Haushalte trägt der Altersordnung und der Größe der Haushalte Rechnung. Eine komplizierte Arbeitsteilung paßt sich den materiellen Erfordernissen an. Sie basiert nicht nur auf der unterschiedlichen Arbeit von Männern und Frauen. Ein differenzierter Wechsel von individueller Arbeit, Arbeit der Kernfamilie, kollektiver Arbeit im Rahmen der Großfamilie oder der Altersklassen ermöglicht eine ideale Anpassung an die natürlichen Erfordernisse: die bestmögliche Befriedigung der Bedürfnisse aller spielt dabei die größte Rolle, Besitzverhältnisse die geringste. – Während der Kolonialzeit wurde der Zwiebelanbau, als zweite Frucht in den Hirsegärten, eingeführt. Der Brei aus gestampften Zwiebeln wird zu Kugeln geformt, diese werden getrocknet und dann auf dem Markt zum Export in benachbarte Landschaften verkauft. Diese Produktion wird sowohl von Männern als auch von Frauen individuell betrieben, ohne daß dadurch die oben beschriebene Arbeitsorganisation gestört würde.

Die Gartenbaudörfer der Dogon haben sich bis heute wirtschaftlich beinahe autark erhalten. Als soziokulturelle Formation entsprechen sie den »undifferenzierten Gartenbaudörfern« (nach Darcy Ribeiro, 1971), die als geographisch eng beschränkte Reste aus einer frühen evolutiven Stufe der Menschheit bis in unsere Zeit herüberragen. Die hochdifferenzierte soziale Organisation der Dogon entspricht einem kollektiven Leben, dessen Schilderung uns »paradiesisch« anmutet. Dies allein rechtfertigt es, psychosoziale Prozesse, die sich dort abspielen, zu untersuchen.

Der typische Ausgang des ödipalen Konflikts bei den Dogon läßt sogleich erkennen, daß dieser Schritt zur Sozialisation viel direkter als bei uns zur Einordnung in eine größere Gemeinschaft führt.

Der Knabe zentriert seine Wünsche auf die Mutter – vielleicht etwas früher und intensiver als Kinder der abendländischen Welt – und erlebt jetzt den Vater, den störenden Dritten, als Rivalen. Doch fällt dieser Konflikt mit einer einschneidenden Veränderung seiner sozialen Lage zusammen: Die Mutter, die das Kind bis ins 4. Lebensjahr gestillt, es tags auf dem Rücken getragen und sich nachts nicht von ihm getrennt hat und ihm keinerlei aktive Erziehung durch Lohn und Strafe, Zuwendung und Liebesentzug angedeihen ließ, trennt sich jetzt plötzlich von ihrem Kind, stillt es nicht mehr und überläßt es ganz der »Gruppe«, mit der es schläft, ißt, spielt, mit der es später arbeiten wird und die – bis zur Gründung einer eigenen Familie – seine einzige soziale Umwelt bleibt.

Die Gruppe umfaßt einerseits die gleichaltrigen Kinder der patrilinearen Großfamilie (und später des ganzen Dorfes), andererseits alle älteren Geschwister, Vettern, Onkel, Tanten bis hinauf zu den Ältesten. Die eigenen Eltern sind in dieser aufsteigenden Schichtung, in der die Älteren alle Jüngeren »erziehen«, nur zwei etwas wichtigere Personen unter vielen anderen.

Die Affekte, die den Untergang des Ödipuskonflikts einleiten, sind solche, die das Erlebnis des Aufhörens, der Trennung, des Alleingelassenwerdens begleiten. Der Untergang des Ödipuskomplexes wird mehr von der Abwendung der Mutter und vom Einfluß der Gruppe als von der Intervention des Vaters oder der Angst vor ihm bestimmt.

Am Ausgang des Konflikts kommt es zu einer dauerhaften Verinnerlichung vor allem zweier »Identifikationsformen«: der Identifikation mit der Reihe der Gleichaltrigen, in der jeder dem andern gleich und austauschbar ist, wobei alle zusammen von einer übergeordneten Instanz abhängen, und einer zweiten Identifikation mit der auf- und absteigenden Reihe in der Altershierarchie, in welcher der Jüngere jeweils von einem Älteren abhängig, dafür aber einem Jüngeren überlegen und für ihn verantwortlich ist. Zur Überwindung der Konfliktsituation etabliert jeder Einzelne in seinem Ich die grundlegende Struktur der Dogonsozietät: einerseits die altershierarchische, vertikale Gliederung der Großfamilie (und wieder mehrerer Großfamilien in der Dorfgemeinschaft) und andererseits die horizontale der Altersklassen, die keine Rücksicht auf Familiengliederung nimmt.

Hinfort aktiviert jeder entsprechende Konflikt oder auch nur die Drohung eines solchen die einander ergänzenden und ablösenden organisierten Aktivitäten des Kollektivs.

Bevor wir uns jedoch jenen Prozessen oder Aktivitäten zuwenden, die das Überleben in der Umwelt, die Produktion und schließlich die Evolution gesellschaftlichen Verhaltens ausmachen, muß ich auf einige weitere Voraussetzungen eingehen, die ein solches Durchlaufen des ödipalen Konflikts ermöglichen und die besonderen Bedingungen für seinen Ausgang schaffen, für die ersten Schritte der Ich-Bildung. »Ich« nennen wir jene dauerhaft etablierten Funktionen oder Funktionsbündel, die der Abstimmung innerer Bedürfnisse mit jenen der sozialen Umwelt dienen.

Im lange dauernden empathisch-dialogischen Zusammensein mit der Mutter, das von keinem Neid auf das nächste Geschwister gestört ist, erwirbt sich das Ich der Dogon die Fähigkeit zur Einfühlung, Partizipation und identifikatorischen Bezogenheit sowie die Bereitschaft, die Aktivität anderer Personen mitzumachen, sich mit ihrem Tun, insbesondere mit der körperlichen Bewegung zu identifizieren. Geben und Nehmen behalten die Qualität der Stillung unmittelbarer oraler Bedürfnisse. Das Fehlen jeder aktiven Erziehung zur Beherrschung der Exkrementalfunktionen und zur Ruhigstellung des Körpers im Sitzen erspart längere Kämpfe um die Trennung von der Mutter und läßt Trotz nicht zu sadistischer oder masochistisch gegen innen gerichteter Aggression anwachsen. Die kindliche Sexualität wird weder stimuliert noch unterdrückt.

Danach ist es verständlich, daß weder der Wunsch auftaucht, den ödipalen Rivalen zu töten, noch auch die Angst, von ihm genital verstümmelt zu werden, eine entscheidende Rolle spielt. Die »versagende Hauptperson« ist – für Mädchen und Knaben – zu Beginn der phallischen Phase die Mutter, die sich abwendet, und beim Ausgang des Konflikts die altershierarchische Gruppe. Diese ist nur versagend für objektzentrierte, egoistische Wünsche. Für die bereitliegenden identifikatorischen Bedürfnisse, die durch keine Neigung, Besitz oder Aggressionen zurückzuhalten und aufzuspeichern, gestört werden, ist sie gewährend. Insbesondere die Identifikation mit Aktivitäten, vor allem mit solchen, die von einer oralen Kommunikation gemeinsamen Redens, Essens und Trinkens gefolgt sind, kommt voll zum Zuge. Aus der Imitation, dem Erlernen und schließlich dem vollen Übernehmen weiblicher oder männlicher Rollen bei Spiel und Arbeit ergibt sich nach der Trennung von der Mutter stufenweise die Trennung der Altersgruppen nach dem Geschlecht.

Mädchen erlernen nicht nur von der Mutter, sondern von der aufsteigenden Linie der Frauen und in Gemeinschaft mit den Alterskameradinnen Kinderpflege, Haushalt, die »weiblichen« Feldarbeiten und Künste (z. B. Töpferei), Knaben neben den männlichen Arbeiten auch die Kunst des Maskentanzes und umfangreiche Kenntnisse über die Natur. Die Führung der öffentlichen Angelegenheiten erlernen sie, indem sie, je nach Neigung, gelegentlich oder regelmäßig als stille Zuhörer dem Rat der Ältesten unter dem Schattendach beiwohnen.

Es ist nicht verwunderlich, daß Dogon, die »im Ausland«, das heißt nicht in einem Dogon-Dorf aufgewachsen sind und erst als Erwachsene zurückkehren, Schwierigkeiten haben, an den verschiedenen sozialen Aktivitäten adäquat teilzunehmen. Aber auch Personen, die ihre Kindheit im Dorf, in einer traditionellen Familie verbracht haben, deren ödipaler Konflikt aber anders verlaufen ist (zu lange oder zu kurze Bindung an die Mutter, zu großes Gewicht eines versagenden Vaters, zu kleine Altersgruppe, in der sie aufgenommen werden), können viele Aktivitäten (z. B. den Maskentanz) nicht richtig erlernen oder werden durch Ängste, Hemmungen und aggressive Impulse an der Teilnahme am sozialen Leben behindert oder ganz davon ausgeschlossen.

Die Dogon haben im Ausgang der Frühkindheit ein »Gruppen-Ich« etabliert (vgl. Kap. 4 und 8). Sie sind eigenständige, voneinander abgehobene, konstante Charaktere geworden, deren Ich aber darauf angewiesen ist, daß die Personen der Umwelt die gleichen identifikatorischen Möglichkeiten und Bedürfnisse haben wie sie selber. Man kann vermuten, daß die horizontale Identifikation das Erlebnis symbiotischer Einheit mit der Mutter in neuer Form perpetuiert und die vertikale Identifikation das Erlebnis einer späteren Phase wiederholt, in der sich das Kind bald mit der fürsorgenden Mutter, bald wieder mit der eigenen Rolle als Objekt der Pflege identifiziert.

Das Überich der Dogon nannten wir Clangewissen (Parin et al., 1963; vgl. Kap. 6 und 8). Dieses enthält, wie bei uns, die tradierten sozialen und ethischen Regeln. Es handelt sich dabei aber nicht um eine Verinnerlichung der unterdrückenden Autorität des Vaters, sondern vor allem um eine Instanz, die darum besorgt ist, daß die Kohärenz mit der Gruppe nicht gestört wird. Verstöße gegen seine Forderungen rächen sich nicht durch ein schlechtes Gewissen oder unbewußte Schuldgefühle. Es tritt vielmehr die Furcht auf, die Ältesten des Dorfes traurig zu stimmen und dadurch der Zuwendung der Gruppe verlustig zu gehen. »Gruppen-Ich« und »Clangewissen« zeigen eine beachtliche Flexibilität und Elastizität. Das heißt, sie stellen sich leicht auf schwierige und belastende Situationen ein, die im Sozialgefüge auftreten, und erzeugen rasch wieder das frühere Gleichgewicht.

Ich muß es mir versagen, auf die zahlreichen Institutionen und Traditionen (Initiationsriten, religiöse Systeme mit entsprechenden Priestern, Ritualen und Mythen, usw.) einzugehen, die – dem Überbau angehörend – die individuelle und kollektive Psychologie später strukturieren helfen und befestigen.

Will ein junger Dogon um ein Mädchen werben, kann er dieses »individuell-egoistische« Interesse in einer ihm wegen der Exogamieregeln fremden Familie nicht selber durchsetzen. Er läßt sich für die Werbung durch Kameraden der Altersklasse vertreten, ebenso wie diese für und mit ihm die vorgesehenen Arbeitsleistungen zugunsten jener Großfamilie aufbringt, die ihre Tochter oder vielmehr deren Arbeitskraft und Produktivität von Nachkommen an ihn »verliert«. Will er jedoch ein Haus bauen, um seine entstehende Kleinfamilie unterzubringen, muß die Großfamilie, der dieser Zuwachs in erster Linie zugute kommt, den Platz bereitstellen. Die Arbeit wird von den Alterskameraden beiderlei Geschlechts geliefert, wobei das Wassertragen und Zubringen der Materialien – ebenso wie bei den Haushaltsarbeiten – Sache der Mädchen ist, die eigentliche Bauarbeit jene der Burschen, während in den Pflanzungen den Männern das Herbeischleppen der Erde und des Wassers zum Begießen zufällt und die Erntearbeiten, deren Ergebnis der Familie zukommt, von beiden gemeinsam geleistet werden. Jeder kollektiven Arbeit folgt unmittelbar eine Art Fest, bei dem von den Frauen frisch gebrautes Hirsebier gemeinsam genossen wird. Die Leistung wird, abgesehen von einer Kompensation höherer Ordnung im Gesamtsystem, ganz unmittelbar durch kommunikatives Trinken und Festfreude kompensiert, wobei selbstverständlich die Gruppe oder Person, der die Leistung zugute kommt, Spenderin der Materialien ist.
Die Beschreibung der genaueren Regelung der Arbeitsteilung und der resultierenden Besitzverhältnisse würde allein ein Buch füllen. Spezialisten wie die Hersteller des Handwerkzeugs, auch Schmiede genannt, oder Tuchmacher und Färber bilden gleichsam vertikal herausgeschnittene, analog organisierte Sektoren der Gesellschaft, deren Produktionsorganisation wegen der nötigen andersartigen Arbeitsteilung eine andere sein muß, die aber als Einzelpersonen und als Ableger des Dorfkollektivs mit diesem in einer Austauschbeziehung stehen.
Als die französische Kolonialverwaltung von den Familienältesten die Entrichtung einer Kopfsteuer verlangte, die wegen des Fehlens eines monetär gehandelten Ausfuhrproduktes nur durch Lohnarbeit in der Fremde aufgebracht werden konnte, wurden dafür im Dorf einige junge Männer aus einer Altersklasse noch Unverheirateter ausgesucht, die ihrer Verpflichtung, die Kopfsteuer für die ganze Dorfgemeinschaft aufzubringen, auch klaglos nachkamen. Nur so konnte verhütet

werden, daß eine Familie unentbehrliche Arbeitskraft hätte entbehren müssen oder gar unfähig geworden wäre, die Steuer zu zahlen. Als schließlich die Produktion von Zwiebeln zum Export, also für den Tauschhandel zum Erwerb persönlicher Gebrauchsgegenstände eingeführt wurde, geschah die Pflanzarbeit individuell, auf dem Boden der Großfamilie. Um aber die Zwiebeln zu Brei zu stampfen, daraus Kugeln zu formen und diese zu trocknen, wurden wiederum die Altersklassen der Burschen und Mädchen zusammengerufen. Die Zuteilung der getrockneten Kugeln nach dem Anteil der Einzelproduzenten wurde jedoch von den Dorf-Ältesten vorgenommen – ein Verfahren, das ihnen ganz ohne Zählungen, Messungen und ohne Streit möglich ist, da sie ja die Vertreter der Interessen jedes einzelnen Dorfbewohners sind.

Das Verhältnis zum Besitz ist nicht oder nicht ausschließlich ein individuelles, seine Verteilung wichtiger als die Aneignung. In Kauf genommen wird die Unfähigkeit, Mengen von Vorräten lange zu speichern, ohne sie zu verzehren oder herzugeben, und zwar in einem Land, in dem Mangel bald zu Hungersnot und Tod führt. Das »orale« Ich hat eine sozialökonomische Schwäche, die es durch seine Gruppen-Ich-Funktionen ausgleicht: der Notvorrat wird einem älteren Verwandten aus der Väter-Brüder-Reihe zur Aufbewahrung übergeben, der sich für das Wohl des Jüngeren verantwortlich fühlt.

Aggression kann nicht mit Besitz in Zusammenhang gebracht werden: Diebstahl oder Strafe für solchen kann sich innerhalb der Gesellschaft nicht entwickeln. Fremde Unterdrücker, Peul, Kolonialherren oder die unabhängige Regierung der Republik Mali, die Steuern verlangt, erhalten ihren Tribut: das Produkt der Arbeit wird gegen soziale Integrität und Ruhe ausgetauscht. Die Rekrutierung von Angehörigen – so wie in alter Zeit Sklavenraub – stößt jedoch auf unmittelbaren und heftigen aggressiven Widerstand.

Es versteht sich beinahe von selbst, daß sich so lange keine Ausbeutung und keine ihr entsprechende Herrschaftsideologie entwickeln kann, als jeder und jede Angehörige der Sozietät darauf angewiesen ist, empfangene Leistungen und Werte an die Angehörigen jenes Kollektivs weiterzugeben, an dem er ebenso aus emotionalen wie aus ökonomischen Gründen partizipieren muß.

Ein so kompliziertes Regelsystem funktioniert nicht »automatisch«. Neben einer Hierarchie von Priesterrichtern, die vor allem das Zivilrecht vertreten, und zwar nach dem Muster von nicht weniger als 80 Paaren mythischer Vorfahren, denen höchst verschiedene individuelle Schicksalsvorbilder zugeschrieben werden, ist es vor allem der Ältestenrat, der Entscheidungen trifft. Über die (in neuerer Zeit gewählten) Dorfältesten oder Gemeinderäte hinaus umfaßt er entweder wenige oder mehrere oder schließlich alle erwachsenen Männer eines Dorfes, je nachdem, wie tief die zu beratende Angelegenheit in den persönlichen Bereich und das Schicksal der Einzelpersonen eingreift. Eine Justiz gibt es, aber keine Polizei. Strafen oder andere Sanktionen sind nicht vorgesehen. Asoziales Verhalten rächt sich durch Verlust von Prestige, in den seltenen schweren Fällen bis zum Ausmaß einer automatischen Ächtung. Die Absonderung von der Gemeinschaft ist die schwerste Strafe. Trotz der hohen Wertschätzung der Arbeit führt die Faulheit zwar zu Prestigeverlust, aber nicht zum Ausschluß aus der Großfamilie oder Altersklasse. Zu ihr gehört man seit immer und für immer.

Die Gesellschaft der Dogon produziert neben Hirse vor allem eine Familiensituation, in der sich die Mutter für lange Zeit emotionell ganz ihrem Kind widmen kann und in der nach der Abstillung, die den ödipalen Konflikt einleitet, die Neigung zu einer differenzierten kollektiven Einpassung durch aktive Identifikationsmodalitäten das Ergebnis des Konfliktes ist. Werden später »ödipale« Ängste erweckt, haben sie die Form einer Furcht, von der Frau verlassen zu werden oder von ihr keine Nachkommenschaft mehr zu erhalten. Dies ruft nach einer weiteren Festigung der familiären Sicherungen durch ein Zweifrauensystem, welches wieder die ungestörte Dyaden-Zeit der Nachkommen ermöglicht.
Statt zu technischer Vervollkommnung hat sich die Evolution der Dogonsozietät auf der Linie des Ausbaus einer differenzierten kollektiven Sozialordnung bewegt. Eine Nachuntersuchung im Jahre 1966 (vgl. Kap. 8) hat ergeben, daß der Ausbau weiterging, als es sich darum handelte, mit massiven ökonomischen, politischen und kulturellen Eingriffen der nachkolonialen Zeit fertig zu werden. Einige technische Neuerungen, wie bessere Verbindungswege und kleine Stauwerke zur Speicherung des Regenwassers, haben der kollektiven Verarbeitung ökonomischer und sozialer Probleme eher neue Anstöße gegeben, als sie zu zerstören.

Der Ausgang des Konflikts bei den Agni: Mütterliche Herrschaft, Zwang ohne Ausbeutung, Aggression ohne Gewalt

Die Agni leben in stadtähnlichen Dörfern, im fruchtbaren Regenwald der Elfenbeinküste. Die Pflanzgärten der Frauen sichern die minimale Subsistenz; die Produktion von Kaffee in agrar-industriellen Plantagen, die überwiegend von den Männern mit Hilfe von Fremdarbeitern betrieben wird, dient zum Export auf den Weltmarkt und sichert ihnen ein Einkommen, das höher ist als das der meisten westafrikanischen Völker. Ihre Gesellschaft ist matrilinear organisiert; das heißt, daß die Abkunft von der mütterlichen Linie die Sippenzugehörigkeit bestimmt und daß der Sohn vom Bruder der Mutter erbt. In der politischen Organisation, die sich als strukturierendes Element während der Kolonialepoche und in der unabhängigen Repulik Elfenbeinküste erhalten hat, steht die Welt der Frauen jener der Männer in einem spannungsreichen Gleichgewicht gegenüber. Männer stellen die Könige, Chefs oder Würdenträger; sie repräsentieren die Macht und tragen das Prestige. Die Welt der Frauen bildet das wirtschaftliche Interessengefüge und die genealogische Kohärenz; nach ihren Regeln war in der Vergangenheit der Stamm, das Königreich und ist heute noch das Sozialgefüge organisiert. Man kann die Frauen in bezug auf ihre Funktionen und Abhängigkeiten mit der Legislative, die Männer mit der Exekutive parlamentarischer Systeme vergleichen.

Die Sozialsphäre des Kindes ist nicht allein durch die Zugehörigkeit zur Sippe der Mutter bestimmt. Es wächst vielmehr in einer Vielzahl sozialer Funktionskreise (matrilineare Sippe, klassifikatorische Gemeinschaft, Hofgemeinschaft usw.) auf, die zwar jeweils unserer Definition einer Familie entsprechen, die sich aber überschneiden und durch verschiedene Abhängigkeiten und unterschiedliche und sogar widersprechende Interessen der Mitglieder charakterisiert sind. Die Kernfamilie ist dabei, als soziale Umwelt, ein unstabiles Gebilde, oft nicht einmal durch einen gemeinsamen Haushalt der Ehegatten ausgezeichnet (duolokaler Wohntypus).

Man kann weder *ein* Ereignis oder *eine* innere Wendung nennen, woran der ödipale Konflikt der Agni »untergeht«, noch kann man *einen* typischen Ausgang nennen. Hingegen werden Konflikte aus der ödipalen Konstellation zeitlebens relativ leicht wiederbelebt und müssen dann, nach altem Muster, neu bearbeitet werden. In der Regel bestehen mehrere typische Ausgänge nebeneinander und einander ergänzend.

Beim Knaben entwickelt sich ein heftiger Rivalitätskonflikt mit dem Vater. Wegen der vorausgehenden vergewaltigenden und frustrierenden Erziehung durch die Mutter erhält die phallische Rivalität eine sadistische Färbung, die zu heftiger Kastrationsangst führt. Da zumeist kein Vater vorhanden ist, der eine wirkliche Autorität, ein Vorbild oder auch nur eine gewisse Zuwendung hergibt, wird eine dauerhafte Identifikation erschwert: neben passiver Unterwerfung und einer Idealisierung einzelner männlicher Macht-, Prestige, und Sexualeigenschaften sind immer Identifikationen mit einem Vater zu finden, der seine Liebesobjekte verläßt.

An dieser Stelle macht sich der Einfluß der frühkindlichen, vorödipa-

len Entwicklung geltend. Die Stillzeit ist, ähnlich wie bei den Dogon, durch eine andauernde und außerordentliche Zuwendung der Mutter ausgezeichnet. Die Frauen erleben und bezeichnen sich als Instrument zur vollständigen und sofortigen Stillung aller Bedürfnisse ihres Säuglings. Symbiotische und partizipative Qualitäten des Ich gehen von hier aus, gelangen aber, sehr zum Unterschied von den Verhältnissen bei den Dogon und anderen Afrikanern, nicht zu einer Ausformung und Reifung. Plötzlich, zumeist in der Mitte des zweiten Lebensjahres, wird das Kind abgestillt. Die Mutter wendet sich von ihm ab und kann, sobald sie ein neues Kind geboren hat, zum älteren sagen: Laß mein Kind in Ruhe! Das heißt: Du gehörst nicht zu mir!
Aus diesen Ereignissen bleibt den Mädchen und Knaben der Agni sowohl ein Rest des ersten »glücklichen« Zustands erhalten, eine Neigung zu dualer Fusion, zu primitiver Identifikation und projektiver Verkennung der Innen- und Außenwelt, als auch eine Angst, Zuwendung zu verlieren, und besonders eine Tendenz, das aktiv zu tun, was ihnen widerfahren ist, das Liebesobjekt von einem Moment zum anderen fallen zu lassen. Diese Tendenz kommt auch beim Untergang des ödipalen Konflikts zur Geltung. Später ist es für die Agni wichtiger, eine Liebesbeziehung plötzlich aufgeben als sie eingehen zu können, naheliegender, ein Unternehmen abzubrechen als es fortzuführen.

Nach der Abstillung sind die Kleinkinder unglücklich. Sie zeigen ausnahmslos regressive Symptome, die wir in unserer Sozietät nur bei vernachlässigten Heimkindern beobachten können. Ihre Einsamkeit verstärkt sich, wenn ein nachrückendes Geschwisterchen die allgemeine Bewunderung auf sich zieht. Die Gruppe der älteren Kinder kann mit den Eineinhalb- bis Zweijährigen noch nichts anfangen. Sie bleiben in der Nähe der Mutter, die es bisher verabsäumt hat, ihnen irgendwelche sozialen Verhaltensformen beizubringen, und dies nun durch strenge Befehle und Strafen nachholt. Allerdings setzt sie auch die körperliche Pflege fort, ergänzt durch einen täglichen Einlauf mit einer Aufschwemmung scharfer Pfefferschoten, der während der Säuglingszeit keine seelische Reaktion bewirkt hat, jetzt aber als tägliche grausame Vergewaltigung erlebt wird und nach dem die Kinder zu Beginn der Latenzzeit im Sinne einer Identifikation mit dem Aggressor allesamt süchtig werden.
Die wichtigste Folge am Ausgang des ödipalen Konflikts beim Knaben ist eine regressive Identifikation mit der befehlenden, vergewaltigenden und phallischen Mutter. Die geschlechtliche Identität des Knaben bleibt unsicher; sie wird erst in der Pubertät durch sozialen Druck eindeutiger heterosexuell bestimmt. Es besteht eine Tendenz, Rivali-

tätskonflikte oder überhaupt den Besitz des durch Kastrationsangst bedrohten männlichen Gliedes zu verleugnen. Die Agni sagen: »Der Mensch funktioniert am besten unter Zwang.« Das heißt, es ist ein Bedürfnis der Agni, einen Chef, einen Gott, einen Herrn zu finden, der Prestige und große Macht hat, so daß man sich ihm unterwerfen und an seiner Macht teilhaben kann, und der genügend mütterliche Qualitäten besitzt, so daß man ihm einige Konstanz zutraut, wenn möglich auch die Freigebigkeit der Mutter der ersten Kindheit. Es heißt: »Wenn die Brust des Königs voll Milch ist, dann sind es seine Leute, die trinken.«

Die mythische Formel, die den Niederschlag der eingreifendsten Gefühlsbeziehungen und Konflikte der Kindheit aufs kürzeste zusammenfaßt, könnte in der abendländischen Welt lauten: Ein Held ist, wer sich mutig gegen seinen Vater erhoben und ihn am Ende siegreich überwunden hat. Bei den Agni wäre der entsprechende Satz: Ein Held ist, wer seinen »ödipalen« Konflikt erst vermieden, dann außerhalb der mütterlichen Familie erledigt hat; der kann wie der Neffe auf den Thron des Onkels in die Sippe der Mutter zurückkehren und sich mit den fürsorglichen und herrschenden Seiten des Vaters und der Mutter identifizieren.

Obzwar die Mädchen mit den gleichen Erfahrungen in den ödipalen Konflikt eintreten, haben sie im Verlauf und Ausgang erhebliche Vorteile vor den Knaben. Die Abwendung von der erziehenden Mutter und die Zentrierung der Gefühle auf den Mann-Vater vollziehen sie nur unvollständig, oder sie wenden sich bald enttäuscht von ihm ab. Ihr idealisiertes Vaterbild ist blaß. Als Frau erwarten sie vom Mann Geld, Lust und vor allem Kinder. Rivalitäten mit der Mutter erregen weniger Angst und können viel offener ausgetragen werden, wahrscheinlich weil sie leichter auf die vorödipale Identifikation mit der machtvollen grausamen Mutter zurückgreifen. Am Ausgang des Konflikts haben sie, im Gegensatz zu den Knaben, eine Geschlechtsidentität erworben.

Es ist eindrücklich zu sehen, wie die früher so unglücklichen Kinder sich im 5. bis 6. Lebensjahr, wenn die ödipalen Konflikte zum Abschluß gekommen sind, zu scheinbar wohlfunktionierenden Spielgruppen zusammenschließen. Doch nimmt das weitere Leben für Mädchen und Knaben einen sehr verschiedenen Verlauf.

Die Mädchen, die alsbald weibliche Aktivitäten identifikatorisch und durch Anleitung erlernen, bleiben bei der Mutter: ihr Leben geht jetzt stufenweise, wenn auch nicht ohne Krisen, in jene weiblichen Rollen über, welche die materielle Subsistenz und organisatorische Konstanz der Agnisozietät gewährleisten. Die Charakterhaltung der Frauen pflegt konstanter, weniger Schwankungen ausgesetzt, ihre praktische

Lebensbewährung besser zu sein als die der Männer. Dadurch ist wenigstens die lebensnotwendige Ernährung der relativ großen Gruppe, »für die eine erwachsene Frau kocht«, gewährleistet. Ungestört durch krisenhafte Zustände, Evasionen und Räusche, die männliche Aktivitäten oft zu unterbrechen pflegen, bestellen sie ihre Pflanzungen.

Die Frauen gehen aus dem ödipalen Konflikt mit Eigenschaften hervor, die wir männliche nennen würden. Sie verzichten zwar auf direkte Ausübung der Macht und öffentliches Ausspielen von Prestige, aber sie bestimmen die Grundstruktur der Gesellschaft: Den Frauen ist der personelle Zusammenhalt der Sippe angelegen; ihren Interessen entspricht es, daß Kinder – und nicht materielle Werte – noch heute als der wichtigste Besitz der Sippe angesehen werden.

Die matrilineare Ordnung widerspricht den Erfordernissen europäischen Rechts und politischer Ordnungen, die seit Beginn der Kolonialzeit und besonders seit Erlangung der Unabhängigkeit den Agni auferlegt wurden. Die Erbfolge vom Onkel auf den Neffen ist ein massives Hindernis bei der Entwicklung der Plantagenwirtschaft; der Sohn arbeitet zwar oft bis weit ins Erwachsenenalter mit dem Vater, hat aber kaum ein Interesse daran, eine Produktion in Gang zu bringen, die ihm selber nicht zugute kommen kann, da er ja nur vom Bruder seiner Mutter erbt. Daß sich die matrilineare Ordnung trotzdem erhalten hat, ja daß sie sich in mancher Hinsicht gerade in den letzten Jahren wieder verstärkt, ist ein Indiz für die soziale Kohärenz der Gruppe der Frauen und ihre den Männern überlegene Konstanz und Identifikationsbereitschaft.

Eine grundlegende Labilität der Beziehungen zu den Mitmenschen, welche die Agni nach dem Durchlaufen des ödipalen Konflikts bewahren, wird bei den Frauen durch eine Tendenz überbrückt, sich mit den Interessen der Frauengruppe zu identifizieren. Beiden Geschlechtern bringt diese Inkonstanz einen doppelten Vorteil: sie brauchen sich an wenig befriedigende Bindungen nicht anzupassen und können sich relativ frei durch widersprüchliche soziale Einrichtungen bewegen, als da sind: die polygame Ehe, widersprechende Loyalitäten zu Chef und Sippe, zu den Personen der mütterlichen Sippe und der väterlichen Linie, u. a.

Den Männern hingegen, die von heftigen Rivalitätsaggressionen und von Neid bewegt sind und die keine dauerhaften gegenseitigen identifikatorischen Beziehungen zu anderen Männern ausbilden können, erwachsen aus der Labilität ihrer Bindungen große Nachteile. Schon die Gruppen der jungen Burschen brechen immer wieder auseinander. Streit und Hader sprengen meist schon bald die Arbeitsgruppen, die sich zum Zweck der agrarindustriellen Produktion zusammentun. Um eine Plantage ertragsfähig zu machen, wären aber mindestens vier

Jahre kontinuierlicher gemeinsamer Arbeit nötig. Die meisten mit Mühe und Kosten angelegten Pflanzungen verfallen, bevor sie Ertrag gebracht haben. Man könnte sich vorstellen, daß sie »unter Zwang«, in fest etablierten Herrschaftsverhältnissen, die in der passiven Wendung am Ausgang des ödipalen Konflikts vorgebahnt sind, zu einer konstanteren Gruppenbildung fähig wären.

Die Agni sind vor etwa dreihundert Jahren aus einem Sammler- und Jägervolk zu einem von Stammeskönigen beherrschten Kriegervolk geworden. In ihrer psychischen Ausstattung scheinen sie eher für jene verlassenen Lebensformen gerüstet zu sein als für die heutigen. Ohne zu Spekulationen über eine historisch-kulturspezifisch persistente Psychologie auszuholen, kann man zumindest noch eine Folge ihrer seelischen Strukturierung erwähnen. Die anale Dressur ohne Erziehung zu getrennter und selbständiger Unabhängigkeit schränkt die Fähigkeit, mit Geld umzugehen, wesentlich ein. Wie einst den Körperinhalt können sie das als Reichtum hochgeschätzte Geld nicht für sich bewahren. Da alle Ausbeutung aggressiv-retentive Modalitäten erfordert, ist es verständlich, daß diese sehr oft aggressiv gestimmten Menschen unter allen alten und neuen Institutionen weder ein brauchbares Spar- oder Kreditsystem noch eine wesentliche Mehrwertabschöpfung ausbauen konnten. Sie befehlen ihren mittellosen Fremdarbeitern zwar wie feudale Großgrundbesitzer, müssen sie aber – direkt oder indirekt – mit Anteilen am Produktionsmittel, dem fruchtbaren Boden, bezahlen, so daß die Lohnsklaven zu Konkurrenten der Unternehmer geworden sind, noch bevor die Produktion Gewinn abwirft. Ein gewisser Ausgleich liegt darin, daß sie den Fremden aus dem Norden mit dem Boden und einem Teil ihrer Dörfer und Städte auch ihre Töchter zur Ehe überlassen, wodurch diese wieder den Besitz der mütterlichen Sippe, der allein zählt, nämlich den Besitz an Menschen vermehren und damit sogar die effektive Produktivkraft vergrößern.
Es ist äußerst unwahrscheinlich, daß die Agni auch unter dem Zwang wirtschaftlicher Notwendigkeiten in absehbarer Zeit zu kapitalistisch rechnenden und planenden Industrieunternehmern oder andererseits zu kollektiv produzierenden Arbeitern umstrukturiert werden könnten. Wenn man ihre psychischen Eigenschaften neben den Gegebenheiten ihres Wohnraumes in Rechnung stellt, könnte nur eine elastisch organisierte zentralistische Wirtschaftsorganisation, die soziopsychologisch gesprochen mütterlich-bewahrende und aggressiv-beherrschende Modalitäten in sich vereinigt, wie sie als Staatskapitalismus denkbar ist, ihnen materielle Fortschritte ermöglichen und ihre Intelligenz und besondere Ausstattung zur Geltung bringen.

Das Bild, das ich bisher entworfen habe, ist lückenhaft. Auch das Ich der Agni hat sich aus der frühen Erfahrung eine »Gruppen-Ich«-Struktur erhalten, die ihnen nach den Konflikten der Kindheit eine bemerkenswerte Flexibilität und Elastizität verleiht. Sie können gleichsam auf den verschiedensten Entwicklungsniveaus gleichzeitig und abwechselnd oszillierend funktionieren. Wo sie an einem »Entweder-Oder« scheitern müßten, haben sie im »Sowohl-als-auch« große Möglichkeiten, die uns nicht offen stehen.
Als Beispiel diene der Bereich der enormen zwischenmenschlichen Aggressionen, die sie mobilisieren. Ohne sie anders als verbal auszutragen, greifen sie verleugnend, verschiebend und verfolgungswahnartig projizierend auf die Abwehrformen der frühesten Kindheit zurück. Ein Hexenwahn, die Gewißheit, daß Unglück und Tod immer von magisch agierenden Zauberern und Hexen verursacht werden, ist ebenso allgemein wie die Intrige, die es ermöglicht, eigene Feindseligkeiten durch andere Personen austragen zu lassen. Doch sind diese und ähnliche Haltungen sozial nicht schädlich: diverse Institutionen wie Heiler, Magierinnen und messianische Mittler verarbeiten die Aggression der Hexen in harmlosen magischen Prozeduren; Schiedsrichter und Schlichter stehen bereit, um einen Ausgleich für die Folgen der Intrige zu finden.
Gegenüber den Fremdarbeitern, deren wirtschaftliche Bedrohung sie fürchten, haben sie keinen kollektiven Haß ausgebildet, und sie zeigen keine Neigung, unbeliebten Nachbarn, wie den Attié oder dem in der Elfenbeinküste heute der Herrschaft am nächsten stehenden Volk der Baoulé, irrationale Gefühle des Hasses oder eine gefährliche Feindseligkeit zuzuwenden.
Ihr Clangewissen, das sie mit dem Bedürfnis nach starren sozialen Formeln und Rollen eng an ihre Sozietät bindet, enthält keine Forderung zur Nächstenliebe. Doch haben sie trotz ihrer kriegerischen Geschichte kaum eine Neigung zu kriegerischem Handeln oder zur Gewalttätigkeit und trotz ihrer Teilnahme an der Industrieproduktion für den Weltmarkt kaum eine Neigung, ausbeutende und ausgebeutete Klassen zu bilden, wie einige benachbarte Ethnien.

Der Ausgang des Konflikts bei »Europäern« und die Frage nach der historischen Bedeutung psychosozialer Phänomene

Es stellt sich die Frage, ob eine Untersuchung psychosozialer Phänomene einen Beitrag zur Entwicklungstheorie geben kann. Nur wenn die Befunde im historisch-dialektischen Prozeß, im Gang der Evolution menschlicher Gesellschaften ihren Platz fänden, hätten sie einen

Wert für die Sozialwissenschaften. Statt die Frage sogleich mit ja oder nein zu beantworten, weise ich darauf hin, warum die Ergebnisse der vergleichenden Ethnologie so schwer mit der Gesellschaftstheorie zu vereinbaren sind.

Die Methode, Erscheinungen in einzelnen gesellschaftlichen Formationen zu einem bestimmten Zeitpunkt zu untersuchen, macht die vergleichende Ethnologie wie auch die Ethnopsychoanalyse wenig geeignet, allgemeingültige Gesetze für die ganze Menschheit zu finden. Im Gegenteil neigt diese dazu, jedem historischen Prozeß, den sie in einem bestimmten Moment seiner Entwicklung untersucht, einen Punkt auf einer eigenen dialektisch-historischen Spirale zuzuschreiben. Die verschiedenen Spiralen mögen sich durchdringen oder überschneiden; doch nicht einmal ihre Konvergenz zu einer einzigen Entwicklungslinie wird evident. Den großen Gang der Evolution müssen wir aus der Geschichte ablesen.

Den Fortschritt in einem direkteren, engeren Sinn, das nächste und übernächste Ziel der Entwicklung, pflegen wir nach unserer eigenen Ideologie zu beurteilen. Doch streng genommen können wir nicht wissen, ob die Spirale steht oder ob sie liegt, ob ein Fortschritt stattfindet oder nicht.

Die Ethnopsychoanalyse muß sich von Anfang an entscheiden, dem Fortschritt, den wir für unsere eigene Klasse oder bestenfalls für unsere eigene Sozietät wünschen, nicht allgemeine Gültigkeit zuzuschreiben. Mit anderen Worten: die Kriterien des Fortschritts müssen aus der konkreten Situation in jeder einzelnen gesellschaftlichen Formation immer wieder neu abgeleitet werden. Eine klassenlose Gesellschaft würde den Agni, die ohne massivste fremde Einwirkungen wohl nie Klassen ausbilden würden, wenig fortschrittlich erscheinen, da sie ihnen doch gerade ihre wichtigste Freiheit nehmen müßte: den wirtschaftlichen Notwendigkeiten des tätigen Lebens auszuweichen. Die Dogon hingegen, mit ihrer harmonischen kollektiven Organisation der Produktion und der Gesellschaft, müßten, wenn sie zu einer technischen Entwicklungsleistung auf breiterer Basis angespornt würden, mit einigem Recht den ersatzlosen Verlust ihrer immer noch wohlausgewogenen, nur im engen Rahmen ihrer Dorfgemeinschaften wirksamen Sozialordnung befürchten.

Wenn wir uns vom Glauben, das *Ziel* der Entwicklung sei uns jedenfalls bekannt, nicht trennen mögen, bliebe uns der Ausweg, diese Völker als Vorstufen, als jung, primitiv oder unentwickelt anzusehen. Dann könnte man die dort gefundenen Formationen als historische Überreste vernachlässigen. Bei näherem Zusehen ist dieser Einwand jedoch nicht haltbar. Abgesehen davon, daß unsere Geschichtskenntnisse nur einen überaus kurzen Zeitraum umspannen, verglichen mit

der Entstehungszeit menschlicher Sozialordnungen, wonach man heute kein Volk als »unentwickelt« bezeichnen dürfte, besitzen wir von den Agni fast vierhundert Jahre dokumentierter Geschichte, in denen wirtschaftliche, politische und soziale Umwälzungen geschehen sind, die denen mitteleuropäischer Völker nicht nachstehen. Von den Dogon gibt es außer mündlich überlieferten Mythen kaum historische Daten; ihre hohen geistigen, künstlerischen und sozialen Leistungen weisen sie jedoch als ein »altes Kulturvolk« aus.
Ich halte die Frage offen, ob und wie ein psychologisch faßbarer Vorgang, z. B. der kulturspezifische Ausgang des ödipalen Konflikts, gesellschaftliche Prozesse beeinflußt, und wende mich noch einmal unserer Problemstellung zu.

Dem Ausgang des ödipalen Konflikts kommt in der Sozialsphäre der Dogon, der Agni und in jener der abendländischen Völker eine große Bedeutung zu. Bei uns jedoch hat der Wunsch, die Mutter zu besitzen, eine besondere Färbung und die Auseinandersetzung mit dem Vater als Störfaktor der Dyade eine aggressive Tönung. Schon das alleinige »Besitzen« der Mutter, als Ausdruck sexueller Wünsche, ist eine Folge der Erziehung des Kleinkindes zu Leistung und Reinlichkeit. Die ersten auf eine Person zentrierten Liebesgefühle zeigen einen anal-retentiven Beiklang; sie tragen bereits den Stempel der Produktionsverhältnisse der bürgerlichen Besitzwelt. Rivalitätsgefühle und Ängste treten auch bei den Dogon und bei den Agni auf, sobald die Dyade gestört wird. Aber der Wunsch, den Vater zu töten, ist typisch für europäische Kinder, deren Rivalität in den Kämpfen um die Trennung von der Mutter und um die Sauberkeitserziehung eine grausame Färbung erhalten hat. Bei den Dogon, die keine anale Dressur kennen, treten keine solche Phantasien auf. Bei den Agni ist der gleiche Wunsch nachweisbar, er tritt aber neben anderen Lösungen in Erscheinung, während er bei uns, je nach der feineren Strukturierung der Kleinfamilie, die mehr oder weniger ausschließliche Lösung ist, die sich für den Konflikt anbietet.
Die Furcht vor Vergeltung nach dem Talionsprinzip, Auge um Auge, scheint aus der gleichen Vorgeschichte herzustammen wie der Haß auf den Vater. Ein anderer Umgang mit dem Störfaktor, wie er z. B. für die Dogon typisch ist, die unmittelbare Einverleibung in primär identifikatorischen, autoplastischen Prozessen, scheint keine Kastrationsangst im engeren Sinne entstehen zu lassen.
Doch ist die Angst vor Verstümmelung nicht auf unsere Erziehungsformen beschränkt. Sie fehlt sogar bei den Dogon nicht ganz. Zu der Zeit, in der sich die Liebesgefühle zentriert nach außen richten, ist das Genitale des Kindes ein wichtiges, lustspendendes Organ geworden.

Die Bedrohung der körperlichen Integrität des schwachen und hilfsbedürftigen Kindes macht sich dann, wenn es seine dyadische Sicherung aufgeben muß, als Kastrationsangst geltend, auch wenn es keine vom Vater ausgehende Bedrohung fürchtet.
Der Ausgang des Konflikts, der aus dem Zusammenstoß übergeordneter sozialer Interessen mit individuell-egoistischen des Kindes entstanden ist, zeigt natürlich die Züge der Gesellschaft besonders deutlich. Man kann sagen, daß er in unserer Welt den Kampf, zu dem der ödipale Konflikt geworden ist, perpetuiert, die aggressive Forderung nach Unterordnung und Leistung verinnerlicht. Wenn die Autorität des Vaters die gültigen Regeln der Gesellschaft zusammenfaßt, diese die Familienstruktur bestimmen und die vorerst erwünschte Identifikation mit seiner Autorität gelingt, ist ein vom Ich und der Außenwelt getrenntes Überich konstituiert, das dem Ich gegenübersteht.
Die Notwendigkeit, sich sozialen Normen anzupassen, wirkt in jeder Kultur und in jedem Lebensalter im Sinne eines Lernprozesses. Eine Konfliktsituation gibt einen mächtigen Anstoß zur autoplastischen Veränderung, zur Identifikation. Diese kann, je nach der frühkindlichen Entwicklung, in sehr verschiedener Weise vor sich gehen. In unserer Gesellschaft ist vieles darauf angelegt, daß sich das Ich weitgehend vom Verhalten der menschlichen Umwelt unabhängig macht und dafür ein spannungsreiches Verhältnis zu einer inneren Instanz (Überich) eingeht, die, im Idealfall, ebenfalls unabhängig vom jeweiligen Verhalten der Umwelt, aber nach ihren gültigen Normen verfährt.
Die Ausbildung eines Überich ist zwar unvermeidlich; aber daß dieses vor allem durch Lohn und Strafe (Schuldgefühl) auf das Ich einwirkt, gehört zu den Besonderheiten unserer Kultur. Ob sich das Ich ganz oder teilweise den Anforderungen der »verinnerlichten Herrschaftsstruktur« beugt, sich mit ihnen sekundär identifiziert und die Gesetze, nach denen sie funktioniert, sogar als eigene Denkgewohnheiten beibehält, ist, im Rahmen unserer Sozialisation, gewöhnlich eine Frage klassenmäßiger und individueller Varianten.
Gleich wichtig ist in allen drei Kulturen, daß der Umgang mit der menschlichen Umwelt, die dafür wichtigsten Funktionen des Ich und die Funktionsweise des Überich mit dem Ausgang des ödipalen Konflikts festgelegt sind und später nicht oder nur schwer geändert werden. Nur die Inhalte und Normen des Überich, Ziele und Ideale, können später noch modifiziert oder ausgetauscht werden. Der Umstand, daß wir den Dogon wie den Agni ein Gruppen-Ich und ein Clangewissen zuschreiben, mag daran erinnern, daß die fest etablierten Funktionen dieser Strukturen bei ihnen weit deutlicher und in bedeutsamerer Weise von der Kooperation der Sozietät abhängig sind, um ihre Aufgabe zu

erfüllen. So verschieden beide Sozietäten auch sind, so unterscheidet sich ihre seelische Ausrüstung für ein bestimmtes soziales Verhalten von der europäischen doch in gleicher Weise: Der Umgang mit dem Besitz von materiellen Werten kann bei beiden nicht mittels aggressiven Festhaltens geübt oder durch eine am egoistischen Besitzen orientierte Moral geregelt werden. Sie sind für eine kapitalistische Gesellschaftsform psychologisch nicht disponiert.

Spätestens nach dem Untergang des ödipalen Konflikts sind Kinder spezifisch sozialisiert. Die Angehörigen einer Klasse oder Sozietät sind kein unbeschriebenes Blatt. Ihre Gesellschaft hat, im Rahmen der materiellen Möglichkeiten und der biologischen Anlage, dauerhafte psychische Strukturen produziert, die wirksame Funktionen ausüben. Bei der Ausbildung dieser Funktionen sind biologische Triebkräfte zur Qualität sozialer Wirksamkeit umgeschlagen. An den Beispielen habe ich zu zeigen versucht, daß nicht nur »das Sein das Bewußtsein« bestimmt. Es gibt Grenzfälle, die man noch als direkte natürliche oder vernünftige Folge primärer Bedürfnisse und Interessen ansprechen kann. Die Komplexität und die vielfältige Determination der beschriebenen psychosozialen Phänomene lassen aber nicht zu, sie als bloße Auswirkungen der Erfahrung, des Lernens oder als Erfindung zu beschreiben.
Mein Ansatz spaltet den Überbau gleichsam in zwei Teile: den einen, den Inhalt bewußter und unbewußter Ziele, Normen und Ideale mögen wir als Überbau der Produktions- und der daraus resultierenden Herrschaftsverhältnisse gelten lassen. Den anderen, den dynamisch wirksamen, genetisch ableitbaren, sozietätsspezifischen Teil des Überbaus werfen wir in den Strudel der Spirale, erkennen ihm im dialektischen Gang der Entwicklung den Rang eines Agens und Reagens zu. Aus der Quantität und Zeitlichkeit der frühkindlichen Entwicklung wirkt er auf die Qualität und Geschichtlichkeit der Evolution.

12. Typische Unterschiede zwischen Schweizern und Süddeutschen aus dem gebildeten Kleinbürgertum

Wenn wir heute von typischen Unterschieden zwischen Schweizern und Süddeutschen sprechen, setzen wir voraus, daß es sich um »erworbene« Unterschiede handelt. Während langer Zeit hatte sich jede ernsthafte Forschung von Fragen nationaler Unterscheidung fernzuhalten, um sich nicht furchtbaren Mißverständnissen auszusetzen. Bekanntlich waren viele Mediziner und Biologen dem Druck oder der Verführung einer machtpolitischen Mystifikation unterlegen und hatten sich im Gefolge gewissenloser Demagogen so weit erniedrigt, die nationalen Unterschiede als Ausdruck der Rasse zu bezeichnen und damit geringfügige anatomische Unterschiede der Gewebe ektodermaler Bildung zu einer Art Psychophysiologie nicht nur der Hirne, sondern auch der Seelen zu stilisieren. Die vergleichende Psychiatrie und eine Grundlagenforschung derselben, die vergleichende Psychoanalyse, haben indessen erkannt, daß angeborene Unterschiede, die beim Vergleich von Individuen Bedeutung haben, für die Verallgemeinerung nicht in Betracht kommen oder, wie Mathematiker es ausdrücken würden, zu vernachlässigende Größen sind. Umso mehr beschäftigen uns die Zusammenhänge, die es zwischen Erziehungsgewohnheiten, Traditionen und Lebensumständen einerseits, psychischen Eigenheiten, Charakterzügen, Verhaltensmustern und dergleichen andererseits gibt.

Die Methoden der vergleichenden Psychoanalyse haben sich zuerst anhand von Untersuchungen bei Völkern entwickelt, die außerhalb des »abendländischen Kulturkreises« leben. Dort ergaben sich wichtige Zusammenhänge psychischer Eigenheiten mit gesellschaftlichen Institutionen jeder Art. Bald verglich man die Psychologie der Untersucher mit jener der Untersuchten. Nun versuchen wir, die vergleichende (oder ethnopsychoanalytische) Methode auf Erscheinungen in unserem »Kulturkreis« zurückzuwenden. Dabei ergeben sich vor allem zwei Blickrichtungen: die eine auf die psychische Entwicklung in der Kindheit und Jugend, erweitert zu dem, was man als Sozialisation bezeichnet, und die andere auf die Ichfunktionen, d. h. auf den dynamischen Aspekt jenes Apparats, der die Anpassung des Menschen an die Außenwelt und den Umgang mit inneren oder verinnerlichten Ansprüchen (aus dem Es und dem Überich) zu leisten hat.

In diesem Artikel versuche ich einen Vergleich von Angehörigen der gleichen sozialen Schicht in zwei benachbarten und in vieler Hinsicht ähnlichen Völkern, die wir in unserer Praxis in Zürich in den fünfziger und sechziger Jahren psychoanalytisch behandelt haben.[1] Obzwar das Untersuchungsgut nicht gemäß einem Forschungsplan gesammelt wurde, bietet es einen methodischen Vorteil:

Bei der Entwicklung der ethnopsychoanalytischen Methode hat es sich bewährt, Angehörige von Kulturen zu studieren, deren Differenz zu der unseren möglichst groß war. Die Sozialisation, angefangen mit der Geburt des Kindes, den Stillgewohnheiten, der Abstillung, bis zum geographischen Lebensbereich und der produktiven Arbeit, das alles ist hier beim untersuchten Subjekt ganz anders als beim Untersucher. Damit hebt sich nicht nur der Gang der psychischen Entwicklung, sondern vor allem auch ihr Ergebnis, die Persönlichkeit mit allen ihren Eigenheiten, von jener des Untersuchers gut ab. Wir sind gezwungen, jeden Entwicklungsschritt und jede Verhaltensweise sorgfältig mit den Interaktionen, mit den Gepflogenheiten der Umgebungspersonen, mit der Struktur der Familie, den übrigen Institutionen und sozialen Verhältnissen in Beziehung zu setzen und daraus das kulturspezifische psychoanalytische Modell abzuleiten.

Bei der Rückwendung der ethnopsychoanalytischen Methode auf den abendländischen Kulturkreis, auf die Gesellschaft der kapitalistischen Industriestaaten, erwarten wir demgegenüber einen Vorteil von einer möglichst geringen Kulturdifferenz, von möglichst geringen Abweichungen der Vergleichsgegenstände in Hinsicht auf ihre Lebensformen und ihre soziale Lage. Wir müssen zwar auf sinnfällige Differenzen verzichten – gehören wir doch selber dazu! –, sind dafür aber der Anwendbarkeit unserer gewohnten Untersuchungstechnik desto sicherer. Vor allem können wir die sozialisierenden Faktoren (im engeren persönlichen und weiteren sozialen Bereich) vorerst einmal gleichsetzen, ihre Unterschiede vernachlässigen. Das erspart es uns, für jeden Schritt unserer Deutung das vielfältige und verschlungene Netz der Interaktionen und Sozialbezüge in unserer so kompliziert strukturierten Gesellschaft bloßzulegen und die Einflüsse zu klassifizieren. Das kulturspezifische psychoanalytische Modell komplettiert sich während der psychoanalytischen Untersuchung von selbst. Wir sind berechtigt,

[1] Die wichtigste Aufgabe, die einer vergleichenden Psychoanalyse innerhalb der westlichen Welt zukäme, wäre wohl die Erforschung der Unterschiede zwischen Angehörigen verschiedener Schichten, Kasten, Klassen und Subkulturen ein- und desselben Volkes. Die schichtgebundene oder schichtspezifische Psychiatrie steht epidemiologisch, in der Beschreibung der Pathogenese und der Pathoplastik vor ebenso großen Problemen wie bei der Prophylaxe und Therapie. Sie könnte die Hilfe einer ethnologisch orientierten vergleichenden Psychologie ihrer Subkulturen als Basis für ihre Theorie und Praxis wohl brauchen. Doch steckt die ethnopsychoanalytische Erfassung von Angehörigen der Schichten, die weniger gebildet sind, industrielle Handarbeit leisten und der Arbeiterklasse angehören, noch in den Anfängen.

erst dann einigen markanten oder typischen Unterschieden in ihrer Genese nachzugehen und sie in der Funktion zu bestimmen, wenn das Modell einmal abgeleitet und beschrieben ist.
Mit dem kulturspezifischen psychoanalytischen Modell bezeichnen wir den Ablauf und das Ergebnis der psychischen Entwicklung. Da wir keine neue Persönlichkeitstheorie aufstellen, sondern uns der bekannten psychoanalytischen Theorie bedienen, unabhängig davon, ob wir die psychische Entwicklung rekonstruieren oder die erwachsene Person beschreiben, die wir als Ergebnis eines komplizierten Entwicklungsvorgangs ansehen, nennen wir das Modell psychoanalytisch. Allerdings bezieht es als Entwicklungs-»Modell« auch Lernprozesse und Anpassungsvorgänge jeder Art mit ein. Daß das Modell für die Struktur der Ethnie, Schicht oder Subkultur spezifisch, d. h. von anderen unterschieden ist, leitet sich aus seiner Entstehung ab. Ob es typisch ist, kann man aus der Relevanz und Vielfalt der Aufklärung, die es jeweils bringt, schließen und eventuell mit anderen Methoden nachprüfen. Das von uns gefundene Modell dient als Arbeitshypothese für andere Verfahren, z. B. für die vergleichende Psychiatrie.
In dieser Mitteilung setzen wir einige wenige, bezeichnende Phänomene miteinander in Beziehung und rekonstruieren ihre Psychogenese. Dabei sind zwei Parameter anzubringen. Erstens: Solche partielle Modelle sind von kompletteren abgeleitet, also im Prinzip ergänzungsbedürftig; sie dürfen nichts enthalten, was im Widerspruch zu einem anderen theoretischen Gesichtspunkt stünde. Die genetische Ableitung z. B. muß den Gesetzen der Triebökonomie und der Dynamik entsprechen, auch dann, wenn diese nicht diskutiert werden. Zweitens sind die Modelle nur typisch, wenn sie zur Erklärung weiterer psychologischer Züge und sozialer Phänomene bei den untersuchten und bei anderen Personen beitragen. Ein zahlenmäßiges Überwiegen des im vervollständigten Modell rekonstruierten Typus unter Angehörigen der untersuchten Gesellschaft ist jedoch nicht erforderlich, um von einem Typus zu sprechen.

Die Untersuchung stützt sich auf die mehrjährige klassische Psychoanalyse von sechs Erwachsenen, drei Männern und drei Frauen, zwischen 20 und 40 Jahre alt, die aus verschiedenen Teilen Süddeutschlands, alle aus städtischen Verhältnissen kamen. Die Väter waren Ärzte, Pfarrer, Lehrer, Angestellte oder Kaufleute. Die Patienten hatten alle höhere Schulbildung, die meisten hatten auch Hochschulen besucht.[2] Die zum Vergleich herangezogenen Schweizer deutscher

[2] Die Bestimmung »Kleinbürger« ist von der politisch-ökonomischen Theorie der gesellschaftlichen Klassen abgeleitet. Kleinbürger verfügen nicht über ein sich reproduzierendes Kapital, partizipieren jedoch an einigen Privilegien der herrschenden

Sprache wurden aus einer großen Anzahl von Analysanden ausgewählt; sie sollten nach Stand, Herkunft[3] und Bildung eine möglichst ähnliche Gruppe bilden.

Analysanden, welche die Analyse »aus Interesse«, und solche, die sie wegen persönlicher Störungen und Schwierigkeiten aufgesucht hatten, wurden nicht voneinander geschieden. Die erste, bewußte Motivation der Analysanden verlor im Verlauf der Analyse bald ihre subjektive Bedeutung; für diese vergleichende Untersuchung fällt sie ganz heraus, da der unterschiedliche Anlaß zur Analyse nicht mit weiteren Unterschieden in Verbindung zu bringen war. Keiner der Analysanden zeigte während der Zeit der Therapie oder früher psychotische Symptome.

Drei psychologische Züge, welche diese Deutschschweizer und Deutschen auffallend voneinander unterscheiden – und von denen wir ausgehen –, sind die folgenden:

1. Die Deutschen sprechen besser als die Schweizer. Bei den Deutschen sind Wortschatz und Sprachgewandtheit größer, die sprachliche Kommunikation ist differenzierter, die Fähigkeit, innere Vorgänge und Gefühle zu verbalisieren, ist besser ausgebildet als bei den Schweizern. Eine vorübergehende Hemmung oder Blockierung der sprachlichen Kommunikation macht bei ihnen nach ihrer Behebung sogleich wieder einer differenzierten Verbalisation Platz. Bei den Schweizern treten Hemmungen häufiger und oft bei geringerem Anlaß auf. Die Sprache ist in verschiedener Weise gehemmt, unbeholfen, und der sprachliche Ausdruck braucht nach einem Schweigen oft eine Erholungszeit.[4] Als Illustration für diesen Unterschied können wir anführen, daß die Psychiater in Zürich während vieler Jahre die Intelligenz von Deutschen,

Klasse und neigen dazu, die Ideologie derselben anzunehmen. »Gebildet« bezeichnet eine spezifische Schicht innerhalb der Klasse und entspricht der amerikanischen Umschreibung »white collar / high educational level«.

[3] Es zeigte sich, daß die Schweizer gebildeten Kleinbürger aus anderen Schichten stammen als die süddeutschen. – Die Schweizer Analysanden kamen aus verschiedenen Teilen der Nord- und Ostschweiz; Analysanden aus Basel, aus einigen Teilen Graubündens und aus der sogenannten Innerschweiz wurden von der Untersuchung ausgeschlossen, da diese ein andersartiges Sprachverhalten aufweisen.

[4] Die Süddeutschen sprachen während der Analyse Hochdeutsch, die Schweizer (mit Ausnahme von einem, der Hochdeutsch sprach) den schweizerdeutschen Dialekt in der jeweiligen lokalen Variante oder Färbung.

Da wir von der *Verwendung* der Sprache als Ausdrucks- und Kommunikationsmittel ausgehen, fallen die Befunde und Theorien über schichtspezifische Sprach-Codes nicht in den Bereich unserer Untersuchung. Man kann mit jedem Code gewandt oder ungeschickt umgehen, kann primitive Signalmuster differenziert anwenden, oder sich mittels eines hochdifferenzierten Signalmusters primitiv oder in gehemmter Art verständigen.

die sie wegen der verschiedensten Störungen zu untersuchen hatten, sehr häufig irrtümlich zuerst als viel besser einschätzten, als sie sich dann bei einer genaueren Untersuchung erwies. Die gute Verbalisationsfähigkeit täuschte eine höhere Intelligenzstufe als bei den Schweizer Patienten vor.
Mit dieser Erscheinung beschreiben wir Unterschiede einer wichtigen Ichfunktion.
2. Alle Analysanden kommen aus Familien, die in ihrer psychologischen Struktur dem entsprechen, was Adorno und Mitarbeiter als typisch für das Familienmilieu der »autoritären Persönlichkeit« gefunden haben. Die Deutschen weisen in ausgesprochenem Maße ein Merkmal dieser Persönlichkeit auf: ein sehr strenges, »autoritäres« Überich, das auch als sadistisch beschrieben wird; d. h. eine durchaus verinnerlichte, nur zum Teil bewußte Instanz, die Regeln und Verbote sowie Ideale enthält. Jede Übertretung rächt sich durch Gewissensangst oder ein quälendes Schuldgefühl. Ein Strafbedürfnis verrät, daß sich das Ich dem Diktat des Überich unterworfen hat. Deshalb neigen diese Personen zu Starrheit und Strenge, unterwerfen sich leicht Autoritäten und verhalten sich selber autoritär. Demgegenüber weisen die Schweizer Überich-Formen auf, die zwar als nicht weniger streng imponieren, sich aber anders bemerkbar machen. Eigene aggressive Impulse sind oft gehemmt und werden projektiv anderen Personen zugeschrieben. Gebote und Verbote des Überich, inhaltlich etwa die gleichen wie bei den Deutschen, werden häufig als »äußere Kontrolle« erlebt; treten Wünsche auf, sie zu übertreten, ist das Schuldgefühl oft durch das Gefühl ersetzt oder überlagert, von Mitmenschen kontrolliert oder bedroht zu werden. Der Gewissensangst analog tritt ein lähmendes Gefühl sozialer Angst auf, das dem Schamgefühl nahesteht. Wir haben – auch bei Personen, die nicht an der Furcht vor Erröten leiden – vom »erythrophoben Charaktertypus« gesprochen, um der Verbindung von gehemmter Exhibitionslust und lähmender Scham Rechnung zu tragen. Ein typischer Deutschschweizer, ein geachteter, sozial gut integrierter Spezialarzt, sagte in der ersten Psychotherapiestunde: »Mein Nachbar ärgert mich, weil er seinen Wagen oft so parkiert, daß die Einfahrt in meine Hausgarage verstellt ist. Ich hätte ihn schon längst getötet, wenn ich nicht wüßte, daß das beobachtet würde und herauskäme.«
Dieser zweite Unterschied bezieht sich auf die Stellung des Ich zum Überich bzw. auf die verschiedenartige Bildung des Überich in der Kindheit.
3. Den auffallendsten Unterschied sehen wir darin, daß die Deutschen im Beruf und bei anderen praktischen Lebensaufgaben leistungsfähig bleiben, auch wenn sie heftigen neurotischen Symptomen unterwor-

fen sind. Ängste, hysterische Körpersymptome, Zwangshandlungen, ja sogar schwere Regressionen des Ich, die mit Depersonalisationserscheinungen, Verlust der Ichgrenzen oder schweren depressiven Verstimmungen einhergehen, lassen offenbar andere, der äußeren Leistung dienende Ichfunktionen intakt. Schweizer mit vergleichbaren Zuständen fühlen sich (und sind) schwer krank, leistungsunfähig. Eine deutsche Patientin, die in den beiden ersten Interviews äußerst eindrücklich ihre seit Jahren zur Panik gesteigerten Phobien geschildert hatte, übte gleichzeitig zwei sehr anspruchsvolle Berufe aus. »Ich funktioniere immer«, sagte sie, »Sie können sich nicht vorstellen, wie schlimm das ist, wenn man nie nachgeben kann.« Schweizer hingegen werden, trotz ihres häufig undramatischen und gehemmten Wesens, als gestörter eingeschätzt, als sie es sind, weil zahlreiche Ichfunktionen beeinträchtigt werden, sobald Konflikte im Ich auftreten. Als der oben erwähnte Arzt in einer Nacht nur etwa vier Stunden Schlaf fand, ließ er alle Konsultationen für zwei Tage absagen, da er befürchtete, sie nicht leisten zu können. Allerdings begab er sich in seine Praxisräume und schloß sich mit Buchhaltung und Rechnungsformularen in sein Arbeitszimmer ein. »Niemand sollte sehen, daß ich nicht arbeite. Ich schlief auch nicht«, sagte er, »weil man das untertags nicht tut. Aber wie soll man arbeiten, wenn man nicht geschlafen hat.«

Die Ichorganisation – oder das Verhältnis des Ich zu den Anforderungen der Außenwelt und des Überich – weisen bei Deutschen und Schweizern bedeutende Unterschiede auf. Die ersten haben ein leistungsorientiertes Ich, oder ihr Ich ist mit den Anforderungen nach »gesunder«, das heißt geforderter Leistungsfähigkeit, also einem Anspruch des Überich identifiziert. Die Schweizer unterliegen einer allgemeinen Hemmung der Ichfunktionen, sobald neurotische Konflikte manifest werden. Projektive Identifikationen mit äußeren Instanzen oder Personen, die eine Leistung fordern oder verlangen könnten, sowie Identifikationen mit der jeweiligen sozialen Rolle können dabei die Leistungsfähigkeit bis zu einem gewissen Ausmaß sichern oder wiederherstellen.

Die psychologische Trias heißt zusammengefaßt: Gute Sprachfunktion, verinnerlichtes, sadistisches Überich, Leistungs-Ich bei den Deutschen; gehemmte Sprache, externalisiertes, »verfolgendes« Überich, Hemmung der Ichleistung bei den Schweizern.

In zweierlei Hinsicht haben wir damit Behauptungen aufgestellt, die erst zu belegen wären. Einmal natürlich, ob solche Einzelbefunde wirklich repräsentativ sind oder sein können. Manchem Leser mögen Patienten oder Menschen aus dem Bekanntenkreis eingefallen sein, welche die Trias nicht aufweisen, oder Gegenbeispiele – sprachgewandte Schweizer, jämmerlich leistungsgestörte Süddeutsche. Um die

Verbreitung und Persistenz solcher Unterschiede aufzuzeigen, hätten wir am liebsten statt Einzelpersonen soziale Situationen aus den zu vergleichenden Schichten vorgeführt, etwa Filmstreifen, wie es an einem Familientisch zugeht, in einem Büro, bei einem Kaffee-Gespräch oder in einer Kneipe.

(Im übrigen müssen wir nochmals betonen, daß sich das Typische solcher Syndrome nur aus der Fortsetzung und Erweiterung der Untersuchung ergibt, daraus, ob die hypothetische Formel an Glaubwürdigkeit gewinnt oder verliert, wenn man sie in neue Zusammenhänge einfügt.)

Zum zweiten müßten wir belegen, wie wir gerade zu dieser Trias gekommen sind, das heißt, wie sie sich aus der psychoanalytischen Beobachtung ableitet. Dazu wären einige ausführliche Falldarstellungen nötig. Statt dessen wollen wir versuchen, die wichtigsten Entwicklungsschritte zu skizzieren, aus denen die Dynamik und die psychische Struktur von Menschen abzuleiten ist, welche als Erwachsene diese psychologische Trias aufweisen.

Unsere Rekonstruktion bezieht sich auf die dritte und vierte Phase der von Margaret S. Mahler beschriebenen Individuation, auf »die psychische Geburt des Menschenkindes« im Kleinkindesalter.[5] Die vierte Phase, die häufig zu Ende des dritten Lebensjahres (manchmal früher, häufig später) ihren Höhepunkt hat, ist dadurch charakterisiert, daß das Kleinkind seine neuerworbenen Fähigkeiten ausprobiert. Es erforscht die Welt, indem es sich hineinbewegt; es hat nicht nur eigenständige Impulse, sondern verfügt über Planung und einen eigenen Willen. Nicht nur der Muskelapparat gestattet jetzt komplizierte Handlungen, auch die Sprache differenziert sich plötzlich grammatisch und affektiv und löst zum Teil andere Kommunikationsweisen ab. Schließlich wird die willkürliche und automatische Beherrschung der Sphinkteren erlernt. Die hohe und bleibende Bedeutung der emotionellen Vorgänge, die die Sauberkeitserziehung begleiten, sowie die als Lustquelle häufig hochbesetzte erogene Afterzone haben dieser Epoche den Namen »anale Entwicklungsphase« eingetragen. Aus dem

[5] Margaret S. Mahler u. a., 1975, S. 200, Fußnote 2: »Kurze Nachuntersuchungen haben uns gezeigt, daß die Konsolidierung der Ich- und Triebkonstellation des einzelnen Kindes in der zweiten Hälfte des 3. Lebensjahres in vieler Beziehung für seine nachfolgende Entwicklung charakteristisch ist; das heißt, es besitzt von diesem Zeitpunkt an eine Art historischer Kontinuität. Spätere Überprüfungen, insbesondere psychologische Tests, zeigen, daß die phallisch-ödipale Phase und ihre Auflösung zwar die Entwicklung der Persönlichkeit des dreijährigen Kindes mit ihren charakteristischen Anpassungs- und Abwehraspekten wesentlich verändern können, doch scheint das Bild des Dreijährigen, wie wir ihn in jenem Stadium kannten, in den späteren Entwicklungsschichten immer wieder auf.«

auffallendsten Sozialverhalten dieser Zeit leitet sich der Name »Trotzalter« ab.

In dieser Zeit ist das Kind jedoch nicht so unabhängig, wie es sich zeitweise fühlen mag und wie es der Umgebung auch gelegentlich imponiert. In längeren oder kürzeren Abständen ist es darauf angewiesen, sich der Hauptpflegeperson (wir wollen sie im folgenden die Mutter nennen) zuzuwenden, um Wärme, Tröstung, empathisches Eingehen auf alle Bedürfnisse zu erleben. Sehr wahrscheinlich werden eigentliche symbiotische Verschmelzungsgefühle mobilisiert. Ohne eine entsprechend einfühlende und pflegende Mutter »zum Auftanken« (Mahler), also ohne frühkindliches Geborgensein und Geliebtwerden, sind Störungen unvermeidlich.[6] Sie haben erfahrungsgemäß bleibende psychische Folgen. Varianten im Verhalten der Mutter, die den Interaktionen in dieser Zeit einen bestimmten besonderen Ablauf geben, formen den sich bildenden Charakter des Kindes in spezifischer Art und Weise.

In den beiden zu vergleichenden Gruppen wird das Bedürfnis des Kindes nach »emotionalem Auftanken« meist zu erzieherischen Zwecken benützt. (Wir lassen pathologische, nicht empathische Mütter, die auf die Bedürfnisse des Kleinkindes nicht oder nur ganz einseitig eingehen, hier außer Betracht; ihre emotionelle Insuffizienz in dieser Epoche wird in der Regel bei Deutschen und bei Schweizern zu krankhaften Verzerrungen der weiteren Entwicklungsschritte des Ich führen.)

Die deutsche Mutter in dieser sozialen Schicht pflegt nun in der vierten Phase der Individuation mit dem Kind zu sprechen. Die Kommunikation mit dem Kind, das sein expansives Verhalten übt oder wieder mehr Pflege braucht, ist sprachlich: Sag' was du tust, sag' was du vorhast, was du getan hast, sag' vor allem, in einem vollständigen und

[6] Bekanntlich verlaufen die vier charakteristischen Phasen zur Individuation (nach Mahler) nicht so, daß eine frühere nahtlos in die nächstfolgende übergeht, sondern sie überlappen sich in ihrer zeitlichen Folge. Zum Beispiel reicht die erste Phase, die der Abgrenzung und Differenzierung, zeitlich in die zweite, die des »Übens«, hinein. Der besondere Verlauf einer Phase wird u. a. von den Interaktionen zwischen Mutter und Kind in einer früheren Phase mitbestimmt.

Unseren Süddeutschen und Schweizern ist ein Überlappen typischer (gleichsam »regressiver«) Verhaltensweisen des Kindes aus der dritten Phase (»Wiederannäherung«) bis weit in die vierte Phase (»auf dem Weg zur Selbst- und Objektkonstanz«) gemeinsam. Dieser Verlauf ist wahrscheinlich darauf zurückzuführen, daß die Mütter beider Gruppen sich im Verlauf der zweiten Phase anders verhalten als die meisten der von Mahler beobachteten Mütter. Zweifellos tritt das Bedürfnis nach »Auftanken« bei schweizer und süddeutschen Kindern auch in der vierten Phase noch häufig und imperativ in Erscheinung.

höflich formulierten Satz, was du willst. Rat, Anleitung, Lob und Tadel haben vorerst einmal verbale Form. Das emotionale Auftanken kann hier nur richtig, das heißt den entwicklungsadäquaten Bedürfnissen des Kindes entsprechend, stattfinden, wenn das Kind in sprachliche Kommunikation mit der Mutter getreten ist. Sein Appell durch Haltung, Gesten, Mimik allein genügt nicht und führt erst zum Erfolg (das heißt zum Auftanken, zur pflegenden Stillung), wenn die sprachliche Verständigung auch von seiten des Kindes mitvollzogen wird. Der hiervon ausgehende Anreiz, den sprachlichen Ausdruck zu verbessern und auszubauen, kann nicht groß genug veranschlagt werden.
Die erzieherisch einschränkende, sozialisierende Tendenz der Mutter äußert sich ebenfalls zuerst sprachlich. Das Gewähren und Versagen der Mutter bewirkt in dieser Zeit unweigerlich eine polemische Antwort. Es kommt zu Machtkämpfen, die als Trotzphase beschrieben und von der »notwendigen« Reinlichkeitserziehung (Sphincter training) abgeleitet worden sind. Es sei angemerkt, daß die jetzt einsetzenden Anstrengungen der Mutter, den Umgang des Kindes mit seinen Triebbedürfnissen und den der Außenwelt zugewandten Impulsen einzuschränken, ausschließlich ihrer Einstellung, dem Ergebnis ihrer eigenen Sozialisation und den auf sie einwirkenden Verhaltensregulatoren (Pressionen, Wertsysteme und dergleichen) entstammen und nicht für die Entwicklungsphase des Kindes spezifisch sind. Bei unseren Deutschen und Schweizern ist das Hauptziel der erzieherischen Anstrengungen in dieser Zeit die Erziehung zur sozial erwünschten Leistung, Ordnung und Sauberkeit. Spezifisch für das Kind ist nur seine Antwort auf erzieherischen Druck in einer Zeit, in der die emotionale Abhängigkeit von der Mutter intermittierend, aber noch unentbehrlich ist. Diese deutschen Mütter werden also eine tiefe emotionale Verankerung von Leistungs- und Verhaltensnormen erzielen, die verbal, nach den Regeln des Sekundärprozesses organisiert sind. Je heftiger die Kämpfe ausfallen, je mehr sie mit Drohungen von Liebesentzug und mit Körperstrafen erzwungen werden, desto größer wird die Ambivalenz des Kindes in seinen Gefühlen gegenüber der Erziehungsperson sein: unabdingbare Liebeswünsche und polemische Aggression. Spezifisch für die deutsche Variante scheint zu sein, daß die jetzt erzielten Sozialisationsergebnisse vom Kind in der Regel als Einheit, mit ambivalenten Gefühlen besetzt, verinnerlicht (oder aber abgelehnt) werden müssen. Die »vernünftig« sprechende, argumentierende Mutter, die sich konsequent erzieherisch verhält, kann nur schwer in eine gute und eine böse aufgespalten werden, teils als Hexe hinausprojiziert, teils als gutes Idealobjekt introjiziert werden. Das Ansprechen der sekundärprozeßhaften Reaktion (entgegen der primär triebnahen im »Auftanken«) hat daran einen ebenso großen Anteil wie die Kon-

sequenz der Erziehung, die eine Aufspaltung der Objektrepräsentanz Mutter in eine gute, liebende und eine böse, gefährliche und gehaßte und damit eine Lockerung der Ambivalenzspannung unmöglich macht. Mit anderen Worten: Die »analen« Gebote und Verbote werden als Einheit verinnerlicht, das Ergebnis ist ein geschlossenes, an abstraktere Wertvorstellungen gebundenes, ambivalent besetztes, das heißt belohnendes oder bestrafendes Introjekt. Die aggressive Besetzung des Introjekts muß man, nach der spezifischen Qualität ihrer Entstehung, als anal-sadistisch bezeichnen. Für das Ich ist – da dauerhafte Rebellion in dieser Phase nicht möglich ist – eine Unterwerfung unter verinnerlichte Gebote der normale Ausweg.
Für die späteren Phasen der Entwicklung hat dieser Verlauf einige Auswirkungen, die sich am Verhältnis des Ich zum Überich und am Verhalten zu äußeren Autoritäten manifestieren. Die phallische Phase ist durch die Auseinandersetzung mit mehreren hoch besetzten Objekten gekennzeichnet, von denen jeweils eines das geliebte Objekt ist, das andere als Rivale erlebt, gefürchtet und mit Haß belegt wird. Während sich beim Untergang des Ödipuskonflikts im Ich gewöhnlich dauerhafte Reaktionsbildungen etabliert haben, hat das Introjekt aus der Erziehung in der vierten Mahlerschen Phase ein besonderes Schicksal erfahren. Es ist im ödipalen Konflikt als Ganzes, als ein »cluster« von Bedeutungen, die der störenden Hauptperson der Rivalitätskonflikte zugeschrieben werden, verinnerlicht worden. Nochmals mit Aggression aufgeladen, bleibt es ambivalent besetzt, wie ein Fremdkörper abgegrenzt, ein recht abstraktes Gebilde, das Freud mit der »Autorität des Vaters« gleichgesetzt und dem er den Namen »Überich« gegeben hat. Dem Ich ist es unmöglich, seine eigenen Ziele dagegen durchzusetzen, wie es ihm auch nicht gelingt, auf dessen Zustimmung zu verzichten. Dieses Bedürfnis nach Zustimmung des Überich ist vom »Auftanken« in der früheren Phase abzuleiten und ist ihm an emotionaler Intensität vergleichbar. Eine solche Entwicklung bringt das Ich dazu, dem Überich zwanghaft zu folgen. Sofern dieses eine Leistung verlangt, hat das Ich den Vorteil, von seinem Introjekt Zuwendung, Liebe und Zustimmung zu erfahren; so aufgetankt wird es als Ganzes besser funktionieren. Auch wenn vom Überich eine Einschränkung verlangt oder ein Verbot ausgesprochen wird, ist das Ich gezwungen, ihm zu folgen. Kurz: Die sekundäre Identifikation des Ich mit einem als Introjekt vom Ich scharf abgegrenzten Überich, das abstrakte, unpersönliche Forderungen aufstellt, ist eine naheliegende Lösung.
Eine Entlastung des Ich ergibt sich jedoch, wenn das Überich als Ganzes einer autoritären äußeren Figur überantwortet werden kann. Eine Relativierung ist dabei nicht möglich. Die äußere Figur eignet sich zu

einer solchen Übertragung nur, wenn sie mit unmittelbarer Macht ausgestattet, stärker ist als das Individuum und wenn die Unterwerfung unmittelbare Vorteile bringt. Während sich Konflikte mit dem Überich als Schuldneigung und Strafbedürfnis geltend machen, bringt die Unterwerfung eine Reduktion von Schuldgefühl mit sich. Dann kann die Aggression gegen außen gerichtet werden, solange die Ziele der äußeren Autorität mit denen der »analen« Erziehung zusammenfallen, solange das Ich sich der geforderten Leistung unterzieht.
Wir haben darauf hingewiesen, daß die verbale Form der mütterlichen Erziehung, unter den besonderen emotionellen Bedingungen der vierten Phase der Individuation, die Bildung eines einheitlichen Introjekts befördert. Dieses kann man als Leistungs-Überich bezeichnen: im Einklang damit oder sekundär damit identifiziert bleibt das Ich leistungsfähig. Konflikte zwischen Ich und Überich erzeugen innere Zwänge und Angst, die durch sozial geforderte Leistung gemildert werden können. Sogar nach einer Übertragung des Überich auf äußere, zwingende Instanzen oder Personen, die zur Unterwerfung führt, aber die innere Ambivalenz entspannt, bleibt die geforderte Leistung eine der wichtigsten Möglichkeiten des Ich, sich nach innen und nach außen zu behaupten. Mit Leistungen ringt es den abstrakten Forderungen seines Überich und den sehr konkreten seiner sozialen Umwelt jene Zustimmung ab, die ihm während der letzten Individuationsschritte von seiner Mutter unter ganz bestimmten Bedingungen gespendet worden war.
Unsere Deutschen können und müssen viel leisten, ob sie nun innerlich entlastet sind oder ob sie unter inneren Spannungen, Schuld oder Angst leiden. Sie haben früh unter starkem emotionalen Druck gelernt, sich verbal zu artikulieren, und vor Einsetzen der ödipalen Konflikte Ansätze zu einem kohärenten Überich ausgebildet, mit dem sie sich identifizieren oder dem sie sich unterwerfen müssen.

Die Schweizer Mutter hat – in der entsprechenden sozialen Schicht – ähnliche erzieherische Ziele wie die deutsche, setzt aber andere Mittel ein. Die verbale Kommunikation mit dem Kind spielt eine andere Rolle: Selten läßt sie sich in ein längeres Zwiegespräch ein, sie reagiert eher auf das Verhalten des Kindes als auf Worte, sie spricht wohl zum Kind, aber nicht mit ihm. Zum emotionalen Auftanken kommt es häufig aus Gegebenheiten der äußeren Situation (Gute-Nacht-Kuß) oder nach averbalen Signalen des Kindes, nicht einmal regelmäßig dann, wenn das Kind »brav« ist, das heißt die erzieherischen Erwartungen der Mutter erfüllt. Einschränkungen, Gebote und Verbote werden zwar sprachlich vermittelt. Sobald es jedoch zu einer Polemik kommt, hört die Mutter auf, mit dem Kind zu reden. Jetzt sind ihre stärksten Mittel strafende Blicke und emotionale Abwendung. Eine konsequent erziehende Mutter gibt dem Kind zwar genügend Signale, was es tun oder lassen soll, aber nicht das Gefühl, es könne sich die nötige liebevolle Zuwendung sichern, und schon gar nicht, es könne die Mutter sprechend gewinnen oder zurückgewinnen.

Es ist verständlich, daß der Erwerb der sprachlichen Fertigkeiten in dieser Phase nicht ebenso angeregt wird wie bei deutschen Kindern. Still zu folgen, stumm zu trotzen oder ohne Hoffnung auf Antwort vor sich hin zu maulen liegt dem schweizer Kind näher als dialogische Auseinandersetzung.

Da die Leistungs- und Verhaltensnormen ähnlich sind und auch hier das Bedürfnis nach Zuwendung ebensosehr zu erzieherischen Zwecken benützt wird wie Druck und Zwang, geht dieser Sozialisationsschub ebenfalls mit starker Ambivalenz gegenüber der Mutter einher. Doch bleiben die gegebenen Regeln konkreter, die Emotionen sind weniger dem Sekundärprozeß, der sprachlichen Abstraktion unterworfen; die Gefühle gelten einer Mutter, die vom Kind kaum direkt beeinflußbar ist, die sich einmal gut, einmal böse verhält. Oft kann das Kind das Verhalten der Mutter nicht voraussagen, selbst wenn sie sich subjektiv konsequent zu verhalten glaubt, denn ihre Konsequenz ist nur auf das Ergebnis gerichtet und nicht auf die Gefühlsantwort des Kindes abgestimmt.

Sehr häufig vertritt die Mutter ihre Ansprüche nicht selber, sondern unterliegt wirklichen oder von ihr so empfundenen Forderungen der weiteren Umwelt: der Sorge, was die Nachbarn von ihr sagen, was die Schwiegermutter, was ihr Mann über sie denken würden, wenn ihr Kind dies tut oder jenes nicht tut. Dadurch wird die Mutter in Wirklichkeit und für ihr Kind noch inkonsistenter, noch widersprüchlicher, als wenn sie eigenen, sei es auch strengen Normen folgte.

Typischerweise erledigt das Kind seine Ambivalenzspannung so, daß die Mutter in eine gute liebende und eine böse, oft eher stumm beobachtende als eigentlich strafende aufgespalten wird. Günstigenfalls bleibt die böse, frustrierende oder einschränkende Mutter gleichsam draußen. Da sich ohnehin kein System emotional und sprachlich integrierter Erfahrungsniederschläge gebildet hat, ist es leicht, gewisse Regeln zu verinnerlichen, andere projektiv an äußere Instanzen (von denen sie oft herkommen) zu delegieren. Oft findet man neben verinnerlichten Überich-Vorläufern projektiv externalisierte Instanzen, äußere Vorstufen von Idealforderungen. Von Nebenumständen hängt es ab, ob das Ich mehr durch Scham und Angst gelähmt wird oder ob es von der Identifikation mit den externalisierten Idealen und Forderungen geleitet wird.

Auch beim schweizer Kind haben sich nach dem Ausgang der ödipalen

Konflikte in der Regel dauerhafte Reaktionsbildungen auf die aggressiven Strebungen und eine Beherrschung analer Strebungen, oft im Sinne der Retentivität, hergestellt. Doch kommt es nicht zu einem kohärent internalisierten Überich. Ist die Leistungsforderung verinnerlicht worden, lähmt immer von außen das unbeeinflußbare, projizierte, stumme Auge der Mutter. Ist umgekehrt im Ich Fügsamkeit und Bravheit etabliert, verlangen die externalisierten Instanzen selbständige Leistung. Das Überich ist nicht strenger als bei den Deutschen, aber schwerer zufriedenzustellen. Das Ich versucht, seine Ambivalenz durch Spaltung und Projektion loszuwerden. Günstigenfalls sind recht stabile Forderungen verinnerlicht, denen das Ich jedenfalls folgt. Dennoch wird jeder neue Impuls und jeder Konflikt die veräußerlichten Beobachter auf den Plan rufen, die mit oft averbal-unbestimmten Erwartungen besetzt sind. Scham und Angst können auch auftreten, wenn man zwar seinem Gewissen folgt, aber nicht sicher ist, ob man es sich wirklich herausnehmen darf, das selbständig zu leisten, was man dem Gefühl nach tun sollte.

Insbesondere ist jedes expansive Verhalten und die freie Rede solchen lähmenden Kontrollen unterworfen. Durch retentives Verhalten und durch die Unterdrückung von Gefühlsäußerungen kann man sich der Kontrolle noch am ehesten entziehen.[7] Unterwerfung unter eine äußere Instanz taugt nicht dazu, die Ambivalenz zu überwinden, da die Aufspaltung in außen und innen persistiert. Den äußeren Forderungen kann dadurch begegnet werden, daß man sie wieder internalisiert; man nennt das projektive Identifikation.

Es resultiert ein seltsam angepaßtes Verhalten, das wenig Aggression, wenig Zivilcourage, wenig ungehemmte Rede freigibt; Mißtrauen und Trotz bleiben bestehen.

Das Ich kann sich mit einem so wenig einheitlichen Überich nie ganz im Einklang befinden. Es muß sein Bestes tun, muß die geforderte Leistung liefern, läuft aber Gefahr, quälende Schuldgefühle oder lähmende Angst und Scham auszubilden, wenn sein labiles Verhältnis zu

[7] Wir haben uns hier auf die Rekonstruktion der Vorgänge in der »vierten Phase nach Mahler« beschränkt, weil sie uns für die unterschiedliche Gestalt der »Trias« ausschlaggebend zu sein scheinen. Wollte man das rekonstruktive Modell vervollständigen, müßte man die typischen Entwicklungsschritte im Lichte der Triebschicksale (in der analen und phallischen Phase der klassischen Libidotheorie) und der Ichbildung (anale und phallische Icheigenschaften) beschreiben. Auf eine sehr verkürzte Formel gebracht, würde das Ergebnis lauten: Die deutsche Erziehung befördert eher anal-aggressive und phallisch-expansive und rivalisierende Haltungen, während die schweizerische anal-retentive Haltungen erzielt, phallisch-expansive aber unterdrückt oder hemmt. – Die Ableitung dieser Formel würde erfordern, auf die Rolle und Bedeutung des Vaters für Kinder beiderlei Geschlechts einzugehen.

inneren und äußeren Forderungen nur geringe Verschiebungen erfährt. Gerade expansive Leistungen, welche die Arbeitswelt verlangt, können von andauernder ängstlicher Scham begleitet werden. Man tut zwar, was man soll, weiß aber nicht, wie es ankommt, was es bringen wird.

Das Kind hat während der letzten Schritte zu seiner Individuation gelernt, daß es am besten ist, Zurückhaltung zu üben; so wird es am wenigsten anstoßen. Selbst wenn es leistet, was man verlangt, muß es sich unter Umständen schämen. Vielleicht kommt es allein auf das richtige Maß an. Lautes Reden ist verdächtig, Unterwerfung hilft nicht. Wer hoch hinaus will, hat zu befürchten, ebenso zu scheitern wie der, der allzu laut um Zuwendung wirbt, sei es auch mit anerzogenen und konformen Mitteln.

Die geschilderten Charakterzüge werden (bei beiden Gruppen) später, im Schulbetrieb, durch wechselseitige Identifikationen in Gruppen Gleichaltriger, durch die Identifikation mit Vorbildern, durch identifikatorische Angleichung an schichtspezifische Wertsysteme und Rollenzuschreibungen und dergleichen ergänzt und abgewandelt.

Wir nehmen jedoch an, daß für die psychologischen Züge und Unterschiede, die hier in Betracht kommen, Entwicklungsschritte in der analen Phase von entscheidender Bedeutung sind. Die jeweils unterschiedlichen Sprachgewohnheiten, die gegensätzliche Einstellung des belasteten Ich zur Leistung und der spezifische Umgang mit der Aggression waren während der Analysen gut rekonstruierbar, von ihrer Entstehung in jener kritischen Zeit abzuleiten. Sie schienen auch ein Syndrom zu bilden, das dauerhaft und tief in der psychischen Struktur verankert ist. Darum unterlassen wir es hier, die psychische Entwicklung weiter zu verfolgen.

Hingegen wollen wir kurz skizzieren, wie man die unterschiedlichen Erziehungsgewohnheiten aus der historisch verschiedenen Lage des gebildeten Kleinbürgertums ableiten kann, und welche Funktion unserer Trias zukommen mag.

Die hier folgenden Überlegungen bringen wir als Entwurf. Viele ihrer Grundlagen sind mit historisch-soziologischen Methoden nachprüfbar und bedürfen einer Verifizierung.

Das gebildete Kleinbürgertum dieser Generation rekrutiert sich in Süddeutschland aus anderen sozialen Verhältnissen als in der Schweiz. Es befand sich, trotz gleicher Klassenlage, in einer anderen ökonomischen Situation, als unsere Analysanden Kinder waren. Schließlich waren in der entscheidenden Zeit die Verhältnisse möglicher sozialer Mobilität, insbesondere die für das Kleinbürgertum so wichtigen Bedürfnisse nach Sicherung der errungenen Position und nach sozialem

Aufstieg sehr verschieden. Infolgedessen sind, innerhalb der gemeinsamen Klassenideologie und der puritanischen Traditionen eines mehr oder weniger militanten Protestantismus in Randgebieten katholischer Regionen, bedeutsame Unterschiede vorhanden.
Von den zwölf deutschen Eltern unserer Analysanden kam ein Vater als Aufsteiger aus der Arbeiterschaft. Alle anderen kamen aus dem ungebildeten, einige aus dem gebildeten Kleinbürgertum. Der gleichen Schicht gehörten bereits die Großeltern an. Die ökonomische Situation war eher schlechter als die der Schweizer, vor allem weniger gesichert. Dennoch schienen sie radikaler in ihrer Identifikation mit den Werten des Establishments, ideologisch ihrer Zugehörigkeit zur herrschenden Klasse ungleich sicherer, überzeugter von der Vorzüglichkeit der erreichten Situation. Dafür sind zwei Faktoren verantwortlich: Alle lebten in städtischen Verhältnissen und teilten die Privilegien einer breiten Schicht von intellektuellen Kleinbürgern, mit denen sie berufliche und gesellschaftliche Gemeinsamkeiten hatten und in sozialem Kontakt standen. Zweitens hielt in der Tat der Bedarf großer städtischer Industriezentren und der Rekrutierungsbedarf im Beamtenheer eines Großstaates für diese Schicht Aufstiegsmöglichkeiten offen: zwar nicht gerade ins kapitalverwertende Großbürgertum, aber an Schulen und Universitäten, in Spitälern und Verwaltungen. In diesen breiten Schichten bestand eine erhebliche vertikale Staffelung und dementsprechende Auslese und harte Konkurrenz: nicht im freien Wettbewerb, sondern institutionsgebunden um die höheren Plätze in der Hierarchie. Nur wenn man durch Auflehnung oder mangelnde Bildungsgewandtheit herausfiel, drohte sozialer Abstieg. Geld und Besitz konnten nach den Erfahrungen dieser Generation zwar Annehmlichkeiten, jedoch keine Sicherheit bieten.
Erinnern wir an das Verhalten der erziehenden Mütter: Leistung, Ordnung, Sauberkeit sind nichts, wenn sie nicht durch sprachliche Gewandtheit komplettiert werden. Die Zugehörigkeit zum gebildeten Kleinbürgertum schützt vor den ökonomischen Gefahren, die den Ungebildeten treffen, und eröffnet den Weg zum sozialen Aufstieg. Selbständig soll das Kind werden, selber wissen, was es soll, möglichst früh und komplett. Es soll Erfolg und Mißerfolg, Lohn und Strafe unmittelbar erleben, wie im Leben draußen. Wenn es seine Pflicht tut und etwas leistet, fühlt es sich belohnt. Wenn es die Führung einer äußeren, höheren Instanz überläßt, wie später dem Chef der Beamtenhierarchie, hat es genügend Aggression für den Konkurrenzkampf mit seinesgleichen frei. Selbst wenn es von inneren Konflikten gequält ist, kann das in der kleinbürgerlichen Schichthierarchie nützliche expansive Leistungsverhalten weiter funktionieren. Von den puritanischen Idealen der Verinnerlichung und des Verzichts macht das Kind

schon in früher Kindheit Gebrauch; moralkonformes Verhalten erfordert auf dem weiteren Lebensweg keine Zurückhaltung.
Die Eltern der Schweizer Patienten oder zumindest ihre Großeltern kamen zu gleichen Teilen aus kleinbäuerlichen Verhältnissen und aus dem kleinstädtischen Handwerk; nur selten waren sie kleinstädtische Angestellte. Die Ideologie dieser Eltern betonte nicht den Wert von Bildung und Sprache, wohl aber den von Leistung, Ordnung und Sauberkeit. Es gab kein geschlossenes, sichtbares Establishment, das ihnen als herrschende Klasse etwas vorlebte, nur Reiche und Städter, sehr verschieden von ihnen selbst und unerreichbar. Verschlossenheit, puritanischer Verzicht auf äußeres Prestige, Mißtrauen gegenüber allem Fremden, Rückzug in die Innerlichkeit stützten ihr kleinbäuerliches Wertsystem. Sie blieben vereinzelt, Randfiguren einer Gesellschaft, die, in Kleingemeinden, ständische und berufliche Kreise zersplittert, keinen Platz für eine eigene Schicht gebildeter Kleinbürger bot. Dienstleistungen von Lehrern, Ärzten, Pfarrern und Schreibern waren erwünscht, sofern sich diese nicht störend, schon gar nicht als eine eigene Machtgruppe bemerkbar machten, vielmehr jeder einzeln und unauffällig sich der Gruppe anpaßte, die ihn in ihre Dienste nahm. Die paranoisch anmutende Ängstlichkeit der Mütter, nur ja den Standards der Nachbarn entsprechend zu erziehen, entsprach ihrer aktuellen ökonomischen Situation. Da es weder ein geschlossenes Beamtenheer noch eine zahlreiche städtisch-kleinbürgerliche Intelligentsia mit nennenswerten standeskonformen Aufstiegsmöglichkeiten gab, wurde aus der Bildung auch nie ein Garant für Aufstieg oder gar für Sicherheit. Was nützt es, gut zu reden; besser ist es, still, zurückgezogen und ständig anpassungsbereit am Rande der prosperierenden Gruppen das Eigene zu wahren. Für den Konkurrenzkampf mußten solche Kinder nicht vorbereitet werden, da sie außer Konkurrenz zu stehen und zu wirken hatten. Typischerweise gab es kaum andere als die nötigsten beruflichen Kontakte zwischen Gebildeten. Der intellektuelle Beruf der Kinder wurde, meist nach Rat eines Lehrers oder eines »gebildeten« Verwandten, rein nach Kriterien von Sicherheit und individueller Eignung gewählt. Weder hierarchische Unterordnung noch gesellige Offenheit waren von Wert. Während ein sozialer Aufstieg der individuellen Tüchtigkeit im eigenen Tätigkeitsfeld vorbehalten blieb, schien auch die Sicherheit ganz dem Individuum anheimgestellt, da diese von keiner Machtgruppe zu beziehen war. Sparsamkeit, ökonomischer Verzicht und Zurückhaltung verhieß auch bei kleinem Einkommen eine derart dauerhafte Sicherung gegen soziales Absinken, wie es deutsche Eltern dieses Jahrhunderts für ihre Kinder sich nicht im Traum hätten vorstellen können.
Der Preis von menschlicher Isolierung, von äußerer und innerer Kon-

trolle, den diese Menschen und ihre Familien zu entrichten hatten, war hoch. Neurotisches Elend machte sich nach außen höchstens in den Suizidraten und in der psychiatrischen und psychosomatischen Morbidität bemerkbar. Auch dieses Elend blieb nach Möglichkeit verborgen. Da die Intellektualität kein Prestige und kein Privileg ergab, durfte man wenigstens nicht viel untüchtiger scheinen als die Umgebung, die bereit war, für Leistung zu zahlen. Lautes Reden und Zivilcourage bedeutete eine akute Gefährdung der eigenen Position, die von hundert Instanzen und Einzelpersonen abhängig war.

Wir müssen zugeben, daß die skizzierten Zusammenhänge zwischen der unterschiedlichen schichtspezifischen Geschichte und dem funktionellen Wert unserer Trias von psychischen Eigenheiten nicht klar nachgezeichnet sind. Was taten die erziehenden Mütter mit ihren Kindern bewußt, was gar zielbewußt, um sie zu Menschen zu machen, die ihrer sozialen Lage angepaßt funktionieren würden? Was ist zufälliges Resultat persistierender Traditionen, und was ist Anpassung an aktuelle Pressionen, innerhalb der Familie und später im Erwerbsleben? In jedem Volk und in jeder sozialen Schicht scheinen wichtige frühkindliche Entwicklungsschritte den psychosozialen Gegebenheiten unheimlich gut zu entsprechen, wenn man eben dem »Entsprechenden« und nicht den Widersprüchen und Kämpfen des Individuums mit seiner sozialen Umwelt nachgeht. Wir sind jedoch überzeugt davon, daß es in einer genaueren Darstellung möglich wäre, die komplizierte Dialektik zwischen dem kultur- und schichtspezifischen Sozialisationsprozeß und den sozialen und ökonomischen Verhältnissen aufzuzeigen.
Eine Frage drängt sich auf: Sind die Eltern unserer deutschen Exploranden dem »autoritären« Erziehungsschema gefolgt, weil sie Hitler gefolgt sind, oder umgekehrt: Wurden die Schweizer durch ihre so spannungsreiche Sozialisation in der letzten vorödipalen Phase vor solchem Führerwahn bewahrt? Wir können die Frage nicht beantworten. Aus psychologischer Sicht ist die Neigung, zwecks innerer Entlastung äußere Führerideale anzunehmen, bei jenen Deutschen in der Tat stärker ausgeprägt als bei den Schweizern. Auf die Erziehung in der frühen Kindheit schien es keinen merkbaren Einfluß zu haben, ob die Eltern unserer deutschen Exploranden Hitler gefolgt waren oder in innerer Opposition zu seiner Politik standen. Andererseits sind im politischen System der Schweiz so massive institutionelle Hindernisse regionaler und vertikaler Staffelung und Machtverteilung gegen Massenbewegungen eingebaut, daß demgegenüber individuelle Neigungen einer Schicht kaum in Betracht fallen. Zur Projektion des Bösen auf eine Außengruppe, zur outgroup-scapegoat-reaction neigen unsere Schweizer Exploranden psychologisch mehr als die Deutschen. Eine

holländische Psychoanalytikerin jüdischer Herkunft, die während des Krieges in einem Flüchtlingslager in der Schweiz interniert war, fragte einmal die Lagerleiterin, eine Mittelschullehrerin, die sich durch besonders grausame Schikanen gegenüber den Internierten auszeichnete, warum sie diesen Posten im Flüchtlingslager angenommen habe, wenn sie die Juden so hasse. Jene gab zur Antwort: »Es ist nicht wahr, daß ich die Juden besonders hasse. Wir hassen alle Fremden!«

Eine vergleichend-psychoanalytische Untersuchung, wie wir sie vorgelegt haben, ist als Arbeitshypothese zu betrachten. Von ihr leiten sich zahlreiche Fragen für die Psychopathologie, die psychiatrische Endemiologie, Nosographie und Therapie ab. Die wichtigsten Fragen ergeben sich, wenn man an eine breitere Prophylaxe denkt. Eine sorgfältige Erziehungsberatung, die sich von den überlieferten schichtspezifischen Wertvorstellungen freimacht, könnte einiges bewirken.

Wir glauben zwar nicht, daß Erziehungsmuster sich grundlegend ändern können, solange sich die soziale Lage und die davon hergeleitete Ideologie einer Schicht nicht ändert. Ist dies aber einmal der Fall, sollte die vergleichende Psychiatrie imstande sein zu sagen, was in einem spezifischen Sozialisationsprozeß geschieht und welche Wirkungen für die Bildung der Persönlichkeit er hat.

13. Ethnologie und Psychiatrie

Als mir die Aufgabe gestellt wurde[1], über Ethnologie und Psychiatrie zu sprechen, fand ich mich erst wenig geeignet: Ich arbeite seit vielen Jahren als Freudscher Psychoanalytiker in der Privatpraxis und habe meine ethnologischen Kenntnisse autodidaktisch erworben, um ethnopsychoanalytische Untersuchungen in Westafrika durchführen zu können. Dann fand ich in dem Nachteil, daß ich weder den Beruf des Ethnologen noch den des Psychiaters ausübe, für mein Vorhaben doch einen Vorteil. Als einer, der beiden Wissenszweigen sehr nahe steht, sie aber gleichsam von außen anschaut, will ich versuchen, sie zu vergleichen, sie einander gegenüberzustellen und anzunähern.
Der Psychiater studiert seine Patienten, wenn er nicht gar vom kranken Menschen absieht und sich nur für Krankheitsbilder interessiert. Er lebt in einem bestimmten Land, in seiner sozialen Schicht und Klasse und bleibt oft viele Jahre lang in der gleichen Klinik; so gehört er zu sozialen Institutionen, die nicht Gegenstand seiner wissenschaftlichen Forschung sind. Was sich für ihn bewegt, verändert und was er erforscht, das ist das Krankengut, das Kommen und Gehen seiner Patienten, ihre geistigen und affektiven Störungen oder ihr seelisches Gleichgewicht und – davon abgeleitet – ihre soziale Eingliederung oder deren Versagen.
Der klassische Ethnologe hingegen interessiert sich kaum für Kranke, oft nicht einmal sehr für die typischen Krankheiten, die bei den Völkern oder Stämmen vorkommen, die er studiert. Sogar die normalen Individuen, aus denen sich die primäre soziale Einheit (primary social unit) zusammensetzt, die er für seine Feldstudien ausgewählt hat, sind für ihn unwichtig. Was er studiert und hinterfragt, scheint mir gerade das Gewebe der sozialen Beziehungen und Institutionen zu sein, das bis vor kurzem dem wissenschaftlichen Interesse der Psychiatrie entgangen ist. Der Ethnologe geht vom Vergleich seiner eigenen Ethnie mit einer anderen aus; dort studiert er die Sitten und Bräuche, die Religionen und Traditionen, die Mythen und die Produktionsweisen, die Organisation der Familie, der Gesellschaft und des Staatswesens.
An einer persönlichen Erfahrung, die mir aber typisch zu sein scheint, möchte ich zeigen, wie wenig Beachtung die Ethnologie für das Individuum übrig hat. Bevor wir zu den Dogon gereist sind, studierten wir die gesamte ethnologische Literatur, die es über dieses Volk gab.

[1] Für einen Vortrag an der Psychiatrischen Klinik der Universität Genf.

Es handelte sich um Arbeiten von Marcel Griaule, Germaine Dieterlen und zahlreicher anderer Ethnologen, die fast alle zur Schule von Marcel Mauss, zweifellos einem der bedeutendsten französischen Ethnologen, gehörten; das waren mehr als 150 Arbeiten, darunter mehrere Werke mit einigen hundert Seiten. Nach dem genauen Studium dieser Literatur fuhren wir ins Land der Dogon, ohne die geringste Ahnung zu haben, welche Art von Menschen wir dort vorfinden würden. Obzwar ihre Sitten und Institutionen, ihre materiellen Lebensumstände, intellektuellen Kenntnisse und geistigen Fähigkeiten meisterhaft dargestellt waren, wußten wir nicht, ob diese Dogon-Männer und Dogon-Frauen offene oder verschlossene Menschen sind, ob sie ein glückliches und ausgeglichenes oder ein unglückliches und verstörtes Wesen haben. Nach all dem Lesen war nicht zu erraten, ob diese Leute unter der Last ihres vielfach gegliederten religiösen Systems wie arme Zwangskranke lebten, die gezwungen sind, die unfruchtbaren und starren Pflichten zu erfüllen, die das System verlangt, oder – wie wir dort bald feststellen konnten – Menschen, die sich vom elastischen Netz ihrer geistig-religiösen Entsprechungen sanft getragen fühlten, Menschen mit einem fröhlichen Temperament, ausgeglichen und von großer Gefühlsoffenheit.
Die beiden Humanwissenschaften Ethnologie und Psychiatrie haben sich im Verlauf des 19. und 20. Jahrhunderts zu ihrer heutigen Form entwickelt. Bis in allerletzte Zeit haben sie dabei eine fast vollständige Unabhängigkeit voneinander bewahrt, die von der strikten Trennung des Forschungsgebietes vorgegeben war und durch die verschiedenen Methoden, Theorien und den unterschiedlichen Fachjargon gesichert wurde; diese Unabhängigkeit war, das darf man wohl sagen, durch die Unwissenheit über das je andere Fachgebiet garantiert, die die Gelehrten auf beiden Seiten auszeichnete. Diese Trennung ist bis heute erhalten, obgleich sich schon seit langem Stimmen dagegen erhoben haben. Der berühmteste Autor, der die tiefe Verwandtschaft der beiden Forschungsrichtungen erkannte, ist Immanuel Kant, der bereits 1798 empfohlen hat, die primitiven Völker zu studieren, um die Geisteskranken besser zu verstehen, ganz im Sinne eines neuen methodologischen Zugangs.
In einem notgedrungen rudimentären historischen Überblick möchte ich hervorheben, wie seltsam parallel sich die beiden voneinander getrennten Wissenschaften entwickelt haben, um daraus ihre heutige Lage besser verständlich zu machen. Als Ausgangspunkt nehme ich die Zeit der Französischen Revolution, den Beginn des 19. Jahrhunderts.
Foucault weist uns die Geburtsstunde der neuen Psychiatrie genau auf. Das klassische Zeitalter geht zu Ende. Der Wahnsinn verliert seine Existenzberechtigung als Gegenspieler der Vernunft, als letzte

Zuflucht einer ungezähmten Freiheit. Pinel befreit die Irren von ihren Ketten und erklärt sie als krank. Damit bahnt er den Weg für das wissenschaftliche Studium ihrer Leiden. Er macht die Irren zu hospitalisierten Gemütskranken, die von nun an erforscht werden können. Sie sind nun eingeordnet in eine Gesellschaft, die den mystischen Widerspruch nicht mehr duldet und ihn zu einer Abweichung vom Normalen erklärt.
In der Ethnologie zeichnet sich die Änderung der Einstellung zu den sogenannten primitiven Völkern vielleicht weniger scharf ab; sie ist aber nicht weniger radikal. Gegen Ende des 18. Jahrhunderts haben Turgot, Helvetius und andere, die von den Anschauungen des John Locke ausgingen, gefunden, daß man die Verschiedenheiten der Völker erklären kann, wenn man geschichtliche Tatsachen logisch interpretiert und verschiedene Völker der Jetztzeit miteinander vergleicht. Weder der Wille Gottes noch einfache natürliche Anlagen erklären ihre Unterschiede und Ähnlichkeiten, die Sitten, Religionen und sozialen Einrichtungen; es seien vielmehr Gesetzmäßigkeiten festzustellen, die sich aus der Beobachtung ableiten lassen. Darum müsse man sie studieren – was im Lauf des kommenden Jahrhunderts auch geschah.
Man kann die Rolle, die die Irren mit wenigen Ausnahmen für die Psychiatrie vor Pinels Zeit gespielt haben, mit der Bedeutung vergleichen, die die Wilden für den Gelehrten der christlichen Welt gehabt haben. Die Zivilisationen, die nicht zum Abendland gehörten, dienten zum Ansatz für die verschiedensten Deutungen und Projektionen. Die »Wilden« waren für die zivilisierte Welt bald wilde Tiere, oder dann Tiere, die man für den Sklavenmarkt nutzbar machen konnte, bald wieder Gegenstand mystischer oder idealisierender Projektionen, verdammte Heiden, wilde Geschöpfe, die mit magischen Kräften ausgestattet waren, oder aber unschuldige und reine Kinder eines goldenen Zeitalters, das sich in die fernen Tropen zurückgezogen hatte. Vielleicht waren edle Träumer und Philosophen wie Jean-Jacques Rousseau die mächtigsten Vertreter eines prälogischen, unwissenschaftlichen Denkens in der Ethnologie. Bei den westlichen Intellektuellen haben diese blendenden und nostalgischen Ideen der ethnologischen Wissenschaft lange den Weg verbaut, für einige unter ihnen bis heute.
Es ist bekannt, daß es das Zeitalter der Enzyklopädisten, die Aufklärung war, das die emotionellen und intellektuellen Werkzeuge hervorgebracht hat, denen sich die beiden neuen Wissenschaftszweige verdanken. Der Unabhängigkeitskrieg der amerikanischen Kolonien und die Französische Revolution waren von der gleichen leidenschaftlichen Ideologie, von einem neuen Humanismus getragen, die einen

Pinel beseelten, die Befreiung der Sklaven und die Humanisierung der primitiven oder wilden Völker vorwärts trieben. Weniger bekannt dürfte sein, daß die Ideen an der Schwelle zum 19. Jahrhundert unseren neuesten Anschauungen näher standen als jene, die die weitere Entwicklung der beiden Wissenschaften bestimmt haben.

Pinel, der der Vater einer rein medizinischen und klassifizierenden Psychiatrie werden sollte, begann sein Werk mit einer dramatischen Proklamation. Was er verkündete, war sehr nahe an dem, was heute als modernste soziale Psychiatrie in unsere Kliniken, in unsere klassische Krankheitslehre und in unsere psychiatrischen Doktrinen hereinbricht. Er schrieb: »Welches Zeitalter könnte dem Studium der Erscheinungsformen des Wahnsinns günstiger sein als die stürmischen Jahre der Revolution, die die menschlichen Leidenschaften immer wieder aufs höchste entflammen.« Couthon, Präsident der Kommune, unterzog Pinel anläßlich einer Inspektion in Bicètre einem Verhör, weil dieser seine Absicht kundgegeben hatte, die dort festgehaltenen Irren von ihren Ketten zu befreien. Der Revolutionär sagte zum Arzt: »Bürger, Ihr seid wohl selber verrückt, wenn Ihr diesen Tieren die Ketten abnehmen wollt.« Pinel antwortete nur: »Bürger, ich bin überzeugt, daß diese Geisteskranken sich ausschließlich darum so unmöglich benehmen, weil man sie der frischen Luft und ihrer Freiheit beraubt hat.« (Zit. nach Zilboorg, 1941.)

Der gleiche Vorgang ging, weniger heftig und verborgener, in der Ethnologie vonstatten; und auch hier siegte die Idee der Revolution. Ihr Inhalt war kurz der folgende: Die Institutionen, die das Leben der Völker beherrschen und organisieren, sind aus der Abhängigkeit jeder Gesellschaft von der Natur und aus den sozialen Verhältnissen hervorgegangen; beides kann durch historische und funktionelle Theorien erklärt werden. Schon ein Jahrhundert vor der großen Revolution hatte der englische Philosoph John Locke das theoretische Prinzip formuliert, das trotz seiner primitiven Einfachheit den modernsten ethnologischen Lehren zum Modell dienen könnte. Den neugeborenen Menschen jeder beliebigen Ethnie faßte er als ein leeres Zimmer, »an empty cabinet« auf, das sich im Lauf des sozialen Lebens (wir würden sagen: durch die Sozialisation) mit den Erfahrungen und Sitten, den Ideen, den Gläubigkeiten und dem Wissen anfüllt, die seine Vorfahren, seine Zeitgenossen und er selber angesammelt haben, mit dem Inhalt also seines materiellen und sozialen Lebens.

Ich komme zu dem Punkt, wo ich meinen historischen Exkurs begonnen habe. Was ist geschehen, daß man diese fruchtbaren und revolutionären Gedanken vergessen oder ausgelöscht hat, die die beiden Wissenschaften einander so nahe gebracht haben? Was hat sie vonein-

ander entfernt, vereinzelt, die eine des befruchtenden Einflusses der anderen entzogen?
Es ist paradox, daß bei beiden die gleichen Kräfte am Werk waren. Beide Wissenschaften wurden von einem gleichlautenden, analogen Menschenbild beherrscht. Der gesunde Mensch der Psychiatrie, die Idealnorm, von der sich Geisteskranke und gestörte Persönlichkeiten als Minus-Varianten abheben, entspricht dem entwickelten Menschen, dem idealen, das heißt zivilisierten Typus, der dem Volk und der sozialen Klasse des Forschers angehört. Jeder Gegenstand, den der Ethnologe erforscht, muß daher als rückständige Variante, als noch nicht reif, abweichend oder dekadent erklärt werden. Jene Kulturen setzen sich aus Menschen zusammen, die nicht individuell untersucht werden und die in ihren sozialen und materiellen Äußerungen einer unausweichlich unterlegenen Welt angehören. Die Aufgabe der beiden Wissenschaften war im wesentlichen die gleiche: die Ursachen und Gründe für solche Mängel sollten gefunden werden. Das Ziel der praktischen Anwendung war analog: die Psychiatrie arbeitete daran, ihre Patienten zu heilen, um sie womöglich zu normalen Individuen zu machen; die Ethnologie hatte die Absicht, eine verzögerte Entwicklung anzukurbeln, einen unvollständigen, rudimentären oder von dem unseren verschiedenen sozialen Organismus ganz zu machen.
Vielleicht sollte man sich über die Ähnlichkeit der beiden Forschungsrichtungen nicht allzusehr verwundern. Beide befassen sich schließlich mit dem Menschen und seinem Leben, und beide haben sich im Laufe des 19. und 20. Jahrhunderts nach den Regeln einer Forschung entwickelt, die der positivistischen Philosophie folgte. Es ist leicht zu zeigen, daß die drei Philosophen, die die Prinzipien des Positivismus formuliert haben, Auguste Comte, John Stuart Mill und Herbert Spencer (Harris, 1968), jeder für sich und fast gleichzeitig auch einen Zweig der Ethnologie begründeten.
Ich möchte einige Methoden erwähnen, die diesen oder jenen Zweig der ethnologischen Forschung beherrscht haben, und auf die jeweilige Parallele mit der psychiatrischen Forschung hinweisen. Ein genauerer Vergleich könnte die extreme Abhängigkeit der sogenannt freien und unabhängigen Forschung in beiden Gebieten von den wirtschaftlichen Tatsachen und den politischen Ereignissen aufzeigen, die die Gesellschaft beherrschen, welcher der Forscher angehört. Einige sonderbare Übereinstimmungen will ich anführen, um das Bild des Normalmenschen, das in jenen beiden Wissenschaften enthalten ist, schärfer zu zeichnen. Ich glaube nicht, daß dieses Bild ein Ausdruck des Hegelschen *Zeitgeistes* ist. Ich sehe in ihm eine ideologische Waffe, die geschaffen ist, ein ganz bestimmtes ökonomisches und politisches Ziel zu erreichen.

Nehmen wir als Illustration für diese These etwa Morgan, der als erster versucht hat, eine historische Ethnologie auf der Grundlage der Darwinschen Evolutionstheorie zu entwickeln. Von seiner großangelegten Kulturtheorie, die Engels zu »Ursprung der Familie« inspiriert hat, wurde vor allem der eine Grundgedanke allgemein angenommen und festgehalten, daß es eine linear zeitliche Evolution der Zivilisationen geben müsse, die in der am höchsten entwickelten, nämlich in unserer eigenen, einmünde. Notwendigerweise ist demnach jede andere Zivilisation unterlegen, unterentwickelt, stehengeblieben oder degeneriert; dem entspricht in der Psychiatrie die Theorie, wonach Degeneration die Ursache der Geisteskrankheiten ist.
Ein anderer Zweig der Ethnologie glaubte in den angeborenen Unterschieden der Rassen den Ursprung der Unterschiede zwischen den verschiedenen Zivilisationen zu finden. Dieser Gedanke erneuerte sich zu widerholten Malen – wobei bereits die alleroberflächlichste Betrachtung imstande war, eine Forschungsrichtung wieder zu beleben, die trotz des Fehlens von Beweisen nicht zum Schweigen kommen konnte. Es war die Überlegenheit des normal zivilisierten und mit Macht ausgestatteten abendländischen Menschen, die von den Gelehrten immer wieder eine biologisch-erbmäßig fundierte Bestätigung verlangte; die Parallele dazu ist die unablässige Suche nach einer Heredität für alle nur möglichen psychischen Störungen, selbst für den Alkoholismus und die sogenannten Psychopathien. Gerade dieses Forschen nach Erblichkeit hat lange jeden anderen Zugang zum Verständnis der meisten psychischen Störungen verbaut, während es sich heute, soviel ich weiß, auf die Suche nach der Heredität der großen Psychosen zurückgezogen hat.
Bis zum Ende des 19. Jahrhunderts wurde jede ethnologische Beschreibung eines Menschen, der einem exotischen Volk angehörte, wenn überhaupt einmal Menschen und nicht nur Institutionen beschrieben wurden, in Ausdrücken abgefaßt, die wir heute als moralisierend ansehen. Man hatte sich vom Christen des Mittelalters abgesetzt, der die Heiden als böse und verdammt ansah, aber man beschrieb die armen nichtabendländischen Menschen mit den gleichen Ausdrücken, die in der Psychiatrie verwendet wurden, um jene Subjekte zu beschreiben, die von der Krankheit befallen waren, welche den Namen »moral insanity« trug. Lévy-Bruhls' *La mentalité primitive,* ein epochemachendes Werk, das 1922 erschienen ist, erinnert seltsam an die Beschreibung der Denkstörungen der Schizophrenen, die wir u. a. Kraepelin verdanken.
Das umfassende Museum von religiösen und profanen Bräuchen der primitiven Völker, das Frazer in seinem *Golden Bough* angesammelt hat, wurde zur reichen Wissensquelle für die intellektuelle Welt, ein-

schließlich Sigmund Freuds; und es erinnert durchaus an jene Beschreibungen des Wahns, die nach Form und Inhalt schön geordnet und vollkommen abgesetzt sind vom lebendigen Menschen, der den Wahn hat, so wie Frazer seine Beschreibungen ohne irgendeinen Zusammenhang mit der Geschichte und dem gesellschaftlichen Leben jener Völker aneinandergereiht hat. Diese Entwicklungsschritte zähle ich nicht auf, um sie als wertlos hinzustellen. Was ich damit belegen möchte, ist, daß mit ihnen das studierte Objekt in einem Netz wissenschaftlicher Erklärungen eingefangen wurde, um es gleichzeitig als mangelhafte oder mindere Variante zu erklären.
Auch die biologischen Forschungsmethoden der Psychiatrie fanden ihre Parallele in der Ethnologie. Das Studium der Kopfformen durch Lombroso fand sein Gegenstück in der physischen Anthropologie; ohne irgendwie bessere Resultate zu erbringen, erwies es sich da aber von einer seltsamen Langlebigkeit. Die Anthropologen beschränkten sich nicht darauf, die Schädel der Primitiven zu messen, um ihre Kulturen zu verstehen. Bis fast in unsere Tage waren ganze Equipen von solchen Anthropologen damit beschäftigt, die Penislänge und -dicke von Zehntausenden Afrikanern zu messen, mit dem Ziel, den Ursprung der Eigenheiten der Kultur dieser Wilden zu entdecken!
Die Anwendung moderner naturwissenschaftlicher Methoden auf alle Kulturerscheinungen, die besonders unter dem amerikanischen Ethnologen Franz Boas den Rang einer methodisch-kritischen Forschung erreicht hat, kann mit der vertieften und raffiniert ausgestalteten klinischen Forschung der heutigen Psychiatrie verglichen werden. Dieser große Ethnologe, der der Lehrer von Margaret Mead und Ruth Benedikt gewesen ist, hatte sich standhaft jeder Theoriebildung widersetzt, die sich nicht durch eine einfache Schlußfolgerung aus den registrierten materiellen, sozialen und kulturellen Tatsachen ableiten ließe. Gegen Ende seiner Laufbahn warnte er jedoch seine Nachfolger: Sie würden nicht das geringste verstehen, wenn sie nicht vorher, bevor sie die beobachteten Tatsachen ordneten, ja schon früher, bevor sie auf die Suche gingen, ihre eigene Lage in Frage stellten, ihre verborgenen Vorurteile und Theorien, die sich davon ableiteten, daß sie zu einem ganz bestimmten Volk, zu einer Zivilisation und zu einer sozialen Klasse gehörten.
Ich hoffe, daß aus der Art, wie ich einige historische Betrachtungen geordnet habe, bereits deutlich geworden ist, worauf ich hinaus will. Die beiden Wissenschaften hatten eine ökonomische und politische Funktion, die man aus dem in ihnen enthaltenen Bild des Normalmenschen, der dem Geisteskranken oder Wilden gegenübersteht, ablesen kann. Mit der Ausbreitung des bürgerlichen Kapitalismus, der zu Beginn des 19. Jahrhunderts in den Staaten des Westens die Macht

übernommen hat, entsteht das Bedürfnis, den produzierenden Menschen einzugliedern in einen Prozeß, der auf die Mobilisierung aller Produktivkräfte hinzielt, um in der totalen Produktionseinheit der bürgerlichen Gesellschaft in ihrer Blütezeit zu münden. Wer mit seiner Arbeitskraft nicht am großen Automatismus des freien Marktes teilnimmt, kann nicht mehr als ein andersgeartetes Wesen, der muß als defizient angesehen werden. Die Gesellschaft darf ihn nicht mehr bestrafen, ausschließen, ignorieren, idealisieren oder fürchten. Die Kranken müssen hospitalisiert werden, man muß ihre Krankheiten studieren, klassifizieren, auf ihre Ursachen zurückführen, und die womöglich geheilten Individuen müssen in die Welt der Produktion wieder eingegliedert werden. Analog dazu müssen die Wilden, die definitionsgemäß von der Zivilisation ausgeschlossen sind, vereinnahmt werden, ihre Kulturen müssen assimiliert, ihre Produktion nach den Bedürfnissen der abendländischen Mächte ausgerichtet werden. Selbst nach dem Fall der Kolonialreiche setzten sich die Bedingungen der kapitalistischen Wirtschaft weiter durch. Die Völker der unterentwickelten Länder, die Objekte der Ethnologie, sollen in den Freien Markt integriert und industrialisiert werden, was nur geschehen kann, wenn die entwickelten, das heißt die herrschenden Länder die technische und wirtschaftliche Führung übernehmen.

Ob die Forschungsobjekte ihre Einordnung und Einverleibung wollten oder nicht, das hatte auf den Gang der wissenschaftlichen Forschung kaum einen Einfluß. Doch ist die Psychiatrie heute dabei, ihre eigene Stellung zu revidieren. Die Anpassung oder Abweichung eines Individuums von einer immer totalitäreren Wirtschaftsordnung ist nicht mehr das einzige Kriterium seelischer Gesundheit. Die Ethnologie ihrerseits ist darangegangen, ihre Ideen zu revidieren, die dazu geschaffen worden waren, die kolonisierten und die noch nicht kolonisierten Völker besser einzuordnen. Der Gang der Geschichte hat die Grundlagen der abendländischen Ethnologie in Frage gestellt. Schon hat der brasilianische Ethnologe Darcy Ribeiro eine evolutionistische Ethnologie konzipiert, die der Machtverteilung zwischen den Völkern und Klassen Rechnung trägt.

Diese Veränderungen haben noch nicht zu einer systematischen Koordinierung dieser beiden Zweige der Humanwissenschaften geführt; im folgenden will ich zwei typische Versuche schildern, sie zu integrieren.

Sigmund Freud veröffentlichte im Jahre 1923 eine Arbeit mit dem Titel »Eine Teufelsneurose im siebzehnten Jahrhundert«. Sein Material bestand aus einer kleinen illustrierten Broschüre aus der Bibliothek des österreichischen Wallfahrtsortes Mariazell. Freud behandelt seinen Fund zuerst als ethnologisches Dokument. Man kann sagen,

daß er dazu berechtigt ist: stellt doch die durch ein Tagebuch des Betroffenen erweiterte Beschreibung, welche die Barmherzigen Brüder von Ereignissen geben, die sich 1677 abgespielt haben, ein Dokument dar, das sich gleichsam auf eine fremde Zivilisation bezieht. Damals waren der Glaube und das Wissen, die sozialen Institutionen und Lebensbedingungen durchaus andere als in der gegenwärtigen Kultur des Autors Freud und seiner Leser. Das Dokument enthält die Geschichte eines Malers, der, in einer schmerzlichen und kritischen Phase seines Lebens, seine Seele durch einen Pakt, genauer gesagt mittels zweier geschriebener Kontrakte, dem Teufel verkauft hatte. Neun Jahre später, als der Pakt verfällt, wird der Unglückliche vom Höllenfürsten ergriffen, der ihn schüttelt, foltert und ihn seines Willens beraubt. Er wird durch einen von den Barmherzigen Brüdern durchgeführten Exorzismus gerettet. Diese Teufelsaustreibung muß einige Monate später wiederholt werden, um ihn noch einmal zu retten. Der Erfolg des Exorzismus erweist sich diesmal als endgültig. Vom Teufel losgekauft, tritt der Maler in den Orden seiner Retter ein.
Um von diesem Dokument zu einer ethnologischen Abhandlung zu kommen, bemüht sich Freud, es genau in seinen geographischen und historischen Rahmen zu stellen. Er beschreibt den katholischen Glauben, dessen Kenntnis er bei seinen Lesern voraussetzen darf, zwar nur kurz. Viel breiter schildert er die besonderen Umstände des Ereignisses, die Lebensumstände des Malers, die Einstellungen und Handlungen seiner Retter. Dann verknüpft er den Gegenstand seiner Untersuchung in einem weiteren Rahmen mit der betreffenden Kultur, indem er eine Verbindung mit der Faustlegende und mit der Ideenwelt Goethes herstellt, der aus einer solchen Legende den Stoff für sein Drama geschöpft hat.
Natürlich bot die Geschichte des Malers, der durch eigene Schuld vom Teufel besessen und durch einen religiös-mystischen Akt gerettet wurde, noch ein weiteres Interesse. Freud erklärt das Ereignis als psychiatrisches Geschehen. Dazu greift er auf die Neurosenlehre zurück und »setz(t) ... die Psychoanalyse als gültig voraus und verwende(t) sie dazu, um die dämonologische Erkrankung des Malers auszuklären« (S. 329). Die Aufklärung des Verlaufs und der Heilung einer schweren hysterischen Erkrankung kann noch heute als ein kleines Meisterwerk der Anwendung der Psychoanalyse auf ein psychiatrisches Problem gelten. Übrigens entspricht die von Freud angewandte Methode genau jener, die der Ethnologe und Psychoanalytiker Georges Devereux viel später empfohlen und als das einzig korrekte Verfahren bezeichnet hat; er nennt es komplementaristische Ethnopsychoanalyse, die darauf basiert, die beiden Gesichtspunkte einzeln auf den gleichen Gegenstand anzuwenden, ohne sie zu vermischen.

Wenn Freud statt des ethnologischen das psychoanalytisch-psychiatrische Bezugssystem anwendet, kommt es zu qualitativen Veränderungen des Gegenstandes: der Teufelsglaube wird zu einer projizierten Vorstellung, der Teufel löst sich in einer projektiven ödipalen Phantasie auf, der Exorzismus wird zum kathartischen Akt, der durch ein unbewußtes Täuschungsmanöver des Patienten ermöglicht wird; die Eingliederung des Geheilten in den Orden schließlich wird zu einer sozial-psychiatrischen Maßnahme, die die Heilung der zu Rückfällen neigenden Krankheit festigt und die gute Prognose sichert.
Wenn ich einen Schritt weitergehe und Gesichtspunkte einer modernen Ethnologie anwende, verändern sich ihrerseits wieder die Ergebnisse der psychoanalytischen Deutung. Der Glaube an den Teufel, als Gegenstück zum Gottesglauben, wird zur mythologischen Form eines im Gleichgewicht befindlichen Wertsystems, das sich dazu geeignet hat, jenem Mann aus dem 17. Jahrhundert seine Funktionstüchtigkeit zurückzugewinnen. Dieses Wertsystem stützt nicht nur die kirchliche Institution, die für das Gleichgewicht zu sorgen hat und dafür Wallfahrtsorte als Stätten sozialer Wiederanpassung bereitstellt, sondern gleichzeitig auch die umfassende wirtschaftliche, gesellschaftliche und politische Struktur der Kirche mit ihrem profanen Gegenstück, der absoluten Monarchie der Habsburger. Wenn man dem Exorzismus seine Funktion als Therapie abspricht, wird er zu einem sozialisierenden Medium in der Hand einer Machthierarchie. Der Orden der Barmherzigen Brüder endlich, in dessen Schoß der Maler seine Ruhe fand und seinen Beruf noch 23 Jahre lang bis zu seinem Tode ausübte, ist keineswegs mehr als medizinische Institution anzusehen. Er wird zu einer jener traditionellen Organisationen, die jedes nach hierarchischen Machtverhältnissen gegliederte Volk mit Gütern und Rechten ausstatten muß, damit diese instituierten Körperschaften für die Stabilisierung der Wertsysteme und der Sozialbeziehungen sorgen, die nicht allein durch die Gewaltmittel der staatlichen Verwaltungen aufrechterhalten werden können.
Die beiden wissenschaftlichen Systeme, das der Ethnologie und das der Psychiatrie, die ich an diesem klassischen Beispiel miteinander konfrontiert habe, werden desto gründlicher in Frage gestellt, je mehr man das gemeinsame Beobachtungsfeld erweitert. Wir haben dies auf unsere Art in einer Untersuchung der Agni in Westafrika (Parin et al., 1971) versucht, indem wir Psychoanalyse und Gesellschaftstheorie aufeinander einwirken ließen. Unsere Art, dies zu tun, möchte ich kurz am Beispiel der Hexerei bei zwei Akanvölkern (Agni und Aschanti) darstellen.
Die klassische Ethnologin Field, die in England eine psychiatrische Ausbildung erworben hatte, beobachtete in Ghana eine Zunahme der

Fälle von Hexerei. Als Folge davon vermehrte sich die Zahl der Opferschreine der Priester, die für die Bekämpfung der Hexerei spezialisiert sind, ganz außerordentlich. Field hat diese Erscheinung zuerst soziologisch erklärt. Die Vergrößerung des Verkehrs, die viel häufigeren Reisen von Personen hätten zu einer Ausbreitung der Geschlechtskrankheiten geführt. Die Unfruchtbarkeit von Frauen, die sich nach solchen Infektionen zumeist einstellt, habe daher zugenommen. Die Unfruchtbarkeit der Frau wird jedoch bei den Agni und Aschanti auf die Missetaten der Hexen zurückgeführt.

Wir haben das gleiche Phänomen anders analysiert. Während der psychischen Entwicklung des Agnikindes entsteht in ihm eine außerordentliche aggressive Spannung, die große Angst auslöst; sie gilt zuerst der Mutter und wird später auf weibliche Figuren, die der Mutter nahestehen, übertragen. Die matrilineare Organisation der Akanvölker macht Männer und Frauen ökonomisch und sozial äußerst abhängig von der mütterlichen Sippe (lineage), von der Welt der Mütter, die über die Subsistenzproduktion verfügt und über die Aufrechterhaltung der politischen Machtstruktur wacht. Sobald ein psychischer oder materieller Konflikt zwischen einem Individuum und seiner mütterlichen Sippe entsteht, haben die aggressiven Spannungen und die damit verbundenen Ängste zur Folge, daß er dazu tendiert, unlösbar zu werden. Die Atmosphäre, die bei den Agni herrscht, könnte man die eines »normalen Paranoids« nennen, so groß ist die allgemeine, dauernd vorhandene Angst, gehaßt und verfolgt zu werden. Wenn aber ein solcher Konflikt aufzubrechen droht, gelingt es sogleich, ihn in einen Akt von Hexerei zu projizieren. Dadurch kann er sozial manipuliert, beherrscht und unschädlich gemacht werden. Die Ängste und die gesellschaftlichen Folgen, die mit dem Konflikt verbunden sind, kommen daraufhin sogleich zur Ruhe.

Die Hexe gehört bei den Agni ausnahmslos der mütterlichen Sippe an. Die Befragung durch eine spezialisierte Magierin enthüllt die Schuldige, eine Hexe, manchmal einen männlichen Hexer, und setzt fest, welche Maßnahmen zu ergreifen sind. Sobald sich die Hexe dem Urteil der Magierin unterworfen, sich für schuldig erklärt und die festgesetzte Buße bezahlt hat, ist sie von ihrer Qualität als Hexe entbunden und befreit. Die geschädigte Person ist psychologisch entschädigt. Um den Konflikt mit der Umgebung beizulegen, muß sie hinfort die Ratschläge der Magierin befolgen, die für den Fall eines Ungehorsams eine schwere Bestrafung mit magischen Mitteln androht.

Bei einer solchen Analyse erhält die Zunahme der Angst vor Hexerei eine doppelte Bedeutung. Sie kann Zeichen einer erhöhten sozialen Spannung sein. Andererseits kann sie auch ein Anzeichen dafür sein, daß es der psychischen und sozialen Organisation dieser matrilinearen

Gesellschaft gelungen ist, ihren Zusammenhalt zu verstärken und die überlieferte Ordnung zu festigen. Wir hatten durchaus den Eindruck, daß das letztere der Fall war. Der Druck einer neuen Rechtsordnung seit der Erlangung der Unabhängigkeit und die Anpassung an moderne industrielle Produktionsweisen haben die Welle von Hexerei als Gegenmaßnahme gegen die gesellschaftlichen Erschütterungen hervorgerufen. Dies schließt die Erklärung, die Field gegeben hat, nicht aus, gibt ihr aber einen anderen Stellenwert, als einem Faktor unter mehreren, die ein verschiedenes Gewicht haben. Denn die Unfruchtbarkeit der Frau, die früher den wertvollsten Besitz der mütterlichen Sippe, den Besitz an Kindern gefährdete, erschüttert heute das Gleichgewicht der Ehegatten, die riskieren, daß ihre Frau sie verläßt, wenn sie ihr keine Kinder zeugen können. Wenn die Kinderlosigkeit nicht auf Hexerei zurückzuführen wäre, die in dieser Hinsicht allein auf die Frauen einwirkt, würde die Schuld daran unweigerlich auf den Mann zurückfallen. Denn die Frau selber, die die Interessen ihrer Sippe vertritt, kann gar nicht in den Verdacht kommen, gegen ihre eigenen Interessen verstoßen zu haben. Dies führt uns zu den unbewußten Tendenzen und Ängsten der beteiligten Personen zurück.

An diesem ethnopsychoanalytischen Beispiel wollte ich zeigen, daß die Grundanschauungen beider Disziplinen noch nachhaltiger in Frage gestellt werden, wenn man die psychoanalytischen statt der psychiatrischen Anschauungen mit der Ethnologie konfrontiert. Trotz mancher Versuche solcher Art hat diese Konfrontation noch nicht zu einer grundlegenden Neuorientierung geführt.

Unsere Zivilisation ist nicht die einzige und nicht die am weitesten fortgeschrittene, wie man im 19. Jahrhundert glaubte. Sie ist nur ein Spezialfall unter vielen anderen. Unsere soziale Organisation gehorcht im Grunde denselben Gesetzen wie die eines exotischen Stammes. Unsere Produktionsmittel dienen nicht jedem gleichermaßen, denn sie sind im Besitz einer Machtstruktur, die den sozialen Ort der Klassen, Schichten und Individuen bestimmt. Der abendländische Mensch lebt in einem komplexeren sozialen Beziehungsnetz als der Mensch, den er primitiv nennt, seine Abhängigkeiten und Verpflichtungen sind drückender und schränken ihn stärker ein. Er ist in Klassen, soziale Schichten und Kasten eingeordnet. In diesen sind die Individuen jeweils sehr verschiedenen Sozialisations- und Erziehungsbedingungen, Familienformen und Arbeitsprozessen ausgesetzt, die ihr Schicksal und ihre Erkrankungen bestimmen. Die psychiatrischen Erkrankungen, die wir heute wenigstens zum Teil nach dem sozialen Verhalten der Kranken beurteilen, können nicht wirklich verstanden und erfaßt werden, solange die Krankheitslehre auf dem hergebrachten Krankheitsbegriff fußt und von der Theorie ausgeht, daß ein In-

dividuum in einer Gesellschaft lebt, die für die Entstehung der Leiden als irrelevant beurteilt und deshalb als gleichförmig angesehen wird.
Eine ethnologische Diagnose, die die sozialen Kräfte und Unterdrükkungen bestimmt, unter denen unsere Patienten leiden und denen wir, die Psychiater, ausgesetzt sind, könnte uns helfen, uns vom ideologischen Erbe des 19. Jahrhunderts zu befreien. Der Ethnologe mußte bereits anerkennen, daß der Mensch aus einem Volk mit einer fremden Kultur nicht den Bedürfnissen des Kolonialherrn entsprechen kann. Ich glaube, daß der Psychiater ihm folgen und zuerst die wichtigsten Institutionen in Frage stellen muß: Ehe, Familie, Verwandtschaft, und weiter Arbeit, Schule, Armee, Kirche und Staat. Er muß genau bestimmen, wozu diese Einrichtungen dienen, um die Verbindungen mit den ökonomischen und Macht-Interessen aufzudecken, von denen die Institutionen beherrscht werden. Dann werden die Störungen unserer Patienten und unser medizinisches Handeln einen neuen Sinn bekommen. Sie werden sich befreien von der immer totalitärer werdenden Ideologie einer Wirtschaftsstruktur, der ihr eigener Nutzen als einziges Gesetz gilt.

Literatur

Adorno, Theodor W. (1955): Zum Verhältnis von Soziologie und Psychologie. Ges. Schr. Bd. 8, Frankfurt/M. (Suhrkamp) 1972, S. 42-85

– und Mitarb. (1950): The Authoritarian Personality. New York (Norton) 1969

Bondi, Curt (1955): Beziehungen zwischen Gesellschaftsgefüge und Neurose. Psyche IX/2

Borowitz, G. H., und Mitarb. (1973): Play in the study of personality development of Black Ghetto four-years-olds. Unveröff.

Boyer, B. u. R. (1973): Interdisciplinary Colloquium. Amer. Psa. Assn., Dezember 1973

Bychowsky-Holmes, Monica (1960): A Cross-cultural Study of the Relationship Between Values and Moral Conscience. The Psychoanalytic Study of Society V, 1, New York

Calame-Griaule, Geneviève (1958): Culture et Humanisme chez les Dogon. Aspects de la culture noire. Recherches et débats du C.C.I.F., Paris

Castel, Robert (1973): Le psychanalysme. Paris (Maspéro)

Devereux, Georges (1972): Ethnopsychanalyse complémentariste. Paris (Flammarion)

Dieterlen, Germaine (1941): Les âmes des Dogons. Paris

Edgerton, R. B. (1971): The Individual in Culture and Adaptation. A Study of four East African Peoples. Berkeley (Univ. Calif. Press)

Eissler, Kurt R. (1965): Medical Orthodoxy and the Future of Psychoanalysis. New York (Intern. Univ. Press)

Erdheim, Mario (1972): Prestige und Kulturwandel. Wiesbaden (Focus)

Erikson, Erik H. (1950): Kindheit und Gesellschaft. Zürich (Pan), 4. Aufl. Stuttgart (Klett) 1971

– (1959): Identität und Lebenszyklus. Frankfurt/M. (Suhrkamp) 1966

Federn, Paul (1936): Zur Unterscheidung des gesunden und krankhaften Narzißmus. In: Federn, Ich-Psychologie und die Psychosen, Kap. XVI. Bern / Stuttgart (Huber) 1956

Fenichel, Otto (1945): The Psychoanalytic Theory of Neurosis. London. Dt. Ausgabe: Psychoanalytische Neurosenlehre. 3 Bde. Olten (Walter) 1974

Ferenczi, Sandor (1927): Das Problem der Beendigung der Analysen. In: Bausteine zur Psychoanalyse, 3. Bern (Huber) 1938, 1964

– (1931): Aphoristisches zum Thema Totsein – Weibsein. In: Bausteine zur Psychoanalyse, 4. Bern (Huber) 1938, 1964

Field, M. J. (1960): Search for Security. London (Faber & Faber)

Foucault, Michel (1961): Histoire de la folie. Paris. Dt. Übers.: Wahnsinn und Gesellschaft. Frankfurt/M. (Suhrkamp) 1969

Frazer, J. G. (1911/15): The Golden Bough. A Study in Magic and Religion.

Freeman, D. et al. (1976): Superego development and psychopathology. The Psychoanalytic Study of Society, 7. New Haven (Yale Univ. Press)

Freud, Anna (1936): Das Ich und die Abwehrmechanismen. London (Imago Publ.) 1946; München (Kindler) o. J.
– (1949): Aggression in relation to emotional development; normal and pathological. Psa. Study Child, 3/4
Freud, Sigmund (1895): Studien über Hysterie, GW I, S. 75-312
– (1913): Totem und Tabu. GW IX
– (1915): Zeitgemäßes über Krieg und Tod. GW X, S. 323-355
– (1921): Massenpsychologie und Ich-Analyse. GW XIII, S. 71-161
– (1923): Eine Teufelsneurose im siebzehnten Jahrhundert. GW XIII, S. 315-354
– (1933): Neue Folge der Vorlesungen zur Einführung in die Psychoanalyse. GW XV
– (1938): Abriß der Psychoanalyse. GW XVII, S. 63-140
Griaule, Marcel (1938): Masques Dogons. Paris (Institut d'Ethnologie)
– (1945): Dieu d'Eau. Entretiens avec Ogotemméli. Paris (Ed. du Chène)
Grosz, P. und Parin, P. (1978): Über Anpassungsmechanismen. Ergänzende Gedanken und klinische Beiträge. Manuskript
Grunberger, Bela (1957): Essai sur la situation analytique et le processus de guérison. Revue Franç. Psa., 21, S. 375-458
Harris, M. (1968): The rise of anthropological theory. New York (Cromwell)
Hartmann, Heinz (1939): Ich-Psychologie und Anpassungsproblem. Psyche XIV, 1960/61, S. 81-164
– (1944): Psychoanalysis and Society. In: Essays on Ego Psychology. New York (Int. Univ. Press) 1964, S. 19-36
– (1947): On Rational and Irrational Action. Ibid., S. 37-68
– (1950): The Application of Psychoanalytic Concepts to Social Science. Ibid., S. 90-98
– (1956): Notes on the Reality Principle. Ibid., S. 241-267
Hartmann, Heinz, Kris, E., und Loewenstein, R. M. (1949): Notes on the theory of aggression. Psa. Study Child, 3/4
Jacobson, Edith (1964): The Self and the Object World. New York (Intern. Univ. Press)
Journal (1966): The International Journal of Psycho-Analysis, 47/2-3. London
– (1968): The International Journal of Psycho-Analysis, 49/2-3. London
Kardiner, A., Linton, R., u. a. (1945): The Psychological Frontiers of Society. New York
Kluckhohn, Clyde (1951): Spiegel der Menschheit. Die Beziehung der Anthropologie zum heutigen Leben. Zürich (Pan)
Kluckhohn, F. R., und Strodtbeck, F. L. (1961): Variations in Value Orientations. New York (Harper & Row)
Kohut, Heinz (1971): Narzißmus. Frankfurt/M. (Suhrkamp) 1973
König, René (1956): Beobachtung und Experiment in der Sozialforschung. Köln, 2. Aufl. 1962
Kraeplin, E. (1883): Lehrbuch der Psychiatrie, Leipzig
Kraus, Karl (1933): Die dritte Walpurgisnacht. München (Kösel) 1952
Kursbuch 29 (1972): Das Elend mit der Psyche II: Psychoanalyse. Berlin

Lantos, B. (1958): Die zwei genetischen Ursprünge der Aggression und ihre Beziehungen zur Sublimierung und Neutralisierung. Psyche XII
Le Coultre, R. (1970): Die Ichspaltung als zentrale Neuroseerscheinung. Psyche XXIV, S. 405-422
Lévy-Bruhl, Lucien (1922): La mentalité primitive. Paris
Lincke, H. (1969): Aggression und Selbsterhaltung. In: Mitscherlich, A. (Hrsg.), Bis hierher und nicht weiter. München (Piper)
– (1970): Das Überich – eine gefährliche Krankheit? Psyche XXIV
Loewenstein, Rudolph M. (1951): Christians and Jews. New York (Intern. Univ. Press)
Mahler, Margaret S. (1969): On Human Symbiosis and the Vicissitudes of Individuation. London (Hogarth Press). Dt. Übers.: Symbiose und Individuation. Stuttgart (Klett) 1972
Mahler, Margaret S., et al. (1975): The Psychological Birth of the Human Infant, London (Hutchinson). Dt. Übers.: Die psychische Geburt des Menschenkindes. Frankfurt/M. (Fischer)
Mailer, Norman (1967): Why are we in Vietnam? New York (Putnam's son). Dt. Übers.: Am Beispiel einer Bärenjagd. München / Zürich (Droemer-Knaur)
Marx, Karl (1856/57): Grundrisse der Kritik der politischen Ökonomie. Berlin (Dietz) 1953
Mauss, Marcel (1923/24): Essai sur le don. In: Sociologie et anthropologie. Paris (Presses Univ. de France). Dt. Übers.: Die Gabe, in: Soziologie und Anthropologie. München (Hanser) 1974
Mead, Margaret (1942): And Keep Your Powder Dry. New York
Menninger, K., zit. nach Hartmann et al. (1949)
Menzies, I. (o. J.): The Functioning of Social Systems as a Defense Against Anxiety. Tavistock Pamphlet No. 3. London (Tavistock)
Midford, Jessica (1969): The Trial of Dr. Spock. New York (Knopf)
Mitscherlich, Alexander (1963): Auf dem Weg zur vaterlosen Gesellschaft. München (Piper)
– (1968): Aggression und Anpassung. In: Marcuse, H., et al., Aggression und Anpassung in der Industriegesellschaft. Frankfurt/M. (Suhrkamp)
– (1969): Die Idee des Friedens und die menschliche Aggressivität. Frankfurt/M. (Suhrkamp)
– (1977): Massenpsychologie und Ich-Analyse. Ein Lebensalter später. Psyche XXXI/6, S. 516-539
Morgenthaler, Fritz (1974): Die Stellung der Perversionen in Metapsychologie und Technik. Psyche XXVIII, S. 1077-1098
Morgenthaler, Fritz, und Parin, Paul (1967): Observations sur la genèse du Moi chez les Dogon. Revue Française de Psychanalyse, XXXI. Paris
Murphy, H. B. M. (1974): Theories of youth unrest in cross-cultural perspective. Austral. and New Zealand J. Psychiatry, 8
Murphy, Robert (1971): The Dialectics of Social Life. New York (Basic Books)
Palau-Marti, Montserrat (1957): Les Dogon. Paris (mit vollständiger Bibliographie bis 1957)

Parin, Paul (1958): Einige Charakterzüge »primitiver« Afrikaner. Psyche XI/11
– (1961): Die Anwendung der psychoanalytischen Methode auf Beobachtungen in Westafrika. Acta Tropica, Vol. 18, Nr. 2. Basel (Verlag für Recht und Gesellschaft)
– (1975): Is Psychoanalysis a Social Science? The Annual of Psychoanalysis, 3, S. 371-393. New York (Intern. Univ. Press)
Parin, Paul, und Morgenthaler, Fritz (1956/57): Charakteranalytischer Deutungsversuch am Verhalten »primitiver« Afrikaner. Psyche X/5
– u. – (1964): Ego and Orality in the Analysis of West Africans. The Psychoanalytic Study of Society, Vol. III. New York (Intern. Univ. Press)
Parin, Paul, Morgenthaler, Fritz, und Parin-Matthèy, Goldy (1963): Die Weißen denken zuviel. Psychoanalytische Untersuchungen bei den Dogon in Westafrika. Zürich (Atlantis) und München (Kindler) 1972
– , – u. – (1971): Fürchte deinen Nächsten wie dich selbst. Psychoanalyse und Gesellschaft am Modell der Agni in Westafrika. Frankfurt/M. (Suhrkamp)
Parsons, Talcott (1961): Sozialstruktur und Persönlichkeit. Frankfurt/M. (EVA)
Piers, Gerhard, und Singer, Milton B. (1953): Shame and Guilt. A psychoanalytic and cultural study. Springfield, Ill. (Charles C. Thomas publ.)
Pollock, G. W. (1972): On mourning and anniversaries: The relationship of culturally constituted defensive systems to intrapsychic adaptive processes. Israel Ann. Psychiatry and Rel. Disc., 10, S. 9-40
Rapaport, David (1951): The Autonomy of the Ego. In: Gill, M. M. (Hrsg.), The Collected Papers of David Rapaport. New York / London (Basic Books), 1967, S. 357-367
– (1957): The Theory of Ego Autonomy. Ibid., S. 722-744
Ribeiro, Darcy (1968): O processo civilisatorio. Dt. Übers.: Der zivilisatorische Prozeß. Frankfurt/M. (Suhrkamp) 1971
Richter, H.-E. (1976): Flüchten oder Standhalten. Reinbek (Rowohlt)
Riesman, David (1958): Die einsame Masse. Hamburg (Rowohlt)
Sandler, J. (1964/65): Zum Begriff des Über-Ichs. Psyche XVII, S. 721-743 und 812-828
– (1974): Gegenübertragung und Bereitschaft zur Rollenübernahme. Psyche XXX, S. 297-305
Spiegel, John (1971): Transactions. The Interplay between Individual, Family and Society. New York (Science House)
Spitz, René A. (1965): The First Year of Life. New York (Intern. Univ. Press). Dt. Übers.: Vom Säugling zum Kleinkind. Stuttgart (Klett)
Spock, B. (1965): Innate inhibition of aggressiveness in infancy. Psa. Study Child, 20
Stierlin, Helm (1975): Von der Psychoanalyse zur Familientherapie. Stuttgart (Klett)
Vittorini, Elio (1945): Uomini e No. Franz. Übers.: Les Hommes et les Autres. Genève (Ed. du Continent)

Wangh, Martin (1968): A psychogenetic factor in the recurrence of war. Intern. J. Psycho-Anal., 49/2-3, S. 319-323

Wertheimer, M. (1925): Über Gestaltpsychologie. Erlangen

Zilboorg, G., und Henry, G. (1941): A History of Medical Psychology. New York (Norton)

Drucknachweise

Einleitung: Warum die Psychoanalytiker so ungern zu brennenden Zeitproblemen Stellung nehmen. Eine ethnologische Betrachtung
Psyche, Bd. 32, Heft 5/6, S. 385-399; 1978

1. Freiheit und Unabhängigkeit: zur Psychoanalyse des politischen Engagements
Psyche, Bd. 23, Heft 2, S. 81-94; 1969
2. Gesellschaftskritik im Deutungsprozeß
Psyche, Bd. 29, Heft 2, S. 97-117; 1975
3. Das Mikroskop der vergleichenden Psychoanalyse und die Makrosozietät
Psyche, Bd. 30, Heft 1, S. 1-25; 1976
4. Das Ich und die Anpassungsmechanismen
Psyche, Bd. 31, Heft 6, S. 481-515; 1977
5. Paul Parin und Goldy Parin-Matthèy: Der Widerspruch im Subjekt. Die Anpassungsmechanismen des Ich und die Psychoanalyse gesellschaftlicher Prozesse
Festschrift für Alexander Mitscherlich; 1978 (im Druck)
6. Eine scheinbare »Schamkultur«. Psychologische Betrachtung über die Regulatoren des Verhaltens im Gesellschaftsgefüge der Dogon in Westafrika
Köln. Zeitschr. f. Soziologie und Sozialpsychologie, 15. Jahrg., Heft 1, S. 94-107; 1963
7. Paul Parin, Fritz Morgenthaler, Goldy Parin-Matthèy: Considérations psychanalytiques sur le Moi de groupe
*Psychopathologie Africaine (*Dakar), Bd. 2, Heft 2, S. 195-206; 1967
8. Paul Parin, Fritz Morgenthaler, Goldy Parin-Matthèy: Aspekte des Gruppen-Ich. Eine ethnopsychologische Katamnese bei den Dogon von Sanga (Republik Mali)
Schweiz. Zeitschr. f. Psychologie (Bern), Bd. 27, Heft 2, S. 133-154; 1968
9. Personality traits susceptible to deterioration under the impact of cultural change. (Paradigms from the Dogon (Mali) and the Agni (Ivory Coast)
Psychopathologie Africaine (Dakar), Bd. 6, Heft 1, S. 53-66; 1970
10. A contribution of ethno-psychoanalytic investigation to the theory of aggression
Intern. J. Psychoan., Bd. 53, Heft 2, S. 251-257; 1972
Deutsch: Der Beitrag ethno-psychoanalytischer Untersuchungen zur Aggressionstheorie
Psyche, Bd. 27, Heft 3, S. 237-248; 1973
11. Der Ausgang des ödipalen Konflikts in drei verschiedenen Kulturen. Eine Anwendung der Psychoanalyse als Sozialwissenschaft
Kursbuch 29, S. 179-201; 1972
12. Paul Parin und Goldy Parin-Matthèy: Typische Unterschiede zwischen Schweizern und Süddeutschen aus dem gebildeten Kleinbürgertum. Ein

methodischer Versuch mit der vergleichenden Psychoanalyse (Ethno-psychoanalyse)
Psyche, Bd. 30, Heft 11, S. 1028-1047; 1976
13. Anthropologie et psychiatrie
Psychopathologie Africaine (Dakar), Bd. 12, Heft 1, S. 91-107; 1976